高职高专“十二五”规划教材

现代冶金企业管理

张永涛　黄聪玲　编著

北　京
冶 金 工 业 出 版 社
2025

内 容 提 要

本书在阐述现代企业管理基本理论知识的基础上，针对冶金企业管理的特点，较为详细地论述了冶金企业战略管理、生产与运作管理、质量管理、设备管理、物流与物料管理、人力资源管理、营销管理、财务与成本管理、安全生产管理、创新与可持续发展、企业文化管理等内容。本书着重阐述了现代冶金企业管理实务，具有较强的针对性、专业性和实用性。

本书不仅是冶金类高职高专院校学生的专业教材，也可作为冶金企业管理人员的培训教材。

图书在版编目(CIP)数据

现代冶金企业管理/张永涛，黄聪玲编著．—北京：冶金工业出版社，2012.8(2025.2 重印)

高职高专“十二五”规划教材

ISBN 978-7-5024-5642-9

Ⅰ.①现… Ⅱ.①张… ②黄… Ⅲ.①冶金工业—工业企业管理—高等职业教育—教材 Ⅳ.①F407.36

中国版本图书馆 CIP 数据核字(2012)第 159703 号

现代冶金企业管理

出版发行 冶金工业出版社 **电　话** (010)64027926
地　址 北京市东城区嵩祝院北巷 39 号 **邮　编** 100009
网　址 www.mip1953.com **电子信箱** service@mip1953.com

责任编辑 高 珊 马文欢 美术编辑 彭子赫 版式设计 葛新霞
责任校对 王贺兰 责任印制 范天娇

北京富资园科技发展有限公司印刷

2012 年 8 月第 1 版，2025 年 2 月第 2 次印刷

787mm×1092mm 1/16；23 印张；557 千字；352 页

定价 46.00 元

投稿电话 (010)64027932 投稿信箱 tougao@cnmip.com.cn
营销中心电话 (010)64044283
冶金工业出版社天猫旗舰店 yjgycbs.tmall.com

前　言

人类进入21世纪，生产技术突飞猛进，市场环境急速变化，由此带来了生产方式以及企业管理体系和模式的重大变革。本书就是为了适应这种变革，满足冶金类高职院校教学需要而编写的。本书内容系统、新颖且有较强的针对性和适用性，既系统、全面地讲解了企业管理的基本理论、基本知识、基本技能，又对冶金企业特有的管理问题进行了阐释。

本书紧密结合冶金企业生产工艺流程和冶金企业管理实际，将现代企业管理理论和方法融入冶金企业各项专业管理之中，帮助读者在学习管理知识的同时，了解冶金企业生产、产品质量、设备、物流等冶金企业运行的特点，从而更好地把握冶金企业管理规律。

本书编著者虽多年从事冶金高职高专院校的冶金及企业管理等课程的教学和研究工作，但由于水平所限，书中难免有不妥之处，恳请读者批评指正，以便进一步完善。

编著者

2012年3月

目录

情景1 现代企业管理概论

情景2 冶金企业战略管理

情景4　冶金企业质量管理

情景5　冶金企业设备管理

情景 6　冶金企业物流与物料管理

情景7　冶金企业人力资源管理

情景8　冶金企业营销管理

情景9　冶金企业财务与成本管理

情景 11　冶金企业创新与可持续发展

情景12　现代冶金企业文化管理

情景 1

现代企业管理概论

学习目标

1. 知识目标

- 了解企业制度和现代企业制度的概念；
- 理解现代企业制度的特征；
- 熟知现代企业制度的组织形式及构成；
- 掌握现代企业产权制度、组织制度、管理制度、公司治理结构的内容；
- 理解现代企业的特征、现代企业管理的研究对象与方法；
- 熟知现代企业类型、企业管理的性质和职能、企业管理的基本原理；
- 掌握现代企业的概念与性质、企业管理的特征。

2. 技能目标

- 能够实际分析公司制企业的产权制度、组织制度和管理制度；
- 能够为存在制度缺陷的企业制定改进措施；
- 树立和培养现代企业管理的思维模式；
- 能够运用现代企业管理基本原理思考实际管理问题。

单元 1　现代企业与现代企业制度

1.1　现代企业

1.1.1　现代企业的内涵和特征

（1）企业的内涵。企业是从事生产、流通和服务等经济活动，以产品或服务满足社会需要并获取赢利，实行独立核算、自主经营、自负盈亏、依法设立的经济实体，是具有法人资格的基本经济单位。

（2）企业的特征。

1）经济性。企业是从事生产、流通或服务性活动的经济组织。它是企业与不从事经济活动的行政单位和群众组织的根本区别。

2）赢利性。任何企业必须是以赢利为目的，没有赢利的企业将难以维持简单再生产，更不用说扩大再生产，最终将倒闭。

3）独立性。企业是实行独立核算、自主经营、自负盈亏、依法设立的商品生产者和经营者，绝不是行政机构的附属物。

4）社会性。企业是构成国民经济整体的基本组成单位，是国民经济有机体中的一个“细胞”，它与国民经济其他部门是相互依存、相互协作。一方面它的生存和发展有赖于其他部门的支持配合；另一方面它必须承担一定的社会责任，以促进整个社会的文明和进步。

（3）现代企业的内涵。现代企业是指所有者和经营者分离，并达到技术现代化和管理现代化的企业组织形式。它是具有现代企业制度、采用现代化生产方式、从事大规模产销活动的经济组织。

现代企业和传统企业的区别并不是一个时间的概念。概括来讲，现代企业在两个方面区别于传统企业：一是现代技术；二是建立在现代企业制度基础上的现代管理。

（4）现代企业的特征。现代企业除了具有一般企业的特征之外，还具有以下特征：

1）技术特征。科学技术对于传统企业和现代企业都是不可缺少的，但是，与传统企业相比，现代企业的技术基础发生了重大变化。现代企业比较普遍地运用现代科学技术手段开展生产经营活动，采用现代机器体系和高技术含量的劳动手段开展生产经营活动，生产社会化、自动化程度较高，并比较系统地将科学知识应用于生产经营过程。伴随技术发展不断追求技术创新，成为现代企业增强核心竞争力和不断发展的源泉。

2）制度特征。现代企业制度是指以规范的产权制度、组织制度和管理制度为主要内容，以产权清晰、权责明确、政企分开、管理科学为特征的一种新型企业制度。其中，现代产权制度，即公司法人产权制度，是现代企业制度的核心，它确立了企业的法人地位和法人财产权，使企业真正成为自主经营、自负盈亏的市场主体。现代企业组织制度确立了权责明确的组织体系。现代企业管理制度保证了科学管理的实施。因此，现代企业制度成为现代企业高效运行的制度保证。

3）组织特征。传统企业规模较小，由出资者经营，经营单一，组织结构极为简单。现代企业则包含着独立运营的进行不同类型经济活动的经济单位，企业规模大，组织层级较多，组织结构复杂。现代企业由领取报酬的职业经理人进行管理，经营者和企业的所有者分离。

4）管理特征。现代企业的生产社会化程度空前提高，分工细密，协作深化，技术和工艺日益复杂，市场需求变化频繁迅速，要求企业生产经营活动必须有严格的计划性、比例性和节奏性。这就要求采用现代化的管理方式，在管理思想、组织、方法和手段方面充分体现现代化特征，进行创新管理。

1.1.2　现代企业分类

由于现代经济生活十分复杂，作为基本经济单位的企业也就有很多类别，为了更深入地研究企业管理的特点和规律，需要将企业进行分类研究，见表1-1。

表1-1　按不同的分类原则对企业进行分类

企业分类原则	企　业　类　型
根据企业财产构成和所担负法律责任	（1）独资企业；（2）合伙企业；（3）公司企业

续表1－1

企业分类原则	企　业　类　型
根据企业所属经济部门	（1）农业企业；（2）工业企业；（3）建筑安装企业；（4）运输企业；（5）商业企业；（6）邮电企业；（7）金融企业；（8）咨询企业
按生产力要素比重	（1）劳动密集型企业；（2）资源密集型企业；（3）技术密集型企业；（4）知识密集型企业
根据企业经营规模	（1）大型企业；（2）中型企业；（3）小型企业
根据企业经营方式	（1）国有国营；（2）公有民营；（3）民有民营；（4）私有私营
根据组织结构类型	（1）企业集团；（2）公司；（3）总厂；（4）工厂

1.2　现代企业制度

1.2.1　现代企业制度的内涵和特征

1.2.1.1　现代企业制度的内涵

所谓现代企业制度，是指适应社会主义市场经济要求的产权明晰、权责明确、政企分开、管理科学的一种新型企业制度。现代企业制度是最大限度发展和解放生产力的制度，它以理顺产权关系为基础，以规范和完善法人制度为核心，以公司制为企业组织制度的主体形态，以产权明晰、权责明确、政企分开、管理科学为现代企业制度的目标和特征。

现代企业制度的主要内容包括：企业法人制度、有限责任制度、企业产权制度、企业组织制度和企业管理制度，而企业法人制度和有限责任制度是以企业产权制度为基础的，寓于企业产权制度当中。因此，现代企业制度的主要内容可以更精确地表述为现代企业产权制度、现代企业组织制度和现代企业管理制度。

1.2.1.2　现代企业制度的特征

（1）产权清晰。产权清晰是指要以法律形式明确企业出资者与企业之间的基本财产关系，涉及国有资产的，尤其要明确企业国有资产的直接投资主体，即明确哪个政府部门是企业国有资产的直接出资者，并将其人格化；同时，还要明确国家或代表国家的相关政府部门作为企业国有资产出资者的有限责任，彻底改变国家对企业债务实际上承担无限责任的状况，维护国有资产的合法权益。

从国有企业改革的角度，国有企业产权清晰主要包括以下三个层次的内容：

1）要弄清每个国有企业的资产总额及其构成，包括流动资产、固定资产、无形资产以及其他类别资产。在进行资产界定时，要根据社会主义市场经济体制的要求，按照法定程序，运用科学的方法对各项国有资产进行资产评估，最终目的是确保国有资产的保值增值。

2）要明确资产所有者代表。国有资产的所有者是全民，社会主义国家是全民的代表，在这一理论前提下，更重要的是，要在实践中继续明确由谁代表国家来行使国有资产所有者职能，怎样落实国有资产的管理、监督和经营责任制，明确责、权、利关系，使经营国有资产的国有企业真正成为独立的法人实体和市场竞争主体。

3）要全面、动态地理解和应用“产权清晰”，即在社会主义市场经济条件下，对“产权清晰”要进一步从产权流动、产权交易、资源优化配置的角度来理解和应用。通过加快国有资产流动，积极、慎重地推进产权交易，实行市场化的资源配置方式，来充分利用企业现有的生产能力扩大再生产，提高企业的管理水平，促进企业的长远发展。

从一般公司制企业的角度来说，产权清晰就是要求对企业的财产归谁所有、由谁占有、由谁使用、由谁处分的系列权利关系的分配清晰。在现代企业制度下，企业的各种权利既可集中于一个权利主体，也可分离、归属于不同的权利主体，但其权利分配和权利关系一定要清晰、明确。企业资产的所有权归属于出资者，而企业享有完全的法人财产权。要使产权明晰，必须使出资者的所有权和企业的法人财产权相分离。例如，企业在经营活动中的借贷资金形成企业法人财产而不形成出资者的产权。

（2）权责明确。权责明确是指在产权清晰、建立公司制度、完善企业法人制度和有限责任制度的基础上，明确界定企业出资者与企业法人对企业财产应享有的权利、应承担的责任和应履行的义务。

在现代企业制度形态中，所有者按其出资额享有资产受益、重大决策和选择管理者的权利，对企业债务承担相应的有限责任。企业在其存续期间，对由各个投资者投资形成的企业法人财产拥有占有、使用、处置和收益的权利，企业以企业全部法人财产对其债务承担有限责任；经营者受所有者的委托在一定时期和范围内拥有经营企业资产及其他生产要素并获取相应收益的权利；劳动者按照与企业的合约拥有就业和获取相应收益的权利。与上述权利相对应的则是责任。明确责任就是明确界定企业所有者、经营者、劳动者及其他企业利益相关者各自的责任和义务，以完成企业的使命和任务。

由于所有者、经营者、劳动者在企业中的地位和作用是不同的，他们的权利和责任也是不同的。“权责明确”就是要合理区分和明确确定企业所有者、经营者和劳动者各自的权利和责任，使权利和责任相对应或相平衡；在所有者、经营者、劳动者及其他利益相关者之间建立相互依赖又相互制衡的机制，明确彼此的权利、责任和义务，相互监督与制约。

（3）政企分开。政企分开是指在明晰产权、明确权责的基础上，实行政府与企业的职能分离，建立适应社会主义市场经济体制的新型的政府与企业的关系。实行政企分开，有以下两个层次的任务：

第一个层次的任务是，把政府的国有资产所有权职能与社会经济管理职能分开，积极探索国有资产经营的方式和途径，清晰界定国有资产出资者与企业法人之间的产权关系。政府是国有资产的代表，享有资产所有权，依然行使所有者的职能，但必须把它与政府的社会经济管理职能分别界定清楚，各司其职。

第二个层次的任务是，把政府的行政管理职能与企业的经营管理职能分开。政府对企业的责任是运用各种行政、经济、法律等手段对企业进行引导和监督，而不是直接经营管理。

政府应把企业经营权归还给企业，把政府行使的行政管理职能、宏观调控职能与企业的经营职能相分离，把企业原来承担的社会职能分离后交还给政府和社会，如住房、医疗、养老、社区服务等。

（4）管理科学。管理科学是指在产权清晰、权责明确、政企分开的基础上，把改革与企业内部管理有机地结合起来，在企业内部形成一套科学的管理体系和制度。管理科学要求企业建立和完善与现代化生产相适应的各项管理制度，其目的是积极应用现代化科技成果，在管理人才、管理思想、管理组织、管理方法、管理手段等方面实现管理的现代化。

因此，“管理科学”中的管理既包括质量管理、生产管理、供应管理、销售管理、研究与开发管理、财务管理、人事管理等狭义的企业管理所包含的内容，也包括广义的企业管理所包含的内容，如企业组织管理。企业组织管理是通过建立规范、合理的组织机构和组织制度，使企业的权力机构、决策机构、执行机构以及监督机构之间的权责明确，形成一套有效的激励约束机制。对于管理是否科学，可以从企业所采取的具体管理方式和管理手段的“先进性”来判断，但根本的还是要靠管理的经济效益来验证和评判。

1.2.2　现代企业制度的构成

1.2.2.1　现代企业产权制度

现代企业产权问题的核心是企业的产权配置与企业绩效，即如何通过产权的优化配置提高企业的剩余问题。它包括出资者所有权、法人财产权、剩余索取权、控制权。现代企业产权制度则是由构成现代企业产权的出资者所有权、法人财产权、剩余索取权、企业控制权组成的，以及由此派生出的有限责任制度、经理层持股计划、员工持股计划等制度安排的总称。

（1）出资者所有权。企业的出资者按其投入的资金份额享有作为所有者的权益，即享有资产的受益权、参与企业重大决策的权利和选择管理者等权利。出资者只以其投入的资金数额为限对企业债务承担责任。出资者财产所有权与企业经营权、法人财产权的分离使得出资者不直接参与企业具体的经营管理活动，但重大经营决策仍需股东大会通过，出资者对企业享有最终所有权。

（2）法人财产权。法人财产权是针对股份制企业中出资者所有权与企业经营权相分离而提出的概念，它既不同于传统意义上的“经营权”，也不同于产权意义上的“控制权”。企业法人财产权（企业法人财产所有权）是建立在完整财产所有权基础上的现代产权，其含义是以董事会成员或经理为代表的企业（公司）法人对由股东投资形成的全部财产依法享有占有、使用、处分和部分收益的权利。

（3）剩余索取权。企业剩余索取权是指对企业生产经营的最终结果即剩余（利润）的要求权。在古典企业中，企业的出资者就是企业的剩余索取者，但在现代企业制度下，企业所有权与经营分离，为改变对经营者激励不足的状况，使经营者努力实现股东的利益，经营者也可以享有部分剩余索取权，使其与其他股东利益更紧密地联系在一起。

（4）企业控制权。在公司制企业发展之初，经理人员只是处于股东会和董事会严格控制之下的一般经营者。而随着科技的迅猛发展和生产规模的不断扩大，管理在企业经营发展中的地位越来越重要。19世纪末，马歇尔提出企业家的经营管理才能是生产的第四个要素。越来越脱离生产的小股东不得不将企业的直接经营管理委托给具有专门管理才能的人，从而出现了资本所有权与控制权在某种程度上的分离。经理人员逐渐掌握了某种程度上的企业实际控制权，股东与经理人员的利益偏好发生冲突。

股东的利益偏好主要体现在希望以较小的享受成本带来更高的企业价值或股东财富，股东不会完全舍弃利润而一味追求规模扩张；而经营者的利益偏好主要体现在希望在提高企业价值或股东财富的同时能更多地增加享受。在缺乏股权激励或股权激励不足的情况下，利润归股东所有，企业规模的扩张是经营者地位提高的表现；同时，经营者通过刻意努力使自己的决策权扩大化，这也是经营者具有成就感的来源之一；追求在职享受、在职消费也是经营者的利益偏好，如追求豪华办公室、豪华轿车，出差时追求豪华服务等。

股东与经理人员的这种利益偏离使得如何激励经理人员的主动性、约束其行为以最大化地满足股东利益，成为企业长期发展中极为重要的问题。在企业内部，对经理人员的激励机制主要通过其薪酬体系的设计来实现，使其与对企业、对股东的贡献紧密相连，最大限度地实现股东与经理人员的利益趋同。经理人员的薪酬体系一般由固定工资、奖金、股票和股票期权构成。在企业外部，对经理人员的激励和约束主要通过产权交易、经理人市场、产品市场、资本市场来实现。

在理论上，企业的所有者应享有企业最终控制权，但由于上述问题的存在，高级经理有可能实际掌握控制权；在企业管理实践中，究竟是股东、董事会，还是高级经理掌握企业实际控制权，可能还要根据不同企业的不同情况而定。

（5）有限责任制度。有限责任是指当公司破产时，股东仅以其出资额为限对公司债务和亏损承担责任。有限责任制度是企业在获得独立的法人财产权后，保障股东权益不受经营者侵害、减少和避免经营风险的一种有效制度安排。有限责任制度包含两个方面的内容：一是企业作为独立法人以其全部财产为限，对其债务承担有限责任；二是企业在实行破产清算时，出资者以投入企业的出资额为限，对企业债务承担有限责任。

（6）经理层持股计划。全体股东将部分剩余控制权委托给代表自己利益的董事会，而董事会为进一步提高决策效率，又将企业的日常经营权委托给了经理层，使经理层掌握了部分剩余控制权。“所有权”与“控制权”两权分离而又适度结合的具体表现是经理层和股东分享所有权，即通过“经理层持股计划”赋予高级经理人员一定的股权，以激励其像管理自己的企业一样维护所有股东的利益。为了降低代理成本而进行的制度创新——“经理层持股计划”在某种程度上形成股东与经理层分享企业所有权的产权分配格局。

（7）员工持股计划。员工持股计划是使公司员工有条件地持有公司股份的一种制度安排，如给予对公司有重大贡献的员工以股份奖励、允许公司员工出资认购本公司部分股权等。这种产权制度使公司员工的主人翁地位增强、公司的凝聚力增强，进一步分散了公司股权，增加了恶意并购和接管的难度。

1.2.2.2 现代企业组织制度

根据新制度经济学理论，组织本身就是制度的体现，就是一种制度安排。现代企业组织制度主要有三种制度形式：U 型企业制度、M 型企业制度和 H 型企业制度。

（1）U 型组织制度。U 是英文 unary 的缩写，其基本含义是“单一的”。U 型组织制度结构是以权力集中于企业高层管理者为特征的功能垂直型制度结构，可用图 1-1 来表示。

在 U 型组织制度结构中，企业的生产经营活动按其功能被分成若干垂直管理的系统，如技术研发、生产、营销、财务等部门，每个部门直接由企业的最高机关和领导指挥，实行高度集权化管理，企业的资金运用、投资决策、营销策略、技术研发等均由总部控制。

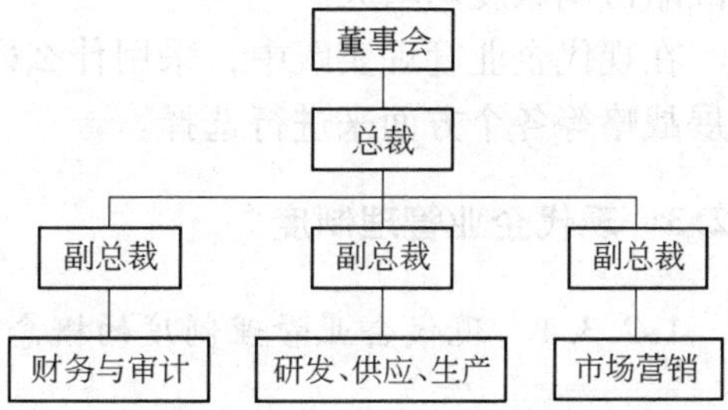

图1－1　U型组织制度结构

U型组织制度的优点是权力统一集中，各部门之间容易协调，总部直接控制和配置资源，能够将资源用于效益较好的项目，有利于资源的优化配置。但这一制度结构也存在一定的缺陷，一方面由于组织层级较多，行政机关越来越庞大，造成信息传递和管理成本上升，企业领导层对短期市场波动反应不是很敏感，解决对策的执行时间较长，容易错失市场机会；另一方面，应该负责企业长远资源配置的高级经理，由于其日常经营事务占用的时间、精力较多，缺乏时间和精力来考虑长远的战略发展问题。

（2）M型组织制度。M是英文multidivisional的缩写，其基本含义是“多个的、混合的”。M型组织制度结构是总部与各事业部适当分权的制度结构，可用图1－2来表示。

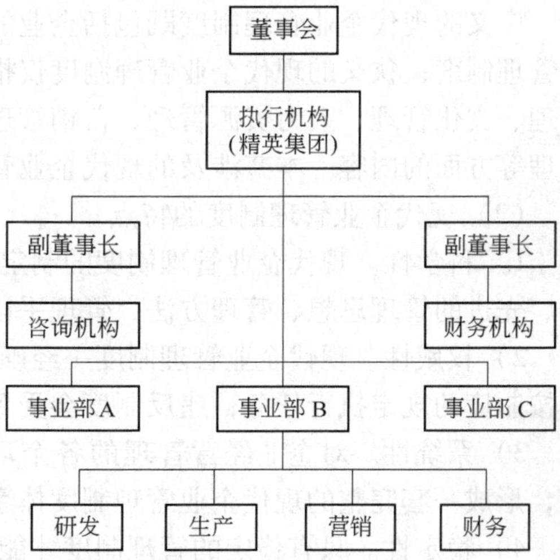

图1－2　M型组织制度结构

在M型组织制度结构中，根据产品、服务、客户类型或区域的不同，将企业的业务划分为若干个事业部，各事业部下设立自己的职能部门，总部给予其很大程度的经营自主权，使其像一个独立的公司能够自主经营，而总部则从烦琐的日常经营事务中解脱出来，集中精力负责整个公司的长远战略规划。

威廉姆森将M型组织制度结构特点概括为以下几点：

1）经营决策基本由各事业部独立作出。

2）直接附属于总部的“精英集团”通过提供参谋与审计等方式，协助总部对各事业部进行控制。

3）总部负责战略决策和长远规划，只注重公司的总体绩效，不直接关心各事业部的绩效。

4）各事业部是一个独立的成本和利润中心，有着较好的协同性，更有利于追求公司总体利润的最大化。

（3）H型组织制度。H是英文Holding的缩写，其基本含义是“控制的”，H型组织制度结构是“控股型公司结构”。H型制度结构与M型制度结构的不同之处在于：在M型结构中，各事业部虽拥有很大的经营自主权，但它不具有法人资格；而H型结构是多个公司法人的组合，总公司处于控股地位，是权力中心，各分公司或子公司具有独立法人地位，拥有比事业部更大的权力。

在M型结构中，各子公司往往处于完全不同的行业，总公司只对子公司的投资承担有限责任，可有效分散总公司的财务风险。但由于子公司的独立性过强，总公司对子公司的决策必须经子公司的股东会或董事会通过，使得总公司对子公司的监督和控制难度和总体战略协调难度均增大。

在现代企业管理实践中，采用什么样的组织制度，需要企业权衡所处的行业、规模、发展战略等各个方面来进行选择。

1.2.3 现代企业管理制度

1.2.3.1 现代企业管理制度的概念与特点

（1）现代企业管理制度的概念。在日趋激烈的市场竞争中，现代企业经营管理活动也越来越复杂，为保证企业的管理效率，实现企业的经营目标，企业必须制定一套科学合理的经营管理制度，即现代企业管理制度。现代企业管理制度是人们在现代企业经营管理实践中的经验总结，是以文字形式固定下来，反映企业及其组成人员在经营管理活动过程中必须遵守的各种规则、流程和办法等的总称。

广义的现代企业管理制度既包括企业的内部治理结构，也包括企业内部制定的各项经营管理制度；狭义的现代企业管理制度仅指后者。狭义的现代企业管理制度主要包括战略管理、文化管理、人力资源管理、营销管理、生产作业管理、质量管理、物流管理、财务管理等方面的内容。本节涉及的现代企业管理制度为狭义的概念。

（2）现代企业管理制度的特点。

1）科学性。现代企业管理制度的制定应充分体现经营管理活动的客观规律，运用科学、先进的管理思想、管理方法、管理手段对企业进行科学管理。

2）权威性。现代企业管理制度一经确定下来，对企业的所有员工均具有约束力，必须按制度的规定执行任务，违反制度会受到相应的惩罚。

3）系统性。对企业经营管理的各个环节、各个层次分别制定具体、严密的管理制度，形成一套完整的现代企业管理制度体系。

4）稳定性。只有稳定的管理制度才能充分发挥约束和激励作用，朝令夕改的管理制度让人无所适从，不易贯彻执行，难以巩固。

1.2.3.2 现代企业管理制度的内容

（1）战略管理制度。企业战略管理是企业持续、长远发展的保证，现代企业的战略管理有一套较为成熟的管理方法和管理流程。在具体管理实践中，现代企业一般对战略的制定、实施、评价与控制过程进行制度化，通过制度的规定来有效地实施战略管理。

（2）文化管理制度。现代企业对企业文化的重视已经上升到文化管理的高度，通过把企业的价值标准、企业的经营哲学、企业的行为准则、企业的道德规范、企业的形象、企业的责任等各个文化方面作为企业的管理制度确定下来，以激励、约束、引导员工的行为，凝聚力量，共同为企业目标而努力。

（3）人力资源管理制度。众多成功的企业都把人力资源看成是企业资源配置的第一要素，把人力资源管理看做企业管理的核心，人力资源相关管理制度的形成和不断完善是现代企业其他各项管理活动的前提和基础。人力资源管理制度主要包括人力资源规划、员工招聘与培训、薪酬管理、劳动关系管理、绩效评价等方面的制度。

（4）营销管理制度。现代企业处于一个技术飞速发展、市场不断扩大、竞争不断加剧的环境中，面对着越来越挑剔、越来越分散和多样化的顾客群体，从而使得市场营销成为企业获取和保持竞争优势的重要管理活动。营销管理制度主要包括销售计划管理制度、销售组织管理制度、销售业务管理制度、营销人员工作制度、广告策划制度等。

（5）生产作业管理制度。生产作业管理主要通过生产计划和生产控制来实现其职能。生产计划与生产控制系统是企业的生产指挥中枢，为使生产有条不紊地进行，必须建立严格健全的生产作业管理制度。生产作业管理制度主要包括生产部门组织与工作职责安排、生产技术管理制度、生产过程管理制度、生产设备管理制度、安全生产管理制度、监督和检查生产过程的相关制度等。

（6）质量管理制度。质量是企业的生存之本。质量管理在企业管理中的地位也日趋重要。通过实施严格完善的质量管理制度生产出优质产品，将为企业赢得竞争优势。质量管理制度主要包括企业根据自身实际情况制定的质量标准、质量控制程序、质量控制方法、质量检验程序和方法、质量改进方法等。

（7）物流管理制度。物流管理是当代最有影响的新型管理活动之一。它通过将管理工程与技术工程结合起来，应用系统工程的成果，提高了物流的效率，更好地实现了物流的时间和空间效益。因此，现代企业必须建立起先进的物流管理制度和流程。物流管理制度主要包括物资采购与供应计划、库存管理制度、仓库管理制度、生产物流计划、销售中的物流管理制度、服务环节的物流管理制度等。

（8）财务管理制度。资金是企业进行生产经营的基本要素，围绕资金形成了企业的各种财务活动和财务关系，财务管理通过组织企业财务活动、处理企业财务关系，为企业的生存、发展和持续经营提供资金保证，是企业的一项重要职能。财务管理制度则包含了投资计划、现金管理制度、财产管理制度、成本和利润相关管理制度、财务控制与审计制度等财务管理过程的各个方面。

1.2.4　公司治理结构

1.2.4.1　公司治理结构的概念

现代企业产权制度是企业出资者所有权、法人财产权、剩余索取权、控制权的有效结合，它必然要求在企业所有者与经营者之间形成一套对企业进行管理和控制的相互制衡机制，这套机制就是公司治理结构，又称为法人治理结构。它主要由股东大会、董事会、高级经理、监事会构成，对于上市公司还包括独立董事制度。良好的公司治理结构是现代公司运行和管理的基础，可以有效激励董事会和经理努力实现公司和股东利益。

尽管公司治理结构这一术语被广泛使用，并且已得到理论界和实务界的充分重视，都在努力探索、完善其组织形式，但目前依然没有形成统一的概念界定。我们采用 1999 年由 29 个发达国家组成的经济合作与发展组织（OECD）理事会通过的《公司治理结构原则》中对公司治理结构的界定：“公司治理结构是一种据以对工商公司进行管理和控制的体系，它明确规定了公司的各个参与者的责任和权利分布，诸如董事会、经理层、股东和其他利害相关者，并且清楚地说明了决策公司事务时所应遵循的规则和程序。同时，它还提供了一种结构，使之用以设置公司目标，也提供了达到这些目标和监控运营的手段。”

一般来说，理想的公司治理结构要达到以下目标：

（1）能够保证经营者从公司、股东利益出发来运用公司的经营管理权和实际控制权，而非只顾个人利益，侵害公司或股东利益。

（2）能够给经营者足够的实际控制权自由经营管理公司，充分发挥其职业经理人的管理才能，尤其要使其创新能力得到充分发挥。

（3）能够使股东充分独立于职业经理人，保证股东自由买卖公司股票，充分满足投资者对资产流动性的要求，使现代企业成为真正的开放性公司。

然而，上述理想目标在现实中很难完全实现，不同的公司要有适合自己的不同的治理结构。目前，我们所要做的是，根据公司外部环境和内部条件的变化逐步完善公司治理结构。

1.2.4.2　公司治理结构的构成

根据我国公司法规定，公司治理结构如图1－3所示。

（1）股东大会。股东大会是公司的最高权力机构。股东大会由出资人或其代表组成。股东大会的职权为选举和罢免董事会和监事会成员，制定和修改公司章程，审议和批准公司的财务预决算、投资以及收益分配等重大事项。股东大会是资产所有者的代表，以维护股东权益为宗旨，保持着对公司的最终控制权。它从资产关系上对公司的董事会形成必要的制约，但无权干预公司的经营活动。

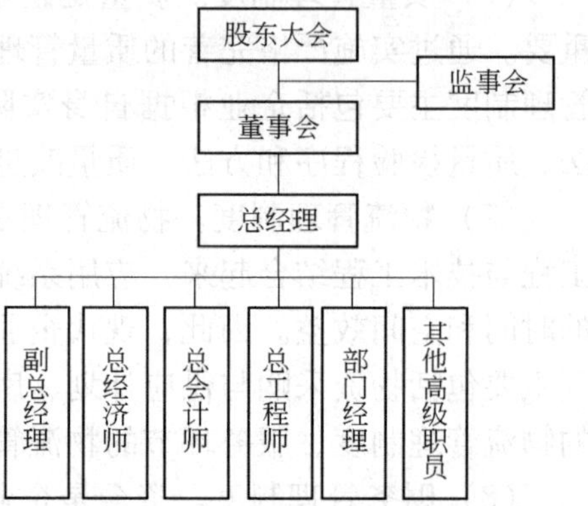

图1－3　公司治理结构图

（2）董事会。董事会是公司的经营决策机构。董事会对外代表公司，由公司董事组成。其职责是执行股东大会的决议，对公司的经营作出决策，包括：决定公司的经营计划和投资方案，决定公司内部管理机构的设置和基本管理制度，制定公司财务预决算方案、利润分配和亏损弥补方案、公司增减资本和发行公司债券的方案等。在人事权上，董事会负责任免公司经理、副经理、财务负责人，并决定其报酬。董事长由董事会选举产生，一般为公司法定代表人。

（3）经理。由于公司董事会组成人员（即董事）不一定是管理专家或技术专家，而公司的日常经营管理活动要求公司必须具备精通管理、技术的专门人员，因此而设置经理。这里的经理是指公司的总经理。公司的总经理负责公司的日常管理，主持公司的生产经营管理工作。公司总经理由董事会聘任或者解聘，对董事会负责。公司总经理的职责是：组织实施董事会的决议，组织实施公司年度经营计划和投资方案，拟定公司内部的机构设置方案和管理制度及规章等。

（4）监事会。监事会是公司的监督机构。监事会成员一般不得少于3人，由股东和职工代表按一定比例组成，对股东大会负责。监事会依法和依照公司章程对董事会和经理行使职权的活动进行监督，防止其滥用职权。监事会有权审核公司的财务状况，保障公司利益及公司业务活动的合法性，维护职工的权益。为保证监督的独立性，公司的董事、经理及业务负责人一律不得兼任监事。

单元2　管理与现代企业管理

2.1　管理

管理一词的英文为manage，原意是训练和驾驭马匹。后来，这个词用于管理学。但不同的管理学派对这个词有不同的解释。

冯丽·福莱特认为：管理就是借他人之力把事情办好的艺术。

彼得·德鲁克认为：管理就是协调一个团体的活动，以达到共同目标。

哈罗德·孔茨认为：管理就是设计和保持一种良好环境，使人在群体里高效率地完成既定目标。

赫尔伯特·西蒙认为：决策贯穿着管理的全过程，管理就是决策。

亨利·西斯克认为：管理是通过计划、组织、领导和控制等系列活动来协调组织内部的所有资源，以达到组织既定目标的过程。

综合各家学说的优点，并结合我国的具体管理实践工作，可归纳为：管理就是通过计划、组织、领导和控制等一系列活动，合理地配置组织内的各种资源，有效地达到组织既定目标的过程。

为进一步理解管理的含义，需要把握下列要点：

（1）管理是人类的活动。管理活动必须有人参与，它体现为管理的主体一定是人，管理的客体除了客观事物之外还有人。现代管理理论认为，在管理客体中，人是日益重要的要素，对客观事物管理效率的高低取决于对人管理的效率。

（2）管理是有目的的活动。

（3）管理要达到组织既定目标，就必须采取特定的方式，使用特定的方法。

（4）管理是一种系统活动。这表现为管理的对象具有系统的特征，管理活动是由一系列相互联系的职能而组成的综合的系统活动。

（5）管理是一个动态的概念。无论是管理的主体、客体，还是管理的理论、手段及其相互关系，都随组织内部条件和外部环境的变化而变化。

有效的管理总是一种因人制宜、因事制宜、因地制宜的管理。

2.2　现代企业管理

2.2.1　现代企业管理的内涵

2.2.1.1　企业管理的内涵

企业管理是指企业的领导者和全体职工，为了充分利用各种资源，保证整个生产经营活动的统一协调，完成企业管理任务，实现经济效益等经营目标而进行的计划、组织、控制、激励与领导等一系列综合性活动。

它包含以下四点含义：

（1）企业管理的主体应该是企业的领导者和全体职工。没有领导者和全体职工的参与，没有他们主人翁的主动性、积极性和创造性，就根本谈不上管理。

（2）企业管理的客体对象是企业整个生产经营活动。企业管理实际上就是对企业人财物、供产销、内外贸进行管理。

（3）企业管理的目的是充分利用各种资源，保证整个生产经营活动统一协调，使企业的投入—转换—产出形成良性循环，以实现提高经济效益的根本目的。

（4）企业管理的基本职能是计划、组织、控制、激励和领导。

2.2.1.2 企业管理的要素

国外一些管理学者非常简洁地将企业管理的基本要素概括为“7个M”。

（1）人事（men）。人事要素包括职工的招聘、奖惩、升降、任免。

（2）金钱（money）。金钱要素包括资金来源、预算控制、成本分析、财务分析。

（3）方法（methods）。方法要素包括生产计划、质量管理、作业研究。

（4）机器（machines）。机器要素包括工厂布局、工艺装备等。

（5）物料（material）。物料要素包括材料的采购、运输、储存。

（6）市场（market）。市场要素包括市场需求预测、生产方向分析以及价格和销售策略制定等。

（7）工作精神（morale）。工作精神要素包括提高工作效率，把职工的兴趣、热情、志向引导到生产或工作上，发挥人的积极性、创造性。

2.2.1.3 企业管理的系统模式

工业企业管理系统是一个“投入—转换—产出”的连续过程，其基本模式如图1－4所示。

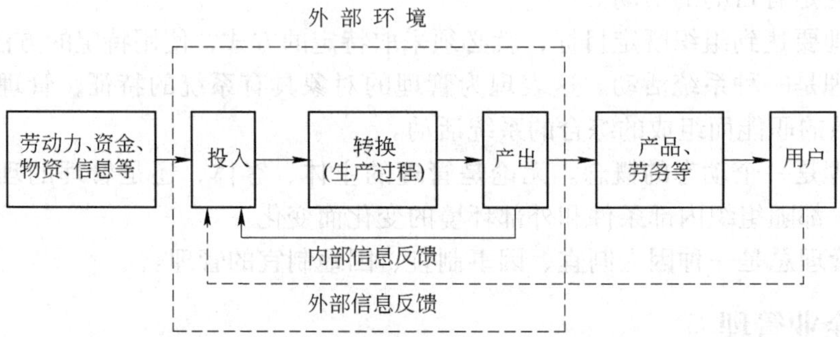

图1－4 工业企业管理系统基本模式图

工业企业的生产经营活动是在社会主义市场经济体制下，企业通过市场调查研究，按照市场需求进行产品设计、试制到生产制造、销售及售后服务，并根据用户的信息反馈不断地改进老产品、研制新产品等一系列过程。这是一个反复循环的过程，是一个不断提高技术水平，改进产品质量，更好地满足用户需要的过程。因此，企业管理不仅是对生产过程的管理，而且包括生产前的市场调查与预测、新产品研制和生产后的产品销售的经营过程的管理。

在企业的生产经营活动中，人、财、物、供、产、销是一个复杂的动态系统，既受到企业内部各种因素的影响、同时也受到外部环境各种因素的影响，在企业的动态系统中，人、财、物、信息都在流动，整个管理系统讲究流动，越流动，效率越高。企业一般都有三股流：从实物形态看，有一股物质流，即原材料、在制品、半成品、成品等物的流动；从货币形态看，有一股资金流，是物流的货币表现，即原材料、工具、设备等价值的转移和资金的占用、不断变化和流动，实现价值的增值；另外一股流是信息流，即在企业生产经营活动中，有不断变化着的数据、指标、情报、资料等信息的流动。企业管理过程就是要及时掌握企业内外各方面的信息，通过对信息资料的分析研究，对物流和资金流进行合理的组织管理，使劳动力、劳动对象和劳动手段在时间上、空间上密切配合，以尽可能少的活劳动消耗和物化劳动消耗，生产出尽可能多的符合社会需要的产品，这是社会主义企业经济效益的基本概念。

企业货币形态经济效益是用产出与投入比来衡量的：

$$经济效益 = 产出/投入$$

从投入到产出的整个生产经营活动，采用科学的组织管理，使产出尽可能大于投入，也就是生产产品后的所得尽可能大于生产产品的经费，产出与投入之比值越大，说明经济效益越好。

企业管理的任务就是实现企业人、财、物从投入到产出的加速转换或最优转换，获得尽可能大的经济效益。

2.2.1.4　企业管理的内容

企业管理是企业的永恒主题，内容非常丰富。企业管理要解决的问题是不断适应市场变化满足用户需求，合理地选择企业从事的经营范围和目标市场，加强企业的核心竞争力，决定最合理的经营资源分配方案，精心组织生产过程，提高经济效益，保证实现企业目标。一般说来，它包括如下内容：

（1）企业战略、经营决策与计划。在对企业内外环境分析研究和对行业五种基本竞争力量分析的基础上，制定企业总体战略、经营单位战略和职能战略，并对企业经营领域、研究与开发、产品生产和销售、技术改造和投资进行决策，用经营计划的形式规定实现战略决策的具体内容、措施，以保证经营目标的实现。

（2）营销管理。营销管理包括进行市场分析、市场调查与市场预测，制定市场营销组合策略，创造和促进消费者对本企业产品和服务的需求，调整和开发新的营销方式和渠道，保证企业目标利润的实现。

（3）研究与开发。随着科技的迅猛发展，技术创新成为企业制胜的法宝。企业应根据市场的需要不断地对老产品进行技术革新，研究开发出新技术、新工艺、新结构、新材料的全新产品。

（4）生产运作管理。生产运作管理是通过生产计划、生产组织、生产过程控制，按照市场和用户需要的质量、价格和交货期，以高效率、低成本的最经济的办法制造产品和提供服务。

（5）质量管理。质量管理是指企业为了经济地、高效率地制造使用户满意的产品和提供使用户满意的服务，而在保证与提高产品和服务的质量方面所进行的系统管理活动。它包括研究市场所需的质量水平，确定符合市场需求的质量标准、国际质量认证、质量控制各种工具等。

（6）设备管理。设备管理包括设备的选购和使用、设备维护与检修、设备的更新改造、设备的综合管理，以保证设备处于正常状态，满足生产需要。

（7）物流与物资管理。物流与物资管理包括为了保证生产需要制定物资消耗定额，进行物资的订购、供应、使用、储备、流通、周转等一系列活动，以及节约物资降低成本的活动。

（8）人力资源管理。人力资源管理是以人为对象的管理活动，包括人员的招聘、录用、分派、培训、提升、激励、奖惩等活动。

（9）财务管理。财务管理包括制订财务计划，对资金筹集和使用进行管理，进行库存控制与成本控制，以及进行财务分析等，使企业的资本在利润稳定增长的基础上不断增值。

（10）信息管理。信息管理就是通过对管理信息系统（MIS）、决策支持系统（DSS）、专家系统（ES）、计算机集成系统（CIMS）等的综合利用，有效地为组织和机构、当前和未来的信息需求提供各种信息服务，促使其战略目标的实现。

（11）企业文化。它包括企业文化的本质、特征、功能和内容，企业文化的重要作用及建设企业文化实务等。

企业管理学是一门综合性、应用性的边缘学科，也就是说，它不是单纯的理论科学，而是指导企业管理实践的应用科学；它也不是只限于某一领域、某一学科，而是广泛涉及生产力、生产关系、上层建筑三个领域，综合运用经济科学、自然科学以及心理学、哲学等社会科学的成果而形成的。

同时，企业管理学既是科学，又是艺术。企业管理的科学性是指企业管理作为一个活动过程，其间存在着一系列基本的客观规律，是指企业管理以反映管理客观规律的管理理论和方法为指导，有一套分析问题、解决问题的科学方法论。企业管理的艺术性，就是强调其实践性，没有实践则无所谓艺术，管理人员必须在管理实践中发挥积极性、主动性和创造性，因地制宜地将管理知识与其管理活动相结合，才能进行有效的管理。所以，管理的艺术性就是强调管理活动除了要掌握一定的理论和方法外，还要灵活运用这些知识和技能的诀窍与技巧。

2.2.2　现代企业管理的产生和发展

2.2.2.1　企业管理的产生

管理的历史由来已久，它是生产力发展的产物，是由人们的共同劳动所引起的。当社会生产力还很落后，人们在生产活动中还没有分工时，就不需要什么管理。随着社会生产力的发展，人们在一起从事共同劳动，劳动者之间存在着分工与协作，为了使劳动者能密切配合，有效地从事生产活动，就必须管理。许多卓越的工程建筑，如埃及的金字塔、中国的万里长城，其宏伟的建设规模就是复杂的管理组织工作的证明。马克思曾经指出："一切规模较大的直接社会劳动或共同劳动，都或多或少地需要指挥，以协调个人的活动，并执行生产总体的运动——不同于这一总体的独立器官的运动——所产生的各种一般职能。一个单独的提琴手是自己指挥自己，一个乐队就需要一个乐队指挥。"马克思用乐队需要指挥形象地说明了在人们共同劳动时管理的必要性。特别是我们现在研究的是现代企业，更能说明企业管理的必要性：一方面，共同劳动的规模越大、技术越复杂，管理也就越复杂；另一方面，共同劳动的分工越精细、协作越密切，社会经济联系越广泛、越来越全球化，管理也就越复杂。目前，世界上无论是发达国家，还是发展中国家，都在自己的社会经济发展的实践中认识到，企业管理具有重要的社会作用。

自新中国成立半个世纪以来，我国在工业建设中取得了重大成就，已逐步建立了独立的完整的工业体系。但是，从总体上看，我国工业与先进国家的工业相比，还存在着技术落后、管理更落后的问题。经济较落后的国家，更需要靠管理来使有限的资源发挥更大的效用。我国30多年来的改革开放，从国外引进了不少新技术、新设备，但是，往往不能生产出优质的产品，或者不能充分地发挥其生产能力。其主要原因不是掌握不了生产技术，而是由于协作不好，组织管理水平跟不上，加上我国管理体制上的弊病，使得我们盲目引进，重复建设，浪费了大量资金。美国、日本等工业先进国家十分重视管理，并认为之所以先进，是靠“三分技术，七分管理”。日本战后“经济起飞”就是靠“科技现代化”和“管理现代化”两个轮子。我们国家领导人多次强调“管理科学，兴国之道”，“今天到了要大力提倡改善和发展中国的管理科学的时候了”。

2.2.2.2 企业管理的发展

生产力的发展和生产关系的变化导致企业管理的发展，生产方式决定着管理方式，生产力的水平决定了企业管理的水平。

西方资本主义国家企业管理的发展，经历了传统管理、科学管理和现代管理三个阶段。

A 传统管理阶段

18世纪下半叶，西方国家爆发了产业革命，产生了资本主义工厂制度。工厂不同于原先的分散经营的手工业作坊，开始用机器生产代替手工生产，用动力、机械力代替人力。工厂主把劳动者、劳动对象和劳动工具集中在一起，共同进行产品的生产。随着工厂规模逐渐扩大，分工协作也逐渐复杂，生产方式也较前发生了变化。在开始阶段，管理者由资本家担任。后来由于管理工作日益复杂，管理工作逐渐成为一种专门的职业，出现了经理、厂长、工头和领班等资本家代理人，行使企业管理的职能。传统管理主要是解决怎样实行分工协作，保证生产过程正常进行，以及怎样充分利用人力、物力、财力，减少资本的耗费，降低生产成本，以取得更多利润的问题。但这时的管理还是小生产者管理方式，一切凭经验，因而传统管理也称为经验管理，其主要特点是：

（1）管理的指导思想是认为工人总是偷懒的，必须进行强制性的管理；

（2）管理的方式是家长式的独断专行；

（3）管理的依据是靠个人的经验和感觉，靠主观判断进行；

（4）管理的主要内容为生产管理、工资管理和成本管理。

B 科学管理阶段

科学管理是随着资本主义从自由竞争阶段向垄断阶段过渡而逐渐形成的。在这个阶段，企业生产规模更大、更集中，分工协作更加紧密，生产技术更加复杂，竞争更加激烈，阶级矛盾更加尖锐，每个企业使用了更多的设备、人员、原材料和资金。这些都要求生产本身必须加强计划性、组织性、协调性和控制性，要求实行标准化、专业化、定额化和数据化。因此单凭个人的经验和判断已不能有效地管理企业，要求按照社会化大生产和科学规律来进行管理。科学管理的代表人物有美国的泰罗、甘特和法国的法约尔等人。

泰罗原是一家钢铁公司的工人，通过刻苦自学，后来当了工头、工程师和总工程师。泰罗在长期的企业管理实践中，通过对工人的操作动作的测试研究，省去了多余的不合理的操作动作，制定出各种作业的标准操作方法；通过对工时消耗的工作日写实研究，制定了科学的劳动定额；通过对工资制度的研究，提出了有刺激性的差别计件工资制；通过对管理组织的研究，提出了管理职能与作业职能应分开等。泰罗研究的主要问题是工厂如何提高劳动生产率、降低成本问题。泰罗于 1911 年发表了《科学管理原理》一书，强调工厂的一切都可用明确的科学研究和调查统计得到的知识代替旧的经验判断，即通过生产过程的科学研究来达到提高功效的目的。他以经济学家的“经济人”思想作指导，在自己实践基础上把大家的零散经验加以系统化、科学化，完成了“泰罗制”理论，受到西方国家的重视，因此被誉为“科学管理之父”。

甘特重视发挥人的作用，重视精神鼓励，主张培养工人的勤奋习惯，让勤奋给工人带来先进技术、高工资、愉快感和自豪感。他在生产管理方面发明了横道线作业图表、被称为“甘特条形图”。这种图表使得管理机构对计划完成情况能一目了然，有利于生产过程控制。

法约尔对科学管理也做出了贡献。他于 1916 年发表了《工业和一般管理》一书，强调了管理的普遍性，即管理在所有机构（包括政治、军事、宗教）运行中的重要作用，从而克服了管理只局限于工厂的狭隘的观点。法约尔在书中还阐述了企业管理五大职能，即计划、组织、指挥、协调、控制。他把企业管理实践经验进行概括，使之系统化、条理化，因而对企业管理理论的研究产生了重大影响。

科学管理阶段的主要特点是：

（1）冲破了传统管理的观念，将实践经验上升为科学的管理理论；

（2）泰罗、甘特、法约尔等人所创立的科学理论和方法，对提高劳动生产率、降低成本、获取高额利润起了重要的作用；

（3）企业内开始实行计划管理、生产管理、劳动管理、物资管理、销售管理、质量管理、财务成本管理等多项专项管理，管理水平不断提高；企业内部的管理组织设计理论和方法趋于合理；

（4）技术与经济已密切结合。

这一阶段着重研究的还是工厂内部生产管理方面的问题，主要是解决属于生产组织及提高生产效率方面的问题，而对企业经营管理中的重大决策问题，还没有进行综合系统的研究。

C　现代管理阶段

20 世纪 40 年代进入现代管理阶段。第二次世界大战结束后，资本主义经济发展中出现了许多新的变化。科学技术和工业生产空前迅速发展，经济国际化，企业的规模进一步扩大，生产过程的连续化和自动化程度大大提高，技术更新的周期越来越短，市场竞争异常激烈，生产社会化程度空前提高。许多复杂产品和大型工程项目都需要组织大规模的分工协作，需要更加复杂的组织和控制。社会需求、市场需求和用户需求的变化越来越快，外部环境的变化更加捉摸不定。企业的经营目标、经营方针、经营决策是否正确，关系到企业的兴衰存亡。企业取得成功，不仅要靠先进的科学技术方法，而且要依靠发挥人的主动性、积极性和创造性。这就对企业管理提出更多、更高、更新的要求。现代管理理论应运而生。现代管理理论是以解决企业经营战略决策为中心的。现代管理理论主要有管理科学学派、系统管理学派、经验主义学派、决策理论学派、权变理论学派和行为科学学派等。

管理科学学派也称数理管理学派，其代表人物有美国的伯法等人。他们认为，管理就是用数学模型、程序对企业管理的一些职能，如对决策、计划、控制、组织等求出最优解，以实现企业目标，并把运筹学、电子计算机技术应用到企业管理中去。

系统管理学派的代表人物有卡斯特等人。他们认为，应用系统论的观点来考察和管理企业，即通过对系统中的相互依存关系的各个方面，进行全面分析来研究管理问题，有助于提高企业的效率。从整体出发考虑问题，能更有效地实现企业的总目标。系统管理理论在20世纪60年代最为盛行，许多人都以生产自动化系统和美国“阿波罗登月计划”等巨型工程项目成功的实例来证明系统管理的必要性。

经验主义学派的代表人物有美国的杜拉克等人。他们认为，企业管理学科的研究重点应该放在管理经验方面，对企业管理上成功和失败的案例进行研究和分析，从中总结出一些普遍规律，以便更好地指导今后的工作。

决策理论学派的代表人物有西蒙等人。该派理论是在第二次世界大战以后，综合吸收了行为科学、系统理论、运筹学和计算机科学等学科的内容而发展起来的。西蒙等人认为，决策贯穿管理的全过程，管理的关键是经营，经营的中心是决策，现代决策理论的核心是令人满意的准则代替传统决策理论的最优化准则。

权变理论学派认为，企业管理要根据企业所处的内外环境，要因事、因地、因人制宜，随机应变，没有什么一成不变、普遍适用的“最好的”管理理论和方法，有效的管理总是一种随机制宜的或因情况而异的管理。

行为科学学派的理论最初称为人际关系理论，其代表人物有美国哈佛大学心理学教授梅奥等人。他们认为，生产中起决定作用的是人。因此必须处理好人与人之间的关系，调动人的积极性和创造性。他们在20世纪20～30年代，进行了闻名世界的霍桑试验。他们认为生产效率的提高不完全取决于物质的、技术的因素，而且还受社会因素和精神心理因素的影响。工人不是单纯追求金钱的“经济人”，而是有社会和心理方面需要的“社会人”。这一重大发现，为以后的行为科学研究奠定了基础。该理论于1949年被正式定名为行为科学，到20世纪60年代发展为现代管理理论的一个重要学派。其主要理论有：

（1）马斯洛的“人类需要层次论”。马斯洛认为，人的行为取决于动机，而动机是由需要引起的，要调动一个人的积极性，必须尽量满足其需要。而人的需要是由低级到高级、从物质需要到精神需要发展的。他把人类需要归纳为五个层次，即生理需要、安全需要、社交需要、自尊需要和自我成就需要。要研究不同的人在不同时期的不同需要，只有尽量满足一个人当时的需要，使其内心满意，才能激发出内在动力。

（2）赫茨伯格的“双因素激励理论”。采取什么措施才能调动人的积极性？赫茨伯格于1959年提出“保健因素－激励因素理论”。保健因素，类似卫生保健的作用，只能预防疾病，不能增强体质、提高健康水平。与工作条件有关的外部因素为保健因素，如劳动条件、薪金等。保健因素如果低于雇员要求时，就会引起雇员不满，如果得到改善，也只能防止雇员的不满，并不能进一步调动雇员的积极性。只有工作本身的内在因素才是激励因素，如职务提升、上级赏识、工作有挑战性、卓有成绩等。只有这些才能使雇员内心满意，激发出内在动力。

（3）麦格雷戈的“X理论-Y理论”。1957年麦格雷戈对人性提出两种假说。一种假说是人的本性是恶，是好逸恶劳的，因此，要提高劳动效率，必须对人严加管理和监督，迫使其劳动。他称这种理论为X理论。另一种假说是人的本性是善，是愿意劳动的，有积极性和创造力，因此管理方式是诱导，激励内在动力，领导只要创造条件，人就能自觉地劳动，他称这种理论为Y理论。行为科学学者主张Y理论，反对X理论。

（4）弗隆的“期望理论”。弗隆认为，某一活动对于调动某一人的积极性、激发出人的内部潜力的激励力（M）的强度，取决于达成目标后对于满足个人需要的价值的大小——效价（V）与他根据以往的经验进行判断能导致该结果的概率——期望值（E），即

$$M = VE$$

这个公式实际上提出了在进行激励时，要处理好三方面的关系，这也是调动人们工作积极性的三个条件。

1）努力与绩效的关系。人总是希望通过一定的努力，能够达到预期的目标。如果个人主观认为通过自己的努力达到预期目标的概率较高，就会有信心，就可能激发出很强的工作热情。但如果他认为再怎么努力，目标都不可能达到，就会失去内在的动力，导致工作消极。但能否达到预期的目标，不仅仅取决于个人的努力，还同时受到员工的能力和上司提供支持的影响。

2）绩效与奖励的关系。人总是希望取得成绩后能够得到奖励，这种奖励既包括提高工资、多发奖金等物质奖励，也包括表扬、自我成就感、同事的信赖、个人威望提高等精神奖励，还包括得到晋升等物质与精神兼而有之的奖励。如果他认为取得绩效后能够得到合理的奖励，就可能产生工作热情，否则就可能没有积极性。

3）奖励与满足个人需要的关系。人总是希望获得奖励能够满足自己某方面的需要。然而由于人们各方面的差异，他们需要的内容和程度都可能不同，因而，对于不同的人采用同一种奖励能满足需要的程度不同，能激发出来的工作动力也就不同。

（5）波特和劳勒的“激励理论”。这个理论以期望理论为基础，导出了一种本质上更加完善的激励模式，比较全面地说明了整个激励的过程，如图1-5所示。

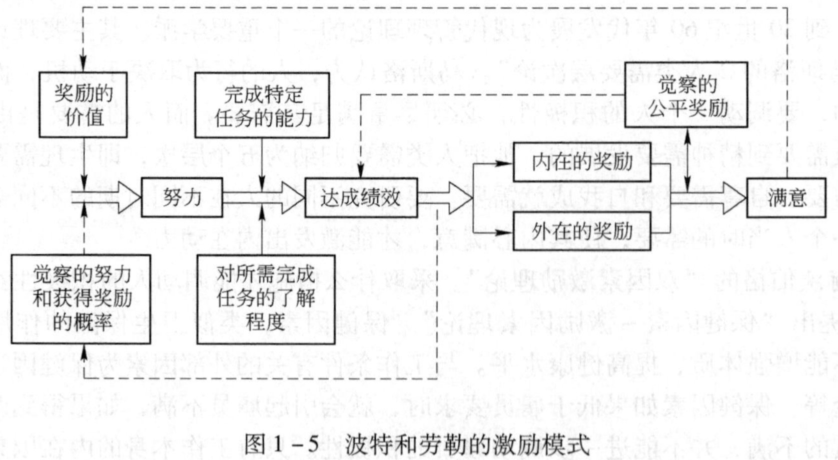

图1-5 波特和劳勒的激励模式

从图1－5中，我们可以归纳出该理论有几个基本点：

1）个人是否努力以及努力的程度不仅仅取决于奖励的价值，而且还受到个人觉察出来的努力和受到奖励的概率的影响。但所需做出的努力和实际取得奖励的概率又要受到实际工作业绩的影响。

2）个人实际能达到的绩效不仅取决于其努力的程度，还受到个人能力的大小以及对任务了解和理解程度深浅的影响，特别是对比较复杂的任务，就显得更为重要。

3）个人所应得的奖励应当以实际达到的绩效为前提。要使个人看到，只有完成了组织的任务或达到目标时，才会受到奖励。这样，奖励才能激励个人努力去达到组织目标。这些奖励既可以是外在的，如奖金、工作条件和地位，也可以是内在的，如成就感或自我实现感。

4）个人对于所受到的奖励是否满意以及满意的程度如何，取决于受激励者对所获报酬的公平感。如果受激励者感到公平，就会导致满意；否则就相反。

5）个人是否满意以及满意的程度将会反馈到其完成下一个任务的努力过程中。满意会导致进一步的努力，而不满意则会导致努力程度的下降甚至离开工作岗位。

波特和劳勒的激励模式，是对激励系统比较全面和恰当的描述。它告诉我们，激励和绩效之间并不是简单的因果关系。要使激励能产生预期的效果，必须考虑到奖励内容、奖励制度、组织分工、目标设置、公平考核等一系列的综合性因素。

综上所述，自20世纪50年代以来，现代管理理论派别林立，哈罗德·孔茨称之为“管理理论丛林”。但归纳起来，现代管理理论主要有两大学派，管理科学派和行为科学派。两大派理论虽各有不同观点，互相争论，但它们都是从不同角度研究管理问题的。管理科学派主要从生产力角度研究管理问题，行为科学派则主要从生产关系角度研究管理问题。所以，两大派理论不是互相排斥，而是互相补充的，共同推动现代管理理论的发展。

现代管理理论同科学管理理论相比，主要有以下特点和趋势：

（1）崇尚企业文化建设，用企业精神、共同价值观统一企业职工的行为。企业文化是20世纪80年代出现的一种最新管理，它一出现就被世界管理界所重视。美国《幸福》杂志曾载文说：“没有强大的企业文化，即价值观和哲学信仰，再高明的经营战略也无法成功。企业文化是企业生存的基础、发展的动力、行为的准则、成功的核心。”

（2）强调人本主义原理，注重人力资源开发与管理。企业管理以人为中心，注重调动人的积极性，注重提高职工的知识和能力水平，把企业目标与个人目标结合起来。企业领导者要创造一种环境使全体职工均能贡献其才能于组织目标的达成，增强职工对企业生产经营成果的关心，激发职工实现资本增值的积极性。

（3）战略管理成为企业生存和发展的关键问题。现代企业管理的理论与实践证明，企业要取得成功，获得竞争优势，不仅依赖于企业外部环境和市场的变化，更依赖于企业内部核心能力的精心培育；不仅着眼于企业的“今天”，更着眼于企业的“明天”；不仅着眼于国内市场，更着眼于世界市场。因此，对企业未来发展战略的研究，应作为企业管理的重中之重。

（4）加强研究与开发，提倡技术创新。当今世界科学技术迅速发展，用户需求多样化，新产品层出不穷，企业能否进行技术创新、不断提高技术水平是关系到一个企业生死存亡的关键问题，故许多公司都设有强大的科研基地和技术开发中心，投入大量的人力和财力，从事高、精、尖新技术和新产品的研究开发。

（5）现代信息技术发展导致企业管理发生了深刻的变革。信息化渗透到企业管理的各个层面，信息技术已形成了全球范围的网络。这一变化大大促进了全球经济一体化的进程，市场的国际化造成了竞争的国际化。虚拟企业、企业再造、网络营销等管理模式的创新，使企业管理的内容和方法发生了崭新的变化。保持企业的管理创新能力是每一个企业都应认真思考的课题。

2.2.3 现代企业管理原理

企业管理原理是对管理工作的实质及其规律性的总结，对做好管理工作有普遍指导意义。企业管理原理主要有以下几种：

（1）系统原理。系统原理要求运用系统理论对管理工作进行分析研究，以达到现代化管理的优化目标。所谓系统，是由若干个相互作用和相互联系的要素综合成的具有特定功能的有机体。作为一个系统，一般具有以下特征：

1）全面性。管理必须有全局观点，必须有一个全面的统筹规划。头痛医头、脚痛医脚的办法是现代管理的大忌，管理追求的是整体优化目标。

2）目的性。系统都是有某种特定的目的，不同系统有不同的目的，应针对不同系统的不同目的进行不同的管理。企业系统的目的就是满足市场需要，获得经济效益。

3）层次性。任何复杂的系统都具有一定的层次结构。企业系统的规模和层次确定后，管理是否有效，以及效率的高低，在很大程度上将取决于能否分清层次，明确每一层次各自的功能、任务和责、权、利，领导只做领导的事，各层只做各层应做的事。

（2）能级原理。能在物理学中是做功的量。在现代管理活动中，则表示为个体的能力。级，即层级，在管理系统中表示内部的结构、秩序、层次。能级原理，就是指管理的组织结构与组织成员的能级结构必须相互适应和协调，这样才能提高管理效率，实现组织目标。

如何在管理系统中应用能级原理呢？

1）管理能级必须按层次具有稳定的组织形态，这是管理系统正常运转的先决条件。稳定的管理能级结构应当是正三角形或正宝塔形。倒三角形、倒宝塔形或菱形都会形成多头领导，呈现出不稳定的状态。对一个完整的管理系统而言，管理正三角形一般可分为四个层次，最高层是决策层，它决定这个系统的大政方针，它的根本任务是把这个系统办成什么样的模式；第二层次是管理层，它运用各种管理职能来实现决策目标；第三层次是执行层，具体贯彻执行管理指令，直接组织人财物等方面的管理活动；最低层是操作层，直接从事操作和完成各项具体任务。四个层次的使命不同，标志着四大能级差异。

2）不同的能级应该表现出不同的权力、责任和利益。权、责、利是能量的一种外在体现，必须与能级相对应。对各级管理者要贯彻在其位、谋其政、行其权、负其责、取其酬、获其荣、惩其误这一能级原则。有效的管理，不是扯平或消灭这种权和利上的差别，而是要给予相应于能级差别的待遇差别，从而把外在压力和内在动力结合起来。

3）各类能级必须动态地对应。各种管理岗位有不同的能级，人也有各种不同的才能，现代管理不仅要使相应才能的人处于相应能级的岗位上，人尽其才，各尽所能，而且要动态地实现能级对应，岗位能力和人的才能都是发展变化的，只有这样才能充分调动

"能者"的积极性，取得最佳的管理效能。

(3) 整分合原理。现代企业管理的对象是一个很复杂的社会经济系统，是由相互联系的各要素或子系统构成的有机整体。其固有的特性决定了管理者必须在充分了解系统的环境、整体性质、功能的基础上确立总体目标；然后根据总体目标进行合理的分工或分解，以形成有序的系统结构体系；最后，再按整个系统的内在必然联系，科学地进行组织综合。这种对系统的"整体把握、科学分解、组织综合"的要求就是整分合原理，即它是为了实现向效率管理，在整体规划下明确分工，在分工基础上进行有效的综合。因而在这个原理下，整体是前提，分工是关键，综合是保证。

(4) 反馈原理。反馈是控制论的一个极其重要的概念。所谓反馈原理就是管理组织必须对环境变化和每一步行动结果追踪了解、及时掌握动态，把行动结果与原来的目标进行比较，找出差距及时纠正，以达到组织预定目标。由于企业面对的客观实际是不断变化的，因此，要有灵敏、准确、有力地反馈。对反馈的要求是：

1）灵敏。灵敏就是及时发现管理目标与客观实际之间的矛盾和变化的信息，也就是要及时发现问题和情况。

2）准确。准确就是对信息进行过滤和加工，去伪存真，使形成的信息准确可靠，只有这样才能找出事物的内在联系。

3）有力。有力就是把分析过的信息形成指挥中心的指令。要强有力，以修正原来的管理工作，使之更符合于实际情况，获得更大的效益。

由此可知，反馈包括三个过程：感受、分析和判断。在现代企业管理中，要能有效而正确地指挥，企业必须建立强有力的反馈系统。领导者的才能表现为善于在反馈系统的信息和智囊团提供可选择的方案中作出正确的决策，只有决策、执行、反馈、再决策、再执行……如此无穷地螺旋式上升，管理才能不断完善和提高。

(5) 闭环原理。任何社会组织都是一种开放系统，系统内部与外界环境存在物质、能量、信息的交换。但是，作为一个企业的管理系统，管理手段和过程必须构成相对连续封闭的回路循环，周而复始地进行。管理系统的闭环图如图1－6所示。

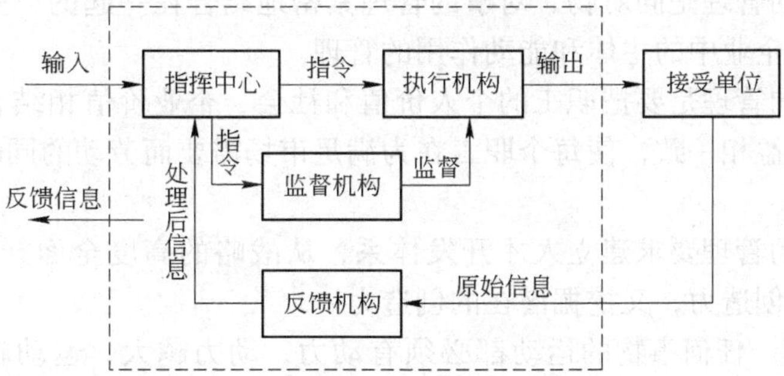

图1－6　管理系统闭环图

以管理机构而言，执行机构必须准确无误地贯彻指挥中心的指令，没有准确的执行，就没有正确的输出，也就没有正确的反馈，反馈原理也就无法实现，管理就失去了活力。反馈机构根据实际执行结果，提出修正指令的可供决策的方案。所有指挥中心、执行机构、监督机构和反馈机构都应互相联系、互相制约，构成一个闭环回路，这样才能使管理顺畅，运转自如。

管理活动离不开信息，信息贯穿于闭环系统的全过程，管理系统必须具有及时传递信息和灵敏捕捉信息的、最为完美的信息系统。为了更有效地为管理活动提供及时准确的信息，许多企业都已独立形成了专门的管理信息系统（MIS），这已成为一切管理活动的前提和保证。

(6) 弹性原理。弹性在物理学中是物体在外力作用下形变的恢复能力。管理的弹性原理是指管理活动必须充分保持弹性，以便及时适应客观事物各种可能的变化，从而有效地实现动态管理。简言之，弹性原理是指管理在客观环境下为达到管理目标的应变能力。

企业是属于社会大系统中的一个子系统，与社会有着密切的联系，企业生产所需的各种资源是由社会供给的，而企业生产的产品又是提供给社会公众消费的。环境的变化将直接影响企业的输入和输出，而外部环境对企业来说是千变万化的不可控因素。企业虽然可以通过各种预测技术，了解社会的要求，以使自己的输出更符合用户的需要，但预测与未来发生的实际情况总会有一定程度的差异。因此，管理必须留有可调整余地，在各种不确定因素发生时，能灵活机动地进行调整，使企业具有应变适应能力。

从管理的特性看，管理所碰到的问题从来不是单因素的，而总是多因素的，它们错综复杂地联系在一起。因此，在管理过程中，不仅要抓住主要因素，而且不可忽视细节，科学的管理必须考虑一切可能的因素，综合平衡，以求得整体经济效益。

(7) 人本原理。人是企业系统的基本组成要素，现代管理思想把人的要素放在第一位，因为管理对象的诸要素和管理过程的诸环节都是需要人去掌握和推动的，所以现代管理活动的核心主要是调动人的积极性。所谓人本原理就是强调人在管理中的核心地位和作用，把人的因素放在首位，要求管理者在一切管理活动中要十分重视处理人与人之间的关系，充分调动人的主动性和创造性，把做好人的工作作为管理的根本。人本原理的基本内涵为：

1) 人本原理的管理主体是人，是具有一定政治素质、科学文化素质和操作技能的企业广大职工。

2) 以人为本的管理是同对物、对事的管理紧密地结合在一起的，是在三者管理的紧密结合中突出人在企业中的主体和能动作用的管理。

3) 以人为本的管理是要把职工的个人价值和社会、企业价值相结合，使职工个人利益和国家、企业利益相一致，使每个职工在为满足市场需要而劳动的同时，也是在为满足个人的需要而劳动。

4) 以人为本的管理要求建立人才开发体系，从战略的高度全面开发企业人力资源，既开发职工现有的创造力，又挖掘潜在的创造力。

(8) 动力原理。任何事物的运动都必须有动力，动力越大，运动越快。要使管理活动持续而有效地进行下去，也必须有强大的动力。而管理活动都是靠人的行为来推动的，人的行为动力来源于人的种种需求。只有在探寻各方面要求的基础上，尽可能满足各方面的要求，建立强有力的动力源，人的行为才有可能朝着有助于组织整体目标实现的方向运动。这就是管理的动力原理。动力有三种基本类型：

1) 物质动力。辩证唯物主义告诉我们，物质是第一性的，正是物质的存在，决定了人们的意识。所以，物质动力是根本的动力。物质动力不仅是个人的物质刺激，更重要的是组织的经济效益提高。经济效益是检验管理实践好坏的标准，是现代管理的灵魂。企业的本性就是赢利，故必要的奖金、及时的晋级、加薪等物质刺激也是现代管理的有效杠杆。

2）精神动力。人是要有一点精神的，精神动力既包括政治信仰、先进思想、爱国主义与集体主义精神，也包括先进称号、奖状、表扬等精神刺激，还包括日常思想政治工作。精神动力不仅可以补偿物质动力的缺陷，而且本身就有强大的能动作用，在特定条件下，它还可以成为决定性的动力。特别是当物质生活越来越丰富的时候，人的精神追求也就越来越丰富，精神的追求必须用精神的激励来满足。思想政治工作是一门管理科学，也是我们党的光荣传统，我们要充分发挥思想政治工作的作用，有力地促进管理工作。

3）信息动力。从管理角度看，信息是一种超越物质和精神的、具有相对独立性的推动力。信息沟通可对人的行为产生特殊的推动作用。通过信息沟通可以使下属充分了解上级的指令、政策的意图，积极主动地工作；可以使上级了解下属的要求，制定正确的符合实际的政策措施。有的信息往往会激发职工的潜力，表现为积极性和自我完善的努力；有的信息冲击产生的压力会转变成你追我赶的竞争动力。因此，善于运用信息刺激作用，可以收到物质刺激和精神激励无法实现的效果。

2.2.4　现代企业管理职能

企业管理职能是指企业领导者为了实行有效管理所必须具备的基本功能，一般包括以下五个职能：

（1）计划职能。计划职能就是在目标既定的前提下，进一步根据实际，科学地、及时地预计和制定为达到一定目标的未来行动方案。

实际上，计划就是预先决定四个问题，即做什么、如何做、何时做、谁去做。

计划所要解决的难点是如何在我们目前所处的现状和要达到的目标之间架设一座桥梁，使我们明确方向，估计将会出现一些什么样的问题，并提出解决问题的办法，以便尽快达到目标。

计划职能在整个管理过程中处于重要而独特的地位，是整个管理活动的基础，是企业管理的首要职能，起龙头作用，已成为企业生存的必要条件。它具有普遍性，且致力于目标的实现。

计划职能具体包括的内容有：

1）调查和研究未来的发展变化，作出正确的预测；

2）决定计划目标、企业经营方针和政策；

3）编制完成计划目标的生产经营计划以及各项专业活动的具体行动计划；

4）计划的修正、检查与评价等。

（2）组织职能。企业为了实现组织的既定目标有效地进行生产经营活动，必须把企业的全体人员组织起来，合理进行分工协作。组织职能就是把企业生产的各要素、各生产环节、各部门从分工协作上、相互关系上和时间空间的结合上，科学地划分职责，组成一个协调一致的整体，在实现既定目标中获得最大的效率。

组织职能具体包括的内容如下：

1）按照企业计划任务和目标的要求，建立合理的组织机构和职能部门；

2）按照业务性质进行分工，确定各个部门的职责范围；

3）按照所负的责任给予各部门、各管理人员相应的权利；

4）明确上下级之间、个人之间的领导和协作关系，建立信息沟通的渠道；

5）招聘和配备适合工作要求的人员。

（3）指挥职能。指挥是指通过下达命令、指示等形式，使系统内每个人的意志服从于一个权威的统一意志，将计划变成全体成员的统一行动，使全体成员履行自己的职责，全力以赴地完成所担负的任务。

指挥是一种执行性的管理职能，是管理者在一定的组织系统内，以自己的权威使被管理者服从自己的意志而实施决策目标和计划的一种管理活动。

（4）协调职能。协调是企业管理的一项综合性的职能。它是指协调企业内部各级、各部门的工作，协调各项生产经营活动，使它们能建立良好的配合关系，消除工作中的不和谐、不平衡现象和存在的矛盾，以便为实现组织目标创造良好的环境。协调可分为上下级领导人员和职能部门之间活动的纵向协调、同级各单位之间活动的横向协调。

（5）控制职能。控制是指接受企业内外的有关信息，按既定目标和标准对企业的生产经营活动进行监督、检查，发现偏差，采取纠正措施，使工作能按原定的计划进行或适当地调整计划，以达到预期目的的管理活动。要搞好控制，需要三个基本条件：

1）必须确立标准，这是进行控制的依据；

2）必须能得到表示实际结果与标准结果偏差的信息，即对作业执行情况进行监督、检查、测定；

3）必须有可能采取措施来纠正实际结果与标准结果的偏差。

对企业来讲，控制职能包括管理人员为保证实际工作与计划目标一致而采取的一切活动，如对生产经营计划的编制和执行情况的控制、对产品质量的控制、对财务成本的控制、对职工行为的控制等。

以上各种管理职能并不是独立存在的，而是密切联系的，是在同一管理过程中实施的。这就是管理职能的总体性，管理是个过程，是以计划为出发点、顺次进行而达到企业目的的过程。

2.2.5 冶金企业管理及其发展

我国钢铁企业的管理，大体经历了一个从分散管理向集中管理发展的过程。

新中国成立初期，我国钢铁企业都采用分散的管理方式，全厂没有统一管理业务的机构，而将管理的业务全部分散在各生产车间（或车间性厂）完成。这种管理方式有明显的弊病，表现在企业的生产秩序不够正常，经常产生上下工序之间的矛盾和失衡。在一些企业中由于管理不善，大量出现非计划产品积压和滞销，有损全局的抢领原材料的现象时有发生。由于企业的责任制没有建立或健全，日常生产中经常出现一些矛盾和纠纷；缺乏专门的机构和程序处理，使许多领导陷入杂乱的事务圈子，降低了企业的生产效率。人们发现分散的管理方式难以适应钢铁工业日益发展的需要。从1950年开始，钢铁企业全面学习了苏联企业管理的经验，在管理方面进行了一系列的革新，采用半集中一贯的管理方式。各企业先后建立起生产处（科），作为统一管理的职能机构，加强了对作业计划编制及生产进度控制的集中管理。到20世纪70年代中期，许多钢铁企业在“工业学大庆”

的基础上，建立了总调度室制。到1977年底，我国几乎所有的大型钢铁企业都陆续设立了总调度室，进一步加强了生产管理集中化程度。当然，这个时期对生产管理的集中程度是有限的，集中管理的对象主要限于铁水分配、钢锭分配，炼钢的旬、日作业计划等；对轧钢等成品生产基本没有集中管理，由各车间或车间性厂根据订货情况自行组织生产，如合同处理、材料申请、作业计划编制、实绩收集整理等业务，企业的生产处室都没有进行集中的控制和调整。

实践证明，通过设立生产处及总调度室强化生产管理，对有效配置生产要素，提高生产效率，组织均衡生产，按合同满足用户对钢铁产品品种、质量、数量、交货期的要求，提高企业的竞争能力，有明显的成效。加强集中管理，是我国钢铁企业管理发展的必然趋势。1980年，我国第一个具有世界一流技术装备的现代化大型钢铁联合企业——宝钢自投产后，参照日本钢铁企业的经验，引进和发展了集中一贯的管理方式，从而突破了原有钢铁企业管理的传统模式。如果把解放初期的分散的管理方式作为我国钢铁企业生产管理体制发展的第一阶段，50年代开始采用的半集中一贯的管理方式为第二阶段，则从宝钢开始采用的集中一贯的管理方式，标志着我国钢铁企业管理体制的发展已进入了第三个崭新的阶段。

思考与练习

1-1　什么是企业制度，企业制度的具体形态有哪些？
1-2　什么是现代企业制度，现代企业制度的基本特征是什么？
1-3　企业出资者所有权的含义是什么？
1-4　如何理解企业法人财产所有权？
1-5　现代企业产权制度包括哪些内容？
1-6　现代企业如何选择适合自身发展的组织制度？
1-7　现代企业管理制度包括哪些内容？
1-8　什么是管理，什么是企业管理？
1-9　管理和现代企业管理的职能是什么？
1-10　现代企业管理的研究对象和内容是什么？
1-11　现代企业管理主要原理有哪些，你还能列举哪些？
1-12　钢铁企业先进的管理模式是什么？

情景 2

冶金企业战略管理

学习目标

1. 知识目标

- 掌握企业战略管理的概念与基本理论；
- 了解企业战略管理的特征和功能；
- 熟悉企业战略管理的层次与系统；
- 熟知企业战略的选择实施与评估。

2. 技能目标

- 掌握企业战略管理过程中内外环境分析的方式、方法，并能根据实际情况选择与之相适应的企业战略模型。

单元 3　企业战略管理基本内容

3.1　冶金企业战略管理及过程

3.1.1　冶金企业战略管理性质及特征

3.1.1.1　战略管理性质

战略管理（strategic management）是指对公共组织在一定时期的全局的、长远的发展方向、目标、任务和政策，以及资源调配作出的决策和管理艺术。战略管理是一个不确定的过程，因为公司对于危险和机遇的区别有不同的理解。

企业战略管理是企业确定其使命，由组织外部环境和内部条件设定企业的战略目标，为保证目标的正确落实和实现进度谋划，并依靠企业内部能力将这种谋划和决策付诸实施，以及在实施过程中进行控制的一个动态管理过程。

3.1.1.2　战略管理的特征

（1）长期性和全局性。长期性是指战略制定的着眼点应该放在未来而不是目前。全局性指企业战略是根据企业总体发展的需要而制定的，它所追求的是企业的整体效果，因而是一种总体决策。

（2）创新性和竞争性。创新性是指企业战略不仅强调开辟新的经营领域，做新的事业，更强调摆脱和淘汰过时、低效、陈旧观念的束缚，倡导逆向思维。竞争性是指注重与竞争对手的抗争，市场如战场，现代的市场总是和激烈的竞争密切相关的。企业战略之所以产生和发展，就是因为企业面临着激烈的竞争和严峻的挑战，而企业制定战略就是为了获得竞争优势，击败竞争对手，保证自己的生存和发展。

（3）风险性和应变性。风险性指战略所涉及的是目前决策的未来性，而未来则充满着许多不确定的因素，具有很大的随机性，能否把握未来内外环境因素的变化、作出重大战略决策显然带有很大的风险性。应变性指战略制定并不是一种消除风险的企图，而是建立一种承担风险的机制和培养对风险出现的应变能力，争取获得更大的效益。

3.1.2　冶金企业战略管理过程

战略管理过程包括战略分析、战略制定与战略实施三个环节，如图 2－1 所示。战略管理过程的三个环节是相互联系、循环反复、不断完善的一个过程。

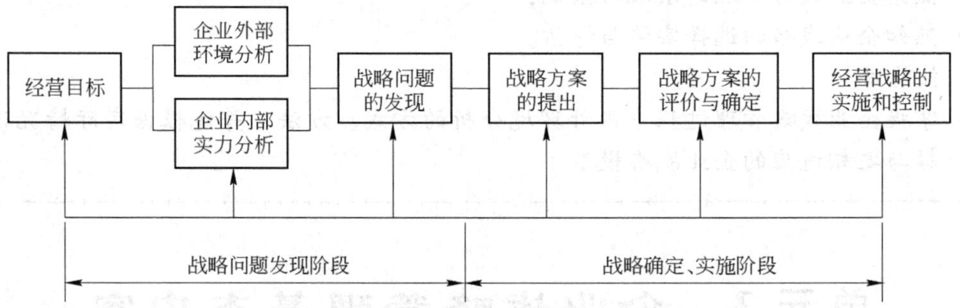

图 2－1　战略管理过程

3.1.2.1　战略分析

战略分析是指对影响企业现在和未来生存与发展的一些关键因素进行分析，这是战略管理的第一步。战略分析主要包括外部环境分析、内部环境分析和战略目标的设定三个方面。

（1）宏观环境分析。

1）政治因素。政治因素包括国家和企业所在地区的政局稳定状况，执政党所要推行的基本政策以及这些政策的连续性和稳定性。

2）经济因素。经济因素主要考虑宏观经济总体状况、中央银行或各专业银行的利率水平、劳动力的供给、消费者收入水平、价格指数的变化（通货膨胀率）等。对于跨国经营的企业还应考虑关税种类及水平、国际贸易的支付方式、东道国政府对利润的控制、税收制度等。

3）技术因素。技术因素主要从两方面影响企业战略的选择：一方面，技术革新为企业创造了机遇；另一方面，新技术的出现使企业也面临着挑战。

4）社会因素。社会因素包括社会文化、社会习俗、社会道德观念、社会公众的价值观念、员工的工作态度以及人口统计特征等。

（2）行业及产业环境分析。

1）行业竞争性分析。行业竞争性分析主要是分析行业中企业的竞争格局及本行业和其他行业的关系。按照波特的观点，一个行业中存在着以下五种基本竞争力量：行业内的竞争者，造成现有企业间的竞争；潜在进入者造成新进入者的威胁；替代产品造成替代产品或服务的威胁；供应商的讨价还价能力；购买者的讨价还价能力。

2）产业内部结构分析。产业内部结构分析是用来解释在同一产业中，企业间在经营上的差异以及这些差异与他们战略地位的关系。

(3) 竞争对手分析。大部分行业中的企业，相互之间的利益都是紧密联系在一起的，作为企业整体战略一部分的各企业竞争战略，其目标都在于使得自己的企业获得相对于竞争对手的优势，所以，在实施中就必然会产生冲突与对抗现象，这些冲突与对抗就构成了现有企业之间的竞争。现有企业之间的竞争常常表现在价格、广告、产品介绍、售后服务等方面，其竞争强度与许多因素有关。对竞争对手的分析有四种诊断要素，即竞争对手的长远目标、竞争对手的现行战略、竞争对手的假设和竞争对手的能力。

(4) 内部环境分析。内部战略环境是企业内部与战略有重要关联的因素，是企业经营的基础，是制定战略的出发点、依据和条件，是竞争取胜的根本。在《孙子兵法·谋攻篇》中，孙子曰："知己知彼，百战不殆；不知彼而知己，一胜一负；不知彼不知己，每战必殆。"因此，企业战略目标的制定及战略选择既要知彼又要知己，其中"知己"便是要分析企业的内部环境或条件，认清企业内部的优势和劣势。企业内部环境或条件分析的目的在于掌握企业历史和目前的状况，明确企业所具有的优势和劣势。它有助于企业制定有针对性的战略，有效地利用自身资源，发挥企业的优势；同时，避免企业的劣势，或采取积极的态度改进企业劣势，扬长避短，更有助于百战不殆。

企业内部环境分析的内容包括很多方面，如组织结构、企业文化、资源条件、价值链、核心能力分析、SWOT 分析等。按照企业的成长过程，企业内部环境分析又分为企业成长阶段分析、企业历史分析和企业现状分析等。企业成长阶段分析就是分析企业处于成长阶段模型的哪一个阶段，然后有针对性地制定企业发展战略，对症下药。企业历史分析的内容包括企业过去的经营战略和目标、组织结构、过去几年的财务状况、过去几年的人力资源战略以及人力资源状况（包括人员的数量及质量）等。企业现状分析的内容包括企业现行的经营战略和目标、企业文化、企业各项规章制度、人力资源状况、财务状况、企业研发能力、设备状况、产品的市场竞争地位、市场营销能力等。

3.1.2.2 战略制定

战略分析为战略制定提供了坚实的基础。战略制定主要包括四部分内容：公司战略、竞争战略、职能战略以及战略方案的选择。

3.1.2.3 战略实施

企业战略方案一经选定，管理者的工作重心就要转到战略实施上来了。战略实施是贯彻、执行既定战略规划所必需的各项活动的总称，也是战略管理过程的一个重要部分。显而易见，如果精心选择的战略不付诸实施，或不认真地组织实施，则以前的努力就会付诸东流；反之，不但可以保证好的战略取得成功，而且可以克服原定战略的某些不足，使之趋于完善，最终获得成功。

战略制定的关键在于其正确性，战略实施的关键在于其有效性，战略实施的成败取决于能否把实施战略所必需的工作任务、组织结构、人员、技术、资金等经营资源及各项管理职能有效地调动起来加以运用。

3.2　冶金企业战略的制定、实施、评估与控制

3.2.1　企业战略的制定

3.2.1.1　企业战略制定的程序

战略制定是企业的决策机构组织各方面的力量，按照一定的程序和方法为企业选择适宜的经营战略的过程。战略制定的一般程序如图2-2所示。

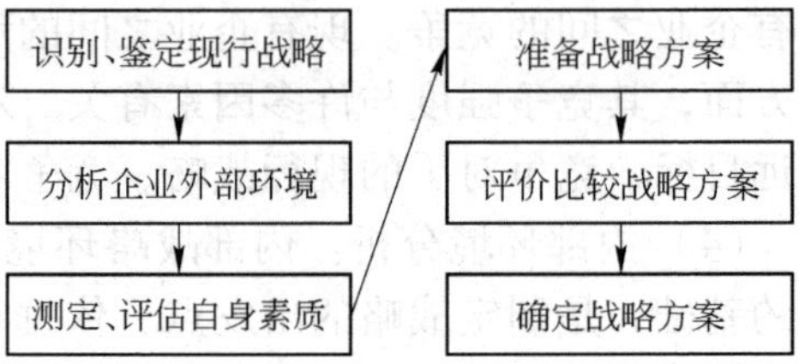

图2-2　战略制定的一般程序

(1) 识别和鉴定企业现行战略。在企业运营过程中，随着外部环境的变化和企业自身的发展，企业的战略也应该作相应的调整和转化。然而，要制定新的战略，首先必须识别企业的现行战略是否已不适应形势。战略的制定并不是一个规则的、连续的过程。美国著名的管理学者亨利·明茨伯格指出：“战略制定的开始和配合常常是一种非规则、非连续的过程。在战略的形成过程中虽然有一段稳定的时期，但是也有波动、探索、逐渐变化以及全部改变的时期。”战略制定的非规则性，要求战略管理人员必须根据现有的经营成果不断评审企业战略。

现有经营成果要与当前目标（期望的成果）进行比较。如果成果等于或大于当前目标，现行的战略和政策是适当的。然而，如果经营成果低于期望目标，就要认真做好战略制定工作。识别和鉴定企业现行的战略是制定新战略的前提。只有确认现行战略已不适用时，才有必要制定新战略。同时，也只有在认清现行战略缺陷的基础上，才能制定出较为适宜的新战略方案。

(2) 分析企业外部环境。调查、分析和预测企业外部环境是企业战略制定的基础。在分析外部环境时，战略管理人员必须考察宏观和特定经营环境中，对企业成功有巨大影响的各种战略因素。通过环境分析，战略制定人员应认清企业所面临的主要机会和威胁，觉察现有和潜在竞争对手的图谋和未来的行动方向，了解未来一段时期内社会、政治、经济、军事、文化等的发展动向，以及企业由此而面临的机遇和挑战，从而制定出切实可行的战略方案。

(3) 测定和评估企业自身素质。企业通过测定和评估企业的各项素质，摸清自身的状况，明确自身的优势与劣势。在评价内部环境时，应该考虑的关键内部变量是企业的组织结构、企业各种资源、企业文化和企业管理状况。企业内部如果具有某方面的优势，可以促进战略的形成与合理实施；而企业内部如有某种经营劣势，则会危害战略的实施。

(4) 准备战略方案。根据企业的发展要求和经营目标，依据企业所面临的机遇和机会，列出企业所有可能达到经营目标的战略方案。要尽可能多地准备备选方案，如果初看起来只有一种方案，这时一定要倍加小心。因为，往往不是只有一种方案，而是没有发现

其他的信息或方案。

（5）评价和比较战略方案。企业根据股东、管理人员以及其他利益团体的价值观和期望目标，确定战略方案的评价标准，并依照标准对各项备选方案加以评价和比较，对各个战略备选方案进行可行性分析，做出使用与否的评价。

（6）确定战略方案。在评价和比较战略方案的基础上，企业选择一个最满意的战略方案作为正式的战略方案。有时，为了增强战略的适应性，企业往往还会选择一个或多个方案作为备选的战略方案。确定战略的过程中，为了减少风险或增加机遇，有关管理人员可对某些次要目标及其措施做出适当调整。

3.2.1.2　企业战略制定的方式

高层管理人员的观点对企业目标和战略具有很大的影响，这种观点决定着企业在制定战略时所使用的方式与方法。为此，亨利·明茨伯格提出了制定战略的三种基本方式，即创业型方式、适应型方式和计划型方式。表2－1中列出了每种方式的特点。

表2－1　三种战略制定方式的特点

项　目	方式种类		
	创业型方式	适应型方式	计划型方式
决策动机	创造	反应	创造与反应结合
组织目标	成长	不明确	有效性与成长结合
方案评价	决定	决定	分析
决策主体	创业者	谈判	管理者
决策视野	长期	短期	长期
环境偏好	不确定	确定	风险
决策联系	松散结合	相互脱节	相互结合
方式灵活性	灵活的	适应的	受约束的
行动范围	大胆决策	逐渐前进	总体战略
方向识别	总体	无	具体
运用条件	当机立断	协调配合	管理决策
权力来源	创业者	分工	管理者
组织环境	易变化	复杂动态	可预测、测定
组织规模	小而强	中型	大型

（1）创业型方式。企业战略由一个拥有实权的人来制定。制定战略的重点是寻找机会，解决问题则放在第二位。创业者个人提出的方向指明企业战略、广泛而大胆的决策是企业战略的显著特点。主要的目标是使企业获得成长。

这种方式的缺陷是：战略计划的形成不按照科学原则与方法进行，也不遵循一定程序。由于是个人的决策，不能集思广益，也缺少深入分析，战略的内容显得简单，决策比较草率。

（2）适应型方式。这种制定战略方式的特点是在问题发生后，才做出解决问题的反应，而不是提前主动地寻找新的机会。与创业型方式相同，适应型方式也含有创新的内容，只是由于企业环境的复杂性与动态性，一般高级主管不敢轻举妄动，而是重视信息的反馈，逐步地、循序渐进地调整战略内容。然而，有时前后战略之间缺乏内在的有机联系。在这种方式下，战略的制定及战略内容，往往依据企业高级主管的学识、经验及能力而定。所以，其成效对企业主管来讲，是一种严峻的挑战。

（3）计划型方式。在这种方式下，分析人员承担制定战略的主要责任。战略计划工作既包括提前主动寻找新的机会，又包括及时解决现有的问题。同时，运用系统的综合分析方法，确定各种综合企业决策过程的经营战略，提供企业高层管理人员决策。以这种方式制定战略，主要依据知识基础和系统思想；战略制定过程比较审慎，合乎逻辑；其内容比较广泛、深入和复杂。采用这种方式，除需要借助企业计划与参谋人员的智慧外，还要依靠高级主管的决断，才能发挥成效。

在创业型方式中，高层管理人员认为环境是可利用和可控制的力量。在适应型方式中，高层管理人员认为环境太复杂，很难获得全面了解。而在计划型方式中，高层管理人员认为系统地考察和分析环境，能够充分了解企业如何影响环境并使之有利于企业这一特点，能够充分了解环境对企业优势的影响所用的具体计划工作方式，反映高层管理人员对企业环境的认识。如果按照这三种战略制定方式对企业高层管理人员进行分类，就能更好地了解怎样作出关键决策及其原因。如果根据企业的使命、目标、战略和政策考察这些决策，就能确定所采用的战略制定方式是否适宜。当然，制定战略的方式，可以随企业规模的增大和复杂程度的提高，或者随高层管理人员的变更而改变。

3.2.1.3　企业战略制定的方法

制定企业战略是企业最高领导层的首要职责。但是，不同类型与规模的企业以及不同层次的管理人员，在制定战略方案的过程中有着不同的方法。小规模的企业，所有者兼任管理人员，其战略一般都是非正式形成的，主要存在于管理人员的头脑之中，或者只存在于与主要下级达成的口头协议之中。而大规模的公司，战略是通过各层管理人员广泛地参与，经过详细繁杂的研究和讨论，有秩序、有规律地形成的。

根据不同层次管理人员介入战略分析和战略选择工作的程度，可以将战略形成的方法分为以下四种形式：

（1）自上而下的方法。这种方法是由现有企业总部的高层管理人员制定企业的总体战略，然后由下属各部门根据自身的实际情况将企业的总体战略具体化，形成系统的战略方案。这一方法最显著的优点是，企业的高层管理人员能够牢牢地把握住整个企业的经营方向，并能对下属各部门的各项行动进行有效的控制。这种方法的缺点是，这一方法要求企业的高层管理人员制定战略时必须经过深思熟虑，战略方案务必完善，并且还要对下属各部门提供详尽的指导，但是，这一方法容易束缚各部门的手脚，难以充分发挥中下层管理人员的积极性和创造性。

（2）自下而上的方法。这是一种先民主后集中的方法。在制定战略时，企业最高管理层对下属部门不作具体硬性的规定，而要求各部门积极提交战略方案。企业最高管理层则在各部门提交的战略方案基础上，加以协调和平衡，对各部门的战略方案进行必要地修改后加以确认。这种方法的优点是，能充分发挥各个部门和各级管理人员的积极性和创造性，集思广益；同时，由于制定出的战略方案有着广泛的群众基础，在战略的实施过程中也容易贯彻和落实。方法的不足之处是，各部门的战略方案较难协调，影响了企业整个战略计划的系统性和完整性。

（3）上下结合的方法。这种方法是在战略的制定过程中，企业最高管理层和下属各部门的管理人员共同参与，通过上下各级管理人员的沟通和磋商，制定出适宜的战略。这种方法的主要优点是，可以产生较好的协调效果，制定出的战略更具有可操作性。

（4）战略小组的方法。这种方法是指企业的负责人与其他的高层管理人员组成一个战略制定小组，共同处理企业所面临的问题。在战略制定小组中，一般是由总经理任组长，而其他人员构成则具有很大的灵活性，由小组的工作内容而定，通常是吸收与所要解决问题关系最密切的人员参加。这种战略制定方法的目的性强、效率高，特别适宜制定如产品开发战略、市场营销战略等特殊战略和处理紧急事件。

3.2.2　企业战略的实施

3.2.2.1　依据战略重新设计组织结构

所谓的组织结构战略是指根据企业总体经营战略要求、经营环境、方针以及组织之间的相互关系，对企业内部组织结构模式的发展变动所做的长期性策划。

A　组织结构战略的类型

组织结构战略一般分为以下三种类型：

（1）维持型战略。在环境比较稳定、现行组织结构又能适应经营管理需要时，企业应用此战略。

（2）重整型战略。这是在环境处于巨大变化中，现行组织结构已不能适应环境变化要求时，企业所采取的战略。

（3）调整型战略。当环境处于较大变动，现行组织结构与环境变化要求不太适应时，企业应采取此战略。

从企业总体经营战略出发，根据经营环境、经营方针以及组织结构各要素之间的相互作用和依赖关系，视企业内部组织结构模型的发展变动作出长期性谋划。

一个企业的组织结构是组织中各种劳动分工与协调方式的总和，它规定着组织内部各个组成单位的任务、职责、权利和相互关系。

B　美国工业企业各历史阶段的组织结构战略

在战略与组织结构之间的关系中，谁决定谁、谁服从于谁是人们一直关注的焦点。美国学者钱德勒最早对战略与组织结构的关系进行研究，他在1962年出版了《战略与结构：美国工业企业历史的篇章》一书。书中，钱德勒研究了70家公司的发展历史，特别是杜邦公司、通用汽车公司、西尔斯罗巴克公司和标准石油公司等美国四大公司的发展历史。

（1）数量扩大战略阶段。在工业发展的初期，企业的外部环境比较稳定。那时，企业只要扩大生产数量，提高生产效率，便可获得高额利润。在这种情况下，企业采用的是数量扩大战略，即在一个地区内扩大企业产品或服务的数量。与此相适应，企业的组织结构比较简单，往往只需要设立一个执行单纯生产或销售职能的办公室。

（2）地区扩散战略阶段。随着工业化进一步发展，当一个地区的生产或销售已经不能满足企业发展的速度与需求时，企业则要求将产品或服务扩散到其他总部与部门的组织结构，他们共同管理的职能都是相同的。

（3）纵向一体化战略阶段。在工业增长阶段的后期，企业所承受的竞争压力增大。

为了减少竞争的压力，企业希望自己拥有一部分原材料的生产能力，或者拥有自己的分销渠道，这就产生了纵向一体化战略。与此相适应，在企业中出现了中心办公室机构和多部门的组织结构，而各部门之间有很强的加工或销售上的依赖性，在生产经营过程中存在着内在联系。

(4) 多种经营战略。当工业发展进入成熟期，企业为了避免投资或经营的风险、持续保持高额利润，往往开发出与企业原有产品毫无关系的新产品系列，甚至兼并生产这类新产品系列的企业，所采取的就是多种经营战略。与此相适应，企业形成了总公司本部与事业部相结合的组织结构格局，各事业部之间基本上不存在工艺性等方面一体化的联系。

C　战略的前导性和组织结构的滞后性

从钱德勒对美国工业企业历史发展的四个阶段分析可以看出：最先做出反应的是战略，而后组织结构才在战略的推动下对环境变化做出反应。这样就形成了战略的前导性和组织结构的滞后性。

(1) 战略的前导性。战略的前导性指企业战略的变化要快于组织结构的变化。这是因为，企业一旦意识到外部环境和内部环境的变化提供了新的机会与需求时，首先是在战略上作出反应，以此谋求经济效益的增长。例如，经济的繁荣与萧条、技术革新的发展都会刺激企业发展或减少现有的产品或服务。而当企业自身积累了大量的资源时，企业也会据此提出新的发展战略。当然，一个新的战略需要一个新的组织结构，至少在一定程度上需要调整原有的组织结构。

(2) 组织结构的滞后性。组织结构的滞后性指组织结构的变化常常要慢于战略的改变。造成这种状况的原因有以下两个：一是新旧结构的交替需经历一定的时间过程。当新的环境出现后，企业首先考虑的是战略。新的战略制定出来后，企业才能根据新战略的要求来改组企业的组织结构。二是旧的组织结构已经熟悉、习惯，且运用自如。当新的战略制定出来后，企业常沿用旧有的职权和沟通渠道去管理新的经营活动，总认为原来有效的组织结构不需要改变；此外，当管理人员感到组织结构的变化会威胁到他们个人的地位、权力和心理的安全感时，往往会以各种方式抵制必要的改革。

从战略的前导性和组织结构的滞后性可以看出：在环境变化、战略转变的过程中，总是有一个利用旧结构推行新战略的阶段，即交替时期。

3.2.2.2　制订战略实施计划

战略实施是为实现企业战略目标而对战略规划的执行。企业在明晰了自己的战略目标后，就必须专注于如何将其落实转化为实际的行为并确保其实现。成功的战略制度并不能保证成功的战略实施，实际做一件事情（战略实施）总是比决定做这件事情（战略制定）要困难得多。

战略实施是一个自上而下的动态管理过程。所谓“自上而下”主要是指，战略目标在公司高层达成一致后，再向中下层传达，并在各项工作中得以分解、落实。所谓“动态”主要是指在战略实施的过程中，常常需要在“分析—决策—执行—反馈—再分析—再决策—再执行”的不断循环中实现战略目标。

A　战略实施阶段

经营战略在尚未实施之前只是纸面上的或人们头脑中的东西，而企业战略的实施是战略管理过程的行动阶段，因此它比战略的制定更加重要。在将企业战略转化为战略的实施过程中，有以下四个相互联系的阶段。

（1）战略发动阶段。在这一阶段，企业的领导人要研究如何将企业战略的思想变为企业大多数员工的实际行动，调动起大多数员工实现新战略的积极性和主动性，这就要求对企业管理人员和员工进行培训，向他们灌输新的思想、新的观念，提出新的口号和新的概念，消除一些不利于战略实施的旧观念和旧思想，使大多数人逐步接受新的战略。对于一个新的战略，在开始实施时相当多的人会产生各种疑虑，而一个新战略往往要将人们引入一个全新的境界，如果新战略没有被员工充分认识和理解，它就不会得到大多数员工的充分拥护和支持。因此，战略的实施是一个发动广大员工的过程，要向广大员工讲清楚企业内外环境的变化给企业带来的机遇和挑战、旧战略存在的各种弊病、新战略的优点以及存在的风险等，使大多数员工能够认清形势、认识到实施战略的必要性和迫切性，树立信心、打消疑虑，为实现新战略的美好前途而努力奋斗。在发动员工的过程中要努力争取战略的关键执行人员的理解和支持，企业的领导人要考虑机构和人员的人事调整问题，扫清战略实施的障碍。

（2）战略计划阶段。将经营战略分解为几个战略实施阶段，每个战略实施阶段都有分阶段的目标，相应地有每个阶段的政策措施、部门策略以及相应的方针等。要定出分阶段目标的时间表，要对各分阶段目标进行统筹规划、全面安排，并注意各个阶段之间的衔接，对于远期阶段的目标方针可以概括一些，但是对于近期阶段的目标方针则应该尽量详细一些。对战略实施的第一阶段更应该做好新战略与旧战略的衔接，以减少阻力和摩擦，第一阶段的分目标及计划应该更加具体化和具有操作性，应该制定年度目标、部门策略、方针与沟通等措施，使战略最大限度地具体化，变成企业各个部门可以具体操作的业务。

（3）战略运作阶段。企业战略的实施运作主要与下面六个因素有关，即各级领导人员的素质和价值观念、企业的组织机构、企业文化、资源结构与分配、信息沟通、控制及激励制度。通过这六项因素使战略真正进入企业的日常生产经营活动中去，成为制度化的工作内容。

（4）战略的控制与评估阶段。战略是在变化的环境中实施的，企业只有加强对战略执行过程的控制与评价，才能适应环境的变化，完成战略任务。这一阶段主要有建立控制系统、监控绩效和评估偏差、控制及纠正偏差三个方面。

B　战略实施原则

企业在经营战略的实施过程中，常常会遇到许多在制定战略时未估计到或者不可能完全估计到的问题，在战略实施中以下三个基本原则，可以作为企业实施经营战略的基本依据。

（1）适度合理性的原则。由于在经营目标和企业经营战略的制定过程中，容易受到信息、决策时限以及认识能力等因素的限制，对未来的预测不可能很准确，所制定的企业经营战略也不是最优的，而且在战略实施的过程中由于企业外部环境及内部条件的变化较大，情况比较复杂，因此只要在主要的战略目标上基本达到了战略预定的目标，就应当认为这一战略的制定及实施是成功的。在实践中不可能完全按照原先制定的战略计划行事，因此战略的实施过程不是一个简单机械的执行过程，而是需要执行人员大胆创造、大量革新。因为新战略本身就是对旧战略以及旧战略相关的文化、价值观念的否定，没有创新精神，新战略就得不到贯彻实施。因此，战略实施过程也可以是对战略的创造过程。在战略实施中，战略的某些内容或特征有可能改变，但只要不妨碍总体目标及战略的实现，就是合理的。

（2）统一领导、统一指挥的原则。对企业经营战略了解最深刻的应当是企业的高层领导人员，一般来讲，他们比企业中下层管理人员以及一般员工掌握的信息要多，对企业战略的各个方面的要求以及相互联系的关系了解得更全面，对战略意图体会最深，因此战略的实施应当在高层领导人员的统一领导、统一指挥下进行。只有这样，其资源的分配、组织机构的调整、企业文化的建设、信息的沟通及控制、激励制度的建立等各方面才能相互协调、平衡，才能使企业为实现战略目标而卓有成效地运行。同时，要实现统一指挥的原则，要求企业的每个部门只能接受一个上级的命令，但在战略实施中所发生的问题，能在小范围、低层次解决问题，不要扩展到更大范围、更高层次去解决，这样做所付出的代价最小。因为越是在高层次的环节上去解决问题，其涉及的面也就越大，交叉的关系也就越复杂，当然其代价也就越大。

（3）权变原则。企业经营战略的制定是基于一定的环境条件的假设，在战略实施中，事情的发展与原先的假设有所偏离是不可避免的。战略实施过程本身就是解决问题的过程，但如果企业内外环境发生重大的变化，以致原定战略的实现成为不可行，显然这时需要把原定的战略重新进行调整，这就是战略实施的权变问题。其关键在于如何掌握环境变化的程度，如果当环境发生并不重要的变化时就修改了原定的战略，这样容易造成人心浮动，带来消极后果，缺少坚韧毅力，最终只会导致一事无成；但如果环境确实已经发生了很大的变化，仍然坚持实施既定的战略，将最终导致企业破产。权变的观念应当贯穿于战略实施的全过程，从战略的制定到战略的实施，权变的概念要求识别战略实施中的关键变量，并对它作出灵敏度分析，提出这些关键变量的变化超过一定的范围时，原定的战略就应当调整，并准备相应的替代方案，即企业应该对可能发生的变化及其对企业造成的后果以及应变替代方案都要有足够的了解和充分的准备，以使企业具备充分的应变能力。

C　战略实施模式

在企业的战略经营实践中，战略实施有以下五种不同的模式：

（1）指挥型。这种模式的特点是：企业总经理考虑如何制定一个最佳战略的问题。在实践中，计划人员要向总经理提交企业经营战略的报告，总经理看后得出结论，确定战略之后，向高层管理人员宣布企业战略，然后强制下层管理人员执行。这种模式的运用要有以下约束条件：

1）总经理要有较高的权威，靠其权威通过发布各种指令来推动战略实施。

2）本模式只能在战略比较容易实施的条件下运用。这就要求战略制定者与战略执行者的目标比较一致，战略对企业现行运作系统不会构成威胁；企业组织结构一般都是高度集权制的体制，企业环境稳定，能够集中大量的信息，多种经营程度较低，企业处于强有力的竞争地位，资源较为宽松。

3）本模式要求企业能够准确有效地收集信息并能及时汇总到总经理的手中。因此，它对信息条件要求较高。这种模式不适应高速变化的环境。

4）本模式要有较为客观的规划人员。因为在权力分散的企业中，各事业部常常因为强调自身的利益而影响了企业总体战略的合理性。因此，企业需要配备一定数量的有全局眼光的规划人员来协调各事业部的计划，使其更加符合企业的总体要求。

（2）变革型。这种模式的特点是：企业经理考虑如何实施企业战略的问题。在战略实施中，总经理本人需要对企业进行一系列的变革，如建立新的组织机构，新的信息系统，变更人事，甚至是兼并或合并经营范围，采用激励手段和控制系统以促进战略的实施。为进一步增强战略成功的机会，企业战略领导者往往采用以下三种方法：

1）利用新的组织机构和参谋人员向全体员工传递新战略优先考虑的战略重点是什么，把企业的注意力集中于战略重点所需的领域中。

2）建立战略规划系统、效益评价系统，采用各项激励政策支持战略的实施。

3）充分调动企业内部人员的积极性，争取各部门人员对战略的支持，以此来保证企业战略的实施。

（3）合作型。这种模式的特点是：企业的总经理考虑的是如何让其他高层管理人员从战略实施一开始就承担有关的战略责任。为发挥集体的智慧，企业总经理要和其他高层管理人员一起对企业战略问题进行充分的讨论，形成较为一致的意见，制定出战略，再进一步落实和贯彻战略，使每个高层管理者都能够在战略制定及实施的过程中做出各自的贡献。协调高层管理人员的形式多种多样，如有的企业成立有各职能部门领导参加的“战略研究小组”，专门收集在战略问题上的不同观点，并进行研究分析，在统一认识的基础上制定出战略实施的具体措施等。总经理的任务是要组织好一支合格胜任的制定及实施战略管理人员队伍，并使他们能够很好地合作。

（4）文化型。这种模式的特点是：企业总经理考虑如何动员全体员工都参与战略实施活动的问题，即企业总经理运用企业文化的手段，不断向企业全体成员灌输战略思想，建立共同的价值观和行为准则，使所有成员在共同的文化基础上参与战略的实施活动。这种模式打破了战略制定者与执行者的界限，力图使每一个员工都参与制定实施企业战略，因此使企业各部门人员都在共同的战略目标下工作，使企业战略实施迅速、风险小，企业发展迅速。文化型模式也有局限性，表现为：

1）这种模式是建立在企业职工都是有学识的假设基础上的，在实践中职工很难达到这种学识程度，受文化程度及素质的限制，一般职工（尤其在劳动密集型企业中的职工）对企业战略制定的参与程度受到限制。

2）极为强烈的企业文化可能会掩饰企业中存在的某些问题，企业也要为此付出代价。

3）采用这种模式要耗费较多的人力和时间，而且可能因为企业的高层不愿意放弃控制权，从而使职工参与战略制定及实施流于形式。

（5）增长型。这种模式的特点是：企业总经理考虑的是如何激励下层管理人员制定实施战略的积极性及主动性，为企业效益的增长而奋斗。即总经理要认真对待下层管理人员提出的一切有利于企业发展的方案，只要方案基本可行，符合企业战略发展方向，在与管理人员探讨了解决方案中的具体问题的措施以后，应及时批准这些方案，以鼓励员工的首创精神。采用这种模式，企业战略不是自上而下地推行，而是自下而上地产生，因此总经理应该具有以下认识：

1）总经理不可能控制所有的重大机会和威胁，有必要给下层管理人员以宽松的环境，激励他们集中精力从事有利于企业发展的经营决策。

2）总经理的权力是有限的，不可能在任何方面都把自己的愿望强加于组织成员。

3）总经理只有在充分调动及发挥下层管理者的积极性的情况下，才能正确地制定和实施战略，一个稍微逊色但能够得到人们广泛支持的战略，要比那种“最佳”却根本得不到人们热心支持的战略有价值得多。

4）企业战略是集体智慧的结晶，靠一个人很难制定出正确的战略。因此，总经理应该坚持发挥集体智慧的作用，并努力减少集体决策的各种不利因素。

3.2.3 企业战略的评估与控制

3.2.3.1 企业战略评估

A 战略评估类型

战略制定、战略实施和战略评估共同构成战略管理的全过程。企业所处内外部环境的变动性，决定了要保证战略管理过程的顺利实现，必须通过战略评估体系对制定并实施的战略效果进行评价，以便采取相应的完善措施。可见，战略评估决定着战略管理的成败。“战略评估”一词外延十分丰富，不同的人从不同的角度对其可能有不同的理解。但从战略评估总是贯穿于战略管理的全过程的角度出发，大体上可把战略评估概括为战略分析评估、战略选择评估和战略绩效评估三个环节。例如，为大多数人所熟悉的平衡计分卡就是实行战略绩效评估的一种有效手段，它被认为是一种新的战略评估和管理系统。

在实际操作中，战略评估一般分为事前评估、事中评估和事后评估三个层次。事前评估即战略分析评估，它是一种对企业所处现状环境的评估，其目的是为了发现最佳机遇；事中评估即战略选择评估，它是在战略的执行过程中进行的，是对战略执行情况与战略目标差异的及时获取和及时处理，是一种动态评估，属于事中控制；事后评估即战略绩效评估，它是在期末对战略目标完成情况的分析、评价和预测，是一种综合评估，属于事后控制。

（1）战略分析评估。战略分析评估指运用 SWOT 分析法评估企业内外环境状况，以发现最佳机遇。此种评估也可称作现状分析评估，它一方面要检查企业现行战略是否能为企业带来经济效益，如果不能增效就要重新考虑这种战略的可行性；另一方面，通过考察外部环境，判定在现行环境下企业是否有新的机遇。最后结合两方面的结果，企业或继续执行原战略或采取适应环境要求的新战略。战略分析评估主要包括以下几个方面的内容：企业的现行战略和绩效的分析；不同战略方案的评估；对企业相关利益备选方案的评估；竞争力的评估，即产品、市场、技术、人才、制度竞争力的评估。

（2）战略选择评估。战略选择评估指战略执行前对战略是否具有可行性的分析。此处涉及很多评估模型，如 SAM 模型、定量战略规划模型（QSPM）、Eletre 方法（E 方法）、战略规划评估模型（SPE）。它们都是首先对环境因素进行分析，然后制定判断标准并打分，最后计算出结果。SAM 方法中所包含的数学方法主要有层次分析法、熵权系数法、主观概率和效用理论等。此种方法是针对不同战略方案可行性的研究，是用数学的方法对不同的战略方案所面临的机会与威胁设定标准，通过数学的方法计算机会与威胁的权重，并以所得风险与收益的结果选择最优的战略方案。

（3）战略绩效评估。战略绩效评估是在战略执行的过程中，对战略实施的结果从财务指标、非财务指标进行全面的衡量，它本质上是一种战略控制手段，即通过战略实施成果与战略目标的对比分析，找出偏差并采取措施纠正。

B　战略评估的原则

（1）系统优化原则。对企业的综合绩效进行评价，必须用若干个指标进行衡量才能评价其全貌。这些指标必须互相联系、互相制约。同时，每个指标应尽可能边界分明，避免互相包含以减少对同一内容的重复评价。为实现系统优化原则，设计评价指标体系的方法应采用系统方法。例如，系统分解和层次分析法，由总指标（总目标）分解成为次级指标，由次级指标再分解成第三级指标，并组成树状结构的指标体系，使体系的各个要素（单个指标）及其结构（横向结构、层次结构）能满足系统优化要求。

（2）通用可比原则。评价，不仅是对同一个企业一个时期与另一个时期相比较，更重要的是与不同企业的比较。因此，评价指标体系必须在以下两个方面具有通用性和可比性：一是同一个企业一个时期与另一个时期作比较（即纵向比较）时，评价指标体系有通用性、可比性。这一点较容易做到，其条件是指标体系和各项指标、各种参数的内涵与外延保持稳定，用以计算各指标的各个参照值（标准值）不变。但是，即使评价指标体系不改变，今年参加评价的专家与明年参加评价的专家不同，其评价得分的可比性也不是很大，但各个企业的排序仍有较大的可比性。二是各个企业使用同一评价指标体系进行评价比较（横向比较）时，评价指标体系要有可用性、可比性。如何使这些不同企业使用通用的评价指标体系，并且使评价结果具有可比性？其主要方法是找出它们的共同点，按照共同点设计评价指标体系。

（3）实用性原则。设计评价指标体系是为了实际使用。不仅设计者使用，更重要的是要使有关部门使用。因此，设计评价指标体系要做到以下几点：一是评价指标体系要繁简适当，计算评价方法简便易行。在能基本保证评价结果的客观性、全面性的条件下，指标体系尽可能简化，减少或去掉一些对评价结果影响较小的指标。二是评价指标所需的数据易于采集，适应目前的科技管理水平。要尽量与计划口径、统计口径、会计核算口径相一致。三是各项评价指标及其相应的计算方法、各项数据都要标准化、规范化。计算方法、表述方法要简便、明确，易于操作。四是要能够实行评价过程中的质量控制。在评价过程中的质量控制主要依靠评价数据的准确性、可靠性和计算评价方法的正确实施。

3.2.3.2　企业战略控制

A　战略控制的内容

战略实施的控制与战略实施的评估既有区别又有联系，要进行战略实施与控制就必须进行战略实施的评估，只有通过评估才能实现控制。评估本身是手段而不是目的，发现问题、实现控制才是目的。战略控制着重于战略实施的过程，战略评估着重于对战略实施过程结果的评价。

对企业经营战略的实施进行控制的主要内容有以下几个方面：

（1）设定绩效标准。根据企业战略目标，结合企业内部人力、物力、财力及信息等具体条件，确定企业绩效标准，作为战略控制的参照系数。

（2）绩效监控与偏差评估。通过一定的测量、手段、方法，监测企业的实际绩效，并将企业的实际绩效与标准绩效对比，进行偏差分析与评估。

（3）设计并采取纠正偏差的措施，以顺应变化着的条件，保证企业战略的圆满实施。

（4）监控外部环境的关键因素。外部环境的关键因素是企业战略赖以存在的基础，这些外部环境的关键因素的变化意味着战略前提条件的变动，必须给予充分的注意。

（5）激励战略控制的执行主体，以调动其自我控制与自我评价的积极性，以保证企业战略实施切实有效。

B 企业战略控制在战略管理上的表现

（1）企业经营战略实施的控制是企业战略管理的重要环节，它能保证企业战略的有效实施。战略决策仅能决定哪些事情该做，哪些事情不该做，而战略实施的控制的好坏将直接影响企业战略决策实施的效果好坏与效率高低，因此企业战略实施的控制虽然处于战略决策的执行地位，但对战略管理是十分重要的，是必不可少的。

（2）企业经营战略的实施的控制能力与效率的高低又是战略决策的一个重要制约因素，它决定了企业战略行为能力的大小。企业战略实施的控制能力强、控制效率高，则企业高层管理者可以作出较为大胆的、风险较大的战略决策；若相反则只能作出较为稳妥的战略决策。

（3）企业经营战略实施的控制与评价可为战略决策提供重要的反馈。帮助战略决策者明确决策中哪些内容是符合实际的、是正确的，哪些是不正确的、不符合实际的，这对于提高战略决策的适应性和水平具有重要作用。

（4）企业经营战略实施的控制可以促进企业文化等企业基础建设，为战略决策奠定良好的基础。

C 企业战略控制的分类

（1）以控制时间划分。

1）事前控制。在战略实施之前，要设计好正确有效的战略计划，该计划要得到企业高层领导人的批准后才能执行，其中有关重大的经营活动必须通过企业高层领导人的批准同意才能开始实施，所批准的内容往往也就成为考核经营活动绩效的控制标准，这种控制多用于重大问题的控制，如任命重要的人员、重大合同的签订、购置重大设备等。

由于事前控制是在战略行动成果尚未实现之前，通过预测发现战略行动的结果可能会偏离既定的标准，因此，管理者必须对预测因素进行分析与研究。一般有以下三种类型的预测因素：一是投入因素，即战略实施投入因素的种类、数量和质量，将影响产出的结果；二是早期成果因素，即依据早期的成果，可预见未来的结果；三是根据外部环境和内部条件的变化，对战略实施的控制因素。

2）事后控制。这种控制方式是在企业的经营活动之后，把战略活动的结果与控制标准相比较，这种控制方式的重点是要明确战略控制的程序和标准，把日常的控制工作交由职能部门人员去做，即在战略计划部分实施之后，将实施结果与原计划标准相比较，由企业职能部门及各事业部定期将战略实施结果向高层领导汇报，由领导者决定是否有必要采取纠正措施。

事后控制的具体操作方法主要有联系行为和目标导向等形式。联系行为是对员工的战略行为的评价与控制直接同他们的工作行为联系挂钩。他们比较容易接受，并能明确战略行动的努力方向，使个人的行动导向和企业经营战略导向接轨。同时，通过行动评价的反馈信息修正战略实施行动，使之更加符合战略的要求；通过行动评价，实行合理的分配，从而强化员工的战略意识。目标导向是让员工参与战略行动目标的制定和工作业绩的评价，既可以看到个人行为对实现战略目标的作用和意义，又可以从工作业绩的评价中看到成绩与不足，从中得到肯定和鼓励，为战略推进增添动力。

3）随时控制。随时控制即过程控制，企业高层领导者要控制企业战略实施中的关键性的过程或全过程，随时采取控制措施，纠正实施中产生的偏差，引导企业沿着战略的方向进行经营，这种控制方式主要是对关键性的战略措施进行随时控制。

（2）从控制主体的状态来划分。

1）避免型控制。此即采用适当的手段，使不适当的行为没有产生的机会，从而达到不需要控制的目的。如通过自动化使工作的稳定性得以保持，按照企业的目标正确地工作；通过与外部组织共担风险减少控制；转移或放弃某项活动，以此来消除有关的控制活动。

2）开关型控制。开关型控制又称为事中控制或行与不行的控制。其原理是：在战略实施的过程中，按照既定的标准检查战略行动，确定行与不行，类似于开关的开与闭。

（3）从控制的切入点划分。

1）财务控制。这种控制方式覆盖面广，是用途极广的非常重要的控制方式，包括预算控制和比率控制。

2）生产控制。此即对企业产品品种、数量、质量、成本、交货期及服务等方面的控制，可以分为产前控制、过程控制及产后控制等。

3）销售规模控制。销售规模太小会影响经济效益，太大会占用较多的资金，也影响经济效益，为此要对销售规模进行控制。

4）质量控制。质量控制包括对企业工作质量和产品质量的控制。工作质量不仅包括生产工作的质量，还包括领导工作、设计工作、信息工作等一系列非生产工作的质量，因此质量控制的范围包括生产过程和非生产过程的其他一切控制过程，质量控制是动态的，着眼于事前和未来的质量控制，其难点在于全员质量意识的形成。

5）成本控制。通过成本控制使各项费用降低到最低水平，达到提高经济效益的目的。成本控制不仅包括对生产、销售、设计、储备等有形费用的控制，而且包括对会议、领导、时间等无形费用的控制。成本控制重要的是建立各种费用的开支范围、开支标准并严格执行，要事先进行成本预算等工作。成本控制的难点在于企业中大多数部门和单位是非独立核算的，缺乏成本意识。

D 战略控制的基本要求

（1）适宜性。判断企业战略是否适宜，首先要求这个战略具有实现公司既定的财务和其他目标的良好的前景。因此，适宜的战略应处于公司希望经营的领域，必须具有与公司道德哲学相协调的文化，如果可能的话，必须建立在公司优势的基础上，或者以某种人们可能确认的方式弥补公司现有的缺陷。

（2）可行性。可行性是指公司一旦选定了战略，就必须认真考虑自身能否成功实施，公司是否有足够的财力、人力或者其他资源、技能、技术和组织优势，换言之，公司是否有有效实施战略的核心能力。如果在可行性上存在疑问，就需要将战略研究的范围扩大，并将能够提供自身所缺乏的资源或能力的其他公司或者金融机构通过合并等方式包括进来，通过联合发展达到可行的目的。特别是管理层必须确定实施战略要采取的初始的实际步骤。

(3) 可接受性。可接受性强调的问题是：与公司利益攸关的人员，是否对制定的战略非常满意，并且给予支持。一般来说，公司越大，与公司有利害关系的人员就越多。要保证得到所有的利害相关者的支持是不可能的，但是，所制定的战略必须经过最主要的利害相关者的同意，而在战略被采纳之前，必须充分考虑其他利害相关者的反对意见。

(4) 整体利益和局部利益、长期利益和短期利益的不一致性。整体是由局部构成的。从理论上讲，整体利益和局部利益是一致的，但在具体问题上，整体利益和局部利益可能存在着一定程度上的不一致性。企业战略控制就是要对这些不一致性的冲突进行调节，如果把战略控制仅仅看做是一种单纯的技术、管理业务工作，就不可能取得预期的控制效果。

(5) 多样性和不确定性。战略具有不确定性。公司的战略只是一个方向，其目的是某一点。但其过程可能是完全没有规律、没有效率和不合理的。因此这时的战略就具有多样性。同时，虽然经营战略是明确的、稳定的，且是具有权威的，但在实施过程中由于环境变化，必须适时地对战略进行调整和修正。因而也必须因时因地地提出具体控制措施，这即是说战略控制具有多样性和不确定性。

(6) 弹性和伸缩性。在战略实施过程中如果过度控制，频繁干预，容易引起消极反应。因而针对各种矛盾和问题，战略控制有时需要认真处理，严格控制，有时则需要适度的、弹性的控制。只要能保持与战略目标的一致性，可以适当地伸缩战略控制空间，使其有较大的回旋余地。所以，战略控制中只要能保持正确的战略方向，尽可能地减少干预实施过程中的问题，尽可能多地授权下属在自己的范围内解决问题，对小范围、低层次的问题不要在大范围、高层次上解决，也能够取得有效的控制。

E　战略控制对象与方法

战略控制对象可分为行为控制和产出控制。

(1) 行为控制。行为控制是指直接对人们进行的具体生产经营活动的控制，它基于直接的个人观察。当工作成绩的要求或标准已众所周知而需要用个人观察来提高效率时，通常运用行为控制。

(2) 产出控制。产出控制是检查活动成果是否符合战略计划或评价标准的要求而进行的控制。它基于对定量数据，如销售额、财务或生产记录等的测定。在评定大型复杂的企业及这些企业内部主要的下属单位的工作成绩时，常使用产出控制。产出控制可以使一个企业将其工作成绩与其他企业的工作成绩相比较，也可以比较其内部各下属单位的工作成绩。

战略控制方法有：

(1) 预算。预算是一种以财务指标或数量指标表示的有关预期成果或要求的文件。一方面，预算起着如何在企业内各单位之间分配资源的作用；另一方面，预算也是企业战略控制的一种方法。预算准备完了以后，企业内部的会计部门就要保存各项开支记录，定期作出报表，表明预算、实际支出以及两者之间的差额。做好报表之后，通常要送到该项预算所涉及的不同层次的负责人手中，由他们分析偏差产生的原因，并采取必要的纠正措施。

（2）审计。审计是客观地获取有关经济活动和事项的论断的论据，通过评价弄清所得论断与标准之间的符合程度，并将结果报知有关方面的过程。审计过程基本上着重于注意一个企业作出的财务论断，以及这些论断是否符合实际。

我国执行审计的人员有两类：一类是独立的审计人员或注册会计师，他们的主要职责是检查委托人的财务报表。不过，他们还执行其经济工作，如会计服务、税务会计、管理咨询以及为委托人编制财务报表等。另一类是企业内部审计人员，他们的主要职责是确定企业的方针和程序是否被正确地执行，并保护企业的资产。此外，他们还经常评估企业各单位的效率以及控制系统的效率。

（3）个人现场观察。个人现场观察是指企业的各层管理人员（尤其是高层管理人员）深入各种生产经营现场，进行直接观察，从中发现问题，并采取相应的解决措施。

3.3　我国企业战略管理需要注意的问题

我国企业战略管理需要注意的问题有：

（1）防止战略管理形式化。企业要想做强、做长，不仅需要“好的产品、好的机制、好的管理、好的班子”，还需要一套好的战略设计和战略实施计划，包括分析企业的外部环境、提出企业愿景、设立目标体系、制定实现目标的战略、战略的执行和动态监控等，这是一个复杂的系统工程，缺乏任何一个部分都可能导致战略管理过程的不完善，企业领导者不应该把企业战略管理理解为一句“口号”或一条“标语”，如“十二字战略”、“十六字战略”。许多企业提出战略后，企业领导就把工作重心放在日常事务处理上，很难有时间坐下来真正思考企业的发展战略规划，走一步看一步，没有长远的打算。

（2）防止战略管理机械化。一些企业对战略管理的认识还不够深刻，具体体现为：不从企业的自身状况和所处的实际环境出发，脱离现实进行业务定位；只注重战略设计，而忽视战略实施，包括企业制度、组织机构的建设；将战略理论直接套用，缺乏实用化，因为理论一般只是分析共性问题，而对具体企业的个性问题难以深入分析，这就需要把理论与企业的具体个性进行结合，形成企业的个性战略；根据当地政府的五年计划提出发展战略，而不是按企业发展愿景来设计战略；按照生产、销售、财务、技术等发展规划进行汇总相加形成总体战略。实际上，战略主要不是技术性的产物，而是思想性产物、创新性产物。

（3）防止战略设计一人化。一些企业仅依靠领导一个人的能力和意志进行管理，仅将一些未成形的新点子、新想法称为战略，这往往不能对企业自身和外部环境进行绝密的分析和预测，一个人的直觉判断容易带来分析偏颇，导致战略的投机性、片面性、短期性，这样很难把企业做强、做久。随着市场竞争越来越激烈，市场经营进入“微利时代”，价格战无法避免，如何在竞争中脱颖而出，这就需要公司组成战略制定小组，确定战略目标和任务，制定出公司长远的、独特的战略发展规划。

(4) 防止战略设计短视化。我国国有企业一般实行任期制，一个任期一般在 4 年左右，这种任期方式会带来很多弊端，如一些企业领导追求短期利益，只考虑在自己任职期间的财务目标，对企业的长远发展考虑不是很多。新的领导换任，对前任领导制定的战略全部推翻，造成企业始终处于不稳定状态，企业员工对企业未来的发展没有清晰的了解。有些战略投资在短期内很难立即见效，需要经过很长时间发展才能显现出经济效益。如人才培养，一般经过若干年的积累才能培养出有潜力的人才，科技研发也需要经过很长时间才能生产出功能领先的产品。

(5) 防止战略目标模糊化。企业需要具备一套清晰的、易于操作和可以考核的战略目标体系，这种战略目标是不能隐瞒的，不能模糊含混的，只有如此，才能挖掘各个部门的潜力，凝聚员工力量，实现企业的战略愿景。

例 1：本企业的战略目标是实现利润大幅度增长。

分析：究竟增长多少是大幅度增长，而且需要多长时间实现利润增长？

改进：本企业未来 3 年的战略目标是实现利润总额增长 12%。

例 2：本企业未来 3 年的战略目标是改善目前较落后的市场地位。

分析：市场地位改善到什么样的程度才能称得上是改善？

改进：本企业未来 3 年的战略目标是将市场占有率从 1% 提高到 8%。

例 3：本企业在某年度的战略目标是增加促销支出 15%。

分析：促销活动只是一种活动，而不是一种结果，战略目标应是经营活动的一个结果。

改进：本企业在某年度的战略目标是通过促销费用支出 15% 以使我们的市场占有率由 2% 上升到 6%。

战略目标体系可以包括八个大的方面，而每一个方面又可以继续分解成若干个小的指标，每个小的指标都可以进行量化，从而可以使得各个职能部门、业务部门的工作达到量化。这八个大的方面为：

1) 获利能力目标，主要包括总资产报酬率、利税率、成本费用利润率、净利润率等目标。

2) 生产能力目标，主要包括人均资产总额、人均净利润、人均销售收入等目标。

3) 管理能力目标，主要包括资源利用效率、单位产品成本、管理费用占总收入比例等目标。

4) 竞争地位目标，主要包括产品成本降低率、人员增长率、固定资产增长率、税前利润增长率、销售收入增长率、销售渠道建设、市场份额等

5) 技术创新目标，主要包括产品上市时间、研发投入强度、新品产值率等目标。

6) 员工素质目标，主要包括员工学历水平、员工培训次数、管理者绩效、员工流动率等目标。

7) 品牌形象建设目标，主要包括客户满意度、客户回头率、品牌知晓率、组织及协办政府活动的次数等目标。

8) 员工福利待遇目标，主要包括人均工资、人均奖金、工作环境改善等目标。

(6) 防止战略管理趋同化。战略是基于特定企业的战略，因时、因地、因企业而变化，没有一个具体战略可以重复救活两个濒临倒闭的企业，或重复使两个企业得到持续、

稳定、快速发展。企业战略制定应该建立在对企业外部机会、威胁和内部优势、弱点的全面、科学分析与论证基础之上，而不应该看到别的企业获得成功，便盲目跟风，而需要进行独立判断。

（7）防止战略管理西方化。战略管理是有特定背景的，脱离特定背景而盲目追求国外的管理经验，不会达到应有的效果。企业战略和外部环境密切相关，如社会文化环境、政治法律环境、经济环境等，国外的咨询机构对中国的环境并不一定熟悉。反过来，外资企业一般请中国人员担任中国区的经理或执行官。

单元4 冶金企业战略类型

企业战略是一个庞大复杂的系统，可以分解为不同层次的子系统。一般来讲，企业经营战略包括三个层次：第一层次是公司级战略（又称总体经营战略）；第二层次是事业部级战略（又称经营单位战略、竞争战略）；第三层次是职能级战略。公司在制定总体战略时要考虑下一层次的情况，而下一层次的战略应服从和体现上一层次的战略意图。

4.1 公司级战略

公司级战略也称总体战略，是企业最高层次的战略。这种战略主要解决：从全局出发，选择企业的经营范围，其选择的出发点包括赢利性和关联性；在各项事业之间的资源分配的问题；如何提高企业的投资回报率的问题；选择最优企业投资组合与回报问题。

总体战略依据不同的方式可以分为不同的类型：

（1）按照企业所处的经营态势不同，可分为发展型、稳定型、紧缩型。

（2）按照企业经营领域不同，可分为专业化、多元化。

（3）按照企业制定经营战略的主客观条件不同，可分为保守型、可靠型、风险型。

（4）按照企业资源配置和增长方式不同，可分为粗放型、集约型。

总体战略主要包括发展型战略、稳定型战略、紧缩型战略、进攻型战略、防御型战略、混合型战略几种类型。

4.1.1 发展(成长)型战略

发展型战略的核心就是企业发展。能够实现企业规模扩大、经营领域扩张、产品品种增加、经营利润增加、经营网点增加的战略，都属于发展型战略。那些成功的企业都会在特定的时期实施发展型战略，实现企业迅速发展，从小变大，由弱变强。

发展型战略具有以下特点：一是市场占有率明显增长；二是实施发展型战略的企业往往取得大大超过社会平均利润率的利润水平；三是采用发展型战略态势的企业倾向于采用非价格的手段同竞争对手抗衡；四是企业通过开发新产品、新市场、新工艺和旧产品的新用途，以把握更多的发展机会，谋求更大的回报；五是企业倾向于通过创造以前本身并不存在的某物或对某物的需求来改变外部环境并使之适合自身。

发展型战略是企业依据内外环境与目标需要，实行扩张与发展的一种战略，主要包括以下具体战略：

（1）单一产品增长战略，指不扩展新的产品而集中力量增加现有产品的产量与市场份额。这对于现有产品有市场潜力的企业而言，是一种稳妥的选择。要实现这一战略，一是要提高产品质量、增加产品品种，二是要加大营销力度。

（2）同心多样化战略，指利用现有技术与优势，增加与现有产品相类似的新产品的一种战略。其适应于拥有技术和经营优势的企业，是一种低风险的发展战略。要实现这一战略，一是以技术为核心进行多样化经营，二是向相关行业进行拓展。

（3）纵向一体化战略，指企业通过纵向延伸的方式拓展业务领域的一种战略，包括前向一体化和后向一体化。一体化战略的优点是：前向一体化可以控制销售和分销渠道；后向一体化可以增加对原材料的控制权。一体化战略可以使企业获得原来由下游企业或上游企业获得的利润，获得由规模扩大带来的规模效应。一体化战略的缺点是：由于规模过大而使管理上的复杂化和工作难度增大；对行业介入过深，退出难度大。

（4）多元化战略，指企业增加与现有产品、技术或市场都没有联系的全新产品，以建立多种产品领域的复合经营战略。这是当代大型集团企业经常选择的一种发展战略。多元化战略的优点是：可以分散经营风险，获得稳定收益；可以在企业内部进行资源的协调；具有规模优势，增强整体实力。缺点是：导致企业规模的膨胀、管理的复杂化和资源的分散。

4.1.2　稳定型战略

稳定型战略是指企业继续生产经营原有的产品，维持原有经营目标的一种战略，是指在内外环境的约束下，企业准备在战略规划期使企业的资源分配和经营状况基本保持在目前状态和水平上的战略。

稳定型战略的特点是：企业对过去的经营业绩表示满意，决定追求既定的或与过去相似的经营目标；企业战略规划期内所追求的绩效按大体的比例递增；企业准备以与过去基本相同的产品或劳务服务于社会。稳定战略主要适用于企业绩效较好、内外部环境较稳定、企业发展空间不大的情况。

稳定型战略有四种基本类型：

（1）维持现状战略；

（2）谨慎行事战略；

（3）休整战略；

（4）重视短期效益战略。

4.1.3　紧缩型战略

紧缩型战略是一种在特定环境下调整缩减经营规模的战略。是指企业从目前的战略经营领域和基础水平中收缩或撤出，且偏离起点战略较大的一种经营战略。

紧缩型战略的特点是：对企业现有产品和市场领域实施收缩、调整和撤出；严格控制企业资源运用，尽量削减各项费用支出；具有明显的短期性。

采取紧缩型战略往往是不得已而为之，其目的主要是为了应付企业面临的困境，力求通过重整资源，激发企业内在潜力，从而尽快摆脱困境，实现新的发展和腾飞。采取紧缩型战略，一是能帮助企业在外部环境恶劣的情况下节约开支和费用，顺利地走出不利的处境；二是能在企业经营不善的情况下最大限度地降低损失。这种战略是通过减少企业产品线与经营职能、缩小市场范围和企业规模来改善企业的绩效。紧缩型战略主要适应于企业绩效不理想、企业无发展空间或发现其他经营机会等情况。

紧缩型战略的基本类型有：

（1）抽资转向战略；

（2）消减调整战略；

（3）放弃战略；

（4）清算战略。

4.1.4 进攻型战略

进攻型战略是指在一个竞争性的市场上，主动挑战市场竞争对手的战略。采取进攻型战略的既可以是行业的新进入者，也可以是那些寻求改善现有地位的既有公司。进攻型行动的中心可以是一项新技术、一项新开发出来的核心能力、一种具有革新意义的产品、新推出的某些具有吸引力的产品性能特色，以及在产品生产或营销中获得的某种竞争优势，也可以是某种差别化的优势。

进攻型战略主要有六种形式：

（1）直接赶超竞争对手；

（2）攻击竞争对手的弱点；

（3）从多条战线出击；

（4）避免直接冲突，寻找对手顾及不到的地方迅速攻击；

（5）出其不意地对竞争对手进行游击行动；

（6）力图一招占先的先机性行动。

在一个具有竞争性的市场上，所有的公司都会受到来自其他公司的挑战。市场上的进攻性行动既可能来自行业的新进入者，也可能来自那些寻求改善现有地位的既有公司。

4.1.5 防御型战略

防御型战略的目的是降低被攻击的风险，减弱任何已有的竞争性行动所产生的影响，影响挑战者从而使他们的行动瞄准其他竞争对手。虽然防御性战略通常不会提高公司的竞争优势，但是它有助于巩固公司的竞争地位，捍卫公司最有价值的资源及能力不被模仿，维护公司已有的竞争优势。

防御型战略有三种主要方式：

（1）压制挑战者采取进攻性行动的途径；

（2）告诫挑战者如果发起进攻将受到报复；

（3）尽力降低挑战者发起进攻性行动的利润诱惑。

4.1.6 混合型战略

混合型战略是稳定型战略、增长型战略和紧缩型战略的组合。事实上，许多企业并不只是实行一种战略，而是多种战略的结合使用。

按照战略的构成不同，混合型战略可以分为同一类型的战略组合和不同类型的战略组合。同一类型的战略组合指企业采取稳定型战略、增长型战略和紧缩型战略中的一种作为主要战略方案，但具体的战略业务单位又是由不同类型的同一种战略来指导。不同类型的战略组合是指企业采用稳定型战略、增长型战略和紧缩型战略中的两种以上战略的组合，因而这是严格意义上的混合型战略。

按照战略组合的顺序不同，混合型战略可以分为如下两种：一是同时性战略组合，指不同类型的战略同时被不同战略业务单位执行，因而组合在一起的混合型战略；二是顺序性战略组合，指一个企业根据生存与发展的需要，先后采用不同的战略方案，从而形成自身的混合型战略方案，是一种在时间上的战略组合。

4.2　事业部级战略（竞争战略）

事业部级战略是指经营单位在总公司或集团公司总体战略的指导下，为实现总公司发展目标，对所从事的某一经营事业的发展作出的长远性谋划和方略。这是一种分散型经营战略。在分散经营的条件下，各事业单位根据所经营的产品、市场及地区范围，并根据竞争能力的优劣，确定扩展、维持或撤退的战略。

事业部级战略也称竞争战略。竞争战略是指企业在特定的产品和市场范围内，为维持和扩大市场占有率所采取的战略。竞争战略要从企业所处的竞争地位出发，处于优势地位的企业要通过战略来维持这种优势并伺机扩大这种优势。处于劣势的企业要以竞争战略去改变这种劣势或缩小同优势企业的差距，竞争战略的重点是提高市场占有率和销售利润率。大型企业多采用竞争战略，常用的竞争战略有成本领先战略、差异化战略、集中一点战略。

基本竞争战略是指无论在什么行业或什么企业都可以采用的竞争性战略。

4.2.1　成本领先战略

成本领先战略是指企业通过降低成本，使本企业的总成本低于竞争对手的成本，甚至达到全行业最低，以低成本构建竞争优势的战略。

企业实施成本领先战略的途径有：

（1）实现产品的大批量生产；

（2）科学设计便于制造和维修的系列产品；

（3）更新设备，实现生产设施现代化；

（4）推行价值工程等先进方法；

（5）建立科学完善的成本控制系统，实行有效的成本控制。

成本领先战略在行业五种竞争力量对比中处于有利地位，如对新进入者可以形成较高的进入障碍，对替代品生产者可降低威胁，对供应者和购买者可增强讨价还价能力，对本行业竞争对手可保持领先的竞争地位，扩大市场份额。但这一战略也存在其弱点，也有可能使企业处于不利的地位，如竞争对手运用新技术，开发出更低成本的生产方法，竞争对手采取模仿的方法，顾客需求偏好的改变等，企业非但没有获得竞争优势，反而会处于劣势。

我国企业实践证明，成本领先战略能取得显著的效果。但还要考虑成本领先战略的实施条件，即企业所在的市场是否是完全竞争的市场，该行业所有企业的产品是否是标准化的产品，大多数购买者是否以同样的方式使用产品，产品是否具有较高的价格弹性，价格竞争是否是市场的主要手段等。如果企业的外部环境和内部条件不具备这些因素，企业便难以实施成本领先战略。

4.2.2　差异化战略

差异化战略是指企业形成有别于竞争对手的产品的特殊品质与功能，以构建竞争优势的战略。实施差异化战略，要求企业在产品质量与技术上优先；有较强的产品开发和创造能力，有很强的消费需求研究能力与市场营销能力。

企业运用这种战略主要不是依靠产品和服务的成本，而是依靠产品和服务的特色，这些特色可以表现在产品设计、技术特性、产品品牌、产品形象、包装、服务方式、销售方式、促销方式等方面。

企业采用这种战略在行业五种基本竞争力量的对比中，可获得超过平均水平的利润，如形成较高的进入障碍，降低顾客对价格的敏感程度，增强对供应者、购买者讨价还价的能力，降低替代品威胁。但这一战略也存在其弱点，如企业形成产品差别化成本过高；竞争对手推出类似的产品，从而降低企业产品差别化的特色；竞争对手推出更有差别化的产品；购买者对产品差别化的敏感程度低于对价格的敏感程度。为此，实施产品差别化战略应具备下列条件：企业需要具有很强的研究开发与市场营销能力；企业要通过广告宣传形式、媒体传播手段将有关产品特征的信息传达到用户，从而在用户心目中树立与众不同的形象；需要有良好的组织结构以协调各个职能部门，以及有能够确保激励员工创造性的激励体制和管理体制。

差异化战略的基本类型有：

（1）产品技术差异化战略；

（2）品牌的差异化战略；

（3）顾客服务的差异化战略；

（4）分销渠道的差异化战略。

4.2.3　集中一点战略

集中一点战略又称重点集中战略。集中一点战略是指企业的经营集中在某一特定的市场面，以此提供比竞争对手更为有效的服务并获得更高收益的战略。

集中一点战略与前两个战略一样，可以使企业在本行业中获得高于一般水平的收益，既可以用来防御替代品的威胁，也可以针对竞争对手最薄弱的环节，形成产品差别化，或者在为该目标市场的专门服务中降低成本形成低成本优势。在这种情况下，其竞争对手很难在目标市场上与之抗衡。这样，企业在竞争中成功地运用集中一点战略就可以获得超过平均水平的收益。应当指出，企业实施集中一点战略，尽管能在其目标细分市场上保持一定的竞争优势，获得较高的市场份额，但由于其目标市场相对狭小，该企业在市场份额总体水平上是较低的，集中一点战略在获得市场份额方面常存在某些局限性。

企业实施集中一点战略的关键是选好战略目标，一般的原则是企业要尽可能地选择那些竞争对手最薄弱的目标和最不易被替代品冲击的目标。实施集中一点战略要具备的条件是：购买者群体之间需求上存在着差异；在企业的目标市场上，没有其他竞争对手试图采取集中一点战略；企业的目标市场在市场容量、成长速度、获利能力、竞争强度等方面具有相对的吸引力；本企业资源实力有限，不能追求更大的目标市场。

这种战略特别适用于中小企业。由于中小企业生产高度专业化，容易达到规模经济效益，降低成本，成为“小型巨人”，可以以小补大、以专补缺、以精取胜，成为受大公司欢迎并为其提供配套产品的友好伙伴。

企业实施集中一点战略的途径有：

（1）将企业经营活动集中于较狭窄的市场范围内，进行重点经营；

（2）为顾客提供优质的服务；

（3）在一定的市场范围内实现低成本战略。

4.3　职能级战略

职能级战略又称部门战略，是指为了保证企业总体战略和经营单位战略的实现，运用各种专业的职能，使企业开展经营活动更加有效地适应内外环境的要求所制定的长远性谋划和方略。这种战略的特点是按经营职能分别确定积累与运用经营资源的方法。具体内容是通过生产、销售、技术、财务等部门为保证事业战略所追求的竞争优势制定长期发展规划。

思考与练习

2－1　简述战略管理的定义。

2－2　简述企业战略管理的特征。

2－3　竞争对手的战略有哪些种类？

2－4　如何有效、科学地实施企业战略？

2－5　常用的战略控制方法有哪些？

2－6　企业的战略评估原则是什么？

2－7　企业战略控制的基本要求是什么？

情景3

冶金企业生产管理

学习目标

1. 知识目标

- 了解生产管理的任务、目标和原则；
- 掌握生产分类和管理组织；
- 掌握冶金企业生产过程组织基本要求及时间和空间组织内容和方法；
- 掌握冶金工业企业生产特点及组织形式；
- 掌握生产计划及指标确定；
- 掌握计划值内涵和计划值指标体系确定；
- 了解生产作业计划的编制内容和步骤；
- 了解冶金企业生产过程管制基本内容和程序；
- 了解冶金企业生产管理几种新模式。

2. 技能目标

- 掌握现代企业生产过程的组织和控制的方法；
- 能够在生产管理中的不同方面解决一些实际问题。

单元5　现代企业生产管理的基本内容

5.1　生产管理的内容和任务

5.1.1　生产管理的内涵

简言之，生产管理就是对生产活动的计划、组织、指挥、协调与控制。从广义上说，生产管理就是对企业生产活动的全过程进行的管理，从狭义上讲，就是对产品生产过程的管理。

生产管理活动是为社会创造产品或提供服务的过程。企业只有不断生产出用户满意的产品或提供用户满意的服务，企业的社会价值才能得以实现，自身的价值才能不断增值，才能不断进行简单再生产或扩大再生产的过程。从这个意义上说，生产管理的优劣将直接关系到企业的生存和发展。生产管理就是通过有计划、有组织的生产活动，实现较小的投入、较大的产出的全过程控制。

5.1.2　生产管理的内容

生产管理的内容包括三个方面：生产系统的设计、生产系统的维护与改进和生产系统运行管理。具体地说，各方面包括的内容是不一样的。

（1）生产系统的设计包括产品和服务设计、生产流程选择、生产能力规划、设备与设施布置和岗位与工作设计。

（2）生产系统的维护与改进包括设备管理、质量管理、准时生产制和其他先进生产方式。

（3）生产系统运行管理包括生产计划、库存管理、物料需求计划、生产作业计划、项目管理和物流管理。

5.1.3　生产管理的任务

生产管理作为一个子系统，有它本身的运动规律，如图 3－1 所示，首先是各生产要素（人、财、物、信息等）的投入，经过生产过程中的转换（包括反馈控制），最终输出优质的产品（服务）。

生产管理的任务就是运用组织、计划、控制的职能，把投入生产过程的各种要素有效地组织起来，形成有机整体，按最经济的方式，生产出满足社会需要的廉价、优质的产品（服务）。

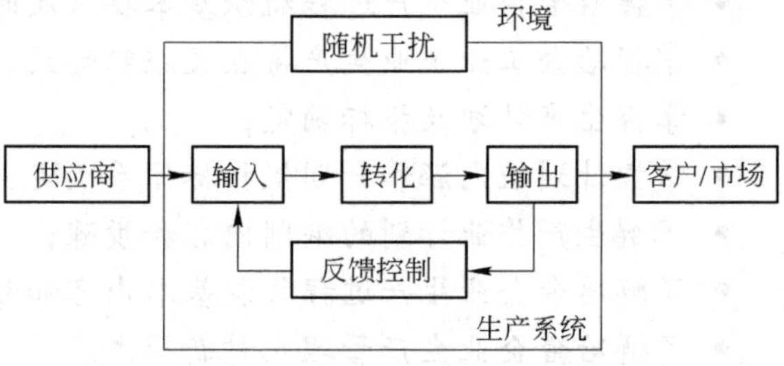

图 3－1　生产系统功能

5.2　生产管理的目标和原则

5.2.1　生产管理的目标

对于不同的发展阶段和不同的企业理念，生产系统的管理目标是会有所不同的。但是，就一般生产制造类企业而言，其生产管理的目标基本上可以概括为：

（1）生产出质量合格的产品；

（2）完成要求的产量；

（3）在规定的交货期内完成任务；

（4）将成本降至最低程度。

这也就是通常所说的 QDC 管理。也有人将服务（S）加上去成为 QDCS 管理。这四个方面成为生产管理需要解决的主要问题。换一个角度说，随着社会的不断发展和进步，生产管理的目标也出现了更高的要求。顾客对产品不断提出新的要求，这就在客观上迫使生产型企业必须不断调整生产系统的功能，以适应新的需求。这些新的需求一般可以分为六个方面：

（1）产品的品质要求对生产系统的质量提出了要求。

（2）产品的价格则对生产的成本作出了限制。

（3）产品的服务又对生产系统提出了刚性的要求，即要求生产系统具有稳定、有一定规模、持久的特点，以保证产品的售后服务和升级换代。

(4) 产品的交货期直接影响着生产系统的计划安排，保证按期交货是生产系统的一项重要任务。

(5) 产品的品种是市场差异性的反映，它要求生产系统具有广泛的品种接受能力，科学技术的日新月异要求生产系统对新技术、新工艺具有较好的适应性，并具有自我完善能力。

(6) 产品的数量（订货量）决定了生产的批量，市场变化要求生产系统也要能够相应进行调整，具有一定的弹性（即柔性）；为了更好地响应市场的迅速变化，要求生产系统的管理还必须能够做到快速、灵活的调整，这种调整不但表现在品种上，而且还表现在产量上。这就是所谓柔性化的要求。

生产管理的目标也可用一句话来概括："在需要的时候，以适宜的价格，向顾客提供具有适当质量的产品和服务。"可见，生产管理就是严格按顾客要求的质量、品种、数量和交货期制造产品或提供服务的管理过程。其中，提高质量、降低成本和适时交货则成为现代生产管理的基本问题。生产活动就是企业向社会提供有用产品或服务的过程。所谓有用产品或服务必须具备一定的使用价值，由于用户的需求具有多样性特点，只有当某种产品或服务在用户需求时满足了其需求，才真正实现了其使用价值。因此，产品的质量和提供产品的适时性成为实现产品使用价值的必要条件，也是构成生产价值必不可少的两大"功效"要素。而产品的成本则是以产品价格的形式来决定产品能否为用户所接受，只有用户接受了产品的价格条件，才标志着生产价值的最终实现。由此可见，生产管理的目标是建立在能否实现企业生产价值基础之上的、以用户为导向的企业生产战略。从一般意义上说，社会生产的最终目的是消费，正是人类的消费需求引发了生产行为，指示着生产方向和规模，推动了生产的发展。特别是在社会分工和商品生产条件下，任何企业必须面向市场，不断提供能满足消费者需求和欲望的产品和服务，才能实现企业生产价值，企业才能生存和发展。这也就决定了企业生产管理的目标只能是"在需要的时候，以适宜的价格，向顾客提供具有适当质量的产品和服务"。由此可见，企业生产管理任务的核心就是如何解决生产中的基本问题，实现生产管理的目标。

5.2.2 生产管理的原则

生产管理的原则为：

(1) 讲求经济效益。讲求经济效益，按传统观点和做法是把降低成本重点放在原材料节省和工时节约上，而按现代观点和做法则是把降低成本重点放在提高生产能力和降低库存上。

(2) 坚持以销定产。生产管理要坚持以销定产，防止盲目生产，提高对市场适应能力，发展新产品。

(3) 实行科学管理。生产管理要实行科学管理，建立适宜的生产指挥系统，做好基础工作，数据完整、准确，制度完善，管理工作程序化、制度化以及管理思想和方法现代化。

(4) 组织均衡生产。组织均衡生产满足科学管理的要求，也是建立正常生产秩序和管理程序、保证质量、降低消耗的前提条件。

（5）实施可持续发展战略。生产转化为有用的产品，还是转化为污染？这是生产管理必须要考虑的一个问题。1989 年联合国环境规划署工业与环境委员会首先提出清洁生产概念。其定义为：清洁生产是一种新的创造性的思想。该思想将整体预防的环境战略持续应用于生产过程、产品和服务中，以增加生产效率和减少人类及环境的风险。

对生产过程，要求节约原材料和能源，淘汰有毒原材料，减少所有废物的数量和毒性；对产品，要求减少从原材料提炼到产品最终处置的全生命周期的不利影响；对服务，要求将环境因素纳入设计和所提供的服务中。

5.3 生产管理的类型和组织

5.3.1 生产的分类

随着社会生产力的发展，生产的概念得到延伸和发展，当今已形成物质生产型和劳动服务型两大类型。

5.3.1.1 物质生产型

物质生产型的生产过程是通过将生产要素输入，经物理、化学变化，转化为有形物品的输出，按工艺特性和组织生产特点又可进一步加以细分。

（1）按工艺特性可将生产分为加工装配型和流程型。

1）在加工装配型生产过程中，产品是由离散的零部件装配而成的，物料运动呈离散状态。零部件是构成产品的不同元件，它可以在不同的地方制造。零部件的不同组合可以构成不同的产品。因此，加工装配型生产的特点是工艺过程的离散性。属于这一类型的有机床、汽车、家具、电子设备、服装等产品的制造。

2）在流程型生产过程中，物料是均匀、连续地按一定工艺顺序运动的。它的特点是工艺过程的连续性。流程型生产包括化工（塑料、药品、肥皂、肥料等）、炼油、冶金、食品、造纸等。

由于加工装配型生产与流程型生产的特点不同，生产管理的特点不同。加工装配型生产的地理位置分散。零件加工和产品装配可以在不同的地区甚至在不同的国家进行。零件种类繁多，加工工艺多样化，又涉及多种多样的加工单位、工人和设备，导致生产过程中协作关系十分复杂，计划、组织、协调与控制任务相当繁重，这些因素都造成生产管理非常复杂化。因此，生产管理研究的重点一直放在加工装配型生产企业上。流程型生产的地理位置集中，生产过程自动化程度高，只要设备体系运行正常，工艺参数得到控制，就可以正常生产合格产品，生产过程中的协作与协调任务少。因此，生产管理相对简单一些，但对设备和控制系统的可靠性要求很高。

（2）按组织生产特点可将生产分为备货型和订货型。按照企业组织生产的特点，可以把加工装配型生产分成备货型生产与订货型生产两种。流程型生产一般为备货型生产。

1）备货型生产是指在没有接到用户订单时按已有的标准产品或产品系列进行的生产。生产的目的是为了补充成品库存，通过成品库存来满足用户随时的需求。例如轴承、紧固件、小型电机等产品的生产，均属于备货型生产。

2）订货型生产是指按用户的订单进行的生产。用户可能对产品提出各种各样的要求，经过协商和谈判，以协议和合同的形式确认对产品性能、重量、数量和交货期的要求，然后组织设计和制造。例如锅炉、船舶、机车等的生产，均属于订货型生产。订货型生产还可以进一步划分为订货组装型、订货制造型和订货工程型等三种生产方式。

① 订货组装型生产的特点是，零部件标准化程度较高，并可以事先制作，在接到订单之后，将有关的零部件装配成顾客所需要的产品。这种生产方式有利于缩短交货期，但它必须以模块化设计为前提。

② 订货制造型生产一般生产周期较长，因此在组织这类生产时，缩短生产周期是重点。

③ 订货工程型生产一般为非重复的单项任务，设计、制造等工作都要重新开始，因此，生产组织工作较为复杂。

备货型（MTS）与订货型（MTO）生产的主要区别及工作重点如表3－1、表3－2所示。

表3－1　备货型（MTS）与订货型（MTO）生产的主要区别

项　目	备　货　型	订　货　型
产品	标准产品	按用户要求生产，无标准产品，大量的变型产品与新产品
对产品的需求	可以预测	难以预测
价格	事先确定	订货时确定
交货期	不重要，由成品库随时供货	很重要，订货时决定
设备	多采用专用高效设备	多采用通用设备
人员	专业化人员	多种操作技能人员

表3－2　备货型与订货型工作重点

项　目	订　货　型	备　货　型
组织特点的区别	复杂	一次性
工作重点的区别	提高柔性	设备预防
物料管理的重点	外协管理	采购管理
计划管理的重点	作业计划	主体计划
生产控制的重点	配套性	过程控制
库存控制的特点	重点在期	重点在量
重点控制的物料	半成品	成品

5.3.1.2　劳动服务型

劳动服务型的生产管理与物质生产型的管理的共性，都是对投入—转换—产出这一过程的计划、组织、调节和控制，因此，生产管理的一般原理和方法都可适用，但在具体组织管理中也要考虑其各自的特征（见表3－3）。

劳动服务型生产与物质生产型尽管存在上述基本差别，但在生产与作业管理上却有着许多共同之处。为了说明这一点，就需要对服务作业进一步分类。按照与顾客直接接触的程度，可以将服务作业划分为：

（1）纯服务作业。纯服务作业是指那些与顾客直接打交道的服务作业。

（2）准制造作业。准制造作业就是不与顾客直接打交道，而是从事业务和信息处理的服务作业。

（3）混合型服务作业。混合型服务作业即性质和内容介于纯服务作业和准制造作业之间的各种服务作业。混合型服务作业兼有上述两种类型服务作业的特征，在实际管理中，往往被不加区别地归在纯服务作业类型中。

以上三种类型的服务作业间并没有严格的界限，而是处在从与顾客高度接触型服务作业到低度接触或无接触型服务作业的连续性上，仅存在相对隶属程度的区别。服务作业的具体分类见图3－2。

表3－3　物质生产型生产与劳动服务型生产的特征

生产类型	产　品	资　金	绩　效
物质生产	可存储	资本密集	质量、成本、交货期（可计量）
劳动服务	不可存	劳动密集	顾客满意（难以计量）

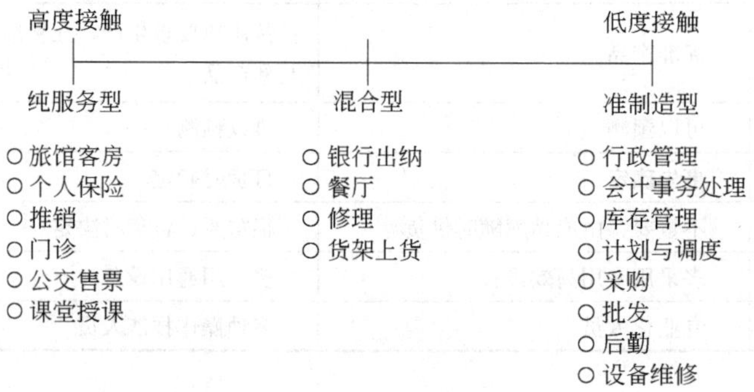

图3－2　服务作业的具体分类

为了将现代生产与作业管理引入混合型或纯服务作业，以提高其效率，需要辨认出这类服务作业的“技术内容”，即服务作业中只有操作性，只有应用现代生产与作业管理技术的潜在可能性的组成部分。如餐厅服务作业，有关服务员的运作规范、上菜程序、服务员之间的分工、营业时间和加班等，均可以仿照生产管理中的程序化、标准化及负荷控制的概念和方法来进行管理和改进。

5.3.2　制造业的生产类型

制造业一般按产品的专业化程度划分生产类型。产品的专业化程度可以通过产品的品种多少、同一品种的产量大小和生产的重复性来衡量。产品的品种越多，每一品种的产量越少，生产的重复性越低，则产品的专业化程度就越低；反之，产品的专业化程度越高。按产品的专业化程度的高低，可划分为大量生产、成批生产和单件生产三种生产类型。

（1）大量生产。大量生产是大量生产单一产品，产量大，生产重复程度高。

（2）单件生产。单件生产与大量生产相对立，是另一极端。单件生产品种繁多，每种仅生产一台，生产重复程度低。

（3）成批生产。成批生产介于大量生产与单件生产之间，即品种不单一，每种都有一定的批量，生产有一定的重复性。现在，单纯的大量生产和单纯生产都比较少，一般都是成批生产。

由于成批生产的范围很广，通常将它划分成“大批生产”、“中批生产”和“小批生产”三种，如图3－3所示。

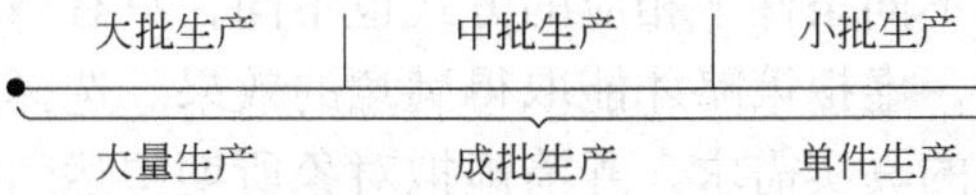

图3－3　生产类型的分类

5.3.3　虚拟组织结构

为提高企业对市场反应的速度和满足用户的能力，发达的工业国家近几年出现了一种高度灵活的动态组织结构，即虚拟公司。

5.3.3.1　虚拟内涵

虚拟技术是计算机术语中的一个常用名词，它是通过借用外部共用的信息网络及通道，提高信息数据存储和存取效率的一种方法。引用到企业管理中，实质上就是指借用外部力量，整合外部资源的一种策略。因此，虚拟实质上就是一种借势的策略。其基本含义就是以各种方式借用外力，如购买、兼并、联合、委托、外包等。对企业外部的资源优势进行整合实现聚变，创造出超常功能，但却不一定拥有与上述功能相对应的实体组织，它是通过外部的资源、力量来实现上述功能的。可见，虚拟策略是一种超常的管理方法，它所追求的主要目标在于突破企业有形的界限，弱化具体的组织结构形式，达到全方位借用外力的效果。

5.3.3.2　虚拟化的形式

（1）人员虚拟化。这是一种借脑、集智的活动，即借用外部的人才资源以弥补自身智力资源的不足。

（2）功能虚拟化。这是一种虚拟化的运行模式，即借用外部力量来改善企业劣势部门的功能，使之与企业其他的优势功能相互配合，避免由于某一部门的功能弱化而阻碍企业的正常发展。

（3）企业虚拟化。功能虚拟化的扩展就是企业虚拟化，其直接表现形式就是所谓“虚拟企业（公司）”。

5.3.3.3　虚拟策略的实施要点

（1）建立并不断增强自身的核心竞争优势。任何虚拟方式都必须建立在自身竞争优势基础上。实施虚拟策略时，企业必须立足自身，即以本身的核心优势为依托，通过虚拟化获取外界资源和力量的配合，以达到优势互补的目的。显然，如果企业本身一无所长，则虚拟策略很难奏效，即使实施了也难获得长久稳定的结果。

（2）准确定位虚拟方向，发展并识别合适的“虚拟”对象。企业在实施虚拟策略时，不是漫无目的地胡乱“虚拟”，必须详细分析自身所处的内外环境，弄清自己的优势及外界资源状况。一般来说，企业内劣势之所在往往成为可考虑的虚拟方向，即企业通过借用外力来改善或弥补；而外部环境中技术标准、生产规范较稳定的成熟产业则适宜选作“虚拟”对象。

（3）了解虚拟对象的真实需求，选择恰当的虚拟方式。如前所述，虚拟策略的具体实施方式是多种多样的，在不同条件下相应的方式也不同，只有当虚拟方式适合企业本身及各虚拟对象的现实要求时，虚拟策略才能取得满意的效果。选择正确的虚拟方式，其中最关键的是要掌握虚拟对象的真实需求，弄清虚拟对象所期望达到的目标。只有这样，才能准确地判断虚拟对象是否适合企业自身的需要，并选择恰当的虚拟实施方式。

（4）重塑文化基础，消除企业内部的抵触情绪。虚拟策略是一种借外力的策略，在引进外部资源优势的同时，不可避免地会伴随着外来文化的输入，因而企业内部极易产生一种对外来文化的消极抵触情绪。因此，重塑企业文化，努力减少各种文化的摩擦并使之互相融合，也就成为实施虚拟策略的成功保证。

（5）要建立强有力的信息支持系统。在同一公司的不同部门以及不同公司的资源优势迅速集成一个虚拟组织系统，为此要掌握本公司和相关公司的产品市场情况、销售渠道、人员素质、研究和开发能力、产品结构、工艺特征、设备情况、制造能力等大量的信息。该系统除及时提供上述有关信息外，还应该提供一个快速选择虚拟对象的方法。

单元6　冶金企业生产过程组织

6.1　生产过程组织

6.1.1　生产过程

狭义的生产过程指产品生产过程，是对原材料进行加工，使之转化为成品的一系列生产活动的运行过程。

广义的生产过程是指企业生产过程和社会生产过程。企业生产过程包含基本生产、辅助生产、生产技术设备和生产服务等企业范围内各种生产活动协调配合的运行过程。社会生产过程是指从原材料开采，到冶炼、加工、运输、储存，在全社会范围内各行各业分工协作制造产品的运行过程。

产品生产过程由一系列生产环节所组成，一般包含加工制造过程、检验过程、运输过程和停歇过程等。产品生产过程是企业生产过程的核心部分。生产过程是指从原材料投入生产开始到成品制造出来为止的全部过程。它主要包括生产技术准备过程、基本生产过程、辅助生产过程、生产服务过程等。生产技术准备过程具体包括产品设计、工艺设计准备、材料与工时定额、设备布置等内容。基本生产过程是直接从事加工、制造产品的生产过程，是最主要的环节。辅助生产过程是为保证基本生产正常进行所必需的各种辅助性活动，如动力生产、工艺装备制造等。生产服务过程则是为保证生产而进行的各种服务性工作，如原材料、半成品、工具的发放运输等。

6.1.2　生产过程组织的内涵及影响因素

生产过程组织就是以最佳的方式将各种生产要素结合起来，对生产的各个阶段、环节、工序合理安排，使其形成一个协调的系统。

企业生产过程要高效经济地运行，需要从两方面作出努力：一是要设法缩短物质流程的距离；二是要加快物质流程的速度。这就涉及了企业生产管理的很多方面，但直接相关的前提性工作却只有两项：一是对工厂的各物质组成部分作出合理的安排，取得最佳配置；二是对生产过程各组成部分的基本活动，在时间上精心衔接，取得最佳组合。前者，叫生产过程的空间组织，后者叫生产过程的时间组织。两者合起来，统称为生产过程组织。

无论是生产过程的空间组织，还是生产过程的时间组织，都需认真考虑以下基本影响因素：

（1）产品结构及工艺特点。产品结构与工艺特点对企业生产过程组织有决定性的影响。它决定企业应有什么样的基本生产过程和辅助生产过程，决定企业的生产单位组成。如铜冶炼厂，应具有铜冶炼所必需的熔炼、电解等生产过程及相应的熔炼车间、电解车间、阳极泥处理车间等，而金属压延厂，则具有熔铸、压加等生产过程及相应的熔铸车间、线材车间、板材车间等。

（2）专业化与协作水平。企业的专业化形式不同，相应地要求建立不同的生产单位。例如，采取产品专业化形式的企业，一般拥有较完整的工艺阶段，机械制造企业就相应设置毛坯、机加工、热处理、装配等车间；采用零件专业化形式的企业，多数情况下不具备完整的工艺阶段，生产单位组成上，或者不设毛坯车间，或者不设装配车间等；采用工艺专业化的企业，一般就只设有相应的工艺阶段的车间。

企业的协作化水平不同，相应地要求由不同的生产单位组成。一般地说，企业的协作范围越广，通过厂际协作获得的零件、部件、工具等越多，则企业生产单位组成就越简单。

（3）生产规模。企业的生产规模，是指单位时间内的产量。通常以年产量（或产值）来表示。年产量（或产值）大，企业的生产规模就大。生产规模越大，所需的车间数目越多，每个车间的规模也越大。如规模较大的大型有色冶金机械厂，就往往把铸造工艺阶段分为铸铁车间、铸钢车间、有色铸造车间等，而同类型的小型企业，则常常不设专门的铸造车间，所需铸件到外厂去协作生产。

（4）生产类型。生产类型是综合企业生产特点进行的分类。分类的目的，是要从中发现同类型之间的基本特征和生产规律性，进而为生产过程组织和科学管理提供依据。

有多种生产类型的分类方法。最常用的是按工作地专业化程度划分的大量生产型、成批生产型、单件生产型。使用这种分类方法，首先必须弄清工作地和工序这两个基本概念。所谓工作地，就是工人使用劳动工具对劳动对象进行生产活动的场地，它由一定的场地面积、机器设备和辅助工具等组成。所谓工序，是一个（或一组）工人，在一个工作地上对同一种劳动对象连续进行加工的生产活动。所谓工作地专业化程度，是指工作地进行同一工序的重复程度。按照固定于工作地上的工序数，或者通过计算工序占用工作地系数，可以划分出工作地的生产类型。一般来说，固定于工作地工序数少，工序占用工作地系数大，为大量生产型；固定于工作地工序数多，工序占用工作地系数小，为单件生产型；介于两者之间的，为成批生产型。在划分工作地生产类型的基础上进行综合，可以确定出车间、企业的生产类型。

大量生产型企业产品品种少、产量大，工作地经常固定执行同种产品的一道工序，工作地高度专业化，因而经济效益较好，但对市场的应变能力差。更换品种时，既需要重置大量设备，又需要调整生产组织，且要较长时间才能达到生产能力。成批生产型企业产品品种较多，多种产品轮番产出，工作地相对固定地执行几种产品的几道工序的任务，工作地部分专业化。单件生产型企业，产品品种很多，经常改变，每种产品制造一件或少数几件，因而工作非专业化，承担的产品品种和工序经常改变。显然，单件生产型的企业适应性强，但劳动分工粗，劳动生产率低，工人技术水平要求高，生产过程的连续性差，生产成本较高。成批生产型企业生产的适应性和经济性介于大量生产型和单件生产型之间。

三种生产类型都客观存在，采用何种生产类型，有一系列客观制约因素。进行生产过程组织时，需要认真考虑的是，如何提高大量生产型的应变能力，如何增加单件生产中的成批和大批生产因素，有无改变生产类型的可能，以获得更好的经济效益等。

6.2　生产过程组织基本要求

合理组织生产过程是指把生产过程从时空上很好地结合起来，使产品以最短的路线、最快的速度通过生产过程的各个阶段及工序，并且使企业的人、财、物得到充分利用，达到高产、优质、低耗。其目的就是生产出满足社会需要的产品和劳务，提高企业经济效益。

（1）生产过程的连续性。生产过程的连续性，即产品在生产过程的各个工艺阶段、各个工序之间的移动，在时空上是紧密衔接的、连续的，不发生或很少发生中断现象。也就是说，在整个生产过程中劳动对象始终处于运动状态，没有或很少有停顿与等待现象。保持和提高生产过程的连续性，可以缩短产品的生产周期，减少在制品的数量，加速流动资金的周转；可以更好地利用物资、设备和生产面积，减少产品在停放等待时可能发生的损失；有利于改善产品的质量。要达到生产过程的连续性，必须做到：

1）按工艺流程的要求，搞好工厂布置；

2）采用先进的技术、设备，提高自动化、专业化水平；

3）采用先进的生产组织形式；

4）做好生产前的一系列准备工作和生产中的服务工作。

（2）生产过程的比例性。生产过程的比例性，即在整个生产过程中，基本生产过程同辅助生产过程之间，生产各个阶段、各个工序之间，在生产能力上保持一定的比例关系。这是客观经济规律的要求，也是组织现代化生产的必然结果。保持生产过程的连续性，可以充分利用企业的人力、设备和生产面积，减少产品在生产过程中的停放等待时间，保证各个环节均衡地、成套地出产产品。

为了保持生产过程的比例性，在工厂设计或生产系统设计时，就要正确规定生产过程的各个环节、各种机器设备、各工种工人在数量和生产能力方面的比例关系。

（3）生产过程的节奏性。生产过程的节奏性，亦即均衡性，是指生产过程从投料到最后完工产品入库，各阶段、各工序生产都能保持按计划、有节奏地进行，要求在相同的时间间隔内，生产大致相同数量或递增数量的产品，避免前松后紧，即月初完不成任务、月末加班加点突击完成任务那种不正常现象的发生。均衡地进行生产，能够充分利用设备和人力，防止突击赶工，有利于保证和提高产品质量，避免资金积压和各种损失浪费，还有利于安全生产和保持企业的正常生产秩序。

生产过程的节奏性应当体现在原材料投入、生产和出产产品三个方面。其中，产出的节奏性是最关键的一环，而生产的节奏性是实现产出节奏性的基础，生产的节奏性又取决于投入的节奏性。因此，必须把三个环节统筹安排，才能保证整个生产过程的节奏性。

（4）生产过程的平行性。生产过程的平行性，即各个阶段、各个工序之间平行交叉地进行作业，它们在时间上是连续的，在空间上是并存的。不仅生产的各主要环节平行地进行工作，而且一个生产环节中的基本生产环节和辅助生产环节也是平行地进行工作。生产过程的平行性对缩短生产周期、加速资金周转、减少在制品的数量、合理使用生产设备和仓库占地面积有着重要的作用和意义。

生产过程的平行性，实质上是为了使生产过程的连续性得到进一步体现而提出的一种更高要求。为达到这一要求，首先必须保持生产过程的比例性，否则，即使个别设备或人力的不足都会形成薄弱环节，影响整个生产过程的正常进行。

（5）生产过程的适应性。生产过程的适应性是指生产过程适应市场多变的特点，能灵活进行多品种小批量生产，以不断满足社会需要的适应能力。一个企业要实现生产过程的合理组织，除了要达到前面四项基本要求外，还应达到生产过程适应性这一要求，即当产品品种发生变动时，就可以用最少的投资，以最快的速度，灵活地调整生产过程，以便顺利而及时地转入新产品的生产，否则，便会因产品陈旧而被淘汰。

为了增强适应性，必须采用先进合理的生产组织方法，如成组流水线、可变流水线、网络计划技术、成组工艺；也可以在企业主流产品的生产线之外成立一个“灵活的生产单位”或“零活工段”，专门负责临时订货；还可以组织一支包括设计、工艺、制造在内的“快速部队”——产品开发部门，进行新产品的开发、试制、试销工作。

(6) 生产过程的经济性。生产过程的经济性是指在生产过程中以最少的消耗生产出尽可能多的适销对路的产品。为此，首先必须保证连续性、比例性、节奏性等要求；其次，必须加强生产系统的全面管理工作，开展经济活动分析，力求成本费用的支出最低。

从以上阐述的合理组织生产过程的基本要求可以看出，生产过程的连续性、比例性、节奏性、平行性、适应性、经济性这六项基本要求之间是互相联系、互相制约的，生产过程的比例性和平行性是实现连续性的前提，而比例性、平行性和连续性又是实现节奏性的前提。因此，在组织生产过程时，必须对上述基本要求加以全面综合考虑。

6.3 生产过程空间组织

企业产品生产过程，不仅要有一定的场地、厂房、设备等，而且要把这些物质生产条件按一定的原则加以组合，使它们在空间布局上形成一个有机整体，这就是生产过程空间组织问题。因此，生产过程的空间组织是指厂址的选择、工厂总平面布置、车间布置。

6.3.1 厂址选择

选择厂址时应注意如下影响因素：

(1) 产品销售条件，即是否方便目标顾客群的购物或订货交易。

(2) 提供服务条件，即是否靠近目标顾客群、方便顾客享受服务。

(3) 交通条件，即是否便于运输、及时送货和大宗货物的集散。

(4) 劳动力供应条件，包括劳动力的素质、成本以及可获得性。

(5) 资源供应条件，即获取原材料的方便性、外协加工的方便性。

(6) 基础设施条件，即供电、供水、供煤气、排水、“三废”处理的可靠性和方便性，以及通信基础设备状况。

(7) 地价和税收条件，即土地价格高低、各种税费负担轻重等。

(8) 环境保护法规，即环境保护法规是否允许或者是否限制所要从事的生产经营活动，环保投资和维护费用的高低。

(9) 扩展条件，即是否有可扩展利用的空间和场所。

(10) 地理条件，即地质条件能否承受工厂建筑物的全部载重，是否有地震断裂层地带、下沉性地带和滑坡层、淤泥层等不利于建立厂房的因素。地势是否平坦或适当，可选择有坡度的坡地，可利用斜面便于运输和建立排水系统。

选择厂址的方法有：

(1) 重心法。重心法是把运输因素作为依据，利用“求重心”的原理，选择其中运输量最小、费用最低的方案为最佳方案的一种方法。这种方法的特点是把生产运输因素作为厂址选择的重要因素来考虑。当投资项目厂址的其他因素基本相同、运输费用的高低决定项目效益的好坏时，可采用这种方法来选择厂址。

（2）方案比较法。方案比较法是在已经确定的建厂地区内对不同厂址方案的投资费用和经营费用进行比较，从而确定厂址的一种方法。其具体步骤是：首先，在所有的厂址方案中，选择两三个比较合适的方案，作为分析、比较的对象。其次，计算每种方案的投资费用和经营费用。在一般情况下，应选择基本的投资、经营费用项目并列表。最后，利用计算的数字，分析和确定最优厂址方案。如果一个厂址技术条件好，而建设费用、经营费用都比较少，且投资回收期较短，即为最优方案。

（3）分级评分法。分级评分法是指对不同的厂址方案中的所有因素进行评分，并根据分数值的高低来确定最优厂址的一种方法。这种方法首先要列出影响厂址选择的所有因素，然后按照因素的重要程度确定其权数。如“料场”这个最一般因素，确定其权数为1，再将其他各种因素与之相比较，分别确定它们的权数。权数可由有经验的专家、工程技术人员、管理人员、领导人员等共同研究确定。权数一旦确定后，便可对可供选择的建厂地点进行排队。究竟选择哪一种方案作为建厂地点，要权衡各种影响因素的利弊得失。每一个影响因素，可按其影响的不同程度划分为几个等级，如最佳、较好、一般、最差，并相应地规定各等级系数为4、3、2、1。由于各地点的各种因素影响作用不一，故可分别打上适当的等级系数，最好的打上4，最差的打上1。当全部打上等级系数之后，可将权数和等级系数相乘便得到因素分，再将所有这些因素分相加便得到该地点的总分数。然后，对几个地点的总得分进行比较，得分最高的地点便为较佳的地点。

6.3.2　工厂布置

工厂布置是指在一个选定的厂区范围内，对工厂的车间、科（室）、设施等各组成部分进行合理配置。它是生产系统设计的综合阶段，其基本目标是制定一种生产体系，使之能以最经济的方式满足生产经营的要求。

工厂布置的原则有：

（1）各生产车间或设备应按工艺流程的顺序布置，使材料、半成品的流动无交叉、倒流。

（2）各辅助车间、服务部门应设在主要服务车间附近，以缩短材料、半成品的运输距离和减少运输工作量。

（3）厂区与生产面积能得到充分、有效的利用。

（4）厂区总体平面布置要留有余地，并能适应改建与扩建。

（5）厂区总体布置应与周围环境协调，有良好的环境保护措施与“三废”处理措施。

6.3.3　车间布置

车间布置是生产过程空间组织的一个重要方面，就是要按一定的原则，正确地确定车间内部各组成单位（如工段、班组）及其工作地、设备之间的相互位置，使其形成一个有机整体，进而完成车间的具体功能和任务。生产车间的内部布置可按以下原则进行：

（1）工艺专业化。工艺专业化是按照生产工艺的特点来设置生产单位，每个生产单位只完成产品生产过程的部分加工任务。在按专业化原则建立的生产单位里，集中了相同类型的机器设备，配备着相同工种的工人，可以对不同种类的工作进行相同工艺的加工。

工艺专业化的优点是：对产品品种变化的适应性较强，不论产品如何变化，只要加工工艺的范围不变，都由相应的加工单位对其加工；由于每个生产单位只进行同一种工艺的加工，这就便于工艺管理和工人技术水平的提高；生产系统的可靠性较高。工艺专业化的缺点是：产品在生产中的运输路线长，增加了运输费用；产品生产周期长，占用流动资金较多；各生产单位之间的协作往来频繁，使得编制生产计划以及在制品和质量管理等工作比较复杂。

（2）对象专业化。对象专业化是按照产品（零件、部件）为对象来设置生产单位的一种生产组织形式。在按对象专业化原则建立的生产单位里，集中了为制造同一产品所需要的各种不同类型的生产设备和不同工种的工人，进行不同工艺方法的加工。每个生产单位基本上独立完成该产品的全部工艺过程。

对象专业化的优点是：由于可以完成加工对象的全部或大部分的加工，所以连续性强、生产周期短，从而使得在制品库存减少，流动资金占用量下降，协作关系简单，简化了生产管理；由于对象固定，可以采用高效率的专用设备，生产效率较高。对象专业化的缺点是：由于是按照特定的产品对象建立的生产单位，对品种变化的适应能力差；需要较多的生产设备，投资大，设备和生产面积的利用率较低；不便于对工艺进行专业化的管理和指导。

（3）混合专业化。这是将上述两种原则结合起来的一种形式。这种原则吸收了两者的优点。在一个企业内部，有些车间可按对象原则布置，而另一些车间则可按工艺原则建立；在一个车间内部，有些工段和班组可按对象原则布置，而另一些工段和班组则可按工艺原则布置。

当然，每一个企业采用什么原则，必须根据自己的情况，灵活运用上述三种原则。

6.4　生产过程时间组织

6.4.1　时间组成要素分析

时间组成要素分析分为：

（1）生产工序的时间分析。生产工序是生产过程的主要要素。为了实现生产合理化，首先要集中人力、物力于生产工序，增加生产工序的时间消耗在总时间消耗中的比重。同时，应当改进产品设计、加工工艺和劳动组织，减少生产工序的作业时间。只有在增加生产工序时间所占比重和减少工序作业时间两方面努力，生产过程时间组织才可能合理化。

（2）检验的时间分析。检验要耗费时间但又不增加劳动对象的使用价值，检验时间应尽可能地减少。节约检验时间的根本途径，是加强质量管理，改进检验组织和检验办法。在进行生产过程时间组织时，要考虑采用的办法有：合理设置检验点和配备检验人员；采用高效专用或自动化的检验工具，提高检验速度；采用现代化检验监控装置，尽量使检验时间和加工时间重合；实行巡回检验，减少集中送检；在保证质量的前提下，尽可能以抽检代替全数检验等。

（3）运输的时间分析。运输作业包括厂外运输进厂以后的搬运作业和车间之间、车间内部等的搬运作业。运输作业时间也是生产过程时间组织中应考虑的重要因素。为减少运输的时间耗费，生产过程组织工作中要坚持做到：合理生产分工，以减少搬动次数；设计合理的工艺流程，消除工艺路线不合理造成的多余搬运；厂内运货多方案择优，合理分配每种运输方式的货运周转量；设法使运输和生产工序在时间上重合等。

（4）间断的时间分析。间断是物料没有被加工、检验、运输，而仅仅被搁置在某处使时间浪费。在生产过程中，间断时间在总时间消耗中所占比重往往较大，因而必须仔细分析。间断时间分类如图 3－4 所示。

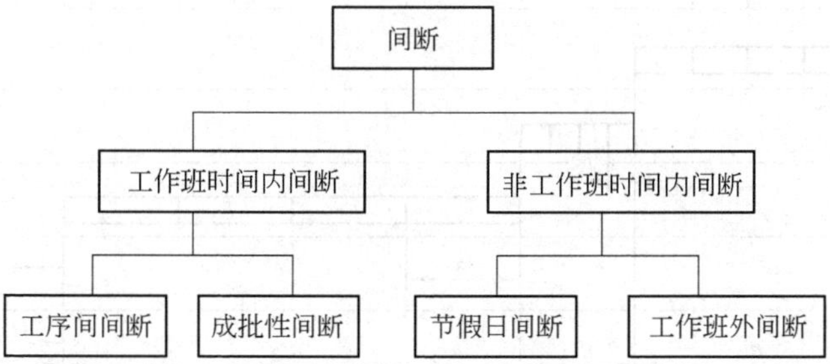

图 3－4　间断的时间

对于节假日间断和企业实行工作班制（如两班制）所造成的工作班时间外的间断，企业可根据生产需要来减少，如节假日加班、轮休、实行三班制等。对于工作班内时间间断，分两种情况分析：

1）工序间间断，是一批制品在上一工序结束后等待下一次加工的滞留过程，又可分为两种情况：

① 过早达到。其原因有五种，一是各工序的负荷与能力不平衡，当前工序加工时间短于后工序加工时间，制品转送到后工序时，设备还在加工上一件制品，形成等待；二是暂时性的故障和干扰，导致各工序生产能力利用的不平衡，即使实现了工序同期化，仍会发生制品的等待；三是许多制品的加工汇集在某一工作地，而该工作地生产能力满足不了要求，形成所谓“瓶口”；四是某种产品交货期推迟而暂停加工，或由于临时性追加任务，而使另一些制品暂停加工；五是计划不周，过早投料，形成产品装配前的长时间等待。五种原因归其根本，在很大程度上与生产组织不善有关。减少间断，必须加强生产组织。

② 过迟送到。这种情况下不会发生等待加工现象，但因工序不同期化，加工时间短的工序会发生人员和设备工作的时断时续，导致工时利用率和设备利用率的下降。

2）成批性间断。成批性间断发生在成批作业时，制品以未加工形态或已加工形态在工作地上滞留，也就是说，一批制品中的一件正在被加工，其余的在等待加工。成批性间断在加工、运输、检验等各环节中都可能发生。

理想的生产过程时间组织，是既无工序间间断，又无成批性间断，这就是单件传送的同步化作业。但由于生产技术条件等的限制，理想状况常无法达到。这就要求在现实许可的条件下，设计多方案来比较择优，其中，最重要的是制品移动方式的选择。

6.4.2　制品移动方式的选择

制品在生产过程各工序间如何移运，一般有三种方式，在生产过程时间组织中应作出选择。

（1）顺序移动方式。每一批制品只有在前道工序全部完工后，再整批地送到后道工序加工。整批制品在工序之间移动是顺次连续的，但就每个制品来看，却存在等待加工时间，如图 3－5 所示。

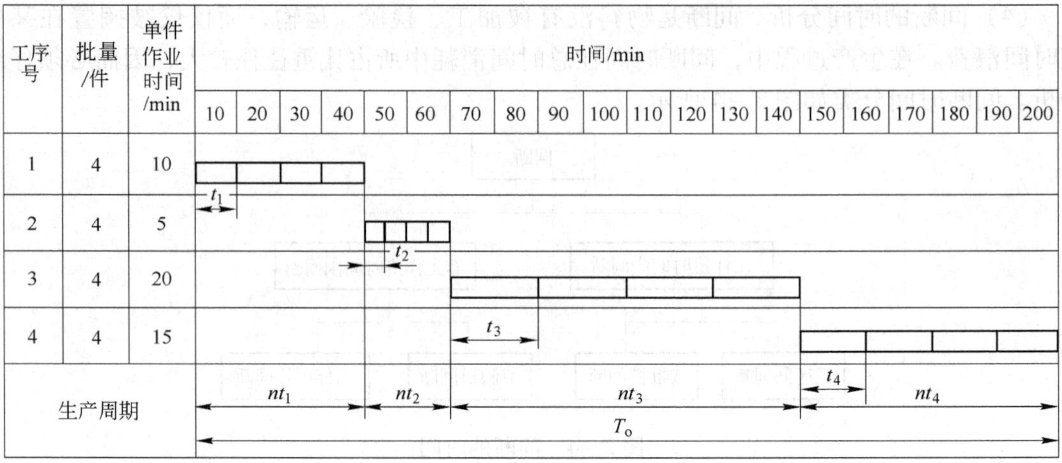

图 3－5　顺序移动方式

如果把工序间的运输时间略而不计，则加工一批制品的生产周期等于该批制品在全部工序上加工时间的总和。计算公式是：

$$T_o = n\sum_{i=1}^{m} t_i$$

式中，T_o 为一批制品在顺序移动方式下的生产周期；n 为一批制品的批量；m 为制品加工的工序数目；t_i 为制品在 i 道工序上单件加工时间。

$$T_o = 4(10+5+20+15) = 200\ (\text{min})$$

采用这种移动方式，组织管理工作较简单。由于一批制品是整个加工和运送，可以减少设备调整和停歇时间，提高设备利用率。但一批制品的生产周期较长。

（2）平行移动方式。一批制品中的单件在前道工序加工完后，立即运送到后道工序去继续加工。制品在各道工序上成平行作业，如图 3－6 所示。

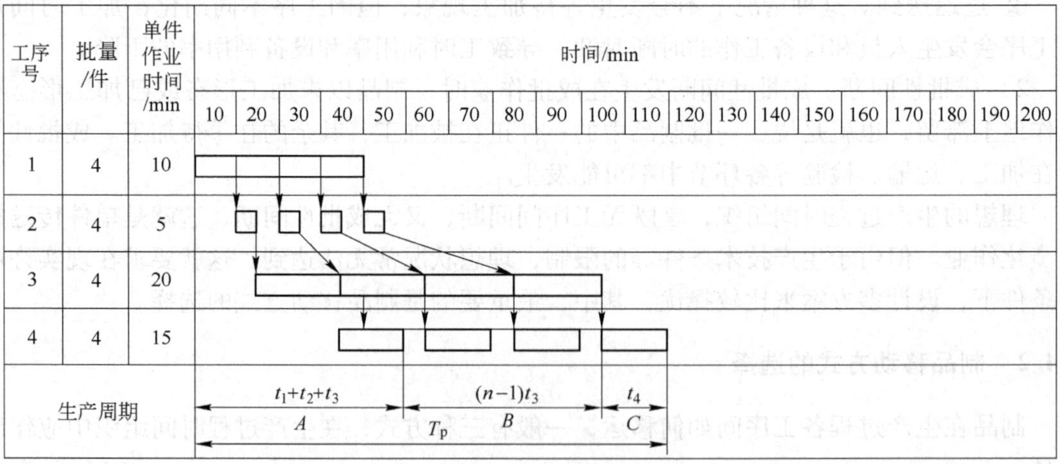

图 3－6　平行移动方式

按图示可算得该批制品的生产周期 T_p 是：

$$\begin{aligned}T_p &= A+B+C\\ &=(t_1+t_2+t_3)+(n-1)t_3+t_4\\ &=(t_1+t_2+t_3+t_4)+(n-1)t_3\\ &=(10+5+20+15)+(4-1)20=110(\text{min})\end{aligned}$$

抽象出一般的计算公式是：

$$T_p = \sum_{i=1}^{m} t_i + (n-1)t_{\max}$$

式中，T_p 为一批制品在平行移动方式下的生产周期；$t_{\max}$ 为一批制品加工工序中最长的单件工序时间。

采用这种移动方式，T_p 较小，仅工序间的运输工作频繁，并且，当制品在各道工序的加工时间不相等或不成整倍数关系时，会出现设备和工人的工作时间得不到充分利用的情况。

（3）平行顺序移动方式。一批制品在一道工序上尚未全部加工完毕，就将已加工好的一部分制品转到下道工序加工，并使下道工序能连续地全部加工完该批制品。它是顺序移动和平行移动两种方式的结合，如图 3－7 所示。

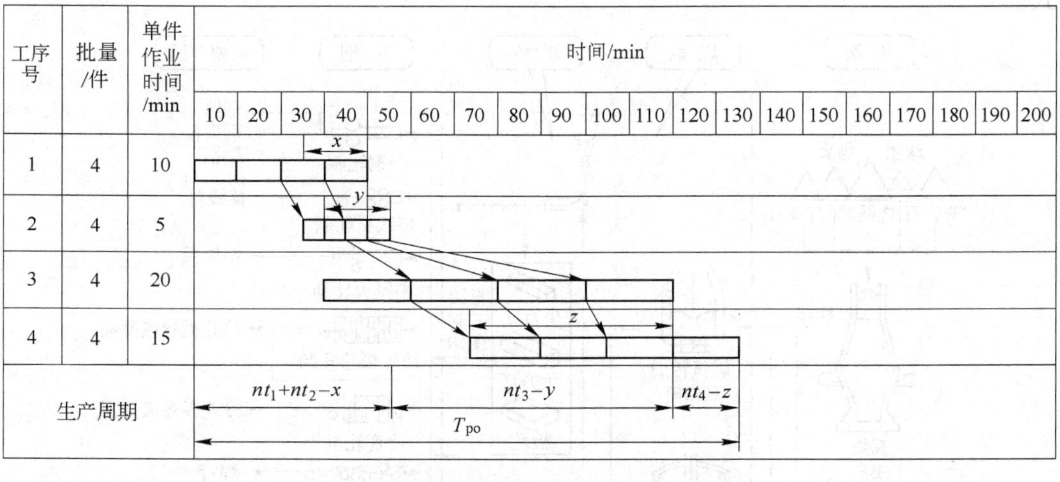

图 3－7　平行顺序移动方式

这种移动方式，因长短工序的次序不同，有两种运送方法：当前道工序的加工时间小于后道工序的加工时间时，前道工序完工后的制品应立即运送到后道工序去加工；当前道工序的加工时间大于后道工序的加工时间时，则要等待前道工序完成的制品数足以保证后道工序连续加工时，才将完工的零件送到后道工序去加工。

平行顺序移动下一批制品的生产周期，可按顺序移动方式计算的生产周期减去工序间交叉重复的时间求得。

$$T_{po} = \sum_{i=1}^{m} t_i + (n-1)(\Sigma t_1 - \Sigma t_2)$$

式中，T_{po} 为一批制品在平行顺序移动方式的生产周期；t_1 为较大工序时间；t_2 为较小工序时间。

所谓较大工序，是指该工序的单件作业时间比与其相邻的前后工序的单件作业时间都大。所谓较小工序，是指该工序的单件作业时间比与其相邻的前后工序的单件作业时间都小。在确定较大和较小工序时，应将第一道工序之前和最后一道工序之后的时间都作为零考虑。

采用平行顺序移动方式，吸取了前两种方式的优点，消除了设备在加工过程中的间断现象，使工作地充分负荷，有效利用工时，适当地缩短了制品的生产周期。但生产组织工作复杂。

选择制品移动方式，应结合企业的生产特点，全面考虑。一般地说，批量小、工序时间短、制品重量轻时，应采用顺序移动方式；反之，则应采用平行或平行顺序移动方式。工艺专业化的车间，宜采用顺序移动方式；对象专业化车间，则采用平行或平行顺序移动方式。总之，单独或结合选用不同的移动方式，应以合理组织生产过程为目的。

6.5　冶金企业生产过程组织要求与形式

冶金企业生产过程的复杂性，决定了生产过程组织形式的多样性。图3－8示出了钢铁冶金生产工艺流程。本节结合冶金工业企业的生产特点，介绍几种主要的生产过程组织形式。

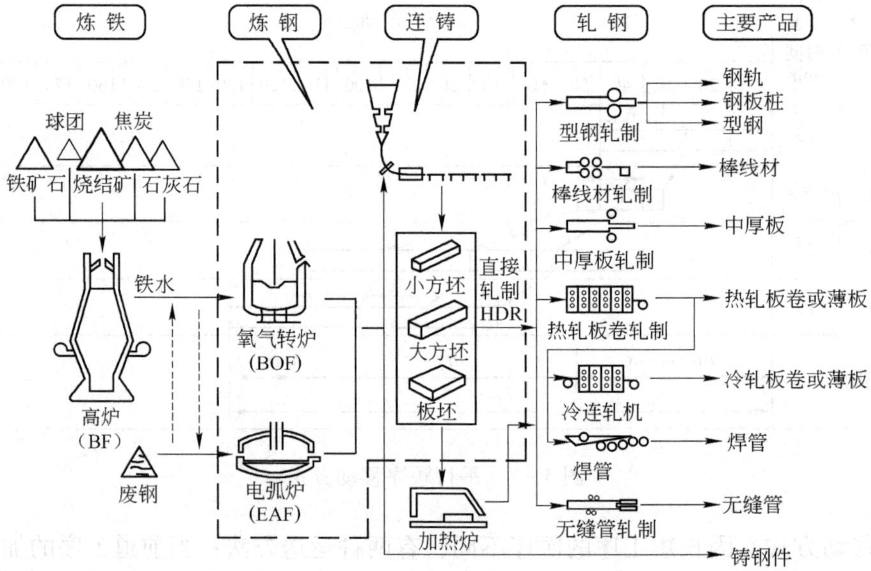

图3－8　钢铁生产工艺流程图

6.5.1　冶金工业企业生产特点

冶金工业企业分为黑色冶金企业和有色冶金企业，根据工艺基本性质，又可作如下分类：

（1）矿山企业。劳动对象是矿产资源，工作地随采掘推进而移动，一般都在坑内或露天进行，空间布置受到较多限制。矿山企业产品品种固定，属于大量生产类型。

（2）选矿和湿法冶炼企业。这类企业生产流程以管道连接，工序衔接要求高，具有流水生产性质，产品单一，工作地专业化程度高，亦属大量生产类型。

（3）电热冶炼和火法冶炼企业。这类企业的工艺过程多在冶金炉或大型联运机内进行，具有高温生产特点。在生产阶段中，有的是连续作业，如高炉、鼓风炉；有的是周期作业，如平炉、转炉炼钢，粗铜精炼等。这类企业品种也较少，工作地专业化程度高、属大量生产类型。

（4）金属合金及其加工企业。这类企业生产的品种规格较多，加工工艺流程长，需求批量小，对工艺装备的精度要求高。不同品种的压力加工工艺各不相同，生产组织工作相对复杂，属成批轮番生产类型。

6.5.2　冶金工业企业生产过程组织要求

综合上述各类企业的特点，冶金工业企业的生产过程组织要特别注意以下几点：

（1）由于金属矿石品位低，物料消耗大，生产过程中，在制品，半成品、成品以及废料运输任务繁重。因此，运输是生产过程组织中需高度重视的重要环节。

（2）由于矿石中往往含多种金属元素，生产上要求综合利用。为处理多成分矿石而组织的生产单位，在物料供应和处理能力上必须协调一致。

（3）由于冶金生产的高温熔炼、高温加工的特点，生产过程组织必须充分考虑利用热能。

（4）由于冶炼加工中，劳动对象依次顺序加工，生产过程具有流程式特点，生产过程组织要注意前后工序设备能力上协调，制品在数量和时间上紧密衔接。

（5）由于冶金生产中废水、废气、废渣较多，生产过程组织要同时考虑防止环境污染，综合利用三废。

6.5.3　冶金生产过程组织形式

目前冶金工业企业常有的生产过程组织形式大致有六种：

（1）循环作业组织形式。在矿山企业，目前普遍采用凿岩、放炮、装岩和运输的采矿技术，生产过程发生周期性间断。在这种情况下，一般的生产过程组织，就是循环作业，即每间隔一定时间，达到所规定的进尺时，所有各工序顺序地、有规律地重复。如在巷道掘进时，每推进一段距离时就要重复地进行装岩、支护、凿岩、装药、爆破和通风。

（2）固定供应和配套制组织形式。固定供应，就是固定各道工序的在制品供应关系。有两种情况：一种是几台生产率较低的前道工序的机器设备，固定供应某一台（或数台）生产率较高的机器设备的一定数量的在制品，如几台烧结机固定为一座高炉供应烧结矿；另一种是一台（或数台）生产率较高的前道工序的机器设备，固定供应某几台生产率较低的后道工序的机器设备的一定数量的在制品，如一座高炉固定给几座转炉供应铁水。

如果固定供应不是局限在几道工序之间，而是在整个生产过程的各道工序机器设备之间，成线地建立起固定供应关系，就成为配套制。配套制是固定供应中更高级的组织形式，它使各道工序机器设备在能力上得到协调，在制品供应上做到固定。

（3）流水生产组织形式。流水生产是指劳动对象按照一定的工艺路线，顺序地通过各个工作地，并按照统一的生产速度完成工艺作业的连续重复的生产。它的基本特征是，每个工作地只固定完成一道或少数几道工序，设备按工艺过程顺序排列；各道工序作业时间相等或成简单倍数关系；劳动对象在工序间采用平行或平行顺序移动方式；生产节奏性强，连续程度高。凡具备生产工艺稳定、产品品种稳定、产品数量大、工作地专业化程度高等条件的企业，如轧钢厂等，都可以组织流水生产。

（4）生产线组织形式。在不能采用流水生产的情况下，可采用生产线组织形式。生产线是按对象专业化形式组织起来的多品种生产形式。它拥有完成某几种产品的一定加工阶段的机器设备，这些机器设备是按照生产线上主要产品的工艺路线来排列和配备的。

生产线不像流水线那样有严格的节拍，不能保证产品生产过程的高度连续性。因而生产率比流水线低一些。但是，在每条生产线上可以生产更多的品种，有更大的灵活性，是轧钢厂和有色加工工厂广泛采用的生产组织形式。

（5）自动生产线组织形式。自动生产线是指由自动化机器体系实现产品工艺过程的一种生产过程组织形式。其特点是：加工对象自动地由一台设备传送到另一台设备、由机器体系自动地进行加工、装卸、检验等。工人的任务仅是调整、监督和管理自动线，而不参加直接操作。所有的机器设备都按统一的节拍运转，生产过程是高度连续的。如武钢的一米七热轧线，就是这种组织形式。

当前，自动生产线正在向柔性制造系统（FMS）发展。所谓柔性制造系统，就是一种使用公共的电子计算机控制系统和物料运输系统，把机器设备连接起来的生产系统。它一方面具有自动生产线的高效率，另一方面又能在一定范围内完成不同品种的不同加工任务，因而具有较强的适应性和灵活性。

（6）成组生产组织形式。成组生产，是根据加工工序内容相似的原则，把能在同一机器设备上采用共同的技术装备和调整方法进行加工的零件归并成组，按零件组来组织生产。即对企业生产的所有零件，按其形状、尺寸、加工方法、精度要求和毛坯种类等的相似性，进行零件分类编号，分类的编号应能反映零件的特征，然后，按分类编号划分相似零件组。在此基础上，设计能适应零件组加工要求的生产单元，配备相应的机器设备，零件按相似组一组一组投入加工，以组为对象组织和管理生产。

单元7　冶金企业生产计划

7.1　生产计划与计划值

7.1.1　生产计划

生产计划就是企业为了生产出符合市场需要或顾客要求的产品，所确定的在什么时候生产、在哪个车间生产以及如何生产的总体计划。企业的生产计划是根据销售计划制订的，它又是企业制订物资供应计划、设备管理计划和生产作业计划的主要依据。生产计划的主要目的是提高生产效率。这种效率要既能满足市场或顾客的需求，又能使因劳动力变动所发生的费用及存储费用降低到最低限度，从而实现以最低的生产成本生产出市场所需要的产品。

7.1.1.1　生产计划的层次

(1) 综合计划。综合计划又称生产大纲。它是对企业未来较长一段时间内资源和需求之间平衡所作的概略性的设想，是根据企业所拥有的生产能力和市场需求预测对企业未来较长时间内产出内容、产出量、劳动率水平、库存投资等问题所作出的决策性描述。综合计划并不具体制定每一品种的生产数量、生产时间和每一车间及人员的具体工作任务，而是按照不同方式对产品、时间和人员作出安排。

(2) 主生产计划。主生产计划要确定每一具体的最终产品在每一具体时间段内的生产数量。这里的最终产品是指对企业而言，必须最终完成，可以马上出厂的完成品，它可以是直接用于消费的消费产品，也可以是作为其他企业产品的部件或配件。具体的时间段通常以周为单位，有时也可能是日、旬或月。

(3) 物料需求计划。主生产计划确定后，生产管理部门下一步要做的事情是，保证完成主生产计划所规定的最终产品所需的全部物料（原材料、零件、部件等）以及其他资源的供应。物料需求计划就是要制订这些原材料、零件、部件等的生产采购计划，也就是说，物料需求计划所要解决的是与主生产计划规定的最终产品相关物料的需求问题，而不是对这些物料独立的、随机的需求问题。

7.1.1.2　生产计划的内容

生产计划工作的主要内容包括：调查和预测社会对产品的需求、核定企业的生产能力、确定目标、制定策略、选择计划方法、正确制订生产计划、库存计划、生产进度计划和计划工作程序以及计划的实施与控制工作。具体来说，包括如下内容：

(1) 做好编制生产计划的准备工作。这项准备工作是预测计划期的市场需求，核算企业自身的生产能力，为确定生产计划提供外部需要和内部可能的依据。

(2) 确定生产计划指标。根据市场需要，按充分利用各种资源和提高经济效益的原则，在综合平衡的基础上，确定和优化生产计划指标。

（3）安排产品的生产进度。在编制完生产计划，确定了全年总的产量任务后，企业要进一步将全年的生产任务具体安排到各个季度和各个月份，这就是安排产品的生产进度。安排产品生产进度的总原则是：保证交货期，实现均衡生产，注意和企业技术准备工作及各项技术组织措施的衔接。

企业在安排生产进度的同时，还要安排各车间的生产任务。即把全年的生产任务具体落实到各个车间，使各个车间做好技术准备工作，平衡生产任务和生产能力，使企业内部各主要环节的生产任务在产品品种、数量和时间上相互协调，确保全厂产品生产进度按计划进行。

7.1.1.3　生产计划的指标

生产计划指标是制订生产计划的主要内容，生产计划的主要指标包括产品品种、产品质量、产品产量与产值等。它们各有不同的经济内容，从不同的侧面反映企业计划期内生产活动的要求。

（1）产品品种指标。产品品种指标是指该企业在计划期内应该生产的品种、规格的名称和数目。品种指标表明企业在品种方面满足社会需求的程度，反映企业的专业化协作水平、技术水平和管理水平，努力发展新品种和产品的更新换代，对于满足市场的需要具有重要的意义。

（2）产品质量指标。产品质量指标是指企业在计划期内各种产品应该达到的质量标准，它反映着产品的内在质量（如机械性能、工作精度、使用寿命、使用经济性等）及外观质量（产品的外观、颜色、装潢等）。产品质量是衡量产品使用价值的重要标志，保证和提高产品质量，是企业实现生产任务、满足市场需要的一个十分重要的方面。企业的产品质量也综合地反映了企业的技术水平和管理水平。

（3）产品产量指标。产品产量指标是指企业在计划期内应当生产的可供销售的工业产品的实物数量和工业性劳务的数量。产品产量指标通常采用实物单位或假定实物单位来计量。产品产量指标是表示企业生产成果的一个重要指标，是国家进行物资平衡工作的重要依据，也是企业进行产、供、销平衡和编制生产作业计划，组织日常生产的重要依据。

（4）产品产值指标。为了计算不同品种的产品总量，需要综合运用反映企业生产成果的价值指标，即产值指标。根据具体内容与作用的不同，产值指标可以分为产品产值、总产值、净产值、工业增加值四种形式。

上述各项生产计划指标的关系十分密切。既定的产品品种、质量和产量指标，是计算各种产值指标的基础，而各项产值指标又是企业生产成果的综合反映。

7.1.1.4　生产任务的综合平衡

确定企业生产计划的各项指标，做好企业生产任务的综合平衡，是一个复杂的工作过程。如何科学地确定产品产量、合理安排产品生产进度、做好多品种生产的品种搭配，是生产任务综合平衡工作的主要内容。

（1）科学地确定产品的产量。生产怎样的产品，是一个企业所面临的首要问题。一般来说，企业产品的方向是在建厂初期就确定了的。在确定生产什么产品以后，科学地决定企业产量就成了企业决策的首要问题。企业的产量又受到企业生产能力、市场需求状况、原材料、能源供应状况、企业的技术水平和生产组织方式的制约。同时，企业应考虑增加利润的需要，用产量、成本、利润三者之间的规律性关系合理确定计划期产量。

（2）盈亏平衡分析模型是分析企业产量、成本、利润三者关系的数学方法。该模型把企业的成本分解为两部分：随着产品产量的增加而增加的变动成本和不随产品产量变化的固定成本。在此基础上，比较销售收入和总费用的关系：销售收入大于总的成本费用时，企业就赢利；否则就亏损；当销售收入等于总的成本费用，即利润为零时的产销量即为盈亏平衡点，也称保本点。

盈亏平衡点的计算公式是：

盈亏平衡点产量 = 固定费用/（单位产品销售价格 - 单位产品变动费用）

企业的产量只有超过盈亏平衡点产量时，才有可能赢利，这是企业进行优化的重要前提。当然，工厂决定计划期的产量，并不仅仅靠分析量、本、利关系而定，还要牵涉人力、设备、原材料、能源等多种因素。这种多制约条件下企业最优产量的决定，可用线性规划的办法解决。

7.1.1.5　*产品生产进度安排*

企业编制生产计划不仅要科学确定全年生产任务，而且要把全年的生产任务逐期分解，下放到各个季度和各个月份，这就是产品生产进度的安排工作。合理安排企业的生产进度，一方面有利于进一步落实企业的销售计划，满足市场需求，履行经济合同；另一方面，有利于企业平衡生产力，有效利用设备和人力。产品产出进度的安排，因企业的特点不同而有所不同。

（1）大量生产产品产出进度的安排。大量生产产品的进度，一般采用均衡生产方式，把全年生产任务分配到各季、各月。但是，把全年生产任务均衡地分配到各月，并不意味着平均地分配到全年的12个月，而是考虑产品特点和企业状况，随着工人操作技能的逐渐熟练而逐渐增加产量。具体有四种类型：

1）平均分配。平均分配即把全年的计划产量平均分配到各期中，一般使日产量大体相等。这种方法适用于产品生产能力基本饱和、生产技术和工艺过程比较成熟的情况。

2）分期均匀递增。这种方法把全年产量分配到各期之中，每一期的平均日产量之间呈等差递增数列，而在每一阶段内，日产量大体相等，这种方法考虑技术的不断进步。

3）小幅度连续增长。这种方法类似于分期均匀递增法，只是把全年产量分配到每个间隔较短的时期，短期内的日产量也是大体相等，相邻两期的日产量差额较分期均匀递增小。

4）抛物线递增。这种方法在投产的初期日产量较小，随着生产的进行，企业的日产量以递增的速度逐渐增加，达到一定日产量后趋于稳定，这种方法多使用于新产品的生产。

（2）季节性需求商品生产进度的安排。有些商品的市场需求在全年内并不是均匀分布的，而是呈现明显的季节性变化。这类商品生产进度的安排，涉及劳动力的招聘和辞退、原材料的组织、产品库存量的大小等众多因素，工作比较复杂。

1）均衡安排方式。这种安排方式不管市场需求如何，都把全年的生产任务均匀地分配到各季度、各月份，使全年日产量大体相等。这种安排方式有利于人力、物力的合理利用和管理，但有时库存量很大，占用很多流动资金，有时又会出现供不应求、丧失市场机会的情况。

2）变动安排方式。这种安排方式在合理市场调查的基础上按照市场调查得出的市场需求资料，随着市场需求量的变化安排生产。和均衡安排方式相反，这种方式抓住了市场机会，降低了商品库存，节约了流动资金，但劳动力和原材料的供应工作也要求季节性变动，这给企业和管理提出了更高的要求，不利于稳定产品质量。

3）折中方式。折中方式是企业的日产量大小相同，既减少了库存，满足了市场需求，又容易组织劳动力，保证原材料供应，便于管理。

7.1.2 计划值

现代化大生产要求企业的日常生产活动必须按事先编制的、有科学依据的计划组织。企业通过编制生产计划，将自己的经营目标转化为具体的生产任务，以便动员和组织全体职工去实现。编制一个科学的生产计划，除了要掌握国家宏观经济政策和企业经营的环境外，还要使用有关企业生产活动的许多基础资料，如生产工序能力、工序的作业率、生产效率、产品收得率、主要原燃料和能源单耗、副产品的发生量等等。在冶金企业，重要的基础资料是以计划值的形式提供的。

计划值是指以不断提高生产经营活动中各种计划的水平、加强管理、提高效益为目的，在企业内部共同认识的基础上，由公司统一制定的生产、技术、预算等方面共同的、重要的基本管理指标。这就是说，计划值是企业编制各种计划都要遵循的、在生产技术方面重要的基础数据，它既是编制各种计划的共同依据，又是公司内部各级管理的目标和基准。计划值的项目及其数值，首先由车间主任及生产厂厂长提出，经过平衡协调后由公司经理批准生效，因此对公司内部各单位都具有约束力。

7.1.2.1 计划值项目体系

冶金企业采用的计划值大体有 6 大类：

(1) 生产能力，包括工序生产能力及生产量。前者表示该工序（或生产线、设备）在计划条件下可能达到的最大生产、处理能力，如高炉生产能力（t/月）、转炉生产能力（t/月）；后者表示在计划期安排的生产量，如正常日平均出铁量（t/d）、良锭量（t/月）等。

(2) 效率，表示该工序（或生产线、设备）的开动状况，或单位时间内的生产、处理能力，它是计算生产能力的基础数值，如高炉作业率（%）、转炉炼钢效率（每单位炼钢时间的良锭生产量，t/h）。

(3) 收得率，表示该工序（或生产线、设备）产品量和其所耗用原料量的比率，如转炉的钢水收得率（%）、轧机的轧制收得率（%）等。

(4) 单耗，表示生产单位量产品所消耗的原材料、辅助材料和能源等物资的数量，如高炉焦比（kg/t）、转炉的氧气单耗（标态，m^3/t）等。

(5) 单位发生量，表示生产单位量产品所产生副产品或废品量，如单位高炉煤气发生量（标态，m^3/t），转炉废钢锭单位发生量（kg/t）。

（6）其他指标，如铁水成分（%），转炉装入铁水温度（℃）。

实际使用的计划值数量很多，每个计划值都有一个具体的名称，称为计划值项目，如初轧轧制收得率。在确定每个计划值项目时，要同时确定它的定义、计算式、表达方式、计量单位。许多计划值项目的取值与钢种、锭型等品种规格有关，根据生产技术和财务管理上的需要，可将计划值项目进一步细分，如按钢种、锭型的初轧收得率，称为计划值项目的分项。这样，计划值项目的构成可以用一个体系来表示，即计划值项目体系。计划值项目体系的构成，依次由各生产厂（部）、车间、分类、项目、分项组成，如图3－9所示。

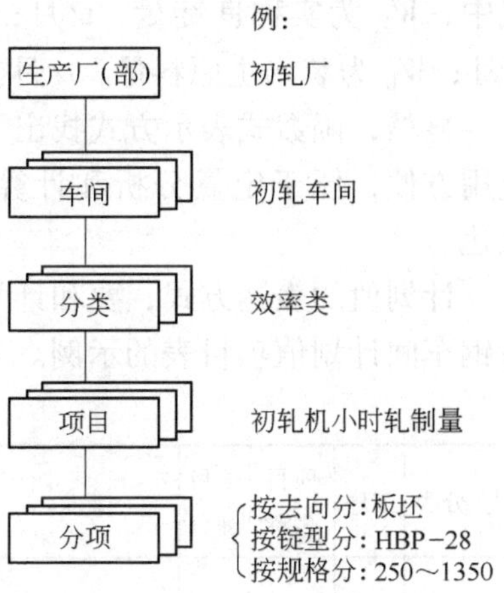

图3－9　计划值项目体系

无论是计划值项目及其分项的设置，还是计划值项目的建立，都要充分考虑使用计划值的各种计划和各种管理的需要，与各种管理、设备、产品、半成品的分类一致，保证企业整体管理的统一性，保持工序流程、物料投入产出的平衡，确保原料到成品的一贯性和连续性，每个选定的计划值及其分项，必须是可以度量并和实际值比较的，其管理责任应能明确地落实到基层车间。随着企业经营方针与生产条件的变化，选定的计划值项目及其分项可根据需要加以增删或修改，进行动态管理，但也要有一定的稳定性，以保持其体系的连续性和完整性。

7.1.2.2　计划值表达形式

（1）实数式。实数式是用一个数值来表示计划值，如钢水收得率为95%。每一个计划值都可以用实数式表示，因此实数式是计划值的普遍形式。

（2）函数式。函数式是用一个数学表达式，把计划值表达为一组影响因子的函数。表达式可用理论推定，也可采用统计方法确定。例如，钢水收得率也可以用函数式表达如下：

①　$$Y_1 = Y_0 + f(HMR,\ CPR) + K_a + K_P + K_T + K_{st} + K_R + K_c$$

式中，Y_1为钢水收得率,%；Y_0为基本收得率，按钢种分别确定,%；HMR为铁水配比,%；CPR为冷铁配比,%；K_a为钢种的收得率修正,%；K_P为铁水［P］的收得率修正,%；K_T为铁水温度的收得率修正,%；K_{st}为废钢的收得率修正,%；K_R为因间断操作对收得率的修正,%；K_c为浇注量超过时的收得率修正,%。

②　$$f(HMR,\ CPR) = a \times (HMR - A) + b \times (CPR - B) + c$$

式中，A、B分别为HMR及CPR的基准值；a、b、c为常数。

③　$$K_a = \sum (K_{ai} + T_{ri}/100)$$

式中，K_{ai}为第i种收得率修正值；T_{ri}为第i钢种的出钢比率,%。

④　$$K_p = e \times [P]_{HM} + f \times [P]_{HM}$$

式中，$[P]_{HM}$为装入铁水含磷量，10^{-3}%；e、f为换算系数。

⑤　$$K_T = g \times (T_{HM} - G)$$

式中，T_{HM}为装入铁水温度,℃；g为换算系数；G为T_{HM}的基准值。

⑥
$$K_{st} = h \times W_{st}$$
式中，W_{st} 为从吹炼起到钢包止平均（1t 钢水）废钢单耗，kg/t；h 为换算系数。

⑦
$$K_R = p \times (W_p - 24)$$
式中，W_p 为预定生产量（按基本条件确定，t/月）；p 为换算系数。

⑧
$$K_c = (W_R - W_C - W_L)/W_b$$
式中，W_R 为实称良锭量，t/月；W_C 为计算良锭量，t/月；W_L 为必须计算浇注超过量，t/月；W_b 为装入主原料量，t/月。

显然，函数式表示方式找出了计划值和其各种影响因素之间的因果关系，计算准确，应用方便，便于定量分析和计算机管理。但在没有掌握这些关系时，只能采用实数式表达。

计划值的表达方式，要和计划值的定义一起列入计划值项目表中。表 3－4 是炼钢厂炼钢车间计划值项目表的示例。

表 3－4　计划值项目示例

序号	分类	工序	项目名称	项目细分	定义	计算式		备注
						计划值计算式	实际值计算式	
10	效率	转炉	转炉作业率/%		炼钢时间对应该作业时间（即在转炉运转中扣除预定停产时间的日历时间）的百分率	$\frac{\text{总炼钢时间}}{\text{运转转炉座数}} \times 100 \times$（日历时间－总预定停产时间） 注：总预定停产时间（min/月）为运转转炉的总预定停产时间（定期检修、计划停产）	$\frac{\text{月总炼钢时间}}{\text{运转转炉座数}} \times 100$ ×（日历时间总预定停产时间）	补充说明：日历时间的组成如下： （1）日历时间（A）＝炼钢时间（B）＋非炼钢时间（C） （2）炼钢时间（B）包含以下时间：装入时间；吹炼时间；镇静时间；出钢时间；排渣时间。 （3）非炼钢时间（C）包含以下时间；作业停止时间（等待生产调整，吊车障碍等）；设备故障停产时间；准备作业停产时间（吊炉口粘钢、更换氧枪、炉体、炉口修补、液面测定等）；预定停产时间（D）（计划检修、计划停产等）
11	效率	转炉	炼钢效率/t·h^{-1}		每单位炼钢时间的良锭生产量	$\frac{\text{良锭生产量}}{\text{总炼钢时间（h）}}$ 注：良锭生产量（t/月）为事先计划量	$\frac{\text{月生产良锭量}}{\text{月总炼钢时间（h）}}$	
12	效率	RH	RH 运转率/%		RH 作业时间对日历时间的百分率	$\frac{\text{总 RH 作业时间}}{\text{日历时间}} \times 100$ 注：总 RH 作业时间（min/月）为一月内 RH 的累计作业时间（RH 钢包吊下时间至 RH 钢包吊起时间）	$\frac{\text{总 RH 作业时间}}{\text{日历时间}} \times 100$	

7.1.2.3　计划值实质与作用

计划值的思想和管理方式，最早是从日本引进的，宝钢从 1986 年 1 月试行、4 月正式推行以来，经过实践，形成了一套比较完善的管理方式。计划值类似于其他企业采用的技术经济定额。实际上，二者是有区别的。

（1）计划值实质。在管理体制方面，计划值是企业集中统一管理的指标，完全打破了专业分工的界限，它是在企业内部共同认识的基础上制定的，各种计划、各级管理都要使用企业统一规定的计划值。不是企业统一规定的指标不是计划值。而技术经济定额则在一定程度上存在专业分散管理的特点。

在制定标准方面，计划值的制定要求先进合理，准确可靠，以平均完成率100%为目标，不允许留有余地，实际完成值超过或低于计划值，都被认为是不好的；而技术经济定额的制定，允许留有余地鼓励实际完成值高于定额值。

在管理状态方面，计划值采用动态管理方式，要求在计划值对象期中，计划值与实际值保持一致，若有重大差异，说明计划值制定不够准确或计划值制定的条件有重大变化，要及时修正；而技术经济定额制定后，在对象期内相对稳定，一般不予变更。

（2）计划值作用。计划值不仅是计划和管理的基础数据，而且作为一种管理目标和管理基准，是加强企业管理和提高经济效益的重要手段。此外，计划值管理中，通过分析和评价与企业的成本管理联系起来，再通过计划值，将生产技术上的变化反映到成本上，又将成本管理中的要求落实到生产单位，培养了生产一线岗位的成本观念。计划值的这种作用，是技术经济定额难以达到的。

所有这些，都构成了计划值区别于技术经济定额的特点。

目前，计划值已被广泛地应用在宝钢计划与管理的各个方面，如编制年度计划与季、月、旬生产作业计划，编制能源供需计划和各种节能措施的管理，编制物资采购计划与轧辊、钢锭模的供需计划，编制设备检修计划与进行设备管理，在质量管理中制定标准与规程时作经济效益评价，编制预算和成本计划与进行成本分析等，并在各生产厂（部）的车间管理中作为管理目标与评价标准。

7.2　生产作业计划

生产作业计划是生产计划的具体执行计划。它把生产计划中规定的月度生产任务具体分配到每个生产单位、每个工作中心和每个操作工人，规定他们在月、旬、周、日以及轮班和小时内的具体生产任务，并按日历顺序安排生产进度，从而保证按品种、质量、数量、期限和成本完成企业的生产任务。生产作业计划是建立企业正常生产秩序和管理秩序的主要手段，是企业计划管理的重要环节。

7.2.1　编制生产作业计划的主要任务

编制生产作业计划的主要任务有：

（1）确定各生产厂（部）、车间、作业区或班组在相应时段内的生产任务，包括品种、规格、数量和质量的要求。

（2）确定为完成上述生产任务所必需的原材料、燃料、动力的种类、数量、质量、消耗定额，明确它们的供应单位。

（3）安排日常生产准备和在制品、半成品的管理，如确定合理的在制品周转量和生产周期，防止出现掉队锭、混号坯等。

（4）进行生产系统的综合平衡，查明生产设备与原材料供应中的薄弱环节，并采取措施加以克服。

（5）编制各生产环节在各生产时段中的生产进度图表，协调各环节间的配合关系。

7.2.2 生产作业计划的编制原则

生产作业计划的编制与执行是一项十分严肃的工作，一经批准必须严格执行，任何一个环节在作业计划编制与执行中的疏漏与脱节，都会导致生产全局的被动，影响合同的全面完成。因此，生产作业计划的编制要遵循以下原则：

（1）科学性。生产作业计划的编制要有科学依据，实事求是，符合生产规律，指标安排既要先进，又要可靠，切忌主观随意和盲目从事。

（2）预见性。通过细致的综合平衡工作，预见生产中可能出现的矛盾，事先提出解决的办法和措施，并反映到生产作业计划中。

（3）全局性。从企业的整体出发，安排各个生产环节的生产任务，使生产系统各要素能协调地运行，妥善安排生产与检修、主体生产与辅助生产、产量与品种、质量等的关系，谋求生产系统长远的、整体的效率优化。

（4）均衡性。组织企业有节奏地均衡生产，防止时松时紧和拼设备等不良行为，充分发挥企业的生产能力，全面完成销售合同。

7.2.3 生产作业计划工作的内容

生产作业计划工作的内容有：

（1）制定期量标准。期量标准又称作业计划标准。期量标准就是对生产作业计划中的生产期限和生产数量，经过科学分析和计算而规定的一套标准数据，它反映了生产系统在当前生产技术与管理水平下生产对象在生产中一定批量与生产时间之间的内在对应关系，是“期”与“量”的规律性总结。合理地制定期量标准，对于正确规定产品的投入和出产时间、实现生产过程各个环节紧密衔接、充分利用企业资源、缩短生产周期、提高生产系统经济效益都起着很重要的基础性作用。

（2）编制生产作业计划。将生产计划在空间上、时间上、计划单位上进一步细分，层层落实到车间、作业区或班组、工序和每个人员。按照生产任务的要求具体规定做什么、谁去做、怎样做、什么时间做、什么时间完成。通过编制生产作业计划，把全厂的生产活动有机地联系在一起，紧密协调配合，全面完成生产计划规定的各项任务。

（3）做好生产作业准备。按照生产作业计划要求的时间和数量，将生产所需要的原材料、半成品、工艺装备、燃料动力、辅助材料和产品图纸、工艺文件等准备好，准时地运送到生产现场，以保证作业计划的实施和完成。

（4）进行设备和生产面积的负荷核算和平衡。为了使生产计划落到实处，还需要对生产设备的负荷状况进行核算，使设备加工能力能够满足生产任务的要求，当出现能力不足情况时，要采取切实有效的措施加以解决，并注意加强对瓶颈环节及关键设备的控制。

（5）进行生产作业控制。产品生产过程，由于受到内部和外部、主观和客观、技术和管理等各种因素的影响，实际运作过程和预定计划无论在时间、数量、质量和成本等方面都有可能发生偏差。生产作业控制就是对生产作业计划实施过程进行监督、检查，发现执行中已出现和可能出现的偏差，并通过调度防止和纠正出现的偏差，以保证计划的圆满实现，它包括投入进度控制、出产进度控制和工序进度控制等内容。

7.2.4　编制生产作业计划的步骤

不同的生产类型及不同的生产组织形式，编制生产作业计划的内容和方法不完全相同，但是编制的基本步骤是相同的，具体如下：

（1）收集信息资料，为编制生产作业计划提供依据。

1）生产任务方面的资料，包括企业的年度、季度生产计划、各项订货合同、新产品试制计划等。

2）技术资料，包括产品图纸、工艺文件、产品技术检验规范、外协零件清单、按车间编制的零件明细表等。

3）生产能力方面的资料，包括各工种生产工人情况、生产设备负荷情况、生产面积利用情况、工作定额和生产能力查定情况。

4）生产准备工作方面的资料，包括工艺装备准备情况和原材料、外协件、配套库存及供应情况等。

5）各种期量标准和生产资金定额。

6）前期预计生产完成情况和在制品结存及分布情况等。

（2）确定计划单位。计划单位是编制生产作业计划和下达生产任务时所用的计算单位，它反映了生产作业计划的详细程度及各级分工关系。一般常用的计划单位有产品、部件、零件组和零件。

产品计划单位的选择，一般根据生产类型的特点，按有利于简化生产作业计划工作，发挥各生产环节的主动性，保证按期、按量、成套地完成生产任务的原则确定。上述四种计划单位往往结合起来使用，一个企业可同时采用几种计划单位，不同的产品采用不同的计划单位，同一产品在不同的生产环节也可以采用不同的计划单位。

（3）制定和修订期量标准。制定和修订期量标准是一件非常细致复杂的工作，为了使期量标准充分发挥作用，在制定时须遵循以下原则：

1）所取得数据应经过必要的计算和深入的分析研究，要有充分的科学依据。

2）各种“期”和“量”应相互配合，协调一致，能客观地反映合理组织生产的要求。

3）对劳动力、设备、生产面积负荷等要进行计算平衡，充分挖掘生产潜力，合理利用生产能力，提高生产效率。

4）要便于管理，易于被计划人员所掌握。

（4）确定编制方法。不同生产类型的企业选择不同的编制方法，主要有在制品定额法、提前期法、生产周期法和订货点法。随着科学技术的迅速发展，各种企业生产的品种日益增多，系统分析、运筹学等原理和计算机越来越多地用于企业管理，又出现了成组技术计划法、网络法等新的生产作业计划编制方法。

1）在制品定额法，即根据生产计划的要求将预先制定的在制品定额与预计可能结存的在制品数量作比较，使期末在制品数量保持在规定的定额水平上，并据此来规定各车间的生产任务。这种方法适用于大批量生产的企业。

2）提前期法，又称累计编号法，即根据生产计划的要求和预先制定的提前期来规定各车间某种产品的装配生产提前完成的产量。它通常用累计编号来表示投入产出的产量任务。这种方法通常用于多品种成批生产的企业。

3）生产周期法，即根据生产计划的要求和预先制定的产品生产周期图表，通过生产能力的核算来规定各车间的生产任务。这种方法适用于单件小批量生产的企业。

4）订货点法，适用于安排生产产量大、品种稳定、价值低、结构简单的小型零件。

5）成组技术计划法，打破产品界限，把工艺相似的零件组织成组生产，适用于多品种、中小批量生产的企业。

6）网络法，一种逻辑性的计划手段，其典型的方法是计划评审法。这种方法主要用于复杂的一次性产品（或工程）的生产。

（5）做好综合平衡工作，及时编制、下达生产作业计划。在编制生产作业计划时，还需要进一步做好综合平衡工作，制定措施，以确保生产任务的完成。最后将生产作业计划及时编好下达给车间、工段、班组等生产环节，以便提前做好各项生产准备工作。

7.2.5 宝钢生产作业计划的编制

宝钢在编制生产作业计划时，采用集中一贯的管理方式，除了具备与其他企业的共性外，还有以下特点：

（1）生产作业计划的编制与调整集中由生产部统一进行，生产厂（部）不编制生产作业计划，而只是执行由生产部集中编制的统一计划；

（2）严格按合同组织生产；

（3）编制生产作业计划的基础数据，使用公司审定的计划值；

（4）严格执行公司规定的工艺和操作的标准化体系，生产作业计划编制本身也按照公司批准的标准化业务流程进行。

生产作业计划的编制程序，通常是按生产流程的逆方向进行的。完成订货合同是生产作业计划的重要目标，因此要从成品钢材的需要出发，从成品厂开始，推算前工序生产厂的生产任务。例如宝钢先按合同要求安排冷轧厂及钢管厂的生产作业计划，由冷轧厂的生产作业计划对热轧坯的需求，加上热轧板的订货合同要求，安排热轧厂的生产作业计划，根据热轧厂的用坯要求，推算对连铸坯的需求，并考虑到商品坯合同，安排连铸生产作业计划。同理，由钢管厂对管坯的需求，考虑商品初轧坯合同，安排初轧厂的生产作业计划。根据初轧坯与连铸坯的作业计划，推算钢水需求品种、数量与时间，安排炼钢厂的生产作业计划，依此类推。为了减少在制品、半成品的库存量，缩短生产周期，适应钢铁生产热流程的要求，节省能源消耗，在安排生产作业计划时要根据各工序生产周期，计算好投料时间，做到前后工序在品种、质量、数量、时间上全面衔接，减少冷铁、冷锭、冷坯落地量。现在冶金企业各大钢厂所订销售合同是按季交货的，交货期限较宽，交货期的安排在生产作业计划中还不很严格，将来随着市场经济的发展、钢材市场竞争的加剧，销售合同的交货期必然要缩短，以提高为用户服务的水平。例如按月交货或加急交货，这时便要严格按交货期安排成品钢材的生产日期，考虑出厂、精整、轧制、加热、各料、运输等所需时间，按生产流程逆方向计算各生产厂的投料、生产和产出时间。

单元 8　冶金企业生产过程控制

8.1　生产过程控制基本内容

8.1.1　生产过程控制的基本原理

企业的生产活动是根据生产计划和生产作业计划的要求进行的。但是，计划在实施过程中，会出现差异。对这种差异进行及时调整，所达到计划规定目标的功能，叫生产控制。生产控制活动的总和，构成企业的生产控制系统。

基本控制方式有：

（1）反馈控制。控制主体根据设立的目标，发布指令，控制对象据此动作，收集装置随时将系统状态信息收集起来，传递到控制主体，经与目标比较，决定是否要采取措施，如需要，就发布有关控制命令，通过控制对象来实施。这种方式叫反馈控制。

（2）前馈控制。前馈控制着眼于对系统未来状态的预测，事先采取措施应付即将发生的情况，这种控制带有主动性。例如，自行车在有坡度的马路上行驶，当发现前面有较大的上坡时，上坡前骑车人就会加紧蹬车，以便能骑上坡顶。

8.1.2　生产过程控制的任务

生产过程控制的任务有：

（1）作业的安排或分派。检查生产计划规定的各项准备工作是否完成，并向各作业组或操作人员进行作业分配。

（2）差距的测定。在进行作业过程中，按预定时间及顺序检查执行计划的结果，掌握计划量与实际量的差距。

（3）差距的处理。根据发生差距的原因和差距的内容，采取不同的处理办法。首先，要预测差距的发生，事先规划消除差距的措施，如发掘加工潜力、加班、动用库存、组织外协等。其次，为了调整产生差距后的计划，要及时将差距情报向生产计划部门反馈。

（4）提供执行计划结果的情报。查证生产进行情况和完成时刻，提出报告；并将执行计划的结果整理成数量、质量、成本等资料，汇总为统计分析报告，为进度控制、质量控制、库存控制、成本控制等提供必要的情报。

整个控制过程都要收集、储存和传递有关生产的信息。全部控制系统应着眼于整个生产过程。生产作业控制是实现生产作业计划的重要保证，是整个生产过程的一个重要组成部分。实施控制的两个重要环节是：

（1）产前控制。这是生产过程控制的开始，主要指投产前的各项准备工作控制，包括技术、物资、设备、动力、劳动力等的准备，以保证投产后整个生产过程能均衡、协调、连续进行。

（2）产中控制。此即投入产出控制，是在投料运行后对生产过程的控制，它具体分为投入控制和产出控制两个方面。投入产出控制主要是从生产进度与计划进度的对比中发现偏差，观察生产运行状态，分析研究其原因，采取相应措施纠正偏差。

8.1.3　生产控制的基本程序

生产作业控制的程序包括：

（1）确定生产作业控制的标准。确立标准就是规定控制系统所要求的平衡状态。标准是组织目标的阐述，确立标准就是在控制之前要拟定生产计划和生产作业计划，计划要控制的标准和前提。在生产作业控制系统中，除计划规定的各种目标之外，还包括工人的工时定额标准、机器的生产率标准等。

（2）衡量成效。衡量成效就是依据已确立的标准对实际生产活动进行监督和检查，这个阶段的主要工作是评价和比较：一是实际生产进程与计划进度的比较；二是实际达到的成绩与计划目标的比较。控制这个阶段所要解决的是衡量计量单位和信息质量的技术问题。信息是这个阶段的核心问题。信息必须是适时的，信息的测量单位必须是适宜的，而信息的质量应该是真实可靠的。

（3）采取纠正偏差的措施。控制的意义就在于采取合理的措施来解决或纠正偏差，纠正实际执行中的偏差可以看做是整个生产管理活动的一部分，也是控制职能与其他生产管理职能的结合点。找出偏差出现的环节和偏差发生的原因，调整生产组织或劳动组织结构，重新分配人员、设备和其他资源的投入，也可以通过改善生产现场指挥和提高指挥效能的办法来纠正偏差，或者修改生产计划和生产作业计划。

8.1.4　生产作业控制内容

生产作业控制主要是在生产作业计划执行过程中，对有关产品（零部件）的数量和生产进度进行的控制，其主要内容有：

（1）投入进度控制。投入进度控制是指控制产品（零部件）开始投入的日期、数量和品种是否符合生产作业计划的要求，同时包括原材料、毛坯、零部件投入提前期以及设备、劳动力、技术组织措施项目投入使用日期的控制。搞好投入进度控制，可以避免造成计划外生产和产品积压现象，保持在制品正常运转，保证产品（零部件）投入的均衡性。

（2）出产进度控制。出产进度控制是指对产成品的出产日期、出产提前期、产出量、出产均衡率与成套性进行控制，是保交货、保计划、保均衡、保质量的关键。对于大量大批生产系统，由于节拍、日均衡率等的系统控制技术，一般控制住了投入便能较好地控制产出，任务较简单；对于成批、单件的系统主要还是要根据产品、主关键件或零件的进度计划来控制、查合格品数量、入库成套率、缺件情况等。

（3）在制品控制。在制品控制是指对生产过程各个环节的在制品实物和账目进行控制。主要包括：控制车间内各工序之间在制品的流转和跨车间协作工序在制品的流转，加强对在制品流转的控制。此外，还可以采用看板管理法控制在制品占用量。采用“看板方式”生产与一般方式生产的显著区别是，它不是采用前道工序向后道工序送货，而是实行后道工序在需要的时候向前道工序领取需要的零部件，前道工序只生产被后道工序取走的那部分零部件，严格控制零部件的生产和储备。

（4）工序进度控制。工序进度控制是指对产品（零部件）在生产过程中经过的每道加工工序的进度所进行的控制。主要用于单件生产、成批生产中，对那些加工周期长、工序多的产品（零部件）除控制投入和出产进度外，还要对工序进度进行控制。

8.2　冶金企业生产过程管制

8.2.1　生产过程管制基本思想

8.2.1.1　生产过程管制内涵和意义

生产过程管制是指对生产过程的管理与控制。现代钢铁企业维持有节奏的均衡生产必须对生产过程进行强有力的管制。这是因为：

（1）生产过程管制是实施生产作业计划的重要环节。生产作业计划是指导日常生产活动的依据。但是现代钢铁企业生产环节多、工艺复杂、物流量大、动变性强，即使编制了一个科学的、可行的生产作业计划，由于影响其实施的因素很多。常常出现偏离计划与不协调的现象。例如原燃料供应波动，能源供需不平衡，出现重大质量事故，出现异常天气或重大自然灾害，成品外运渠道不畅通。管理决策失误、信息传输失真等情况，常常使某些工序出现薄弱环节，产生工序之间的矛盾使原有作业计划无法实现。在这种情况下，必须对生产过程作必要的调整与控制，才能保证作业计划的完成。

（2）生产过程管制是保持物流畅通、实现有节奏地均衡生产的重要手段。当生产过程中出现不协调、各工序在进度、数量上出现同步时，必须从生产过程的全局出发，考虑到前后左右相关单位的作业进度和作业现状，才有可能作出合理的调整决策。只有对生产过程严格管制，才能维持生产连续地、有节奏地运行。

（3）生产过程管制是组织事故处理、组织企业正常生产的重要保证。在生产作业过程中，不同程度的事故发生是难免的，第一线的作业管理者是事故处理的当然组织者，若事故的性质超出了本单位处理的能力时，就需要跨单位组织处理。严格的生产过程管制正是为了预防事故的发生，指挥故障的排除，通过应急的调整措施尽快恢复正常生产。

图3－10表示了钢铁企业生产管制的概念。随着企业内铁水预处理技术的应用和连铸

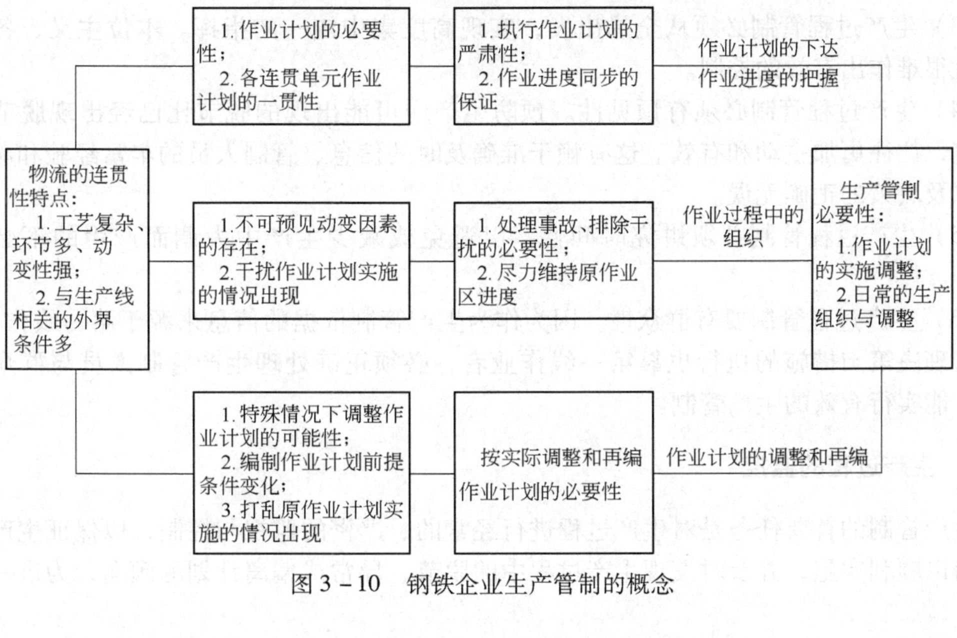

图3－10　钢铁企业生产管制的概念

坯热送热轧比率的提高，生产管制的意义更加重要。铁水预处理技术的应用，使原先从炼钢工序开始按合同组织生产提前到炼铁工序就要考虑按合同组织生产；热送热轧比率的提高要求工序之间的衔接更加严密。这是现代钢铁企业强化生产管制职能、不断扩大生产管制范围的重要动因。

8.2.1.2 生产过程管制任务

钢铁企业中生产过程管制是通过每天四班三运转 24h 连续地对生产过程进行监控和调整进行的，目的在于提高作业指令的科学性和物流调整的适时性，通过对生产的集中管制，使各工序的生产同步协调，保证物流的畅通顺行。因此，生产过程管制的主要任务有：

(1) 以各工序一贯的顺序进度为基础，编制和下达工序间损失最小的作业指令；

(2) 掌握生产作业过程中物流的进度，保证适时地进行作业，在出现影响原顺序进度计划实行的倾向时，迅速地调整或重编顺序进度计划，保证按质按量按时生产出合同规定的产品。

总之，生产过程管制包括了从原料进厂开始到成品出厂为止全过程动态的控制和调整。

8.2.1.3 生产过程管制原则

生产过程管制要完成上述任务，必须遵循以下原则：

(1) 生产过程管制必须以生产作业计划为依据。因为作业计划是根据用户对品种、数量、交货期的要求编排的，它本身考虑了各生产厂、各工序之间作业进度的同步与物流的衔接，作业计划的完成意味着保证用户合同的完成和生产的正常进行。

(2) 生产过程管制必须建立在准确的信息基础上。因为生产过程的控制与调整是根据生产线实际进度的现状作出的，失真的信息会导致判断的错误和决策的失误，不仅旧的矛盾解决不了，又会产生新的矛盾，造成生产秩序的混乱。

(3) 生产过程管制必须从全局出发，实现高度集中统一的指挥。本位主义、各行其是，就很难作出有效的控制。

(4) 生产过程管制必须有预见性。预防生产中可能出现的脱节比已经出现脱节后再作调整，往往更加主动和有效。这有赖于准确及时的信息、管制人员的丰富经验和洞察能力，以及决策的正确无误。

(5) 生产过程管制必须讲究时间性，以避免或减少生产中失调而产生的不必要的损失。

(6) 生产过程管制要有群众性。因为作为生产管制依据的信息来源于第一线作业者，生产管理决策与措施的执行也靠第一线作业者，必须正确处理生产管制人员与群众的关系，才能实行有效的生产管制。

8.2.2 生产过程的监控

生产管制的首要任务是对生产过程进行经常的、严密的监视与控制，以保证生产作业计划得以顺利实施，并及时发现生产过程中的脱节、异常或偏离计划的倾向，为进一步采取调整措施协调生产做好准备。

生产过程监控包括：核对与确认生产作业计划与制造命令；掌握生产进度，监督作业计划的实施；进行生产过程物流的控制，及时收集与整理生产实绩。

（1）核对与确认生产作业计划与制造命令。日生产作业计划是组织生产的依据，生产管制是以确保生产作业计划的顺利实施为目标的。因此，生产管制人员必须提前了解并与有关生产人员核对与确认生产计划与相应的制造命令。例如，宝钢规定由生产科编制的日铁水分配计划、炼钢与初轧的日作业计划、制造命令书和调整方针，必须分别在前一天的 15 时与 18 时前交给生产管制人员，后者在接到计划后 1h 内与高炉作业长、铁水管理中心、出钢调整员、钢锭管理中心、初轧收锭员与连铸作业长核对好作业计划，并决定次日的出钢顺序预安排，对有错误的制造命令进行及时的修改、补充和取消。另外，在计划执行过程中接到有关炼钢、铸锭、连铸与初轧制造命令的更正、增补与取消业务，也要按规定下达给有关单位。

当生产管制人员得到相应的作业计划与制造命令后，便了解了生产管制中的要求，例如每炉钢的材质、去向、脱氧方法、连铸坯尺寸或铸锭的锭型、出钢炉数、钢坯类型、初轧换辊时间等等，明确了次日生产调整的方针。在生产过程中，若炼钢或初轧发现制造命令卡有问题进行询问时，生产管制人员可用相应的制造命令书进行核对。每日结束时，生产管制人员将当日没有完成的制造命令书转到次日优先安排到预定出钢顺序中。由此确保生产作业计划实施。

（2）掌握生产进度，监督作业计划的实施。生产管制是建立在生产实际情况偏离作业计划规定的基础上的，因此必须随时掌握生产进度的状况。

1）及时掌握可能影响作业计划实施的各种因素。例如原料管制人员要及时了解各种原燃料港存量、船舶出港信息、在途船舶及锚地停泊船只信息、船舶到达码头预确报时间、船靠泊位信息、水测数据以及输入作业进度，以判断输入作业计划实施中可能出现的问题。

2）掌握过去生产的实绩，例如上一班，尤其是前 2h 内生产情况、设备运转状态以及实绩，与日作业计划（包括日作业调整纪要）进行比较，预见本班生产中可能出现的问题，若有完不成作业计划的可能，便要进行调整。

3）进行生产预测，目的是在分析各种生产信息的基础上，尽可能做到事前调整，以求指挥生产的主动。生产预测包括日预测与班预测。例如铁水一次计划及次日出钢计划的一次排定，都属日预测。当生产科根据前一日生产实绩和当日原料供应、高炉炉况、混铁车运行与检修状况、炼钢生产主要环节的状况编成次日每一小时的铁水平衡预测和次日出钢计划表后，生产管制人员要确认：计划是否符合生产部总体计划意图；按每炉钢预定出钢时间推定的预定送锭、均热炉装锭、出炉轧锭时间，以及连铸热送装坑与热轧时间是否均衡、协调；根据热锭、热坯量和均热、轧制能力预测消化冷锭、冷坯的倾向。经过各方协商，才能排出和确认次日预定出钢计划表。在日预测的基础上，每班根据上班尤其是近 2h 的生产实绩，作出更精确的预测，例如根据班内高炉和炼钢生产趋势以及多余的周转铁水量，作出铁水的二次计划，以调整铁水分配去向、转炉吹炼进度和铁水比、混铁车运行台数等。正确的生产预测，可对生产中可能出现的不协调现象“防患于未然”。

4）生产进度管理，随时监督各生产单位是否正确地执行作业计划，按规定进度完成生产任务。例如，生产管制人员为监督铁水分配计划的执行，每2h从铁水中心站收集铁水分配作出的小时实绩，将高炉出铁量，转炉、钢锭模、铸铁机使用的铁水量，混铁车空满车台数及车存铁水量，以及前4h上述实绩的累计数与计划中同一时间的合计值比较，作为作业调整的依据。

通过生产进度管理，生产管制人员可以随时查明各生产环节偏离作业计划的现象，查明原因，督促其严格按下达的作业计划与制造命令生产，并对偏离部分采取措施加以补救。

(3) 物流跟踪和管制。为保证物流畅通、生产顺行。生产管制人员要跟踪物流、控制物流，控制的重点在热线。

热线主要有两大物流：一是从铁水开始，经炼钢、连铸到热轧；二是从铁水开始，经炼钢、铸锭到初轧。除了保证其物流畅通外，还要努力提高连铸坯热送热装水平和钢锭的入炉温度，节省能源消耗。生产作业计划的编制虽集中在生产部，但整个流程的不同工序由部内若干科分工管理，考虑问题有一定的局限性，即使在作业计划中已经考虑到各工序的衔接和物流畅通，实际操作中仍然可能由于各种原因，无法保证热送热装。所以对热线物流的跟踪和管制尤为重要。

对原料系统物流的跟踪与管制，主要是把握原料设备、船(车)期、卸载进度以及卸载的场所。

高炉铁水系统物流跟踪与管制的重点，一是高炉炉况，主要是由于突发故障发生休风与减风，会影响铁水的供应；二是铁水分配的跟踪与控制、混铁车的检修与拉出，重点抓好轻重罐的停留时间，掌握混铁车的排渣和罐口清理，防止装铁水过满而影响脱硫与运输，掌握事故状态下混铁车运行状况，保证混铁车的正常使用。

炼钢系统物流跟踪与管制的重点是出钢计划的实施，因为它直接影响到轧钢各厂的生产计划能否顺利执行。在炼钢阶段，要依据生产科下达的炼钢分班计划安排出钢计划，按制造命令号进行跟踪，保证出钢计划按锭型品种完成，特别是按时完成高附加值、高难度产品及有特殊要求的炉次，对不能按计划出钢的要记录和分析原因，杜绝自由出钢，如因设备故障须调整计划时，要优先安排备用计划的钢种，对热送计划要保证按规定时间出钢，保证完成热送计划。在浇铸阶段，对模铸钢锭的传搁时间按炉进行跟踪。对连铸坯也要按炉跟踪出钢。

热轧、冷轧系统物流跟踪与管制的重点，一是密切关注连铸—热轧板坯输送线与热轧—冷轧钢卷输送线的设备运转情况以及物流通畅情况；二是根据热轧保温坑中的板坯情况和热送计划，保证热坯及早出坑轧制；三是掌握连铸堆场、热轧板坯库、热轧钢卷及冷轧库存情况；四是跟踪热轧与冷轧各精整与加工线的畅通，保证其负荷平衡，当出现不平衡时通过调整加以处理。

钢管系统物流跟踪与管制的重点是保证管坯的供应，掌握轧制进度、孔型系统与合同品种。

(4) 实绩收集与整理。掌握生产实绩，并与作业计划核对，是进行生产管制与作业调整的基础。

宝钢对生产实绩收集与整理的一个重要特点，是以每根钢锭及每支钢坯为最小单位进行的，这正是集中统一生产管理方式的重要标志。以每根钢锭及每支钢坯为最小单位进行跟踪管理，还可以贯彻按炉送钢制度，迅速检出钢质、规格的混钢、混号等重大质量事故。

8.2.3　生产作业调整

生产作业调整的目标仍然是原来的生产作业计划。生产作业调整应采取措施消除偏离因素，把生产秩序尽快地恢复到生产作业计划规定的轨道上来，继续执行原生产作业计划。当偏离程度较大或偏离原因无法在短期内消除时，则应调整原有作业计划或重编新的作业计划。

生产作业调整按其性质分两类：

(1) 日常生产的调整；

(2) 事故后的调整。

8.2.4　生产现场的生产管制

8.2.4.1　现场生产管制的机制

生产现场是指直接从事生产活动的场所。宝钢的组织体系采用直线职能制，其直线系统的组织分为公司、厂部、分厂三级。分厂是宝钢的基层组织，分厂以下又按生产岗位设有作业区、班组若干，其中以作业区的管理者作业长处于现场生产管制的关键地位。宝钢集中一贯的生产管理方式，从组织管理的角度讲，是由直线职能制与作业长制有机结合而成的完整、高效的组织体系为保证的。

宝钢现场生产管制的机制由纵向控制、横向协调与基层自适应控制三部分构成。

生产的纵向控制是建立在分层管理的组织结构基础上的。生产现场的日常生产活动，是在公司生产部集中统一编制的生产作业计划与制造命令书规定与指导下进行的。后者经层层分解，将生产品种、产量、时间、半成品与成品的流向落实到生产现场，成为现场生产的目标与任务；当生产实绩偏离计划时，生产管制中心的调整决定，按同样途径下达到生产现场，调整现场的生产活动。当然这些计划与调整，要得到现场生产组织人员的确认，化为现场生产组织人员的意识与行动。此外，现场生产活动还受到公司统一制定或批准的计划值、标准化作业等一系列规程体系所规范。

传统的管理比较重视分工而不大重视合作，比较重视职权而不大重视横向沟通。宝钢则在强调纵向控制的同时，重视横向协调。生产中出现的矛盾，除了参谋部门组织协调外，还有各单位之间自行组织的协调。在生产现场，成立了各种横向联系的群众性组织，如作业长研修会等，创造了多种横向联系的活动形式如定期互访等，从而使日常生产活动中出现的某些矛盾，不需各自逐级上报通过纵向控制解决，而是可以运用法约尔跳板原则自行协商解决，建立固定的协作关系，减少或杜绝扯皮、推诿的现象，堵塞各种漏洞，增强协作精神，使许多问题迎刃而解。例如初轧厂轧钢车间与精整车间，由车间主任带领有关作业长每月互访一次，主动讨论解决生产中需要互相配合解决的问题，发现钢坯压痕、刮伤等问题及时查找原因解决，使钢坯质量得到保证。

基层的自适应控制是宝钢现场生产管制的重要特点之一。生产中出现的有些偏差，本来是可以由直接从事生产的人员自行调整的。有了自适应控制机制，现场人员可以自己作适应性调整而无须上级采取管制措施。自适应控制机制是由权力委让、工序服从、专业搭接与自主管理等环节构成的。在分层管理的基础上实行权力委让，使生产现场的组织者不经请示上级即可处理本作业区内生产中存在的问题，把问题处理在刚刚出现的时候，解决了传统管理中遇事层层请示、矛盾逐级上交而迟迟得不到解决的老毛病。但权力委让只让权不让责，以保护基层自行调整的积极性。工序服从是指在生产过程中遇有上下工序配合的问题，下工序作业长可以指挥上工序作业长，主要工序作业长可以指挥辅助工序作业长，全厂听从首席作业长（一般由关键作业区的作业长担任）指挥。比如，高炉炉前作业长是炼铁分厂的首席作业长，他们在分厂领导和炉长的领导下，负责高炉系统的当班生产的组织、指挥、协调和管理的责任，高炉系统的其他工段的作业长与组长都必须服从炉前作业长的指挥和管理。工序服从原则让最关键、最了解情况的人有权处理现场生产中随时可能出现的问题。专业搭接制度是适应现代化生产需要多工种、多岗位协作配合而设定的。生产中出现的问题，有时很难立即分清责任。宝钢在职务明细表中，把与某项工作相关专业的相关关系，如决定、确认、参与、协调等明确规定下来，使搭界非常清楚。一旦生产中出现了问题，例如设备出现故障，有关人员都要赶赴现场查找原因处理，而不急于查找责任，这有利于及时调整生产中的偏差，以免贻误时机。自主管理是由现场职工自己组织起来主动查找生产活动中存在的问题，分析原因，研究解决办法，加以实施，取得的成果以一定形式发表。这样做，可以充分激发职工中蕴藏的积极性和聪明才智，主动出击去解决生产中的薄弱环节，消除隐患，调整生产中可能出现的偏差，使生产系统保持良好的状态，保证生产稳定而有节奏地进行。自适应控制不只是纵向控制与横向协调的补充，而是现场生产控制的坚实基础。

8.2.4.2 现场生产管制工作

钢铁企业的管理是分层次的，在纵向上可以分为上层、中层和基层。作业长是钢铁企业直线系统的基层领导，也是现场的生产组织者与指挥者。在集中一贯生产管理方式下，生产部编制的一贯作业进度计划、制造命令，不是下达给生产厂厂长，而是直接下达到生产线，由作业长确认接受，并直接组织作业计划和制造命令的实施。宝钢现场生产管制是以作业长为中心的。作业长的任务是确保“安全、士气、产量、质量、成本、交货期”目标的完成。

A 作业长在现场的生产管理工作内容

落实生产作业计划，在接到分厂下达的月生产作业计划后，把生产任务和各种指标分解到各班组；接受制造命令，组织日常生产；班内生产调整；生产实绩的收集与整理；协调生产环节，确保设备正常与原材料、能源供应符合生产要求；班间生产衔接；其他日常管理工作。

B 作业长在现场作业组织中的工作方式

作业长在现场作业组织中的工作方式是权力委让、横向协调、工序服从。

（1）权力委让是指作业长接收分厂厂长的权力委让，全权负责本区域的生产作业管理。

（2）横向协调即作业长生产作业管理的基层自适应，应遵循以下原则来组织生产，为主生产线工序提供辅助条件：上工序要满足下工序的材料申请，按下工序要求的品种、质量、数量与时间来组织本工序的生产，向下工序供料；下工序在遇到上工序异常不能满足本工序要求时，要及时调整生产，使得再下工序少受影响或不受影响，以尽可能保持企业生产线秩序的正常；辅助工序要满足主生产线工序的要求。

（3）工序服从即按照工序的重要性来决定作业长之间的工作关系。其关系在主生产线上，下工序作业长可以指挥上工序作业长，全分厂听从首席作业长（关键作业区的作业长）指挥；在处理生产与检修作业长的关系时，在正常生产情况下，生产作业长指挥点检与检修作业长；在设备出现异常故障时，点检作业长指挥生产作业长与检修作业长，在点检、检修系统中的机械、电气、仪表等作业长中，以机械作业长为首进行设备管理；在处理生产、点检、检修作业长与供应、运输作业长的关系时，供应、运输作业长服从生产、点检、检修作业长的指挥。

C 作业长与现场生产作业组织

（1）每日作业的准备与安排。在现场正式工作前，做好一切准备工作，一开工就能使生产进入稳定、有节奏状态，这是很重要的。因为在作业的每一瞬间，都决定着产品的质量、交货期、成本、安全，一点不能马虎。作业准备工作包括：确认当日、当班的生产任务原材料与半成品、零部件的准备；设备、工具和工作场地的准备；作业方法的准备；作业人员的准备；对作业者的特别要求与指导。

（2）作业实施的管理。组织作业的实施，是具体的生产实现过程。作业长在作业实施中的管理是很繁重的，主要工作有：

1）组织与指挥日常生产。

2）班内生产调整。根据班内生产的具体情况，及时提出生产调整的请求和具体方案建议，及配合前后道工序做好生产调整。

3）生产实绩的收集与沟通。作业长对现场生产实际数据及时收集，督促生产岗位填写各种原始记录，整理生产日报，在上报的同时发到四个班，让各班及时了解自己的生产实绩，查找差距，改进工作。

4）协调生产环节。确保设备正常与原材料、能源供应符合生产要求。

5）班间生产衔接。作业长要组织好交接班工作，每天上岗时巡视整个作业区，了解生产、设备状况，查阅交接班簿，及时处理问题，防止班间生产脱节。

（3）保证现场物流的畅通。生产计划的顺利实施有赖于现场物流的畅通无阻。一方面，物流在任何一个环节发生中断或堵塞，都会造成生产的失常甚至中断；另一方面，生产的失常也必然会导致物流的中断或堵塞。保证现场物流畅通，要处理好以下几件事：严格按制订的生产作业计划与制造命令组织生产；保证向生产过程提供规定数量与合格的原材料、半成品与零部件；生产过程保持平稳的生产节奏，避免出现大的波动或失常；保持设备的正常性能与效率，控制生产周期；组织相关工序能力的平衡与物流衔接，当某个工序发生问题时，及时组织横向与纵向协调，将不平衡控制在最短时间与最小范围内；组织好在制品、半成品与成品的周转，发挥材料库、中间库与成品库的调节作用。

（4）确保百分百完成合同与交货期。百分百完成合同与交货期，是保持企业竞争力的重要条件之一。但如果不能百分百地按合同组织生产和做好发货准备工作，则百分百完成合同与交货期必然会落空。因此，作业长要保证百分百完成合同与交货期，则必须：在全体职工中树立百分百完成合同与遵守交货期的意识，使之成为全体职工努力的共同目标；严格按生产作业计划与制造命令规定的品种、规格、质量要求组织生产，将非计划产品控制在最低限度内；按标准化作业组织生产，避免由于质量上的原因使产品封锁，或由于需要修复、补轧而耽误了交货期；对已经完成的半成品、在制品要及时转入下工序，对已经完成的产成品则及时完成各项发货准备工作，并与有关部门协调发货工作；建立约束与激励机制，对造成不能按期交货的责任单位与个人追究责任。

（5）生产异常的处理。生产异常分非事故性异常和事故性异常两类。非事故性异常是由于生产客观条件变化或操作上的原因使生产偏离了计划和常规；事故性异常是由于发生了设备或操作事故引起生产偏离了计划和常规。要做好生产异常的预防，则必须经常检查和了解生产作业计划的执行情况，动态地了解相关工序的作业进度，及时发现工序间协调关系上存在的问题，防止发展为异常；掌握外部条件，尤其是原材料和能源的供应动态，以及厂内运输中存在的问题，防止发展为异常；了解作业者在操作中有无违反标准化作业、违章操作等问题，及时加以纠正；检查和了解生产设备的运行、开动与使用情况，及时发现设备上的隐患，防止发展为异常。

单元9 冶金企业生产管理模式

9.1 现场“5S”管理模式

9.1.1 “5S”的内涵与作用

9.1.1.1 “5S”的内涵

“5S”最早起源于日本，是日式企业独特的一种管理办法，它指整理（SEIRI）、整顿（SEITON）、清扫（SEISO）、清洁（SEIKETSU）、修养（SHITSUKE）这五个项目，因日语的罗马拼音均为“S”开头，所以统称为“5S”（见表3－5）。

（1）整理。将现场的各种物品区分为必要和不必要物品两类，必要的留下来，不必要的物品从工作现场彻底清除，废弃或放置在别处保管。

（2）整顿。对必要的物品分门别类，按照规定的位置，摆放整齐，并加上标识，放置在作业时方便使用的地方进行标准化管理。也可以说，整顿就是放置方法的标准化。

（3）清扫。清除工作场所内的脏污，并防止脏污的发生，保持工作场所的干净。到处有脏物的生产现场，发生品质不良、机械故障的危险性较高。经常性地彻底清扫，让良好的环境带来良好的心情，以减少甚至杜绝事故的发生。

（4）清洁。清洁就是把上述“3S”实施的做法制度化、规范化，并贯彻执行及维护，也就是在维持“3S”（整理、整顿、清扫）的状态下，维持卫生的生产现场。关于这一点，还有不同的说法，即将清洁称作“保持”，也就是要求将通过整理、整顿和清扫三个管理环节所取得的成就能够保持并发扬光大。

（5）修养（也称为素养或者教养）。修养是指培育员工养成遵守规章制度和劳动纪律、讲究卫生、规范作业的良好习惯，营造团队精神。教养的内容是养成牢牢遵守已经决定的事情的习惯。

表3－5 “5S”的含义与目的

中文	含义	目的
整理	将工作场所任何东西区分为必要和不必要，将二者明确、严格地区分开来，并将不必要的东西尽快处理掉	腾出干活空间，防止误用、误送，塑造清爽的工作场所
整顿	把留下来的必要的东西依规定的位置分门别类排列好，明确数量，进行有效的标识	使工作场所一目了然，消除找寻物品的时间，营造整齐的工作环境
清扫	将工作场所内看得见与看不见的地方清扫干净，保持工作场所干净、亮丽的环境	培养全员讲卫生的习惯，创造一个干净、清爽的工作环境
清洁	通过制度化和定期检查，维持上述“3S”的成果	达到“5S”管理的公开化和透明化
修养	每位成员养成良好的习惯，并遵守规章制度	培养具有良好习惯、遵守规则的员工，营造团队精神

9.1.1.2　“5S”的作用

“5S”管理方法的推广使用对生产经营（工作）现场管理水平的提高发挥了非常好的作用，不仅创造了良好的现场生产秩序，同时也提供了优良的工作环境，为保证生产工作的良好运行提供了保障。生产现场开展“5S”管理，至少可以产生以下几个作用：

（1）提供洁净的工作场所。“5S”的推行使工厂无尘化，无碎屑、屑块、油漆，干净整洁的生产场所可以大大提高员工的品质意识；机械设备的正常使用和保养，可以有效减少次品的产生；环境整洁有序，异常现象就很容易被发现。

（2）减少浪费，节约成本。减少库存量，排除过剩的生产，避免零件及半成品库存过多。而且，“5S”的实行还能够避免库房、货架或货架以外“天棚”的过剩；避免踏板、台车、叉车等搬运工具的过剩；避免购置不必要的机器、设备。

（3）规范生产经营（工作）秩序。模具、夹具、工具经过整顿随时都可以拿到，不需费时寻找，可以节省时间。整洁规范运作，作业效率可以大幅度地提升。

（4）提高安全生产保障系数。整理、整顿后，通道和休息场所都不会被占用。工作场所的宽敞明亮使物流一目了然，人车分流，道路通畅，减少事故。危险操作警示明确，员工能正确地使用保护器具，不会违规作业。“5S”提倡每日自己检查，所有的设备都进行清洁、检修、预防，防患于未然，消除了安全隐患。消防设施的齐备，灭火器放置定位，逃生路线明确，员工的生命安全有保障。

（5）创造了利于职工作业的优良环境。一是职工可以执行各种规章制度，有序生产运作；二是优良干净的工作环境，使员工产生工作热情，有工作的情趣和快乐感。

9.1.2 “5S”的实施

9.1.2.1　实施“5S”的原则

（1）自我管理的原则。强调自己的事自己做。
（2）勤俭节约的原则。强调废物利用。
（3）持之以恒的原则。强调坚持。
（4）责任制原则。强调责任到岗到人。

9.1.2.2　实施“5S”的步骤

“5S”管理不涉及生产的调度与平衡生产的问题，只是现场管理的一种科学有效的方法。实施5S管理方法，应按以下步骤进行：

（1）“5S”执行立项。若企业统一推行，严格按照企业的统一要求做，如果企业没有推行，班组要推行时，必须向企业领导层递交一个推行“5S”的申请报告，待批准后执行。

（2）宣传动员。在推行前，必须认真宣传“5S”的具体内容要求和推广的意义，让全体成员认识“5S”，了解“5S”的作用意义。

（3）建立以现场班组长为主要负责人的推行“5S”方法的责任制度，并制定实施规划，形成书面制度。作为现场组的一项日常工作推行，与岗位责任制、评比考核制度有机结合。

（4）“5S”业务培训。进行全员培训，让大家熟悉“5S”管理的方法和技巧，学会制作和使用某些工具，如各种表格的登记填写等。另外，通过培训，让员工从深层次上了解“5S”对现场生产的积极意义，使员工有主动参与的热情和积极性。

（5）考核评比，改善实施，制度标准化。“5S”活动要每日进行考核，定期进行评比，不断实施改善，把成功的做法形成制度，经过持续的努力，把“5S”变成现场管理的一项基础标准，成为员工的行为习惯。

9.1.2.3　“5S”的推行方法

实践证明，“5S”活动开展起来比较容易，可以搞得轰轰烈烈，在短时间内取得显著的效果。但要坚持下去，持之以恒，并不容易。很多企业发生过一紧、二松、三垮台、四重来和“回生”现象。“5S”的重点不是把它挂在墙上，当成口号，而是日复一日，年复一年地坚持做下去。现场管理者是推行“5S”的纽带，起着至关重要的作用。因此，开展5S活动，必须有强有力的推进方法。

（1）制定检查表，由专人督促检查。检查组每天对各部门“5S”的实施情况进行检查，并记录在检查表上，记录改善措施和结果，对改善情况进行追踪确认。

（2）活用目视管理。目视管理就是通过视觉观察，发现和解决问题的一种管理方法。通过目视管理，凭借眼睛看出生产现场的异常所在。

1）目视管理具有“三个要点”。无论是谁都能判明是好是坏（异常）；能迅速判断，精度高；判断结果不会因人而异。

2）关于目视管理工具具体应注意的问题：固定一个地方为公布栏；采用引人注意的书写方法，灵活运用各种插图漫画以及各种颜色；公布的内容一定要作出说明，取下时效已过的东西；在3m外看不清的内容不要贴在公布栏内；动员职工共同制作目视管理的工具。

（3）“红牌”作战。在生产现场，会积累不少物品，废弃觉得可惜，但现在又用不着。这些物品是否必要，就要根据“5S”的要求分门别类进行整理，凡目前不用而需要清理的或不合乎“5S”要求的，就地张贴“红牌”进行警告，限时纠正，并配合一定的处罚措施。

现场管理中出现下列情况时，应当使用红牌：整理不合格；需继续改善的对象；需继续清理的对象；物品用途不明；物品变质、不良；脏污、不清洁的物品；未处理好的事件或问题。

9.1.2.4　“5S”的发展——“6S”及“7S”。

在“5S”的基础上，很多企业发展出了“6S”及“7S”，“6S”是在“5S”基础上增加了安全（safety）这一要素。“7S”是在“6S”基础上增加了节约“saving”这一要素。安全是指强化职工的安全意识，严格遵守安全操作规范，防微杜渐，防患于未然，真正达到“三不伤害”（即不伤害自己，不伤害他人，不被他人伤害）。节约是指在产品的投入过程中尽可能地少投入，同时并不影响产品质量和数量的产出。

9.1.3　推行“5S”的实际案例

某公司在推行“5S”活动中采取了以下做法：

（1）整理。公司首先向全体员工提出：效率和安全始于整理。工作的重点是坚决把现场不需要的东西清理掉。整理按照以下阶段依次进行。第一阶段：把生产现场需要的物品和不需要的物品区分开来，制成一览表。第二阶段：根据需要程度，实施整理对象的等级化。第三阶段：决定要和不要的物品，根据等级重新制作分发给各生产现场的一览表，并在公布的同时实施。公司为了达到生产现场无不用之物，而又照顾到工人摆放个人生活用品的实际需要，因地制宜，在两个车间跨柱之间的空间，专门设置工人存放个人用品的专用橱柜。

（2）整顿。整顿活动中必须明确以下三个要素：决定放置物品的场所、标明物品的放置场所、标明物品的名称。对要整顿的东西一点也不放过，不同的生产现场，管理者开会决定基本的规定。其实施要点包括：

1）作业工具依据使用频率按照从低到高的顺序放置；

2）放在地上的东西一定要有标示线；

3）放在货架上的东西一定要标示物品名称；

4）文件夹、柜子要标明其放置的物品内容；

5）现场物品摆放目视化，把物品摆放的位置通过图表表示出来，张贴在显著的位置，使人一目了然。

（3）清扫。实施清扫的要求：

1）规定每日有 5 ~ 10min 为清扫时间，使清扫成为工作的一部分；

2）明确清扫的责任，自己使用的物品自己清扫，不增加专门的清洁工；

3）把清扫方法标准化，例如：对设备的清扫同设备的点检结合起来，清扫的同时进行点检和润滑，也就是同时做了保养。

（4）清洁。维持清洁的要求：

1）养成常修头发、指甲的习惯，例行作业服的清洗和洗手，保持工人本身的清洁；

2）生产现场环境清洁、物品清洁，去除地上的水和油污，经常消毒、杀菌；

3）消除浑浊的空气、粉尘、噪声和污染源；

4）职工不仅要做到形体上的清洁，而且要做到精神上的“清洁”，待人要讲礼貌，要尊重别人。

（5）素养（也称为教养）。素养成功的要点：

1）可以认为素养是“强行”的，可以严厉地加以指导；

2）管理、监督者指出在生产现场周围的不良之处并广而告之；

3）把生产现场的规定、规章做成手册，进行彻底的教育。

素养着眼于提高人的素质，使职工养成良好的工作习惯，遵守规章制度和纪律的作风，这是 5S 活动的核心。

9.2 集中一贯生产模式

9.2.1 集中一贯生产模式的内涵与特色

9.2.1.1 集中一贯的内涵

所谓“集中”是指生产管理功能的集中，即企业的主要生产管理业务集中到公司的生产管理部门，不由车间性生产厂去做。所谓“一贯”是指对工程管理的一贯，即企业从接到合同开始到合同完成为止的主要管理业务，从原料进厂开始到产品出厂为止的所有工序，统一由公司的生产管理部门一贯地管理。

集中和一贯二者是相辅相成的，只有集中才能一贯，而要做到一贯便必须集中。宝钢的管理原则是“集中指挥、统一经营，主要管理权力和业务集中在总厂”，充分体现了集中一贯的思想。在集中一贯生产管理方式下，车间性生产厂取消了按合同编制生产计划的功能，这些功能都集中到企业一级的生产管理部门，由该部门按用户对产品数量、品种、质量、交货期的要求，按照企业整个生产线的设备运行状况等，编制生产计划，按工序编制一贯的作业进度计划，下达每天按炉次的制造命令。车间性生产厂的主要任务，限于按制造命令组织好生产。

实行集中一贯的生产管理方式，其出发点，是考虑到只有站在企业整体的高度，全面了解和掌握各工序及整个生产线上设备能力与运行状况，了解和掌握物流在整个生产线上的运转状况，了解和掌握各工序的生产时间、必要的停留时间以及各工序前置库的库存情况，才能编制出最有效的作业计划，并对整个生产过程实现正确的控制，才能充分发挥现代化技术设备的作用，用最低的成本满足用户对产品的品种、质量、数量、交货期的要求，取得最好的经济效益。

9.2.1.2　集中一贯生产管理方式的特色

(1) 严格按照合同均衡组织生产。

(2) 生产管理职能全部集中在公司制造部，各车间性生产厂的投入和产品出产，统一由生产部负责综合平衡，从而减少管理部门多环节所产生的重复工作或脱节现象。

(3) 对全厂物流的枢纽环节的生产进行重点控制和及时调整，例如对每一罐铁水、每一炉钢水、每一根钢锭、每一块板坯、每一卷钢卷的生产和去向都由生产部具体安排并实施全线的跟踪管理，保证物流和信息流的畅通。

(4) 将销售与合同管理结合在生产管理中，对每一份合同的生产进行全过程的跟踪管理，保证按质、按量、按品种、按期完成交货。

(5) 以按质、按量、按时向高炉供料和贯彻精料方针为目标，安排与组织原料的供应，通过日调整会制度，保证进料工作的协调进行。

(6) 强化生产调度系统，在生产组织中强调集中管制下的工序服从，强调标准化作业，树立调度系统的权威，统一协调全厂的生产活动。

(7) 应用先进计算机生产管理系统。

9.2.2　集中一贯生产管理的层次与结构

实行集中一贯的生产管理方式是建立在直线－职能的组织体制基础上的，全厂的生产管理系统可以分解成若干个子系统。将各子系统的管理业务合理衔接起来，成为一个完整的生产管理系统。

集中一贯，首先表现在生产管理职能的集中，对生产实现一贯的管理。全厂的生产管理职能部门是公司的生产部。生产部的管理业务包括：

(1) 从销售部门接到用户合同直到产品出厂、完成合同为止的全部管理业务，包括季度生产计划的编制，合同处理、材料申请、合同生产进度管理，月度生产计划的编制，旬分日作业进度计划的编制，日作业制造命令的编制，作业实施过程的调整，实绩收集、整理及分析，从而体现出管理业务的集中。

（2）从原料卸料开始直到产品出厂为止的全部生产流程的管理业务，包括原料卸料进场管理、原料堆存加工管理、原料的输出管理、煤焦需用管理、烧结需用管理、石灰需用管理、废钢需用管理、炼铁生产管理、转炉生产管理、初轧生产管理、钢管生产管理、热轧生产管理、冷轧生产管理以及出厂管理等，从而体现出管理业务的一贯。

为了完成全厂生产管理业务，生产部与有关部处之间有明确的业务分工与衔接。例如，计划值和年度、半年生产计划由计划发展部生产计划处负责，生产设备的检修由设备部负责，技术标准、产品工艺、配矿配煤方案与新产品试制由技术部负责，能源供需与设备由能源部负责，原料进料由物资部负责，生产性运输由运输部负责。生产部内部的机构设置与业务分工，也要符合集中一贯管理的原则。宝钢将生产部的业务大体分成四大块：原料作业安排；生产计划的下达及日常生产组织；产品销售；成品出厂。

集中一贯生产管理层次从纵向分为三个层次：

（1）制造部。负责从销售部门接到用户合同直到产品出厂、完成合同为止的全部管理业务；从原料码头卸料开始直到产品出厂为止的全部生产流程的管理业务。

（2）生产厂。按制造命令组织好生产。

（3）作业区。接收和确认作业计划。直接组织作业计划和制造命令的实施。

9.3 计算机技术支持下的生产管理技术

信息技术是时代发展的必然，借助于信息技术从根本上改变和提高企业的管理水平，是企业长远发展的必由之路。

9.3.1 制造资源计划（MRPⅡ）

20 世纪 60 年代中后期，出现了物料需求计划（MRP）。它可以帮助我们有效地、精确地确定库存水平，跟踪材料状况。但是它在普及应用的过程中存在一些功能性的问题，于是人们不断对其进行完善。制造资源计划（MRPⅡ）就是在这种情况下出现的。它在 MRP 的基础上进一步扩大了功能，克服了 MRP 的缺陷，逐渐发展成为一种非常实用高效的应用软件包。

9.3.1.1 MRPⅡ的功能特点

MRPⅡ贯穿于企业生产制造的全过程。从微观到宏观，从物流到信息，具体来说可以概括为以下几个方面：

（1）MRPⅡ在 MRP 的基础上对其功能进行了极大的扩展，上至经营规划，下至采购、加工作业指令，全部集成在一个整体系统之中统一处理。

（2）各有关生产作业进度、物料状态等信息，要求及时通过各系统终端录入系统（主机），这要求生产管理人员具有较高的综合素质，企业管理的基础工作要扎实。

（3）MRPⅡ可以实现与生产过程同步生成财务数据，采用作业成本法对每一加工环节的成本同步计算出来；在各工作中心设间接费用率，将间接费用直接分摊到每种物料，这样从根本上保证了对成本的有效控制，财务管理效率大大提高。

（4）MRPⅡ以工作中心为单位，以周或日为时段进行生产能力平衡，而传统的计划体系只能实现对全年大类能力的平衡，无法实现较小时段的能力平衡。

可见，MRPⅡ是帮助我们实现管理者梦想的一个非常有效的手段。以前由于企业所生产的产品很复杂，不得不采用粗放式的管理，这样就大大降低了效率。现在我们可以在电子计算机技术的帮助下实现较为精确的管理。企业的全部生产、财务数据都统一存储在计算机内，不再需要每个管理人员一人一个手工账本，需要时只要在计算机终端敲几下键盘就行了。数据在各个部门之间的传递、加工整理也不再需要手工抄来抄去，从而避免了许多错误，提高了工作的效率。企业领导者、成本管理人员还可以通过系统直接了解到每一种材料的现实情况和目标成本的执行情况，分析产品成本不理想的原因究竟在什么地方。这些都是以前的管理方式所无法实现的。

9.3.1.2　MRPⅡ的集成方法

（1）为每一个物料定义标准成本及相应的会计科目，建立物料和资金的静态关系。

（2）为各种库存事务（位置、数量、价值的变化）建立凭证，定义相关的会计科目和借贷关系，来说明物流和资金流的动态关系，从而实现资金的自动转账、实物账和财务账真正统一，且少抄写、少差错。达到这个水平，才算实现了真正的MRPⅡ，否则，只能到MRP，或闭环MRP的水平。

9.3.1.3　MRPⅡ软件包的主要部分

一般来说，MRPⅡ软件包含下列部分：

（1）业务计划，包括公司的业务范围、市场、利润目标与资源情况。

（2）生产计划，包括如何实现业务计划，主要产品的产量安排。

（3）生产总调度计划，具体说明一个系列产品中最终成品的生产过程。

（4）MRP，这是综合运算程序，这是整个系统的核心部分

（5）生产能力需求计划，它根据工艺流程和计划进度，对每个加工中心、人力资源、工具等进行平衡，编制计划。

（6）财务计划，它可以预测现金流动和库存水平，以工作中心为单位分摊间接成本。

（7）车间作业控制。

（8）输入—输出控制。

（9）采购系统管理。

（10）系统性能测量、监控。

9.3.1.4　MRPⅡ系统的工作原理

MRPⅡ系统从整个企业的高度进行管理，通过对企业的生产经营活动作出有效的计划安排，把分散的工作中心联系起来进行统一管理。因此，MRPⅡ系统是将企业的生产、财务、销售、采购、技术管理等综合起来的一体化系统，实现了对企业经营活动的全面控制和管理。

MRPⅡ系统的核心在于各级计划系统。计划是为了实现一定的目标而制定的行动方案；控制则是为了保证计划的完成而采取的措施。在该系统中，计划从长期到短期、从一

般到具体分为五个层次，即经营计划、生产计划大纲、主生产计划、物料需求计划和车间作业计划。企业的经营计划是最高层次的计划，是企业总目标的具体体现。企业的最高决策层根据企业内外部环境条件制定出企业的中长期发展计划，其中包括未来几年内的产品品种、市场份额、销售额等指标。经营计划的制订主要应考虑到现有资源和未来可获得资源，具有较大的预测成分。主生产计划大纲的任务就是依据经营计划确定未来一至三年之内每年、每月生产的数量以及所需资源。主生产计划在生产计划大纲的基础上、把最终产品的数量和交货期分布在每一时间段上。并在生产计划和可用能力之间作出平衡。物料需求计划根据最终产品的数量和交货期，计算零部件、原材料的需求数量和时间，直至自制件的制造订单下达的日期和采购订单发放日期，并作出可用资源与资源需求间的进一步平衡。车间作业计划则将作出具体的工序排序计划。

9.3.2　企业资源计划（ERP）

随着MRPⅡ系统在企业中的广泛应用，企业资源的概念也在不断地扩大，由原来只局限于企业内部逐渐拓展到企业外部。并且，伴随着计算机网络技术的迅猛发展，统一的国际市场逐渐形成，供应链管理成为企业生产经营管理的重要部分。对于这些变化，MRPⅡ系统已经无法满足企业对资源全面管理的要求。

9.3.2.1　ERP系统结构

ERP（Enterprise Resources Planning）系统的基本架构和基本逻辑与MRPⅡ并无本质上的区别。从功能上讲，其仍以制造过程为中心，核心仍是物料需求计划，体现了制造业的通用模式。但是，ERP系统在内外两个方向有了进一步的延伸。向内，主张以精益生产方式改造企业生产管理系统；向外，主张增加战略决策功能和供应链管理功能。这样ERP系统不仅具有MRPⅡ系统的计划和控制功能，还包含以下功能子系统：

（1）战略经营系统。该系统的目的就是实现基于网络环境的战略信息系统管理，完善决策支持服务体系，为决策者提供全方位的信息支持。

（2）全面成本管理系统。其目标是建立和保持企业的成本优势，并由企业成本领先战略体系予以保障。

（3）敏捷后勤管理系统。该子系统的功能是为了解决供应柔性差、生产准备周期长等制约瓶颈，增加与外部协作单位生产技术、信息的及时交流以缩短关键物料供应周期。

9.3.2.2　ERP系统的经营理念

（1）采用精益生产方式。ERP系统将精益生产方式引入企业的生产管理系统，其目标在于通过先进生产方式的采用以保障管理体系的顺畅运行。

（2）实现全球大市场营销战略与集成化市场营销。ERP系统的目标是在市场规划、价格策略、销售、分销、预测等方面实现信息和管理集成，推行以“顾客服务”为中心的经营方针；建立和完善企业商业风险预警机制和风险管理系统；进行经常性的市场营销与产品开发、生产集成性评价工作；优化企业的物流系统等。

（3）新技术开发和工程设计管理模式。通过对系统各部门持续不断的改进，最终提供令顾客满意的产品和服务。从这个角度出发，ERP系统致力于构筑企业核心技术体系，实现从上到下的技术协调机制，利用网络实现企业与外界的良好的信息沟通。

9.3.2.3　ERP/MRPⅡ实施与选型问题

A　ERP/MRPⅡ的实施

实施ERP/MRPⅡ一般需要经过这样几个阶段：第一阶段，进行数据准备，完成编码工作，同时培训人员；第二阶段，建立技术与生产数据管理、物料管理和产品计划管理子系统；第三阶段，建立销售与订货管理、生产作业计划管理、生产作业任务下达、采购与协作管理、设备与工具管理子系统；第四阶段，建立车间管理、统计与成本管理等子系统。因为ERP/MRPⅡ不是买回来简单照搬就行的，必须选择、移植和修改（增减程序、数据库），也就是所谓的二次开发。

ERP/MRPⅡ的实施条件一般说来主要有以下几个方面：

(1) 企业要有现实而又迫切的需求，前提当然是管理者们对于ERP/MRPⅡ的功能、特点要有足够的了解。

(2) 组成以企业主管领导为首的决策机构，人的因素是MRP实施成功的关键性因素。

(3) 完整和准确的数据是MRP实施的基础，主要分固定数据和动态数据两大类。

(4) 教育、培训和提高职工队伍的素质，是实施ERP/MRPⅡ的重要保证。

另外还应注意实施的技术前提：本企业产品必须是结构化的，即物料结构（BOM）是离散的，层次较多，而又有实施ERP/MRPⅡ迫切的需求。

MRPⅡ按用户实施程度分为三个阶段：第一阶段，实现由手工计划向计算机辅助计划的转变，对基础数据进行整理；第二阶段，基本上形成了初期MRP；第三阶段，能力需求计划扩展，把生产作业计划、销售、财务等导入系统，基本上形成闭环MRP或MRPⅡ。

目前大部分用户处于第一、二阶段，第一阶段容易进行，难在从第二阶段向第三阶段的推进，主要是触及传统管理体系最关键的部位，一系统徘徊不前，甚至瘫痪的原因多在于此。

据美国1983年对727个MRPⅡ用户调查表明，由于采用了MRPⅡ，约50%的用户年经济效益提高了10%以上。定量效益方面，国外统计：库存水平降低15%～30%；按期交货率可以达到90%～98%；短缺物料减少60%～80%；劳动生产率提高20%～40%；降低采购费用5%；采购提前期减少50%；成本下降7%～12%；利润增加5%～10%。

B　ERP/MRPⅡ系统选型时需要考虑的问题

用户接触到的往往是商品软件。目前国外已有数百家软件公司的数百个商品软件，国内也有一些企业正在开发自己版权的MRPⅡ软件。用户的着眼点应是实用性原则，主要是方便、有效、灵活。所以要考虑其成熟性、可靠性、实用性以及功能是否齐全，是否便于二次开发等。此外，对于和CAD、CAM、CT直至和CIMS的接口和集成问题也应考虑。

(1) 硬件问题。目前，硬件质量和可靠性基本不存在问题。关键是选择好公司，要选择能够长远发展的机器系统，要考虑性能价格比。

(2) 软件问题。主要是实用性、可靠性、成熟性和功能是否便于二次开发。此外，可维护性、接口问题等也很重要。

(3) 售后服务问题。一是对硬件的服务，二是对软件的服务。ERP/MRPⅡ的应用是一项浩大的工程，所以服务非常重要。软件服务主要有三种：安装调试、维护修改、开发等；ERP/MRPⅡ应用培训；ERP/MRPⅡ实施指导。

9.3.2.4　对我国企业应用 ERP/MRPⅡ系统的建议

（1）ERP/MRPⅡ不能解决企业管理的全部问题。

（2）明确系统实施应具备的基本条件。

（3）正确选择软件开发战略。

（4）企业应组建好 ERP/MRPⅡ实施队伍，培训骨干。

（5）强化企业管理的社会支持体系的建立，大力发展服务中介机构。

（6）供应商宜走“多元化、升级式、支持型”道路。

9.3.2.5　我国 ERP/MRPⅡ的应用

我国应用 ERP/MRPⅡ的企业还很少，效果也不甚理想。据调查，引进的 MRPⅡ软件包，只有约 1/3 能正常应用，1/3 需经过修改后才能应用，还有 1/3 不能投入运行。可见，由于 ERP/MRPⅡ有其特定的产生背景，要在我国广泛地应用还有一定问题。我国企业长期以来形成的效益低下、粗放型发展状态，离 MRPⅡ的要求确实还有一定的距离。仅就能源和原材料的消耗来看，我国企业平均高于发达国家 3 倍以上这一不容忽视的现实，就提醒我们不能头脑过热。虽然我国企业经过了 30 年的改革，许多方面的情况与 MRPⅡ的前提假设还有相当的差距，尤其是管理思想观念上的差距非常之大。

我们要赶上发达国家的水平，必须在以下几个方面进行艰苦的努力：

（1）真正在企业生产经营的各个环节都贯彻“以销定产”的思想。

（2）严格按照生产计划和作业计划组织生产，彻底消除用库存掩盖生产中矛盾的现象。

（3）打破产品品种界限，按零部件最佳批量安排生产。传统是按产品台（套）封闭式地组织生产，既不科学，也不经济。管理人员要打破按产品各自分工的界限。

（4）实现数据的综合管理。企业信息要由数据库统一管理，信息由各部门共享，为统一计划、统一指挥、统一控制打下基础。

可见，实施 ERP/MRPⅡ的过程与企业深化改革、转轨变型是相辅相成的。它不是一朝一夕之功，企业管理者应该正确认识到它的复杂性和艰巨性，切勿盲目冲动。在充分认识其复杂性和艰巨性的同时，又要知难而进，通过科学、深入的分析研究，可行性技术分析，按照系统开发的程序，有步骤、有组织地从基础性的管理工作做起，这样才能做到“水到渠成”。目前有些企业出于迫切的市场压力，匆忙上马 ERP/MRPⅡ，由于基础性管理工作跟不上，水到了，渠没成，给企业造成很不利的影响。

9.3.3　计算机集成制造系统（CIMS）

计算机集成制造的概念是 1973 年美国的约瑟夫·哈林顿在他的同名著作中提出来的概念。他提出了两个非常重要的思想，被认为是奠定了整个信息管理时代的基础。第一，程序是不可分割的；第二，物质生产的实质是信息生产，产品是信息生产的物质体现。

所谓计算机集成制造系统（CIMS），是运用系统工程的整体优化观点，将现代信息技术与生产技术结合起来，从信息技术和组织上，将生产全过程的各个工作系统和信息系统联系起来，以便有效地提高企业对市场需求的响应能力和生产率，从而保证企业的生存和发展。

CIMS的目标就是提高企业生产系统对市场需求的响应能力，强调了对企业系统的整体考虑（包括系统分析和系统设计），即信息技术与生产技术的有机结合。人作为信息技术和生产技术的组织者、决策者和控制执行者，具有首要核心作用。人的素质从根本上决定着CIMS的成败。

9.3.3.1　计算机集成制造系统的组成

制造类企业CIMS的典型功能通常包括四个分系统：

（1）管理信息分系统（MIS）。它具有生产计划与控制、经营管理、采购管理、财务管理等功能。

（2）技术信息分系统。它包括计算机辅助设计（CAD）、计算机辅助工艺规程编制（CAPP）和数据程序编制（NCP）等功能，用以支持产品的设计和工艺准备，处理有关产品结构方面的信息。

（3）制造自动化分系统。制造自动化分系统即CAM系统。它包括各种不同自动化程度的制造设备和子系统，如数控机床、柔性制造系统（FMS）、装配系统、进货管理、运输管理、设备维修系统等，用以实现信息流对物流的控制和完成物流的转换。

（4）计算机辅助质量管理分系统（CAQ）。它具有制订质量管理计划、实施质量管理、处理质量信息、支持质量保证等功能。

此外，还有两个支持分系统：

（1）数据管理分系统，以实现MIS系统数据集成与共享；

（2）网络分系统，以传递各分系统之间和分间和分系统内部的信息，实现数据传递和通信功能。

9.3.3.2　CIMS是对企业管理的全面革新

我国的863计划，是把CIMS作为自动化项目引进的。但是在推动实施的过程中却逐步发现了一些问题。实施CIMS企业管理的内涵和外延都会发生很大的变化，企业管理的层次会减少，管理幅度增加；组织机构和工作流程会得到简化；对工作人员的素质要求明显提高。总之，CIMS要求人们的不只是技术上的提高，还要求管理、观念上的根本性变革。

（1）现场管理方面。CIMS有关设备的引入，确实是一项重要的标志，它意味着企业的管理水平从此上了一个新台阶。对于现场管理者来说，掌握和使用这些设备虽然重要，但是更重要的是要从硬件和软件两方面去掌握它，即要求现场人员彻底更新观念，提高素质。

（2）管理体制和组织机构的革新。引入CIMS后，企业管理的体制会发生根本性的变革，例如向着网络型、矩阵型、阿米巴型转变，否则就难以适应。

（3）生产系统发生根本性的变革。在合理利用CIMS的情况下，会带来如下好处：

1）提高机器利用率。数控机床的运行利用率只能达到50%左右，因为搬运工件和装卸工具效率低。由于有了柔性制造系统（FMS），设备利用率可达85%。

2）降低直接劳动强度。CIMS中，6～10台机床的劳动量可分配给3～4名工人，而对于数控机床则每台机床要配给一个工人。

3）缩短制造过程时间。原来每个加工中心之间都要有等待和安装时间，而在CIMS中，非操作时间急剧减少，安装时间可达最少。因为CIMS中，刀具和工件装卸都是脱离生产线单独进行的。

4）加工中使用设备较少。一台柔性设备或完成多道工序的加工，工艺路线和工时都可缩短。

CIMS的开发，应当遵循系统工程的开发步骤。关系CIMS成败的主要因素是：产品、技术、组织和人才。其中，产品是企业生产系统对市场需求响应的具体体现，是目标；而后三者则是制约性因素，是不可缺少的。国外实践经验表明，CIMS的失败，往往是由于只重技术因素而没有把后三者，尤其是人的因素放在足够重要的地位。因为“集成”是以“人”为核心的集成。

思考与练习

3-1 生产管理包含哪些基本内容？
3-2 简述生产管理的原则和任务。
3-3 备货型和订货型各自有哪些特点？
3-4 与单一品种大批量传统的生产方式相比，多品种小批量生产方式有哪些特点？
3-5 有效组织多品种小批量生产的主要对策有哪些？
3-6 什么是企业的生产过程，一般由哪些部分组成？
3-7 组织生产过程的基本要求是什么？
3-8 分析比较对象专业化和工艺专业化的优缺点？
3-9 生产中产品移动方式有哪几种？
3-10 冶金企业生产特点及基本生产单位的组织形式是什么？
3-11 冶金企业生产计划指标有哪些？
3-12 计划值内涵及作用是什么，冶金生产过程各工序有哪些计划值控制指标？
3-13 简述生产过程管制任务和原则。
3-14 冶金企业生产过程监控包含哪些内容？
3-15 宝钢现场生产管制的机制是什么？
3-16 简述“5S”的含义与作用？
3-17 什么是“集中一贯管理”？
3-18 简述MRPⅡ、ERP、CIMS内涵。

情景 4

冶金企业质量管理

学习目标

1. 知识目标

- 掌握产品质量概念、钢铁产品质量执行的标准及产品标准包含的内容；
- 了解 ISO 9000 质量管理体系；
- 掌握全面质量管理的指导思想、工作原则和工作方法；
- 了解一贯质量管理体系内涵；
- 掌握质量控制七种技术方法。

2. 技能目标

- 培育“质量是企业生命”的现代企业管理思想；
- 能够运用质量控制技术方法分析解决冶金生产各工序产品的质量问题。

单元 10 质量与质量管理

10.1 质量

10.1.1 质量的概念

10.1.1.1 产品质量

狭义的质量概念往往是指物品的好坏，即产品质量。产品质量是指产品本身的使用价值，即产品适合一定用途，满足人们的一定需要所具备的自然属性或特性。这些特征表现为产品的外观、手感、音响、色彩等外部特征，也包括结构、材质、物理、化学性能等内在特征。

10.1.1.2 全面质量

广义的质量概念是指产品质量、工程（工序）质量和工作质量的总和，亦称全面质量。它是比产品质量更深刻、更全面的含义。

工程（工序）质量是指在操作者、原材料、机器设备、加工方法、工作环境等综合作用下形成的产品质量，工程质量对产品质量起着直接的影响作用。

工作质量是指企业的管理工作、技术工作和组织工作对达到产品质量标准的保证程度，指企业各方面工作的质量水平。产品质量是企业各部门工作质量的综合反映。

产品质量、工程质量、工作质量三者之间的关系可表述为：产品质量是工作质量的结果，如废品率、次品率等；工作质量是产品质量形成的基础，因为产品的质量是在产品的制造过程中形成的，所以只有工作质量可靠，产品质量才能可靠，工作质量包括产品的设计、工艺、制造、销售及服务等全过程的质量；工程（或工序）质量是指企业为保证生产合格产品而具备的全部手段和条件所能达到的水平。在产品的制造过程中，工作质量主要体现在工程的质量上。

10.1.2　冶金产品质量标准

产品质量标准是对产品品种规格、交货状态、性能、试验方法、包装方式及标志、检验规则、储存、运输等要求所做的统一的较详细的规定，是企业组织工业生产、检验产品质量以及开展质量管理等的主要技术依据。

判定钢材质量高低，是合格品还是改判品、不合格品的唯一依据是客户在订货合同中指定的标准或技术要求（也称技术规定、技术协议）。

10.1.2.1　标准的分类

根据颁布机构和适用范围的不同，目前钢铁企业执行的标准有以下几类：国际标准、国外先进标准、国家标准（代号 GB）、行业（专业）标准（代号 YB）、企业标准。

（1）国际标准是国际标准化组织制定的标准，标准代号为 ISO。于 1987 年首次颁布 ISO 9000 质量管理和质量保证系列标准，后逐步发展为 ISO 9000 族标准，并于 1994 年、2000 年、2008 年先后 3 次进行了修改，特别是第 3 版 2000 版 ISO 9000 族标准的颁布，标志着质量认证已从单纯的质量保证转为以顾客为关注焦点的质量管理范畴。

ISO 9000 族标准包括基础标准、核心标准和支持性技术标准。

1）ISO 9000 族标准的基础标准。

A：术语。ISO 8402—94《质量管理和质量保证——术语》定义了与质量概念有关的基本术语 67 个。

B：质量管理与质量保证标准选择和实施指南。它包括 ISO 9000 - 1 ~ ISO 9000 - 4。

2）ISO 9000 族标准的核心标准。

A：质量保证标准。ISO 9001、9002、9003 是三个用于外部质量保证的质量体系要素标准。这是三种典型的标准模式，供不同的合同情况、第二方认定和第三方认证时使用。三种模式的要素和包含关系不同。现 2008 版 ISO 9000 族标准已将 ISO 9002、ISO 9003 并入 ISO 9001 中。

B：质量管理标准。ISO 9000 族标准中属于质量管理标准的有四个：ISO 9004 - 1 为质量体系要素部分，ISO 9004 - 2 和 ISO 9004 - 3 分别是服务、流程件材料类产品方面的补充指南，ISO 9004 - 4 是质量改进指南。其中最重要的是 ISO 9004 - 1，它是实施质量管理、建立质量体系的基础性标准。它包括两方面内容：质量管理及质量体系要素指南。它首先简要介绍搞好质量管理必须做好的工作，如质量方针和目标、质量体系等。接着就建立质量体系简要地作介绍，包括适用范围、质量体系结构、质量体系文件、质量体系审核、评审和评价、质量改进等。最后是质量体系应展开的具体质量职能活动：财务管理、营销质量、规范和设计质量等共15个要素，并对其作了详细的叙述。

3）ISO 9000族标准的支持性技术标准。目前已制定国家标准的只有两部分：

A：质量体系审核指南，包括ISO 10011－1～ISO 10011－3；

B：测量设备质量保证要求，包括ISO 10012－1～ISO 10012－2。

4）GB/T 19000与ISO 9000。我国参照ISO 9000—2008标准系列在使用上推荐采用GB/T 19000—2008系列。

A：GB/T 19000—2008 IDT ISO 9000—2008《质量管理体系——基础和术语》；

B：GB/T 19001—2008 IDT ISO 9001—2008《质量管理体系标准》；

C：GB/T 19004—2008 IDT ISO 9004—2008《质量管理体系标准》。

GB/T 19001—2008与GB/T 19004—2008都是质量管理体系标准，这两项标准相互补充，但也可单独使用。GB/T 19001规定了质量管理体系要求，可供组织内部使用，也可用于认证或合同目的。GB/T 19001所关注的是质量管理体系在满足顾客要求方面的有效性。GB/T 19004对质量管理体系更宽范围的目标提供了指南，除了有效性，该标准还特别关注持续改进一个组织的总体绩效与效率。对于最高管理者希望超越GB/T 19001要求，追求绩效持续改进的那些组织，推荐GB/T 19004作为指南。然而，用于认证或合同不是GB/T 19004的目的。

（2）国外先进标准是先进国家执行的标准，如日本（代号为JIS）、美国（代号为ASTM）、德国（代号为DIN）、法国（代号为NF）、英国（代号为BS）。

（3）行业标准指国家标准中暂时未包括的产品标准和其他技术规定，或只用于本专业范围内的标准，由中央各部或行业协会颁发，钢铁行业标准代号为YB。

（4）企业标准指在尚无国家标准和行业标准的情况下由企业制定的标准，可分成两类：一类属于正常产品，有比较成熟的标准；一类属于试生产产品，技术还不够成熟，或为满足个别用户特殊需要的产品而制定的暂行标准。

对于凡是没发布国家标准和行业标准的产品都应制定企业标准。

产品实物质量标准是企业内部实际规定的质量控制标准，它一般严于国标和行业标准。

10.1.2.2　钢材产品标准内容

就钢材而言，为了满足使用上的需要，对钢材提出一系列技术要求。往往提出必须具备的品种规格和技术性能，如形状、尺寸、表面状态、力学性能、物理化学性能、金属内部组织和化学成分等方面的要求。

钢材技术要求仍由使用单位按用途的要求提出，再根据当时实际生产技术水平的可能性和生产的经济性来制定，它体现在产品的标准上。钢材技术要求有一定的范围，并且随着生产技术水平的提高，这种要求及其可能满足的程度也在不断提高。

钢材的产品标准也有国家标准、行业标准和企业标准之分，一般包括品种（规格）标准、技术条件（要求）、试验标准及交货标准等方面的内容。

（1）品种标准。它主要规定钢材形状和尺寸精度方面的要求。要求形状正确，消除断面歪扭、长度上弯曲和表面不平等。尺寸精度是指可能达到的尺寸偏差的大小。

钢材的技术要求除规定的品种规格要求以外，还规定其他的技术要求，例如表面质量、钢材性能、组织结构及化学成分等，有时还包括某些试验方法和试验条件等。

表面质量直接影响到钢材的使用性能和寿命。表面质量主要是指表面缺陷的多少、表面平坦和光洁程度。产品表面缺陷种类很多，其中最常见的是表面裂纹、结疤、重皮和氧化铁皮等。造成表面缺陷的原因是多方面的，与铸锭、加热、轧制及冷却都有很大关系。

（2）技术条件。钢材的牌号及化学成分与使用的钢坯相同，应符合相应规定。钢材的化学成分允许偏差应符合 GB/T 222 的规定。在保证钢材力学性能符合标准规定的情况下，各牌号 A 级碳素结构钢的 C、Si、Mn 含量和各牌号其他等级钢 C、Mn 含量下限可以不作为交货条件。钢以氧气转炉或电炉冶炼。钢材以热轧状态交货。用肉眼检查不得有裂纹、折叠、结疤和夹杂。

钢材表面允许有局部发纹、拉裂、凹坑、麻点和刮痕，但不得使钢材超出允许偏差范围。钢材表面缺陷允许清除，清除处应圆滑无棱角，但不得进行横向清除，清除宽度不得小于清除深度的 5 倍，清除深度从实际尺寸算起不得超过该尺寸钢的允许偏差范围，钢材两端不得有分层和 5mm 以上的毛刺。

（3）钢材性能标准。该标准主要是对其力学性能（强度性能、塑性和韧性等）、工艺性能（弯曲、冲压、焊接性能等）及特殊物理化学性能（磁性、抗腐蚀性能等）的要求。其中最常用的是力学性能，有时还要求硬度及其他性能，这些性能可由拉伸试验、冲击试验及硬度试验确定出来。强度极限（σ_b）代表材料在破断前强度的最大值，而屈服极限（σ_s或$\sigma_{0.12}$）表示开始塑性变形的抗力。这是用来计算结构强度的基本参数。

钢材在使用时还要求有足够的塑性和韧性。伸长率包括拉伸时均匀变形和局部变形两个阶段的变形率，其数值依试样长度而变化；断面收缩率为拉伸时的局部最大变形程度，可理解为在构件不被破坏的条件下金属能承受很大局部变形的能力，它与试样的长度及直径无关，因此断面收缩率能更好地说明金属的真实塑性。在实际工作中由于测定伸长率较为简便，迄今伸长率仍然是最广泛使用的指标，当然有时也要求断面收缩率。钢材的冲击韧性（A_K 值）以试样折断时所耗的功表示，它是对金属内部组织变化最敏感的质量指标，反映了高应变率下抵抗脆性断裂的能力或抵抗裂纹扩展的能力。值得注意的是，对金属材料所要求的综合性能，往往促使强度性能提高的因素却又不利于塑性和韧性，欲使钢材强度和韧性都得到提高，即提高其综合性能，则必须使钢材具有细晶的组织结构。

钢材的组织结构及化学成分直接影响钢材性能，因此在技术条件中规定了化学成分的范围，有时还提出金属组织结构方面的要求，例如晶粒度、钢材内部缺陷、杂质形态及分布等。生产实践表明，钢的组织是影响钢材性能的决定因素，而钢的组织又主要取决于化学成分和轧制生产工艺过程。因此通过控制生产工艺过程和工艺制度来控制钢材组织结构状态，通过对组织结构状态的控制来获得所要求的使用性能，是一项重要的技术工作。

（4）试验标准及交货标准。钢材产品标准中还包括了验收规则和需要进行的试验内容，包括做试验时的取样部位、试样形状和尺寸、试验条件和试验方法。此外还规定了钢材交货时的包装和标志方法，以及质量证明书内容等。某些特殊的钢材在产品标准中还规定了特殊的性能和组织结构等附加要求，以及特殊的成品试验要求等。

10.2　质量管理

10.2.1　质量管理的基本内容

质量管理是指确定质量方针、目标和职责并通过质量体系中的质量策划、质量控制、质量保证和质量改进来使其实现的执行管理职能的全部活动。质量管理的内容通常包括：

（1）质量方针和质量目标。质量方针是指由组织的最高管理者正式发布的该组织总的质量宗旨和质量方向。质量方针是企业经营总方针的组成部分，是企业管理者对质量的指导思想和承诺。企业最高管理者应确定质量方针并形成文件。质量方针的基本要求应包括供方的组织目标和顾客的期望与需求，也是供方质量行为的准则。

质量目标是组织在质量方面所追求的目的，是组织质量方针的具体体现，目标既要先进又要可行，便于实施和检查。

（2）质量策划。质量策划是质量管理的一部分，致力于制定质量目标并规定必要的运行过程和相关资源以实现质量目标。质量策划关键是制定质量目标并设法使其实现。质量目标在质量方面所追求的目的通常依据组织的质量方针制定。

（3）质量控制。质量控制的目的是保证质量，满足要求。为此，要解决要求（标准）是什么、如何实现（过程）、需要对哪些进行控制等问题。质量控制是一个设定标准（根据质量要求）、测量结果、判定是否达到了预期要求、对质量问题采取措施进行补救并防止再发生的过程，质量控制不是检验。总之，质量控制是一个确保生产出来的产品满足要求的过程。

（4）质量保证。质量保证是指为使人们确信某实体能满足质量要求，在质量体系内开展的并按需要进行证实的有计划和有系统的活动。因此，“证实”是质量保证的关键，这意味着企业必须就具有满足质量要求的能力提供充分必要的依据，接受第三方权威机构客观、公正的评价。质量保证包括两层含义：一是指企业对用户所做的一种质量保证，即令用户确信企业产品或服务的质量满足其规定的要求，因此，它是一个企业取得用户信任的手段；二是企业为了确保本企业产品或服务的质量满足规定要求所进行的活动，因此，它是一种管理手段。

（5）质量改进。质量改进是质量管理的一部分，致力于增强满足质量要求的能力。作为质量管理的一部分，质量改进的目的在于增强组织满足质量要求的能力，由于要求可以是任何方面的，因此，质量改进的对象也可能会涉及组织的质量管理体系、过程和产品，可能会涉及组织的方方面面。同时，由于各方面的要求不同，为确保有效性、效率或可追溯性，组织应注意识别需要改进的项目和关键质量要求，考虑改进所需的过程，以增强组织体系满足消费者需求的能力。

10.2.2　质量管理的发展阶段

10.2.2.1　质量检验阶段

20世纪初，人们对质量管理的理解还只限于质量的检验。质量检验所使用的手段是各种检测设备和仪表，方式是严格把关，进行百分之百的检验。期间，美国出现了以泰罗为代表的“科学管理运动”。“科学管理”提出了在人员中进行科学分工的要求，并将计划职能与执行职能分开，中间再加一个检验环节，以便监督、检查对计划、设计、产品标准等项目的贯彻执行。这就是说，计划设计、生产操作、检查监督各有专人负责，从而产生了一支专职检查队伍，构成了一个专职的检查部门。这样，质量检验机构就被独立出来了。起初，人们非常强调工长在保证质量方面的作用，将质量管理的责任由操作者转移到工长，故这种管理被人称为“工长的质量管理”。后来，这一职能又由工长转移到专职检验人员，由专职检验部门实施质量检验，称为“检验员的质量管理”。

质量检验是在成品中挑出废品，以保证出厂产品质量。但这种事后检验把关，无法在生产过程中起到预防、控制的作用，且百分之百的检验增加检验费用。在大批量生产的情况下，其弊端也就凸显出来了。

10.2.2.2 统计质量控制阶段

这一阶段的特征是数理统计方法与质量管理的结合。第一次世界大战后期，休哈特将数理统计的原理运用到质量管理中来，并发明了控制图。他认为质量管理不仅要搞事后检验，而且在发现有废品生产的先兆时就要进行分析改进，从而预防废品的产生。控制图的出现，是质量管理从单纯事后检验进入检验加预防阶段的标志，也是质量管理形成一门独立学科的开始。

第二次世界大战开始以后，统计质量管理得到了广泛应用。美国军政部门组织一批专家和工程技术人员，于 1941 ~ 1942 年间先后制定并公布了《质量管理指南》、《数据分析用控制图法》、《生产过程质量管理控制图法》，强制在生产武器弹药的厂商中推行，并收到了显著效果。从此，统计质量管理的方法得到很多厂商的应用，统计质量管理的效果也得到了广泛的承认。

第二次世界大战结束后，美国许多企业扩大了生产规模，除原来生产军火的工厂继续推行质量管理方法以外，许多民用工业也纷纷采用这一方法。美国以外的许多国家也都陆续推行了统计质量管理，并取得了成效。

但是，统计质量管理也存在着缺陷，它过分强调质量控制的统计方法，使人们误认为质量管理就是统计方法，是统计专家的事。在计算机和数理统计软件应用不广泛的情况下，许多人感到高不可攀、难度大。

10.2.2.3 全面质量管理阶段

20 世纪 50 年代以来，随着科学技术和工业生产的发展，人们对质量的要求也越来越高。要求运用“系统工程”的概念，把质量问题作为一个有机整体加以综合分析研究，实施全员、全过程、全企业的管理。20 世纪 60 年代在管理理论上出现了“行为科学”学派，主张调动人的积极性，注意人在管理中的作用。随着市场竞争，尤其是国际市场竞争的加剧，各国企业都很重视“产品责任”和“质量保证”问题，加强内部质量管理，确保生产的产品使用安全、可靠。在上述背景条件下，显然仅仅依赖质量检验和运用统计方法已难以保证和提高产品质量，也不能满足社会进步的要求。1961 年，菲根堡姆提出了全面质量管理的概念。

所谓全面质量管理，是以质量为中心，以全员参与为基础，旨在通过顾客和所有相关方受益而达到长期成功的一种管理途径。日本在 20 世纪 50 年代引进了美国的质量管理方法，并有所发展。最突出的是他们强调从总经理、技术人员、管理人员到工人，全体人员都参与质量管理。企业对全体职工分层次地进行质量管理知识的教育培训，广泛开展群众性质量管理小组活动，并创造了一些通俗易懂、便于群众参与的管理方法，包括由他们归纳、整理的质量管理的老七种工具（常用七种工具）和新七种工具（补充七种工具），使全面质量管理充实了大量新的内容。质量管理的手段也不再局限于数理统计，而是全面地运用各种管理技术和方法。

全面质量管理以往通常用英文缩写 TQC 来代表，现在改用 TQM 来代表。其中，“M”是“Management”的缩写，更加突出了“管理”的重要性。从一定意义上讲，它已经不再局限于质量职能领域，而演变为一套以质量为中心，综合的、全面的管理方式和管理理念。

10.2.3 全面质量管理

10.2.3.1 全面质量管理的基本指导思想

（1）质量第一，以质量求生存，以质量求发展。任何产品都必须达到所要求的质量水平，否则不能实现其使用价值而给用户和社会带来损失。因此，质量必须是第一位的。“成本是企业寿命、质量是企业生命”，质量第一并非质量至上，要把质量与成本统一，找出最适宜的质量。

（2）用户至上。要树立以用户为中心、为用户服务的思想。产品或服务质量好坏最终应以用户的满意程度为标准。这里，用户是广义的，不仅指消费者，而且厂内下一道工序就是上一道工序的用户。

（3）质量是设计制造出来的，而不是检查出来的。在生产中，检查可起到不允许不合格品出厂的把关作用。但决定产品质量好坏的根本原因主要在设计和制造。设计质量决定了产品质量的水平，而制造则实现了设计质量。

（4）一切用数据说话。在全面质量管理中要求以科学的精神对问题进行定性分析和定量分析，做到心中有数，避免主观盲目性。为此要广泛采用各种工具和数理统计方法。

（5）突出人的积极因素。在质量管理活动中，人的因素是最积极最重要的因素。要发动全体人员参加，提高职工质量意识。一方面要加强教育、培训和考核，另一方面要依靠质量立法、质量否决权以及必要的行政手段实行质量奖惩制度。

10.2.3.2 全面质量管理的工作原则

（1）预防原则。凡事要防患于未然，并要以具体措施和科学方法来保证。在设计阶段要采用可靠性方法找出产品薄弱环节，消除隐患；在制造阶段应采用统计过程控制（SPC）方法对生产过程进行控制，把不合格品消灭在产生之前。

（2）经济原则。20 世纪 80 年代以来市场竞争更趋激烈，使经济质量管理（EQC）成为发展新方向之一，即在推行全面质量管理时追求经济上的最适宜方案，如最适宜的质量水平、最适宜的质量保证水平、控制图的最优设计、抽样检验方案的最优设计等。

（3）协作原则。生产规模越大，分工越细，环节越多，就越要在全面质量管理中强调协作。协作原则反映了系统科学全面观点的要求。

（4）按 PDCA 循环组织质量活动原则。

10.2.3.3　全面质量管理的基础工作

（1）质量教育。开展全面质量管理首先要进行质量教育，包括两方面内容：一是加强思想教育，增强质量意识，特别要强化领导干部的质量意识；二是普及和深化技术业务教育。全面质量管理是一门内容丰富的科学，必须区别对象分层次组织学习并加以考核。

（2）标准化工作。标准化工作是全面质量管理的一项十分重要的工作，既要重视各项标准的制定，更要强调各项标准的贯彻落实，做到人人、事事有标准，使各种质量都有衡量尺度。

（3）计量工作。其任务是保证计量的量值准确一致，以保证各项标准的贯彻执行。

（4）质量信息工作。质量信息是在产品形成的全过程中发生的有关质量的信息。

（5）质量管理小组活动。这是全面质量管理的群众基础。它是以保证和提高质量为目的，围绕现场存在的问题，由班组工人和科室人员在自愿基础上组成的开展质量活动的小组。开展质量管理活动，要做到组织、研究课题、措施和效果“四落实”，要把学习与创造相结合，成果发表与竞赛评比相结合，思想教育与物质鼓励相结合，稳步发展，不断提高。

10.2.3.4　全面质量管理的基本工作方法

人们想要顺利完成一项工作，必须经历四个阶段：计划、实施、检查和处理。这四个阶段反映了事物发展的客观规律。全面质量管理作为一个工作体系，也必须使其活动遵照这种规律。

由“计划（plan）、实施（do）、检查（check）、处理（action）”这四个密切相关的阶段所构成的工作方式，称为 PDCA 循环。因首创于美国学者戴明，它又称为戴明循环。

PDCA 循环由四个阶段八个步骤组成：

（1）计划阶段（P）。在调查预测的基础上提出质量管理目标，拟定行动的措施计划。这个阶段包括四个步骤：

第一步骤，利用各种数理统计工具，根据各种资料找出质量问题；

第二步骤，对质量问题分析研究，找出问题产生的原因；

第三步骤，找出主要问题及其主要原因；

第四步骤，针对主要原因确定要采取的措施。

要搞好本阶段工作，应遵循“5W1H”的要求：进行什么项目（what）；为什么要搞这个项目（why）；何时进行（when）；在何处进行（where）；由谁执行（who）；完成的方法（how）。

（2）执行阶段（D）。本阶段包括一个步骤，即第五步骤，严格按照计划去执行。

（3）检查阶段（C）。本阶段包括一个步骤，即第六步骤，使用各种数理统计工具去调查计划实施情况并分析其效果。

（4）处理阶段（A）。本阶段包括两个步骤：第七步骤，根据检查结果，总结成功的经验和失败的教训，并加以标准化（即制定成标准、程序、规章和制度）；第八步骤，遗留问题转入下一个 PDCA 循环去解决。

10.2.4　冶金企业采用的一贯质量管理体系

10.2.4.1　一贯质量管理体系内涵

一贯质量管理体系是以努力满足需求（包括品种、质量、数量和交货期）为前提，各部门密切配合，从产品质量设计着手，以规程为基本依据，按产品系列从原料进厂直至产品出厂，进行以质量为中心的全过程的最优化控制（包括效率、成本和进度），并借助PDCA方法来求得最佳的企业经济效益和社会效益。

10.2.4.2　一贯质量管理体系支柱

一贯质量管理体系支柱主要指规程体系、计算机控制和现场专业管理支撑。其中规程体系主要包括工艺规程、技术规程、岗位规程。

（1）工艺规程是为了保证产品质量，满足甚至超过有关标准的要求，同时考虑生产的效率、成本、经济效益和工艺合理性等因素，对主要工序的工艺参数、质量基准作明确规定的技术文件，是产品生产的技术法规。工艺规程是公司最高层次的技术法规，各生产厂必须严格执行。工艺规程由制造部下属的各一贯管理室负责制修订，一贯管理室主任审批，制造部部长批准。

（2）技术规程是根据工艺规程的规定而制定的对本生产厂内各工序的具体技术要求。技术规程由各生产厂部门技术人员制定修订，由生产厂厂长批准执行。技术规程修订不能超越权限，不能违反工艺规程的规定。

（3）岗位规程是根据技术规程的规定，按各岗位的具体操作要求作出的详细规定，它们是标准化作业的依据。具体包括安全方面的内容、操作方面的内容、管理项目的内容、信息方面的内容。岗位规程一般是由从事该项工作的作业者来制定和修订。

（4）产品工艺卡是根据产品工艺规程（包括内控标准）对每个产品按类别、钢种、规格区分，把主要技术要求、质量保证条件表格化、代码化的技术文件。产品工艺卡由制造部各一贯室工程师负责制修订，一贯室主任审批。产品工艺卡是生产厂制造管理部门编写制造标准卡片的依据，通过标准卡输入过程机进行工艺控制和打印标准文件的依据。

（5）技术通知单是产品工艺规程的临时补充。当产品工艺规程需要作临时修改或发现工艺规程内容不全而又不能立即修改时，可以技术通知单形式颁发。

工艺规程、技术规程、岗位规程三者间的关系是：各项规程逐级展开，一级比一级细，一级比一级操作性强。下级规程必须保证上一级规程各项规定的实现。各级规程内容不得相互矛盾，上级规程修改时，下级规程必须立即作相应修改。

10.2.4.3　质量规划与质量计划

质量规划包括质量方针、主要目标、关键业绩指标、项目与举措及需要说明的问题。质量规划是以三年为周期，每年初根据上一年完成情况及本年度公司生产经营总体目标作下一三年规划的滚动调整。质量规划由制造部牵头负责、各相关管理部门和生产部门参与编制。质量规划由制造部部长审核，公司主管经理审批。

质量计划是为实现质量规划而编制的年度计划。质量计划包括质量方针、质量目标、质量指标及主要质量措施。一般每年年底根据当年质量计划执行情况和下年度形势分析，结合贯彻质量规划目标，提出下一年度的质量计划。质量计划由制造部牵头负责、各相关管理部门和生产部门参与编制。质量计划由制造部部长审核，成本处汇总后报公司主管经理审批。

10.2.4.4 订货及质量设计管理

订货管理：销售处负责与用户签订产品供货合同。所有订货必须经过合同评审，合同评审由销售处牵头，制造部、各生产厂、物资供应部门、运输部门、包装公司等参加，只有在用户的要求全部得到落实的情况下才能签订供货合同。

质量设计管理：制造部各一贯室负责产品质量设计，并制定相应产品工艺卡，下达技术通知单（作为工艺规程补充）。常规产品直接由制造部下达生产作业计划。经技术中心实验室试验成功的新产品要转到大生产时，也要通过制造管理部一贯室进行质量设计、制定产品工艺卡和技术通知单。

10.2.4.5 工序质量控制

制造部要保证各工序均衡组织生产，密切监视物流质量状况，保证物流畅通。生产现场发现物流质量状况异常，通知制造部一贯室进行异常判定，迅速处理。各一贯室配有机动观察人员，是工程技术人员助手，经常流动于现场，掌握工序质量动态，根据需要进行非常规的重点调查，有时进行全过程跟踪。

各生产厂严格按照岗位操作规程作业，在影响产品质量的主要工序开展统计过程控制(SPC)。

10.2.4.6 检验

质量检验方式可以是检验人员“专检”，作业区内人员“互检”和操作人员“自检”。

(1) 自主检查。炼钢、初轧不设质检站，实施自主检查。

(2) 质检站检查。热轧、冷轧、钢管、高线均设有质检站，主要对工序质量和最终质量进行检查，对产品性能进行判定（出现异常时通知制造部进行最终判定），对检查合格的产品签发质量证明书。工序质量检查包括对上工序来料的检查。最终检查内容为尺寸、表面质量、包装、标志等。

(3) 专职检验。如制造部检测中心负责公司进厂主、副原料的采样、检验，炼铁、炼钢、钢坯、热轧、冷轧、线材产品的中间检验和最终成品检验。

单元 11　冶金生产过程质量控制

11.1　质量控制的基本内容

11.1.1　质量控制的内涵和目的

质量控制是指为达到质量要求所采取的作业技术和活动。这些技术和活动包括：确定控制对象，如某一工艺过程或检验过程等；制定控制标准，即应达到的质量要求，如公差范围等；制定具体的控制方法，如操作规程等；明确所采用的检验方法，包括检验工具和仪器等。

质量控制的目的在于，控制产品和服务产生、形成或实现过程中的各个环节并使它们达到规定的要求，把缺陷控制在其形成的早期并加以消除。就冶金生产过程的质量控制来说，应该严格执行工艺规程和作业指导书。不仅控制生产制造过程的结果，而且应控制影响生产制造过程质量的各种因素，尤其是要控制其中的关键因素。

11.1.2　质量控制的程序和内容

冶金生产企业质量控制的程序包含以下几方面的内容：

（1）原辅材料的质量控制。

1）原辅材料的采购计划。采购计划的直接实施者为库房保管人员，他们将根据当前的库存数量和下一步生产计划提出下月或下一季度计划，原则是保证供给、控制库存，按“先进先出”的原则，保证原材料不因储存时间过长而发生质量变化，由生产部门主管进行审批，并将此计划修订后，下达采购部门进行采购。

2）采购行为中的质量控制。采购人员必须了解各种原材料的理化指标，正确理顺质量与价格的关系，在追求具有竞争性价格的同时，把质量放在首位。少数企业为了降低成本，追求短期效益，采购低级别原料，造成产品质量不稳定。对这些现象应坚决予以杜绝。

3）原辅材料的验收。原辅材料进厂后，质检科可依据企业原辅材料标准进行判定，坚决杜绝不符合标准的原辅材料入库。

4）原辅材料库存的质量控制。原辅材料在储存过程中易出现影响质量的因素。主要有两个方面：一是未按照先进先出的原则，优先使用上一批的原料，造成储存时间过长，使质量下降；二是由于库房的硬件设施不完备或库房管理不善等原因，造成物料摆放杂乱，易混淆、错位，所以在库房管理中，必须严格执行各项规章制度。

（2）生产过程中的质量控制。生产过程中的质量控制是质量管理工作中的重要部分，这部分工作中涉及的人员多、程序复杂，也是质量控制工作中内容最多、最容易出现问题的部分，这部分的质量控制程序应包括以下几个部分：

1）加强岗位培训，树立良好的质量意识。生产人员在生产过程中，应严格执行操作规程，对出现差错的人员，加大惩罚的力度，保证产品在生产过程中的质量。

2）建立严密的生产工艺流程。详细规定各项产品、各生产环节的工艺要求。只有建立了完善的工艺流程才能更好地指导各生产岗位的生产活动。

3）生产过程中质检科的职责。在生产过程中，质检科应设立一名专门从事现场质量监督的监督员，对包括半成品、成品的质量、称量的准确性、投料的精确性、标签的使用等方面进行监督检查，发现问题及时解决。

4）建立质量控制点。对产品生产过程中的重要环节和关键工段应加大控制力度，制定严格的质量控制点操作规程，以确保产品质量。

5）机械设备方面对产品质量的影响。在生产活动中，机械设备的形式及工作状态直接影响产品的质量，所以，在设备管理方面，必须加强机器维修人员的责任心、质量意识，及时维护、保养机械设备，使机械设备确保安全、有效的生产活动顺利进行。

另外，对于计量器具应每年定期请技术监督部门进行检测和校正，以确保其准确度。

（3）产成品的质量控制。

1）产成品的库存管理。制定严格的库房管理制度，做好产品库房储藏工作，保管员应执行先进先出的制度，并经常检查库存产品的生产日期，杜绝出售过期产品。

2）产成品的检验制度。产品质量检测是最直接的质量控制，也是一般企业都能注意的工作。由质检科对每批产品严格取样、检测，并按要求做好每批次产品的留样，及时下发合格单，保管员得到合格通知后方可发货。

3）销售过程中的质量控制。销售员在销售产品的同时，应指导客户正确储存和使用产品，这不仅有利于产品的使用、销售，同时也树立了企业的良好形象。

11.2　煤化工产品生产过程质量控制

焦炉煤气处理系统流程如图 4－1 所示。

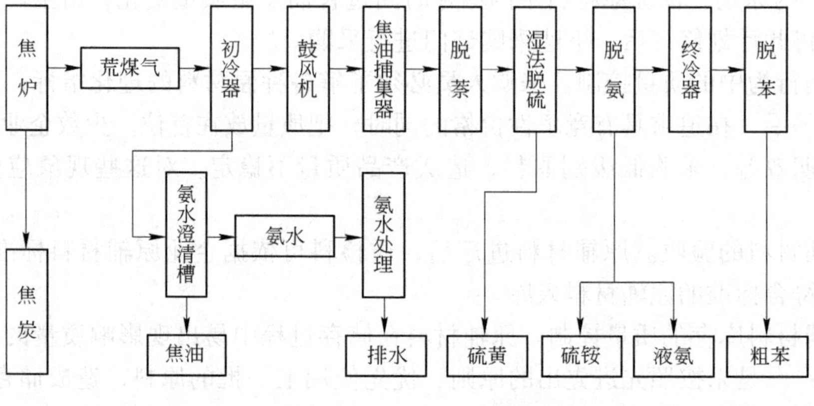

图 4－1　焦炉煤气处理系统流程图

11.2.1　焦炉煤气处理过程控制

煤焦化学产品的回收流程一般是煤经过在焦炉内碳化成焦，同时产生焦油和煤气。焦油由焦油加工车间处理成沥青、工业萘、粗酚、蒽油。从焦炉出来的煤气叫荒煤气，用循环氨冷却后，经过湿法脱硫和脱氨，可以生产硫铵或黄血盐，然后再送去生产粗苯。

冷凝鼓风过程主要控制循环氨水泵压力、煤气冷却温度、混合氨水中固定铵盐含量、初冷器控制温度等。从冷凝鼓风车间出来的含氨的煤气进入饱和器之前应控制预热温度、硫酸铵母液的温度和游离酸含量或浓度即酸度、母液的密度和杂质。当结晶的硫酸铵离心分离和洗涤后，应控制晶体表面黏着的游离酸和油性杂质含量以及从离心分离机卸出来的硫酸铵晶体的水分等。

粗苯和轻苯的回收主要控制从硫酸铵车间饱和器出来的煤气冷却后进入吸苯塔时的吸收温度（一般控制在 20 ~ 36℃）、洗油的质量、贫油中粗苯的含量（一般控制 0.2% ~ 0.4%）、富油中粗苯的含量（一般控制在 2% ~ 3%）以及两苯塔的塔顶轻苯的回流量（回流比为 1.5 ~ 3）和塔顶温度（73 ~ 77℃）等。

11.2.2　焦油加工过程控制

焦油加工过程系统如图 4 – 2 所示。

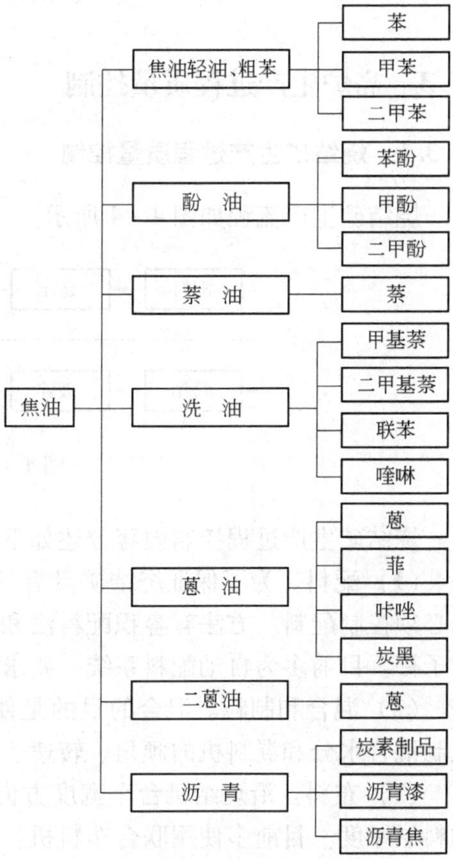

图 4 – 2　焦油加工过程系统

焦油是煤在高温下干馏得到的，由无数化合物所组成，蒸馏时可回收化合物。焦油在加工前，应进行混匀、脱水和脱盐。如果是双塔式连续蒸馏系统，就是有一个馏分塔和一个蒽塔。馏分塔主要集中提萘，而蒽塔主要保证提蒽。在低于 170℃ 时分馏焦油轻油和粗苯，在 170 ~ 210℃ 时分馏酚油，在 210 ~ 230℃ 时分馏萘油，在 230 ~ 300℃ 时分馏洗油，在 300 ~ 330℃ 时分馏蒽油，在 330 ~ 360℃ 时分馏二蒽油，在高于 360℃ 时分馏沥青。

馏分塔应保证最大限度地提高萘的集中度，减少酚油、洗油和蒽油中的萘含量，主要调节塔顶温度、回流量、过热蒸汽量、馏分采出量和侧线位置等。

蒽塔应保证原油质量，所以应控制塔顶温度（一般为 250 ~ 260℃）和洗油的回流量（一般 1m^3 无水焦油为 0.15 ~ 0.25m^3）。

11.2.3　粗苯精制过程控制

粗苯精制系统如图 4 – 3 所示。

重苯和轻苯的分离过程主要控制两苯塔塔底温度（150℃ 左右）和塔顶温度（75℃ 左右）；混合分酸洗净化过程应控制反应温度（一般在 35 ~ 45℃）、硫酸浓度（93% ~ 95%）、反应时间（10min）；在催化加氢过程中主要控制纯苯的纯度（噻吩小于 5×10^{-6}，结晶点为 5.3 ~ 5.4℃）；精馏过程主要控制初馏塔的塔顶温度（45 ~ 50℃）、回流比（0.6 ~ 0.9）、塔底残油温度（90 ~ 95℃）、塔底压力（低于 39200Pa）。

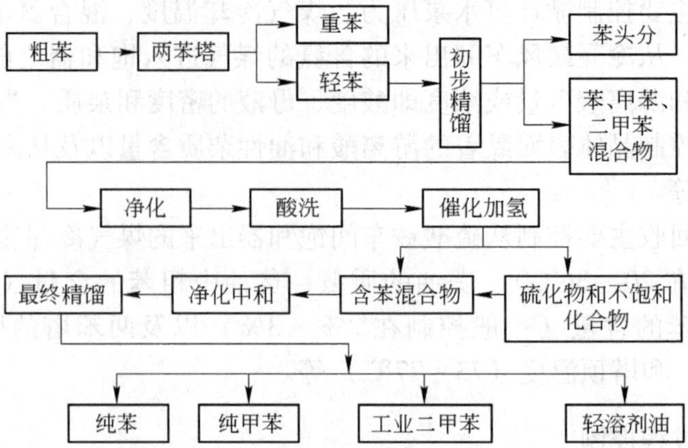

图4－3　粗苯精制系统流程图

11.3　高炉生产过程质量控制

11.3.1　烧结矿生产过程质量控制

烧结矿生产流程如图4－4所示。

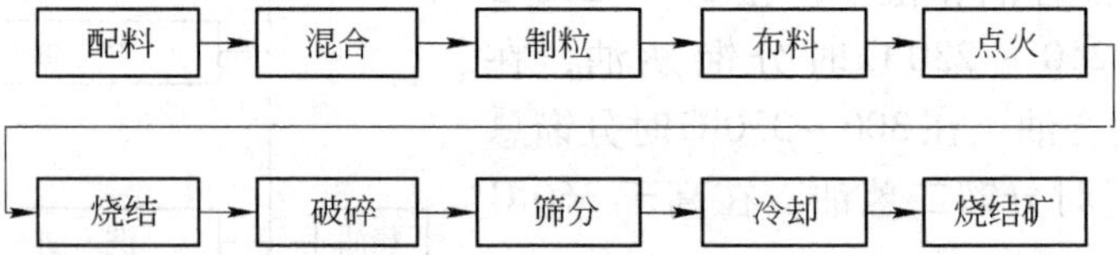

图4－4　烧结矿生产流程

烧结矿生产过程控制内容分述如下：

（1）配料。为了保证烧结矿具有符合要求的成分和性能，并适应烧结过程操作，首先必须控制配料。方法有容积配料法和重量配料法。比较常用的配料设备是圆盘给料机和电子秤。目前多为自动配料系统。要求配料准确、给料均匀、调整方便。

（2）混合和制粒。混合的目的是使混合料成分均匀，并具有一定的水分和粒度。应控制混合水分和混料机的倾角、转速、长度、填充系数等。

（3）布料。沿烧结机台车宽度方向均匀布料可以保证透气性。布料应保证具有一定的料层厚度。目前多使用联合布料机。

（4）点火。经过点火，料层才能进行烧结。应控制点火温度（1150～1300℃）、点火时间（1～1.5min）和点火真空度。点火器对点火过程非常重要。

（5）烧结。烧结是一个非常复杂的物理化学反应过程，直接影响烧结矿的质量。主要控制烧结过程的真空度、抽风量、机速、料层厚度和废气温度等。

（6）破碎、筛分和冷却。烧结后的烧结矿温度很高，块度不均，应进行破碎、筛分和冷却，以适应高炉冶炼的要求。破碎一般用单辊破碎机，筛分用振动筛，冷却有带式和盘式冷却机。

11.3.2　球团矿生产过程质量控制

球团矿生产流程如图 4－5 所示。

图 4－5　球团矿生产过程流程

球团矿生产过程控制内容分述如下：

（1）造球。球团矿生产过程中造球是重要的环节。不仅对原料和配料有要求，对造球的工艺也应进行控制，包括造球机转速、倾角、填充率和刮板位置，以及水分加入、加料方式、造球时间等。

（2）干燥。干燥是为了防止生球在高温焙烧时爆裂，应控制干燥温度、时间和水分。

（3）焙烧。目前焙烧设备有竖炉、带式焙烧机和链箅机－回转窑。带式焙烧机与烧结机相似。竖炉过程应控制生球强度、焙烧室温度和炉顶废气温度。链箅机－回转窑过程应控制链箅机的干燥和预热温度，回转窑应控制窑内温度（1300～1350℃）。

11.3.3　高炉炼铁生产过程质量控制

高炉炼铁生产流程如图 4－6 所示。

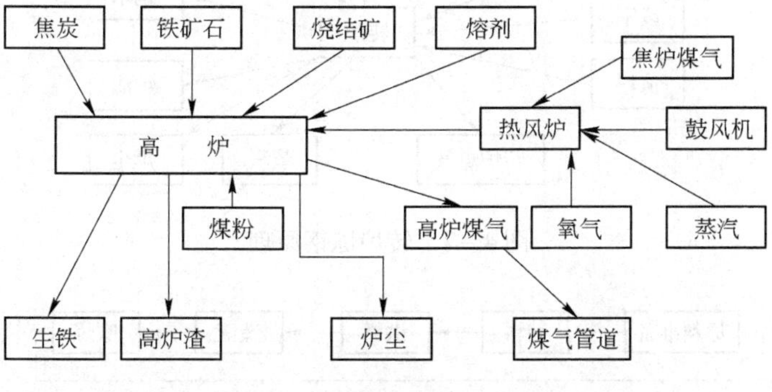

图 4－6　高炉炼铁生产流程

高炉炼铁是一个复杂的物理化学反应过程，为了保证高炉过程顺行和生铁质量，应从上料、送风、煤气、渣铁反应和喷吹系统进行综合控制（见表 4－1）。

表 4－1　高炉炼铁生产过程控制内容

过　程	主要控制内容
上料	熟料比、入炉品位、烧结矿和酸性球团碱度、焦炭质量
送风	风量、风温和冶炼强度
煤气	炉顶煤气压力、成分和温度
渣铁反应	炉渣碱度、熔点和黏度，铁水中硅含量和硫含量
喷吹系统	喷吹燃料（煤气、重油或煤粉）数量、置换比和富氧程度

(1) 上料。上料系统的关键是采用精料，即提高熟料比和入炉品位，改善炉料结构（高碱度烧结矿和酸性球团混合使用），提高焦炭质量等。

(2) 送风。大风量、高风温。大风量有利于提高冶炼强度，高风温有利于降低焦比。

(3) 煤气。高压操作有利于提高冶炼强度，降低炉尘和焦比，控制炉顶煤气成分，改进还原过程。

(4) 渣铁反应。控制炉渣碱度、熔点和黏度等有利于渣铁分离和提高脱硫效率。

(5) 喷吹系统。喷吹燃料（煤气、重油或煤粉）和富氧鼓风能够降低焦比、提高产量、改善还原。

目前，高炉生产过程逐步实现大型化、机械化、自动化、智能化，但仍然可以从生铁合格率、有效容积利用系数、入炉焦比、冶炼强度、焦炭负荷和休风率等来判断高炉生产的控制水平和效果。

11.4　炼钢生产过程质量控制

11.4.1　转炉炼钢生产过程质量控制

转炉炼钢原理如图4-7所示。转炉炼钢生产流程如图4-8所示。

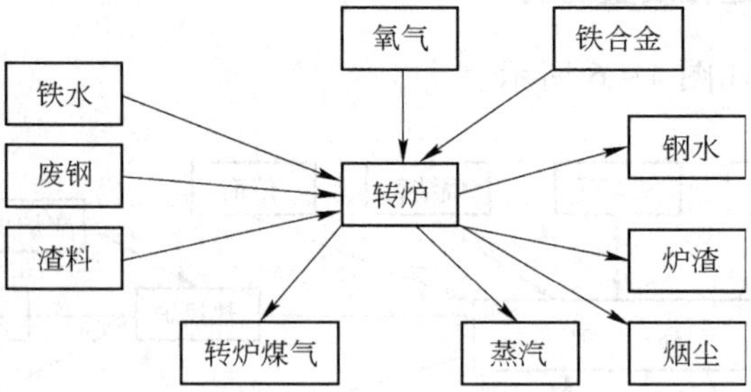

图4-7　转炉炼钢原理

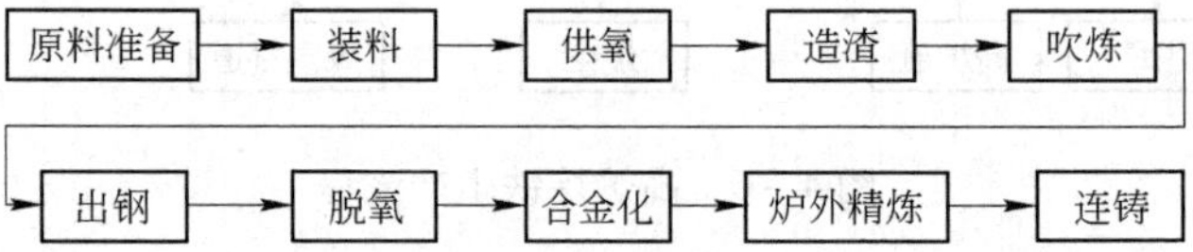

图4-8　转炉炼钢生产流程图

转炉炼钢过程控制内容（见表4-2）分述如下。

表4-2　转炉炼钢过程控制

过　程	控制的主要内容
原料	生铁、废钢、造渣剂、增碳剂、脱氧剂和铁合金成分、尺寸等
装料	装入量及铁水配比
供氧	氧气流量、压力、供氧强度和氧枪操作
造渣	单渣法、双渣法或双渣留渣法

续表4-2

过　程	控制的主要内容
吹炼	温度控制
出钢	终点控制
脱氧	镇静钢脱氧，沸腾钢脱氧
合金化	脱氧和合金化同时进行
炉外精炼	合成渣洗，钢包吹氩，真空处理，其他精炼方法
连续铸钢	控制注温、注速、冷却强度，保护浇注和自动化措施

（1）原料。

1）铁水。铁水在转炉内作为热源，通常占全部金属料装入量的70%～90%，当然也可以加入100%的铁水。在铁水不足时也可以加入生铁块，但不能超过10%。生铁成分和温度对转炉操作影响比较大，所以对铁水的成分和温度应有具体要求。

2）废钢。废钢是转炉炼钢的主原料之一，也是比较稳定的冷却剂，有本厂废钢、加工废钢和市场废钢。要求容积密度大、表面积小、杂质元素含量低，特别是应限制有色金属和低熔点元素含量，不应含有大量水分和混入危险品。为此，对废钢应注意回收、分类和保管。

3）氧化剂。主要是铁矿石，要求铁含量高，酸性成分低，硫、磷含量低，坚硬致密，块状少粉，水分低。

4）造渣剂。主要是石灰、萤石、白云石和合成造渣剂。对石灰的质量要求是 $w(CaO)\geqslant 90\%$、$w(SiO_2)\leqslant 3\%$、$w(S)\leqslant 0.1\%$，活性度不小于300mL，块度5～40mm，生烧小于4%，生、过烧率不大于14%。对萤石的质量要求是 $w(CaF_2)>85\%$，$w(SiO_2)<4\%$，$w(S)<0.2\%$，块度5～40mm，并要干燥、清洁。对白云石的质量要求是 $w(MgO)>20\%$，$w(CaO)\geqslant 30\%$，$w(SiO_2)<1.5\%$，块度5～20mm，清洁，干燥。

5）增碳剂。对增碳剂质量要求是固定碳含量越高越好，灰分、挥发分和硫、磷含量越低越好，以免污染钢水。并且要有一定粒度，一般为3～5mm。使用时注意干燥，减少水分，保证钢的质量。

（2）装料。

1）我国规范规定炉容比 $V/T\geqslant 0.7m^3/t$，铁水配比为75%～90%。

2）分阶段定量装入。

（3）供氧。

1）供氧强度。

15t转炉为 $4.0\sim 4.5m^3/(t\cdot min)$；

30～50t转炉为 $2.8\sim 4.0m^3/(t\cdot min)$；

120～150t转炉为 $2.3\sim 3.5m^3/(t\cdot min)$；

国外大型转炉为 $2.5\sim 4.0m^3/(t\cdot min)$。

2）压力。小型转炉为5～8MPa。

3）分阶段恒压变枪操作。

（4）造渣。

1）只造一次渣，中途不出渣。脱磷率可达 90%，脱硫率约为 30% ~40%。

2）共造两次渣，中途出一次或几次渣，适于冶炼中、高碳钢。

3）将上炉终点炉渣留一部分改善操作，适用于冶炼中、高磷铁水。脱磷率、脱硫率都比较高。

（5）吹炼过程温度控制。吹炼过程温度控制主要是适时地加入需要数量的冷却剂，其关键是准确地确定冷却剂用量和最适当的加入时间。

由于脱硫比脱碳复杂，所以先脱硫和脱磷，然后再在终点只对碳和温度进行控制，所以把终点停止吹氧称为“拉碳”。

经验控制终点的吹炼方法有“拉碳法”和“增碳法”两种。自动控制终点的吹炼方法有静态控制和动态控制两种。

（6）出钢。我国规定：

1）不小于 50t 的转炉出钢持续时间为 3 ~6min；

2）小于 50t 的转炉出钢持续时间为 1 ~4 min。

出钢应挡渣，国内多用挡渣球法。

（7）脱氧合金化。

1）镇静钢脱氧。

① 炉内加硅锰合金预脱氧，然后在钢包内补充脱氧。这种方法脱氧效果好，但是占用转炉作业时间，容易回磷。

② 全部脱氧剂加入钢包内进行脱氧。这种方法不占用转炉作业时间，但脱氧产物容易留在钢中。

2）沸腾钢脱氧。

① 在钢包内用锰铁脱氧。出钢时加少量铝调整钢水氧化性。

② 合金化操作。在多数情况下，脱氧和合金化同时进行。

（8）炉外精炼。

1）合成渣洗；

2）钢包吹氩；

3）真空处理；

4）其他精炼方法（鞍钢采用 CAS - OB 法即可以调整成分和底部吹氧降碳）。

（9）连续铸钢。控制注温、注速、冷却强度，并采取保护浇注、多炉连浇和自动化措施。

11.4.2　电炉炼钢过程质量控制

电炉炼钢流程如图 4 -9 所示。

图 4 -9　电炉炼钢流程图

电炉炼钢过程控制内容（见表 4 -3）如下所述。

表4－3　电炉炼钢过程的控制

过　程	控　制　内　容
准备工作	配料、补炉、装料
熔化期	熔化和升温，并造渣
氧化期	脱磷、脱碳、去气和去非金属夹杂物
还原期	脱氧、脱硫、调整成分和温度
出钢	温度和成分，脱氧状态和炉渣流动性

（1）冶炼前的准备工作。冶炼前的准备工作包括配料、补炉、装料等事项。其过程控制要点是：

1）配料是电炉炼钢中重要的环节，应根据冶炼的钢种正确计算、准确称量、合理搭配、保证顺行。

2）在冶炼过程中炉衬受到高温钢水和炉渣的冲击浸蚀，每次出钢后应及时进行补炉，以延长炉龄。

3）装料就是将炉料（废钢、生铁、返回料或软铁以及铁合金等）按布料顺序装入炉内。

（2）熔化期。熔化期是将装入炉内的炉料迅速熔化和升温，并造渣，覆盖在钢液上防止金属吸气或挥发和提前除磷。其过程控制的要点是：

1）按起弧、穿井、电极上升和熔化等阶段控制供电制度和电极位置。

2）控制造渣过程的渣量、碱度和氧化件，除磷并防止钢液吸气和热损。

3）吹氧助熔，快速补炉，合理供电，加快熔化，缩短熔化期。

（3）氧化期。氧化期主要是在熔化后脱磷、脱碳、去气和去非金属夹杂物。其过程控制的要点是：

1）熔化后的温度不低于1550℃。

2）控制吹氧压力（0.6～0.8MPa）和炉渣碱度（2～3）。

3）氧化期终点碳和温度。

4）扒渣和增碳。

（4）还原期。还原期主要是脱氧、调整成分和温度。其过程控制的要点是：

1）电炉炼钢主要采用扩散脱氧或综合脱氧法。

2）为了脱氧和脱硫主要控制炉渣中FeO、碱度和渣量。

3）缩短还原期和正确控制还原期温度（1550～1650℃）。

（5）出钢。其出钢过程控制要点是：

1）控制温度和成分达到规定要求。

2）钢液脱氧状态和炉渣流动性好。

11.4.3　炉外精炼过程质量控制

炉外精炼是把炼钢过程的精炼转移到钢包或专门精炼设备中进行，把精炼功能分离出来。炉外精炼有很多方法，根据需要，可以选择适合本企业产品的方法。炉外精炼方法（见图4－10）大致归纳成以下几种：

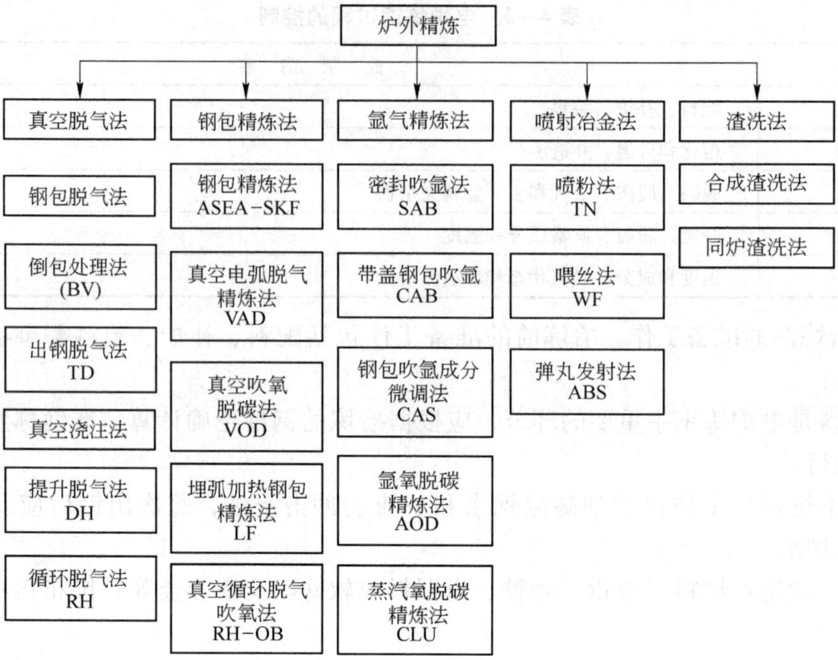

图 4－10　炉外精炼方法

炉外精炼过程质量控制内容按精炼方法（见表 4－4）分述如下。

表 4－4　常用的炉外精炼过程控制

方　法	作　用	控制要点
真空提升脱气 DH	脱氧、脱氢	温度、真空度、时间
真空循环脱气 RH	脱氧、脱氢	温度、真空度、时间
钢包真空精炼 ASEA－SKF	脱氧、脱氢、脱碳、脱硫、调温、去夹杂	精炼渣碱度、真空度、温度、时间、成分
真空电弧加热脱气 VAD	脱氧、脱氢、脱硫、调温、去夹杂	真空度、温度、时间、成分
真空吹氧脱碳 VOD	脱氧、脱氢、脱碳、去夹杂	真空度、吹氧压力、时间、成分
钢包炉精炼 LF	脱氧、脱氢、脱硫、调温、去夹杂	精炼渣成分、氩气压力、合金加入量
封闭钢包吹氩 CAS、CAS－OB	脱氧、脱氢、脱硫、调温	吹氩压力、强度、时间、浸渍深度等
氩氧精炼 AOD	脱氧、脱氢、脱碳、脱硫	各阶段氧氩比、还原剂加入量
喷射冶金 SL	脱硫、去夹杂	粉剂喷入压力或数量、钢液温度、增碳量
喂丝 WF	脱氧、脱硫、去夹杂	包芯线品种、喂丝速度

（1）真空脱气法。它包括钢包脱气法、倒包处理法（BV）、出钢脱气法（TD）、真空浇注法、提升脱气法（DH）和循环脱气法（RH）等。

真空脱气法主要的精炼功能是脱除钢中的气体（主要是氢气）和增强碳的脱氧能力。应用最多的是真空提升脱气（DH）和真空循环脱气（RH）两种方法。

真空提升脱气法（DH）是将真空室的吸管插入钢包中，利用真空对钢水进行脱气处理，而真空循环脱气法（RH）是通过将钢水从上升管引入真空室进行脱气处理，然后钢水再由下降管返回钢包中。这两种方法过程控制的要点是真空度和真空处理时间。但也可以加入合金料，处理过程都有一定程度的温降。为此，又出现 RH 的吹氧升温和 CO 二次燃烧升温技术，即 RH－OB 和 RH－KTB 法。

（2）钢包精炼法。经典的方法是瑞典的 ASEA－SKF 法（真空＋电弧加热＋电磁搅拌）、美国的 VAD 法（真空＋电弧加热＋氩气搅拌）、德国的 VOD 法（真空＋吹氧脱碳＋氩气搅拌）、日本的 LF 法（电弧加热＋氩气搅拌）。

钢包精炼法也可以进行成分调整。过程控制的要点是精炼温度、真空度、搅拌强度或时间。经过 LF 精炼后的轴承钢，氧含量可降到 10×10^{-6}（10ppm），氢含量可降到 $(3\sim5)\times10^{-6}$（3～5ppm），氮含量可降到（15～20）$\times10^{-6}$（15～20ppm）。

（3）氩气精炼法。此法包括 CAS、CAS－OB 和 AOD 等。CAS 是封闭式钢包吹氩成分微调，CAS－OB 是在 CAS 装置上加一支吹氧枪。CAS 和 CAS－OB 一般用于精炼普通钢，AOD 是利用吹入氩气和氧气混合气体，稀释熔池上的 CO 分压加速脱碳反应，抑制铬的氧化，用于精炼不锈钢。CAS 和 CAS－OB 精炼过程的控制要点是吹氩压力、强度、时间、浸渍深度等，CAS－OB 还应控制吹氧参数。CAS 的成分命中率比较高，CAS－OB 还可以提高温度命中率。

（4）喷射冶金法。此法包括钢包喷粉（SL TN）和喂丝法（WF）。钢包喷粉主要是向炉内或钢包中喷入 Ca_2C、Ca－Si 等粉剂，降低钢中硫化物含量（钢中硫含量可降到 0.002%～0.009%）。喂丝法（WF）是向钢包中喂送包芯（Ca－Si 或 Ti）线或铝线，实现脱硫、脱氧和成分微调。控制要点是喷入数量或喂入速度。利用喂丝法加铝，钢中［Al］的标准差从 0.01% 降到 0.008%。

（5）渣洗法。渣洗法是利用事先熔化的合成渣将钢水净化去除夹杂。关键是控制合成渣成分和渣量以及渣洗时间。

11.4.4　连铸生产过程质量控制

11.4.4.1　连铸生产工艺

连铸机工艺流程如图 4－11 所示。

钢水有两种浇注方法，即模铸和连铸。

连铸机从铸坯断面分类有：方坯连铸机、小方坯连铸机、大方坯连铸机、圆坯连铸机、板坯连铸机、薄板坯连铸机、异型坯连铸机和方/板坯兼用连铸机等。

连铸设备组成部分有：钢液浇注及承载设备，包括钢包、回转台、中间包、结晶器及其振动装置、二次冷却区装置；拉坯矫直设备，包括拉坯矫直机、引锭装置、脱引锭装置、引锭杆收集存放装置；切割设备，包括火焰切割装置、机械切割装置（液压剪、机

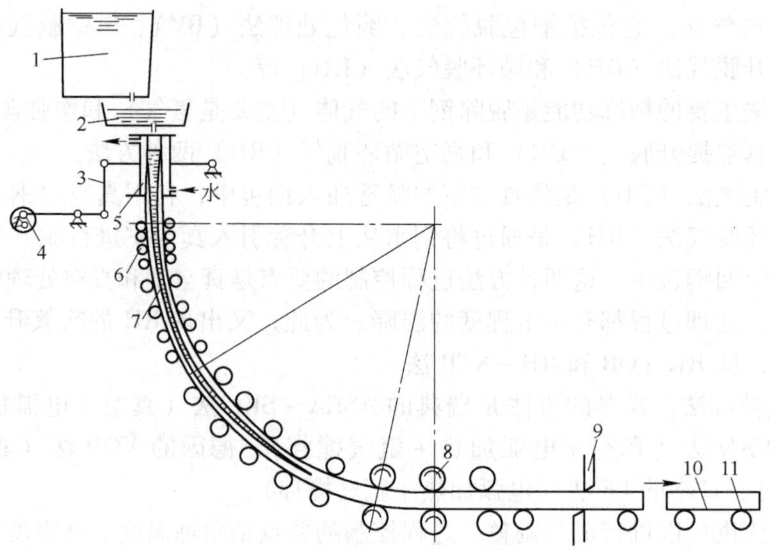

图 4 - 11　连铸机工艺流程图

1—钢包；2—中间包；3—振动机构；4—偏心轮；5—结晶器；6—二次冷却夹辊；
7—钢坯中未凝固钢水；8—拉坯矫直机；9—切割机；10—切坯；11—辊道

械剪）；出坯设备，包括辊道、冷床、拉钢机、推钢机、翻钢机、缓冲器、火焰清理机、打号机等。

连铸采用的钢包用于接钢水并进行运输和浇注，也是钢液炉外精炼的容器。

在连铸机上运载钢包和进行浇注的设备主要有以下四种方式：钢包起重机方式；钢包台架方式；钢包台车方式（门式浇注车和半门式浇注车）；钢包旋转台方式。

在钢包和结晶器中间有中间包，中间包的作用是：减小钢液静压力，使注流稳定；有利于夹杂物上浮，净化钢液；将钢水分配给每个结晶器；多炉连浇时，中间包有钢水量，更换钢包时不会停浇；根据对钢水质量要求，可在中间包内进行部分精炼。

中间包形状有圆形、梯形、矩形和 T 字形。中间包内衬由保温层和工作层组成。

结晶器是连铸机的重要部分，钢水在结晶器中凝固成型，形成具有一定厚度的坯壳，被连续拉入二冷区。结晶器有管式结晶器、整体式结晶器和组合式结晶器。大方坯和板坯连铸机都采用组合式结晶器。钢水在结晶器内的高度可以人工观测，也可以采用放射性同位素^{60}Co、^{235}Cs、电磁、红外线、激光等方法测量。为了防止铸坯黏结而发生拉裂或漏钢，同时也为了改善铸坯的表面质量，结晶器是振动的，有同步振动、负滑脱式振动和正弦式振动等。

二冷段是指结晶器后的冷却。小方坯因为断面尺寸比较小，刚出结晶器时就能够形成足够厚的坯壳，因此二冷段简单，即在弧形段的上半部喷水冷却铸坯。大方坯铸坯断面尺寸大，出结晶器下口后，铸坯有可能发生鼓肚现象。所以二冷段分为两部分。二冷区上部四周均采用密排夹辊支架，喷水冷却。二冷区的下部铸坯坯壳强度足够时，可不设夹辊。二冷段下面有一个扇形段，起拉坯和矫直作用。

电磁搅拌有旋转搅拌和直线搅拌两种。结晶器的电磁搅拌能够使钢水温度均匀，减少钢水过热现象，促进气体和夹杂物上浮，增加等轴晶晶核。二冷段的电磁搅拌能够使铸坯中心得到大的等轴晶带，并使晶粒细化，减少中心疏松和中心偏析，使夹杂物在横断面上分布均匀，改善铸坯内部质量。凝固末端的电磁搅拌能够使铸坯中心形成大的等轴晶带，消除或减少中心疏松和中心偏析。

铸坯靠拉矫机拉出和矫直。矫直方式有单点矫直、多点矫直和连续矫直。

连铸坯按要求被切割成定尺或倍尺长度。切割装置有火焰切割装置、机械剪切装置（机械剪或液压剪）。

引锭杆的作用是在开浇时堵住结晶器下口，使钢水不会漏下；钢水在结晶器中和引锭杆上端的引锭头凝结在一起，然后借助拉坯辊的牵引，使铸坯向下运行，当引锭杆拉出拉矫机后，进入正常拉坯状态。

铸坯热切后进行热送、冷却、精整、出坯等工序。

11.4.4.2 连铸过程控制内容

对不同的钢种，连铸过程控制也不完全相同。从共性角度来看，连铸过程控制的要点有以下几个方面（见表 4－5）：

（1）保护浇注时，一般钢包和中间包之间采用长水口的方法进行保护，而在中间包和结晶器之间采用浸入式水口或密封罩法进行保护。

（2）浇注温度应控制在钢的液相线温度加适当的过热度。不同的钢种不仅液相线温度有差别，过热度也不一样。过热度一般控制在 10～20℃。

（3）浇注速度。浇注速度既影响产量，也影响质量。一般小方坯的浇注速度控制在 3.5～4m/min；大方坯的浇注速度控制在 2m/min 以下，大板坯的浇注速度小于 1.5m/min。在控制浇注速度的同时，还应注意控制拉速均匀和结晶器液面高度。

（4）冷却速度。结晶器冷却主要控制水流速度，二次冷却主要控制冷却强度（水量）。

（5）中间包控制。中间包具有储存钢水、阻挡钢渣、吸附夹杂、调整温度和微合金化作用。

（6）保护渣。保护渣具有防止钢水氧化、去除夹杂、改善传热、形成润滑等作用，应控制其强度和碱度。

（7）电磁搅拌。电磁搅拌具有改善铸坯内在冶金质量和表面质量的作用，特别是能够改善低倍组织，减少中心缩孔、疏松和中心偏析。

表 4－5 连铸生产过程控制

过 程	过 程 要 点
钢包	钢水成分、温度（过热度）
长水口	保护情况
中间包	温度、成分、挡渣
浇注	浇注温度、浇注速度、保护渣
冷却	结晶器的冷却水流速度、二次冷却的冷却强度
电磁搅拌	搅拌强度、方向
拉矫	形状

11.5　轧钢生产过程质量控制

11.5.1　型钢生产过程质量控制

型钢可分类如下：

（1）按加工方法分类有热轧型钢、冷轧型钢、挤压型钢、冷弯型钢。

（2）按尺寸规格分类有大型型钢、中型型钢、小型型钢、线材。

（3）按断面形状分类有简单断面（圆钢、方钢、扁钢、螺纹钢等）、复杂断面（角钢、槽钢、重轨、轻轨、工字钢等）。

型钢生产流程如图4－12所示。

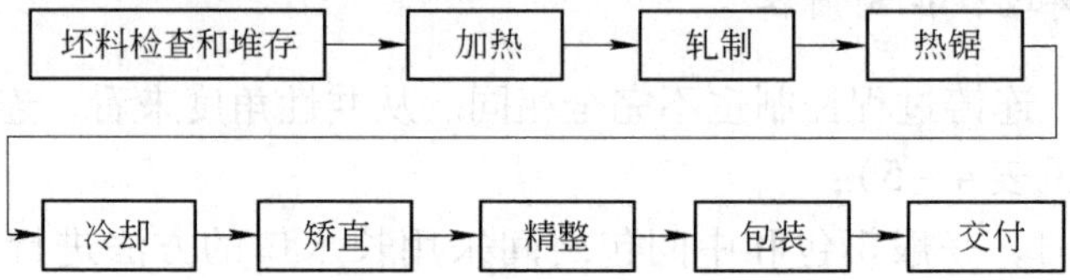

图4－12　型钢生产流程图

型钢生产过程质量控制内容（见表4－6）分述如下。

表4－6　型钢生产过程质量控制

过　程	过程控制内容
坯料堆放	化学成分和尺寸形状符合要求，料场堆放有序，账物卡（或标识）一致
加热	有流程卡或工艺规程，加热温度（加热段和均热段）符合规定，测温仪表经过校准
轧制	开轧温度和终轧温度、轧制规程、轧辊材质和加工
热锯	按定尺切断，并控制冷却水量
冷却	冷床能力满足冷却要求
矫直	有矫直设备，矫直效果好
检验	进行最终检验和试验
包装	不同品种有不同要求
交付	按合同交付发货

（1）工字钢和槽钢（包括H型钢）。在生产中应注意控制加热均匀，减少断面温差，高压水除鳞确保表面质量，采用万能轧制法比弯腰大斜度轧制法变形均匀，表面质量好。严格控制终轧温度，以保证型钢的力学性能。在热锯时注意控制冷却水量，切成定尺后送冷床冷却，大型型钢的冷却方式对质量也有影响。矫直过程应控制矫直温度不大于80℃，防止变形。产品检验应包括测长、标志、打印，并对表面和尺寸公差进行检验，然后包装出厂。

（2）等边和不等边角钢。首先应控制钢坯质量，不能有裂纹、夹杂和分层，表面缺陷一定要清理。为了提高轧制精度，除轧机因素外，还应注意轧辊材质和孔型设计。为了防止变形，采取先冷却后矫直的方法，然后冷切成定尺。

（3）热轧轮辋钢。生产过程中应注意控制坯料尺寸（一般为 100 ~ 130mm）和孔型设计，对不同部位在不同道次上设定合理的压下系数，以提高轧制精度。

（4）轻轨。轻轨的质量首先取决于冶金质量，应提高钢的纯净度和均匀性，并改造轧制设备，完善矫直、剪切和包装设备。

（5）重轨。重轨的生产中有一个热处理过程，即在线全长淬火。有两种热处理工艺：淬回火全长热处理 QT 和欠速淬火热处理 SQ。SQ 比 QT 处理硬度高。最近又发展出 RQ，即余热热处理，这种工艺节能、环保和成本低，关键是控制重轨的移动速度和水流大小，基本上是采用计算机进行控制。

（6）螺纹钢。坯料应化学成分合格、表面无缺陷，更不能有裂纹、夹杂和分层等现象，必要时进行表面清理。根据钢种和坯重设定加热炉预热、均热和出炉温度，加热均匀，减少头尾温差。加热温度一般在 950 ~ 1250℃范围内。超过规定温度或加热时间过长，会增加烧损和使晶粒长大。加热不均也会形成裂纹或尺寸不合等缺陷。目前，像螺纹钢一类的钢多采用连续轧机轧制，严格控制开轧温度和终轧温度。每个机架轧辊的孔型设计和压下分配均影响产品的尺寸精度和质量性能，可根据在线检测及时进行调整。用热锯或热剪切去头尾。切多了影响成材率，切少了会残留缺陷。经冷床冷却、矫直、剪切定尺、包装后交付。

11.5.2　线材生产过程质量控制

线材一般是直径为 5 ~ 9mm 的热轧圆钢，将其盘成卷就是盘条。

线材生产流程如图 4 – 13 所示。

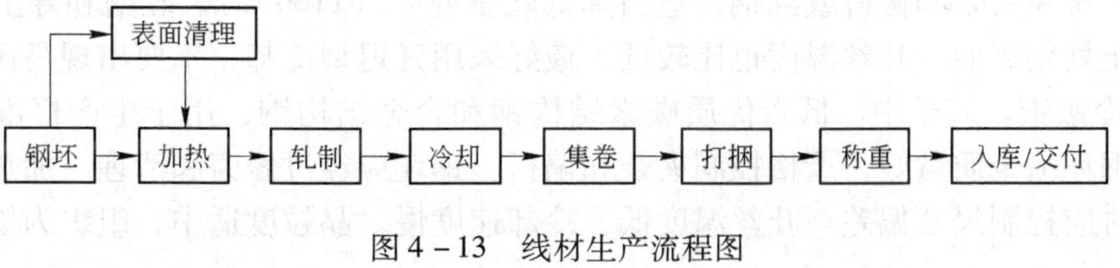

图 4 – 13　线材生产流程图

线材生产过程控制内容（见表 4 – 7）分述如下。

表 4 – 7　线材生产过程质量控制

过　程	控　制　内　容
坯料准备	化学成分、中心偏析和夹杂，表面无缺陷
加热	加热炉各段温度，减少头尾温差
轧制	开轧温度和终轧温度、压下规程、卷线温度和散冷温度
冷却	终轧温度、吐丝温度、冷却速度
集卷	集卷温度
打捆	重量和外形

（1）钢坯。应确保坯料化学成分合格，控制中心偏析和夹杂，表面无缺陷，更不能有皮下气泡、裂纹、划痕和尺寸超差等现象。必要时进行表面清理。

（2）加热。加热均匀，减少头尾温差。超过规定温度或加热时间过长，会增加烧损、脱碳和晶粒长大。

（3）轧制。目前，线材多采用高速线材轧机轧制，粗、中轧是微张力轧制，预精轧是活套轧制，精轧机组是微张力轧制。精轧机组轧辊质量是控制线材表面质量的关键。轧制的温度和变形制度是影响线材性能的重要因素。因此应严格控制开轧温度和终轧温度，包括轧件进入精轧机组的温度、卷线温度和散冷温度。

（4）冷却。线材轧后的控制冷却是影响线材组织和性能的重要环节。目前多数线材轧机都采用斯太尔摩冷却工艺（有适用于高碳钢的标准型、适用于低碳钢的缓冷型和适用性比较宽的延迟型）。根据钢种的不同，应在控制终轧温度的基础上，设定吐丝温度（760～950℃之间）、冷却速度和集卷温度。

（5）集卷。为了保证线材的性能，一般在250℃以下集卷，最高不能超过400℃。

（6）打捆。一般采用自动打捆和打印标牌，并用电子秤称重和入库。

线材中几个重要品种的过程质量控制如下：

（1）硬线。碳含量（质量分数）不小于0.45%的中高碳钢的线材叫做硬线，用于生产钢丝、钢丝绳或钢绞线等。硬线生产过程对坯料表面质量和脱碳层的深度有严格要求。加热时应控制钢坯的出炉温度（低于1150℃），开轧温度控制在950～1000℃之间，终轧温度控制在950～1050℃之间，吐丝温度控制在900℃以下。

（2）软线。碳含量（质量分数）不大于0.25%的普通低碳钢的线材叫做软线。软线分建筑用和拉丝用两种。拉丝用线材要求塑性好，吐丝温度稍高一些（900℃）；建筑用线材要求强度高一点，吐丝温度在850℃。软线最好采用延迟型冷却设备。

（3）焊条钢。用于生产电焊、气焊、埋弧自动焊和电渣焊等焊条。对钢坯化学成分要求严格；避免夹杂和偏析或混钢；适当降低轧制温度（1100℃）。轧槽和导卫表面必须光滑，防止划伤表面。吐丝温度也比较低，最好采用延迟型冷却，不要出现马氏体组织。

（4）冷镦钢。属于中、低碳优质碳素结构钢和合金结构钢，用于生产标准件和紧固件。要求钢坯冶金质量好，严格控制夹杂和偏析。钢坯应经过修磨和清理。加热时防止脱碳。轧制时应控制尺寸偏差。吐丝温度低，冷却速度慢。晶粒度适中，组织为铁素体加少量珠光体。

11.5.3　中厚板生产过程质量控制

厚度大于4.0mm的称为中厚板，其中厚度为4.0～20mm的叫中板，21～60mm的叫厚板，大于60mm的叫特厚板。

中厚板生产流程如图4－14所示。

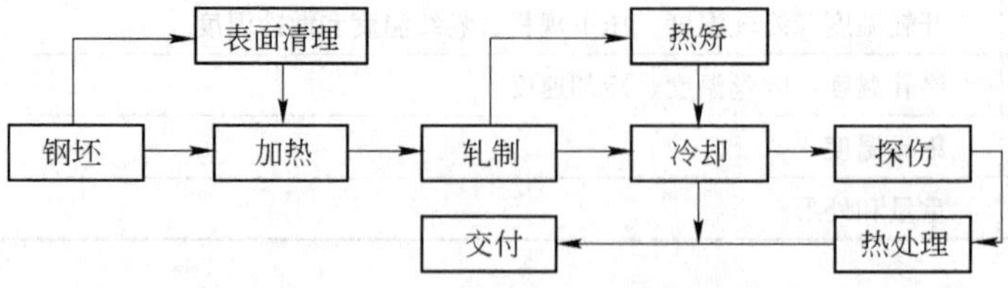

图4－14　中厚板生产流程图

中厚板生产过程质量控制内容（见表4－8）分述如下。

表4－8　中厚板生产过程质量控制

过　程	控　制　内　容
钢坯	冶金质量、夹杂和偏析少、无表面缺陷
加热	加热炉各段温度、出坯温度
轧制	开轧温度、终轧温度、厚度和板型控制
冷却	冷却速度和热矫温度
探伤	仪器和当量孔校准
热处理	热处理温度、时间和气氛

（1）钢坯。对板坯要求冶金质量好，夹杂和偏析少，无表面缺陷，必要时应进行表面清理。

（2）加热。要求控制合理的热工制度，均匀加热，减少氧化和脱碳。

（3）轧制。轧制前应去除氧化铁皮，一般采用高压水（10～15MPa）除鳞。在轧制过程中应控制厚度偏差和板型。控制厚度偏差的方法有液压AGC和电动AGC，可使中厚板的厚度偏差控制在±0.035mm。控制板型的方法有液压弯辊、交叉轧制、工作辊横向移动、改变轧辊凸度等，为了消除板型上存在的问题，也有进行热矫的。在平面形状、长度、宽度控制上也应有具体措施。剪切是最简单的控制长度和宽度的方法。有圆盘剪和滚切剪两种，厚度超过50mm的钢板一般采用火焰切割。

（4）冷却。中厚板的冷却一般在冷床上进行。步进式冷床是比较先进的。

（5）探伤。根据顾客要求，一般采用超声探伤，特殊用途的钢板在探伤后还要经过酸洗、涂油或喷丸等。

（6）热处理。有些品种需要常化和调质处理。在热处理过程中应注意控制热处理温度、时间和冷却速度。

中厚钢板中几个重要品种的质量控制如下：

（1）造船钢板。造船钢板分一般强度钢（A、B、D、E四个质量等级）和高强度钢（分AH32、DH32、EH32、AH36、DH36和EH36两个强度等级和三个质量等级）。造船钢板必须控制化学成分，特别是碳、锰和硫的含量。为了保证造船钢板的焊接性，应控制碳含量和碳当量，保证锰碳比和降低硫化物夹杂。为了细化晶粒，应严格控制$[Al]_s$含量。控轧控冷是普遍采用的工艺，并减小纵向和横向的性能差异。E级厚钢板和AH、DH级钢板需要进行热处理，常化处理的温度一般在900℃左右。

（2）压力容器板。压力容器板主要有20R、16MnR、15MnVR、15MnVNR和18MnMoNbR等，要求控制化学成分和净化钢质，尽量降低硫含量。为了提高可焊性，需严格控制碳含量。为了细化晶粒采用微合金化（加入微量钛）和控轧控冷工艺。压力容器板的热处理主要是正火，低温或高温耐蚀钢需要调质处理。

（3）锅炉板。锅炉板主要有20g、22g、12Mng、16Mng、15MnVg（用于低、中压锅炉）、14MnMoVg和18MnMoNbg（用于高压和超高压锅炉）等碳素钢和低合金钢。在冶金质量方面要求化学成分准确，钢质纯净，表面质量好。一般采用控轧控冷工艺，可以不再进行热处理，但是高压和超高压锅炉用锅炉板需要进行热处理（正火或正火＋回火）。

(4) 桥梁板。桥梁板主要有Q235q、16q、16Mnq、16MnCuq、15MnVq和15MnVNq等碳素钢和低合金钢，在冶金质量方面也要求化学成分准确，钢质纯净，表面质量好。采用控轧控冷工艺，尽可能减小纵向和横向的性能差异，并采用热矫改进平直度。

(5) 汽车大梁板。汽车大梁板主要有09MnREL、06TiL、08TiL、10TiL、09SiVL、16MnL和16MnREL等。在冶金质量方面要求磷、硫含量低，提高钢的纯净度。采用高压水除鳞，提高表面质量。在轧制过程中采用控制轧制和控制冷却。严格控制开轧、终轧温度和冷却速度，对细化晶粒和改进性能至关重要。

(6) 石油天然气管线钢板。石油天然气管线钢主要有X42、X46、X52、X60、X70、X80等。在冶金质量方面主要是严格控制碳含量，并采用微量的钒、铌或钛强化，降低硫、磷等夹杂。在轧制过程中也多采用控制轧制和控制冷却，严格控制开轧、终轧温度和冷却速度，以细化晶粒和改进性能。

(7) 厚度方向性能钢板。厚度方向性能钢板主要用于造船、海上采油平台、锅炉和压力容器等，钢种有Z15、Z25和Z35。对钢中硫含量要求严格，Z15不能大于0.010%，Z25不能大于0.007%，Z35不能大于0.005%。碳当量控制在不大于0.45%。降低夹杂，保证表面质量。控制加热温度（1100℃）和终轧温度（800℃），轧后进行控制冷却。热处理主要是正火，回火可以改进韧性。

11.5.4 热轧宽带钢生产过程质量控制

热轧带钢按宽度尺寸分为宽带钢及窄带钢，宽度在700mm以上为宽带钢，我国生产的宽带钢最大宽度在2050mm，是在大型连轧机上生产的。

热轧宽带钢生产流程如图4-15所示。

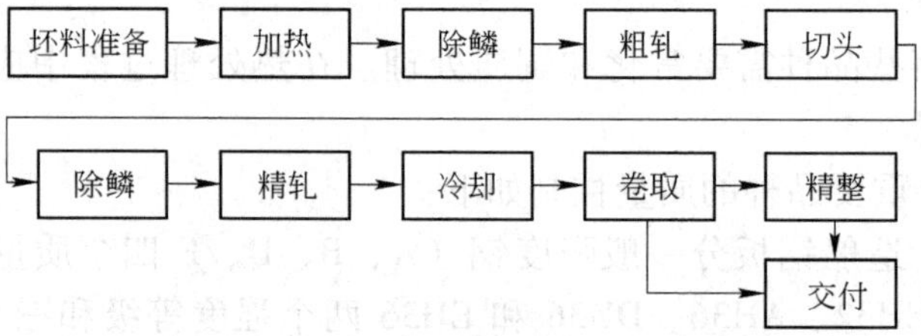

图4-15 热轧宽带钢生产流程图

热轧宽带钢生产过程质量控制内容（见表4-9）分述如下。

表4-9 热轧宽带钢生产过程控制

过 程	过程设备	过程控制要点
坯料准备	上料系统	化学成分、尺寸形状、表面质量
加热	加热炉	各段温度和出坯温度
除鳞	高压水系统	水压
粗轧	粗轧机组	开轧温度、压下规程、厚度和宽度控制
切头	热剪	切除量
精轧	精轧机组	轧制温度、压下规程、厚度和板形控制
冷却	层流或水幕	冷却速度和均匀性
卷取	卷取机	卷取温度和张力
精整	开平剪切机组	平整、剪切、检验、包装
交付	产品库	按合同交付

（1）坯料准备。化学成分、尺寸公差、弯曲度和端部形状应符合要求，表面不得有肉眼可见的缺陷，内部不应有缩孔、疏松和偏析等。

（2）加热。主要控制加热温度、时间、速度和温度制度（包括预热段加热段和均热段温度），防止出现过热、过烧、氧化、脱碳或粘钢等现象。

（3）除鳞。钢坯从加热炉出来后，应采用高压（约15MPa）水除去氧化铁皮。

（4）粗轧。在粗轧过程中应按设定的各道次压下量和速度进行控制，尽可能提高粗轧机组的出坯温度，并保证粗轧坯的厚度和宽度。

（5）切头。将粗轧坯切除头尾，便于精轧机咬入和卷取机卷取。

（6）精轧。按轧制规程规定的各机架的压下量、轧制温度、速度进行轧制。一般是按秒流量相等或恒张力模式进行控制。一般采用液压或电动AGC控制厚度。轧制过程的温度控制包括终轧温度和头尾温差控制。

（7）冷却。精轧后钢带温度约为850～950℃，必须冷却到570～650℃才能卷取。一般采用层流和水幕冷却。

（8）卷取。卷取温度一般在500～650℃，卷取温度过高，晶粒粗大。

（9）精整。热轧钢带开卷，经过切头、切边、切成定尺和矫平，成为单张钢板交付。

热轧宽带钢中几种重要品种的过程质量控制如下：

（1）供冷轧用的热轧带卷。这种带卷厚度为1.5～6mm，宽度为2000mm以下。冶炼过程应控制化学成分，降低硫含量，并经过真空处理，降低气体和有害夹杂。在连铸过程中控制内部组织的均匀性和表面质量。坯料加热时应注意控制加热温度和减小温差。在轧制过程中控制轧制温度、宽度、厚度和板型，借助层流或水幕冷却控制卷取温度。供冷轧用的热轧宽带钢的厚度公差应小于±50μm，凸度应小于±0.05μm。

（2）汽车用结构钢带。汽车用结构钢带主要用于车架、车身、大梁、横梁、滚型车轮、轮辋、汽车传动轴和汽车桥壳等构件。汽车制造用优质碳素结构钢热轧钢板和钢带有08F、08、10F、10、08Al、15F、15、15Al、20、25、30、35、40、45和50钢，汽车大梁用热轧钢板有09MnREL、06TiL、08TiL、10TiL、09S1VL、16MnL和16n6MREL等。这类钢要求具有较高的强度和韧性，多使用微合金化和控轧控冷技术，也有采用双相钢的。在冶炼过程尽可能降低硫含量和钢中夹杂，连铸时采用保护浇铸，防止二次氧化。轧制时控制板型和尺寸公差，控制终轧温度和卷取温度，确保组织和性能。

（3）集装箱用钢板。集装箱用钢板主要是微合金化钢或低合金钢。这类钢也要求具有较高的强度和韧性，并有良好的可焊性。厚度以6mm居多，强度在345MPa以上。除常温性能外，有的还要求有低温冲击性能。

（4）焊接气瓶用钢板和钢带。焊接气瓶用钢板和钢带有HP295和HP325。这类钢要求钢质纯净，硫、磷含量低，具有良好的成型性和焊接性。在冶炼时注意控制成分、夹杂和防止二次氧化，轧制过程注意控制厚度和板型。

（5）管线用钢带。石油天然气输送管用热轧宽钢带中，钢种等级有S205（A）、S240（B）、S290（X42）、S315（X46）、S360（X52）、S385（X56）、S415（X60）、S450（65）和S480（70）。冶金质量要求降低氧含量和夹杂物。一般在转炉中冶炼，经过精炼（RH和CAS－OB）、连铸，然后进行热连轧。利用液压AGC控制厚度公差，利用弯辊和窜辊控制板型，并采用控轧控冷技术改善组织和性能。

11.5.5　冷轧宽带钢生产过程质量控制

冷轧宽带钢生产流程如图 4－16 所示。

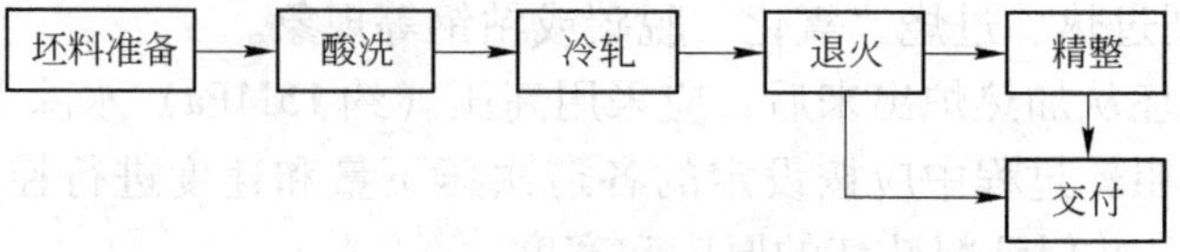

图 4－16　冷轧宽带钢生产流程图

冷轧宽带钢生产过程质量控制内容（见表 4－10）分述如下。

表 4－10　冷轧宽带钢生产过程控制

过　程	控　制　内　容
坯料准备	化学成分、宽度和厚度尺寸公差（三点差和同条差）、表面质量
酸洗	酸溶液浓度和温度、酸溶液中亚铁盐含量
冷轧	厚度主要采用 AGC 控制，板型主要靠轧辊凸度和凸度补偿措施
退火	炉内保护气体的比例、加热时间、冷却时间
精整	平整过程应控制带钢的伸长率，剪切主要控制尺寸和表面质量，涂油应均匀

（1）坯料准备。化学成分、宽度和厚度尺寸公差（三点差和同条差）、镰刀弯应符合要求，表面光洁，不得有裂纹、折叠、分层、气孔、非金属夹杂缺陷等。

（2）酸洗。酸洗前带钢应矫直和对焊，以便进行连续酸洗。酸洗主要是为了清除氧化铁皮。在酸洗过程中应控制酸溶液浓度和温度、酸溶液中亚铁盐含量。

（3）冷轧。为了控制厚度和板型，应调整压下、速度、张力和辊型。厚度主要采用 AGC 控制，板型主要靠轧辊凸度和凸度补偿措施，例如 HC、CVC 等。

（4）退火。退火分为中间退火和成品退火。中间退火是为了消除加工硬化，产品退火是为了得到所需的组织和性能。退火设备有连续退火炉和罩式退火炉。罩式退火炉退火过程应控制炉内保护气体的比例、加热时间、冷却时间；连续退火炉退火过程应按退火曲线控制温度、速度、时间和气氛。控制炉内带钢张力以保证板型，控制炉辊凸度可以防止带钢跑偏。

（5）精整。包括平整、剪切、涂油和包装等。平整能够改善板型、净化表面和得到需要的性能；平整过程应控制带钢的伸长率；剪切主要控制尺寸和表面质量；涂油应均匀；包装应符合规定要求，有利于保管、运输和交付。

冷轧宽带钢中几种重要品种的过程质量控制如下：

（1）冷轧碳素钢板（带），主要有一般用途的 SPCC、冲压用的 SPCD、深冲用的 SPCE 和 SPCEN，具有不同的表面质量、表面结构和热处理状态。

（2）冷轧低碳钢板（带），主要有一般用途的 DC01、冲压用的 DC03、深冲用的 DC04、特深冲用的 DC05 和超深冲用的 DC06，具有不同的表面质量和表面结构。

（3）冷轧碳素结构钢板（带），主要有结构件用的 St37－2G、St44－3G 和加强件用的 St52－3G。

（4）冲压用冷轧钢板（带），主要有深冲用SC1、特深冲用SC2和超深冲用SC3。

（5）加磷高强度冷轧钢板（带），主要有冲压用的SPFC340、一般用的SPFC390和结构用的SPFC440。在铝镇静钢中加磷（0.05%~0.14%）提高屈服强度。生产过程控制应注意提高热轧卷取温度（高于750℃）。

（6）烘烤硬化高强度冷轧钢板（带），主要有深冲压用的JSC270H、冲压用的SPFC340H和JSC340H。冲压成型后经过高温时效处理可以使强度提高。生产过程应注意控制铌碳比、退火温度和冷却速度。

（7）双相高强度冷轧钢板（带），主要有结构件用的J5C590Y和加强件用的JSC780Y。通过控制成分和热处理得到以铁素体为主并有马氏体的双相钢，具有烘烤硬化能力和保形性。生产过程应注意控制退火过程的冷却速度。

（8）低合金高强度冷轧钢板（带），主要有用于结构件的JSC440R和用于加强件的JSC590R。

（9）汽车用冷轧钢板，汽车用冷轧钢板有深冲钢板（包括普通冲压DQ和深冲DDQ强度）、高强度钢板（包括烘烤硬化和双相钢板）、无间隙原子钢板IF（包括超深冲钢板EDDQ）、镀层钢板和复合钢板等。汽车用冷轧钢板的冶炼过程主要是控制钢质纯净，严格控制成分，尽量降低夹杂含量，一般都采用真空处理。热轧时控制加热、开轧和终轧温度以及卷取温度，冷轧时主要控制压下。退火时注意控制加热、保温和冷却程序，特别是要控制冷却速度，以便得到较好的冲压性能。

11.5.6　热镀锌钢板生产过程质量控制

热镀锌钢板生产工艺有线外退火（溶剂法）和线内退火（还原法），在还原法中有森吉米尔法、改良森吉米尔法、美钢联法、赛拉斯法和沙伦法等。目前，我国普遍采用改良的森吉米尔法。

热镀锌钢板生产过程流程（改良的森吉米尔法）如图4－17所示。

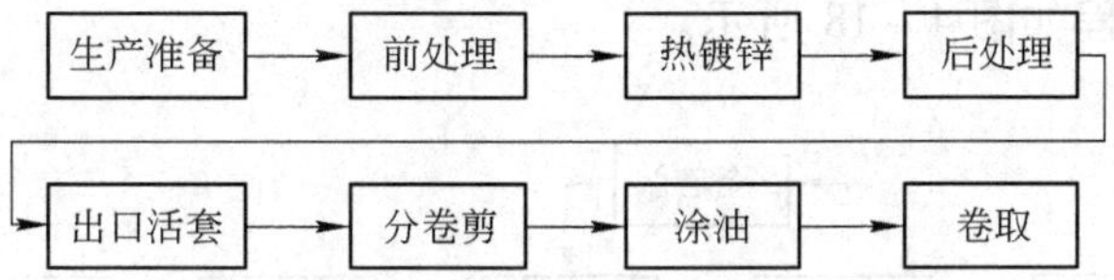

图4－17　热镀锌钢板生产过程流程图

热镀锌钢板生产过程质量控制内容（见表4－11）分述如下。

表4－11　热镀锌钢板生产过程质量控制

过　程	过程控制内容
生产准备	入口活套中保持满套状态
前处理	无氧化预热炉的预热、还原和冷却温度
热镀锌	锌液温度（450~465℃）
后处理	退火制度和合金化处理
出口段	控制出口活套、分卷剪、涂油和卷取

（1）生产准备。主要是开卷、矫平、切头、堆焊、张紧、入口活套和纠偏，要求入口活套中保持满套状态。

（2）带钢前处理。前处理是为了去掉油脂、氧化铁皮和进行再结晶，主要控制无氧化预热炉的预热、还原和冷却温度。

（3）热镀锌。主要控制锌液温度（450 ~465℃），为了提高镀锌层的黏附性，应当采用沸腾钢作基板，但是由于普及了连铸，采用镇静钢作基板时应降低钢中碳、硅、铝含量，使 $w(\mathrm{C})<0.08\%$、$w(\mathrm{Si})<0.03\%$、$w(\mathrm{Al})<0.04\%$ 等。锌液中保持 0.15% ~ 0.20% 的铝。针对不同用途采用不同的基板，一般用途采用低碳钢或超低碳钢（如 St01Z、St02Z、St03Z，或冲压用采用 St01ZR，St02ZR，深冲或超深冲用途采用超低碳钢如 St05Z、St06Z）、结构用碳素钢或低合金钢，冷成型用超低碳、低合金高强度、加磷或烘烤硬化高强度钢等。

对基板表面质量要求：FB 较高级 03，FC 高级 04，FD 超高级 05。镀锌层种类、形式、结构和表面处理包括有纯锌、锌铁、等厚、差厚、锌花、铬酸钝化或涂油。

（4）后处理。后处理包括退火、锌花控制、冷却、光整、矫直和钝化。为了提高热镀锌板的深冲性，采用罩式退火或改进原板钢质、控制退火制度和镀后进行合金化处理等。采用铬酸盐钝化或加入铝等元素可提高耐蚀性。采用小锌花或光整锌花可以提高镀层的均匀性和涂着性。热镀锌钢板品种有无锌花 F、大锌花 N（正常锌花）、小锌花 M、光整锌花 S、合金化板差厚镀层板和单面镀锌板。

（5）出口段。出口段包括出口活套、分卷剪、涂油和卷取。

11.5.7 热轧钢管生产过程质量控制

凡是全长为中空断面且长度与周长之比值较大的钢材称为钢管。按制造方法分为无缝钢管、焊接（有缝）钢管及冷轧与冷拔、挤压钢管。无缝钢管根据生产方法，可分为热轧管、冷轧管、冷拔管等。

热轧钢管生产流程如图 4－18 所示。

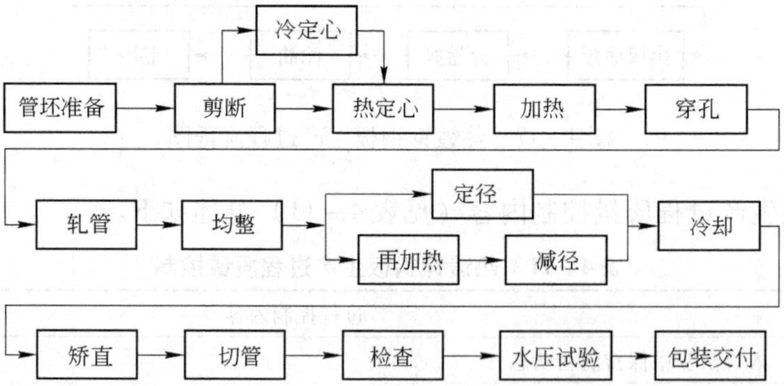

图 4－18 热轧钢管生产流程图

热轧钢管生产过程质量控制内容（见表 4－12）分述如下。

表4-12　热轧钢管生产过程质量控制

过　程	控　制　内　容
管坯准备	几何尺寸及允许偏差、表面质量、低倍组织和显微组织
剪断	断面应平齐、无毛刺，椭圆度和长度偏差符合技术要求
定心	定心孔的形状和尺寸
加热	加热温度、加热时间和加热速度
穿孔	穿孔温度和调整穿孔参数（轧辊距离、顶头位置、导板距离、顶杆位置、轧辊倾角和轧辊转速等）
轧管	轧制温度、轧制道次、轧辊孔型、顶头尺寸、顶杆直径、荒管外径和壁厚
均整	轧辊距离、导板距离、顶杆位置和轧辊倾角
定减径	来料钢管的温度和尺寸，调整各机架轧辊转速、轧制线、孔型高度和导卫位置等
冷却	根据钢种的不同选择不同的冷却制度
矫直	矫直辊的倾斜角度和压下量，特别是第二对矫直辊和导卫位置
切管	切头、切尾和切成定尺长度
检查	化学成分、力学性能、表面质量、尺寸公差等
水压试验	水压
包装交付	按要求包装交付

（1）管坯准备。管坯应符合技术要求，包括几何尺寸及允许偏差、表面质量、低倍组织和显微组织。如有表面缺陷应进行清理，并执行按炉送钢制度。

（2）剪断。根据成品钢管定尺确定管坯长度，进行剪断。剪断的断面应平齐、无毛刺，椭圆度和长度偏差符合技术要求。

（3）定心。为了穿孔对准中心，必须定心。定心有冷定心和热定心。除不锈钢和高合金钢外，一般均采用热定心。定心时应控制定心孔的形状和尺寸。偏心度应小于2mm。

（4）加热。加热时应控制加热温度、加热时间和加热速度，防止过热或过烧，尽可能减少氧化铁皮和脱碳。

（5）穿孔。穿孔方式有压力穿孔、推轧穿孔和斜轧穿孔。斜轧又分为二辊式和三辊式。穿孔时应控制穿孔温度和调整穿孔参数（轧辊距离、顶头位置、导板距离、顶杆位置、轧辊倾角和轧辊转速等）。

（6）轧管。轧管机有多种，纵轧方式有自动轧管机和连轧管机；斜轧方式的有三辊和二辊轧管机；另外还有周期轧管机、顶管机和挤压机等。轧管时应控制轧制温度，根据轧制表要求控制轧制道次、轧辊孔型、顶头尺寸、顶杆直径、荒管外径和壁厚。

（7）均整。均整主要是扩径和减壁，并实现改进内外表面质量。通过调整轧辊距离、导板距离、顶杆位置和轧辊倾角进行均整。

（8）定径或减径。定径的目的是减小直径偏差，达到成品尺寸要求；减径的目的是为了使大直径穿孔、轧管和均整后的钢管减径成为小直径（小于70mm）的钢管。在定减径时应控制来料钢管的温度和尺寸，调整各机架轧辊转速、轧制线、孔型高度和导卫位置等。

（9）冷却。为了矫直、切管、检查、包装等作业，必须进行冷却。冷却有缓冷和急冷、强制冷却和自然冷却。一般在冷床上冷却。根据钢种的不同选择不同的冷却制度。

（10）矫直。为了保证钢管符合规定的弯曲度，必须进行矫直。通过调整矫直辊的倾斜角度和压下量，特别是第二对矫直辊和导卫的位置，来实现矫直。

（11）切管。切头、切层和切成定尺长度。端面应与钢管的中心线垂直、平滑无毛刺。

（12）检查。按订货要求进行检查（包括化学成分、力学性能、表面质量、尺寸公差等），判断是否符合要求。

（13）水压试验。承受流体压力的钢管需要进行水压试验。根据需要也有进行超声波（检查外表缺陷）、磁粉（检查表面缺陷）或涡流探伤（检查内部缺陷）检查的。

（14）包装交付。按规定包装交付。

11.5.8　冷轧（拔）钢管生产过程质量控制

冷轧（拔）钢管生产流程如图 4 – 19 所示。

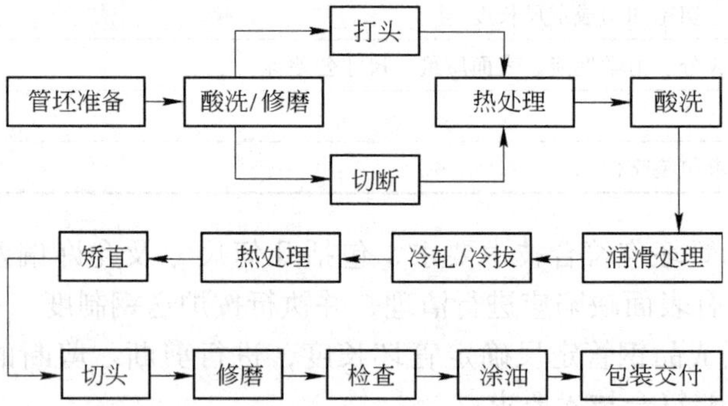

图 4 – 19　冷轧（拔）钢管生产流程图

冷轧（拔）钢管生产过程质量控制内容（见表 4 – 13）分述如下。

表 4 – 13　冷轧（拔）钢管生产过程控制

过　程	过程控制内容
管坯准备	钢种成分、尺寸及公差、表面质量
酸洗或修磨	酸的浓度和氧化亚铁含量或修磨量
切断和打头	切除头尾，注意去除量；为冷拔打头，控制大小
热处理	加热温度和时间
酸洗	酸的浓度和氧化亚铁含量
润滑处理	润滑剂配方
冷轧或冷拔	轧制或拔制道次和变形量
切头	切除头尾，注意去除量
修磨	修磨量和表面光洁
检查	根据要求检查尺寸公差、内外表面质量
涂油	涂敷均匀
包装交付	根据要求进行包装和交付

（1）管坯准备。管坯就是热轧管，根据产品要求，选择尺寸适宜的热轧管作为坯料。

（2）酸洗或修磨。在冷加工生产前应进行酸洗或修磨以去除氧化铁皮和表面缺陷。酸洗过程应注意控制酸的浓度和氧化亚铁的含量；修磨应控制修磨深度和修磨效果。

（3）切断和打头。冷轧的坯料应根据成品管的尺寸切断，以保证成品的尺寸公差；冷拔的坯料应打头，以便冷拔机夹住。

（4）热处理。有些钢种在冷加工前需进行热处理，消除应力，并使组织均匀化，有利于冷加工。热处理过程应注意控制加热温度和时间。

（5）酸洗。热处理后再进行酸洗，去除氧化铁皮。酸洗过程应控制酸的浓度和氧化亚铁含量。

（6）润滑处理。一般是涂皂，降低冷加工压力，减少轧辊或模具损耗，降低动力消耗。润滑处理过程主要是控制润滑剂配方和涂敷。

（7）冷轧或冷拔。冷轧过程应控制轧制程序（轧制道次和变形量）。冷拔过程分无芯棒冷拔，只能减径，不能减壁；带短芯棒冷拔，既可以减径，也可以减壁；带长芯棒冷拔，变形量大。冷拔时应控制变形量，变形量过大会产生折叠或裂纹等缺陷。

（8）切头。切除钢管头尾不规则的部分，注意切除的多少，过多会影响成材率，过少会影响成品管头尾质量。

（9）修磨。对成品钢管进行修磨，去除冷轧或冷拔所产生的表面缺陷，使表面光洁无缺陷。

（10）检查。在线检查主要是无损探伤或水压试验。如果是油井管还可能要求进行压力或抗腐蚀试验；锅炉管要求检验持久蠕变性能等。

（11）涂油。涂油主要是为了防腐。涂油应均匀。

（12）包装交付。按规定进行包装、标识和交付。

单元 12　冶金生产质量控制技术和方法

12.1　排列图法

影响产品质量的问题和因素很多，但影响程度大不相同。要想事半功倍，必须找出主要影响因素对症下药。排列图就是找出主要问题的一种有效方法。

意大利经济学家帕累托在分析社会财富占有情况时，首先用排列图表示“关键的少数和次要的多数”的关系，后来美国的米兰把它应用到质量管理中。

排列图的画法如下：

（1）收集一定时间的数据。现以某钢铁厂为例，将其 2010 年 200 根报废钢锭的数据整理列于表 4－14。

表 4－14　2010 年某钢厂钢锭废品排列表

报废原因	报废根数	占总数比率/%	累计比率/%
气泡	85	42.5	42.5
裂纹	79	39.5	82.0
夹渣	23	11.5	93.5
缩孔过深	8	4.0	97.5
成分不均	5	2.5	100.0
总　计	200	100.0	

（2）算出每一项在总数中所占比率和累计比率，填入排列表中。

（3）画出排列图的一个横坐标和两个纵坐标。横坐标表示项目，左纵坐标表示频数，右纵坐标表示频率。

（4）将分类项按频率大小在横坐标上依次排列，各项直方高度按其频率画出。

（5）将累计百分数对应于右边纵坐标的相应位置，在各直方右边线上或其延长线上描出点系，顺次连接成折线，得出排列图 4－20。

从排列图可清楚看出哪几个原因对质量的影响最大，前多少项包含了 60% 以上的内容，对哪些项目采取措施后可使质量问题得到解决而使合格率大大提高。

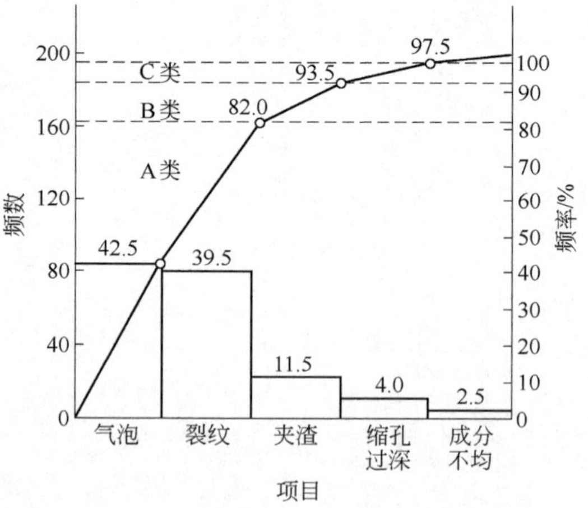

图 4－20　排列图

12.2　因果分析图法

找出影响质量的主要问题后，往往还无法解决问题，因为这些问题常常是由较小的原因造成的，而较小的原因又是由更小的原因所形成的。这就要层层分析，找出能采取措施的具体原因。为了清楚地显示诸因素之间的关系，可采用因果分析图（又称石川图或鱼刺图，见图4－21）。

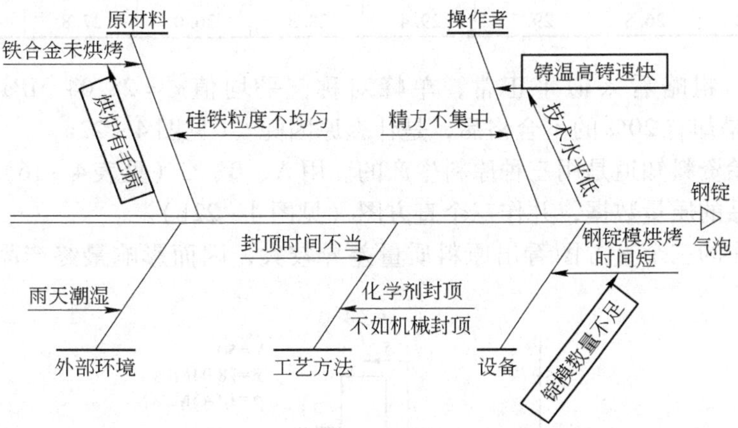

图4－21　鱼刺图

因果图的作法如下：

（1）发动群众，寻找原因。针对影响质量的主要问题（如上例的“气泡”），组织有关人员进行讨论，把所有因素罗列出来。

（2）加工整理。把原因分门别类，按从属关系填入因果图中，标明主要原因由哪些较小因素造成。最后细分出来的原因必须是非常具体、能够采取措施进行解决的。根据这些原因即可设置控制点。

（3）根据分析出来的原因，到现场核实，进入PDCA循环，循环结束后再作排列图检验效果。

12.3　数据分层法

不同类型的原始数据混杂在一起往往不易分清它们的规律。所谓数据分层法就是分类统计，将混在一块的不同数据区别开来，找出问题，查明原因。分层的根据按数据的使用目的而定，可按加工者、原材料、设备、时间、加工方法等来分层。

操作人员可按操作者的性别、年龄、技术水平、班次等分层。使用设备可按设备类型、新旧程度、生产方式、不同生产线、不同工具等分层。原材料可按产地、制造厂、成分、规格、批号、批量、到货期和投料时间等分层。操作方法可按不同的操作条件、操作程序、工艺要求、生产节奏等分层。时间可按年、月、日不同班次（昼、夜）等分层。环境分层的标志很多可按气温、湿度、照明、卫生、吸尘、降噪声等分层。测量可按测量设备、测量方法、测量人员、测量取样方法和环境条件等分层。另外还可按地区、使用条件、缺陷部位、缺陷内容等分层。

例4－1　某厂检验小圆钢筋的抗拉强度，测得样本 $N=50$ 的数据如表4－15所示。按技术标准，该型号钢筋的抗拉强度不小于26.5MPa。

表 4－15　钢筋的抗拉强度　　　　MPa

28.3	27.5	27.7	29.1	28.7	29.0	28.4	30.9	27.4	28.3
26.3	28.5	30.5	27.1	28.7	28.8	27.8	29.9	27.8	27.9
24.3	26.8	28.1	26.9	29.0	27.5	25.3	26.3	26.5	27.9
29.8	28.2	26.5	29.9	27.7	29.5	28.0	29.4	27.0	27.3
28.6	28.2	26.8	29.7	29.4	28.3	26.0	27.8	28.9	27.4

作直方图。粗略看来似乎正常，单峰对称，平均值 $\bar{x}$ = 28.04 MPa，标准差 σ = 1.645MPa，但是却有 20% 的不合格品，是什么原因呢？（见图 4－22a）

经调查原始资料知道是用三种原料生产的。用 A、B、C（见表 4－16）分别列出由三种原料所制产品的质量数据，并作三个直方图（见图 4－22b）。

从分层后作的三个直方图看出原料质量差异较大，因而影响最终产品质量（原料 B 最好，C 最差）。

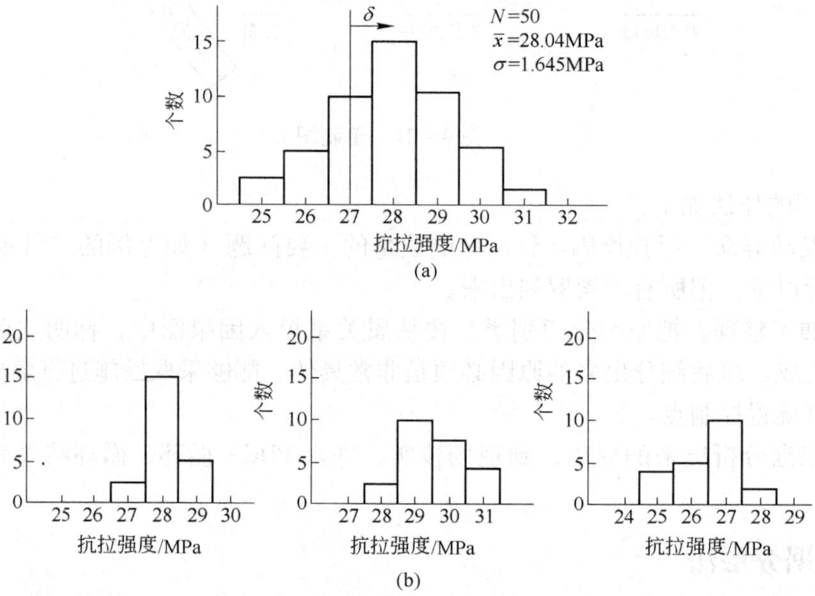

图 4－22　例 4－1 图

表 4－16　三种原料生产的产品的质量数据　　　　MPa

A			B			C	
28.3	27.8	28.2	29.1	29.9	29.4	27.4	26.5
27.5	27.9	28.3	29.0	29.0	28.9	24.8	29.5
27.7	28.2	27.4	28.4	29.8	27.8	26.8	26.5
28.7	27.7	27.5	28.5	29.5		26.3	27.0
28.3	28.0		30.9	29.4		27.9	27.3
27.1	28.1		28.9	29.5		26.9	26.8
28.7	28.6		30.5	29.7		25.3	26.0

12.4　核对分析法

在生产过程中，产品是否按规定进行制造？生产情况的管理是否良好？如果有异常情况，那么是出在哪一部分、哪一工序？这些都是生产者和管理人员必须弄清的问题。核对分析法就是把需要观察的项目在设计好的图表中各项目的位置上，对结果、缺陷、事故等进行核对的一种方法。

核对图表的形式和项目要与产品、工序的要求相适应，要根据不同的目的要求来设计。

例 4-2　按不同班组不同品种汇总核对图表。

表 4-17 为铸件缺陷核对表：工人在铸造车间是两班倒，铸件有四个品种。

表 4-17　铸件缺陷核对表

组别	品种	缺陷								合计	铸造数
		裂纹	壁厚不均	壁薄	掉砂	轻型	气孔	溅铁水	其他		
Ⅰ	A		丅	下	正			一	一	12	81
	B		正		正正正正一		一	丅		29	176
	C	一	一	一	正丅		丅	正丅	一	20	112
	D			丅	正正一			正正正正止	丅	39	371
	计	1	8	6	44	0	3	34	4	100	
Ⅱ	A		正		正一			一		12	83
	B	一	止		正正丅			止		21	173
	C		一	一	正一			丅		10	102
	D	一			正正正一			正正正正	下	36	345
	计	2	10	1	40	0	0	25	3	79	

表 4-17 显示在掉砂和铁水飞溅两个问题上，Ⅰ班和Ⅱ班都很严重。可通过改进铸造工艺减少掉砂，通过改进装置消除铁水飞溅问题。

12.5　直方图法

直方图是通过对数据的加工整理，分析和掌握质量数据分布状况和估算工序不合格品率的一种方法。直方图的作用为：判断一批已加工的产品质量；验证工序的稳定性；计算工序能力。

下面通过实例说明直方图的作法。某厂加工 $\phi(30 \pm 0.20)$ mm 的铜管，从产品中随机抽取 100 件样品，按测量所得数据作一直方图。

（1）作频数分布表。将数据按大小顺序分组排列，反映各组频数的统计表称为频数分布表。它可把大量原始数据综合起来，直观形象地表示其分布状况，为作图提供依据。作表步骤为：

1）收集数据。直方图的数据要超过 50 个，否则反映分布的误差太大。本例取 100 个，见表 4-18。

表 4-18　原始数据表

1	2	3	4	5	6	7	8	9	10
30.06	29.98	30.02	29.92	29.93	30.02	29.99	30.04	30.01	29.98
29.98	30.00	29.99	30.02	29.97	29.98	29.88	30.02	30.06	30.13
29.91	29.87	29.97	29.99	29.95	29.92	30.01	29.99	30.07	30.08
30.05	30.02	29.94	30.01	30.02	29.91	29.98	30.05	30.02	30.15
29.98	29.98	29.82	29.91	29.95	29.84	30.03	30.03	29.80	30.09
30.09	30.13	30.09	29.97	29.85	30.02	30.04	29.98	29.81	30.13
29.90	30.04	29.96	30.01	29.98	30.01	30.18	30.10	29.84	29.92
29.97	30.01	30.06	30.02	30.03	29.98	29.98	30.11	30.02	30.01
30.02	29.97	29.96	29.95	29.96	30.04	30.04	30.08	29.99	29.99
29.91	29.95	29.84	29.94	29.97	29.92	30.19	30.12	30.04	29.98

2）计算极差 R。表中数据最大值 $X_{max}=30.19$，最小值 $X_{min}=29.80$，故极差 $R=X_{max}-X_{min}=30.19-29.80=0.39$。

3）确定组数 k。组数的确定要适当，组数太少会掩盖各组内的变化情况，引起较大的计算误差；组数太多会造成各组高低参差不齐，影响分布规律的明显性。组数 k 的选定可参考组数选用表（见表 4-19）。

表 4-19　组数选用表

数据数目	组数 k	常用分组数 k
50～100	6～10	
100～250	7～12	10
250 以上	10～20	

4）确定组距 h。组距计算公式为

$$h=R/k$$

本例 $h=R/k=0.39/10=0.039\approx0.04$

5）确定各组组界。为了避免出现数据值与组界值重合而在分组中遗漏数据，组界值的末位数取为最小测量单位的一半。本例最小测量单位为 0.01mm，故取组界值末位数为 0.01/2 = 0.005mm。

本例第 1 组下限值为 29.80 − 0.005 = 29.795

第 1 组上限值为 29.795 + 0.04 = 29.835

第 2 组下限值即为第 1 组上界限值。依此类推，定出各组的组界。

6）编制频数分布表（见表 4-20）。

表 4-20　频数分布表

组号	组　界	组中值	f	u	fu	fu^2	Ⅰ	Ⅱ
1	29.795～29.835	29.815	3	−4	−12	48	3	3
2	29.835～29.875	29.855	5	−3	−15	45	8	11
3	29.875～29.915	29.895	6	−2	−12	24	14	25（D）
4	29.915～29.955	29.935	11	−1	−11	11	25（C）	0
5	29.955～29.995	29.975	26	0	0	0	0	0

续表 4－20

组号	组　界	组中值	f	u	fu	fu^2	Ⅰ	Ⅱ
6	29.995～30.035	30.015	23	1	23	23	49（A）	0
7	30.035～30.075	30.055	13	2	26	52	26	47（B）
8	30.075～30.115	30.095	7	3	21	63	13	21
9	30.115～30.155	30.135	4	4	16	64	6	8
10	30.155～30.195	30.175	2	5	10	50	2	2
$h=0.04$　$x_0=30.015$　$\sum N=100$					52	380		$E=117$

（2）作直方图。画坐标，纵坐标表示频数，横坐标表示质量特性。根据所得的各组频数，以频数 f_i 为高，以组距 h 为底，按比例作出直方图（见图4－23）。

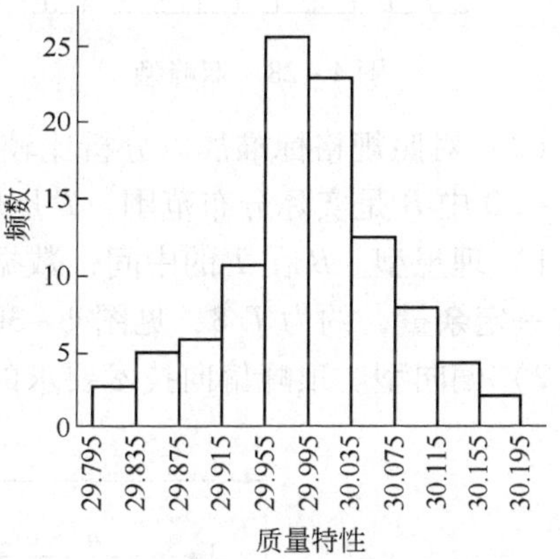

图4－23　频数分布直方图

对直方图进行观察分析如下：

（1）看分布状态。目的是辨别该直方图是正常型还是异常型，并分析其原因。

若直方图呈单峰形而左右对称，则为正常型，说明数据呈正态分布，工序处于稳定状态（见图4－24）。除此以外的其他一切分布状态均属非正常型。非正常型又有许多种：

1）孤岛型。在远离主分布的地方出现小直方图，状如孤岛（见图4－25）。说明短时间内有异常因素起作用使加工条件发生变化，如原料混杂、操作疏忽、不熟练工人替班、测量有误差等。

2）锯齿型。图形参差不齐，但基本仍为中间高两边低，左右对称（见图4－26）。主要是分组过多或测量仪器精度不够、读数有误所致。

3）偏向型。顶峰偏向一侧（见图4－27）。计量值只控制一侧界限时，常出现此形状。有时也因加工习惯而造成，如孔加工常偏小、轴加工常偏大等。

图4－24　正常型

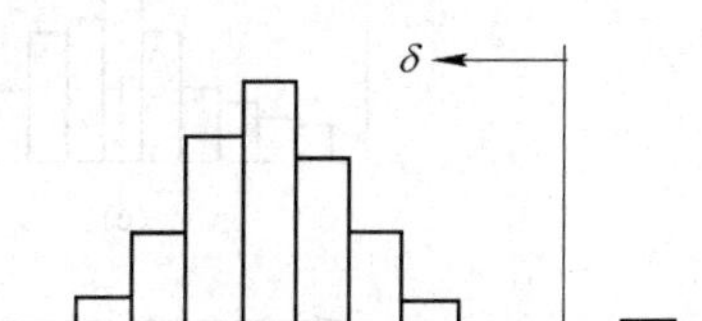

图4－25　孤岛型

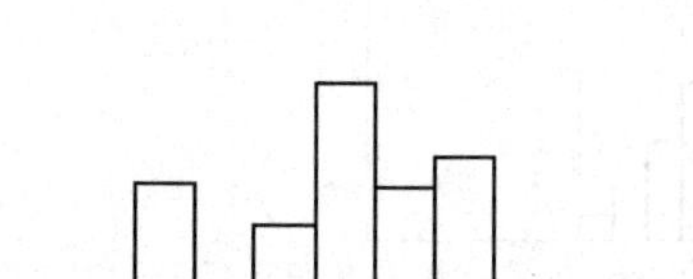

图4－26　锯齿型

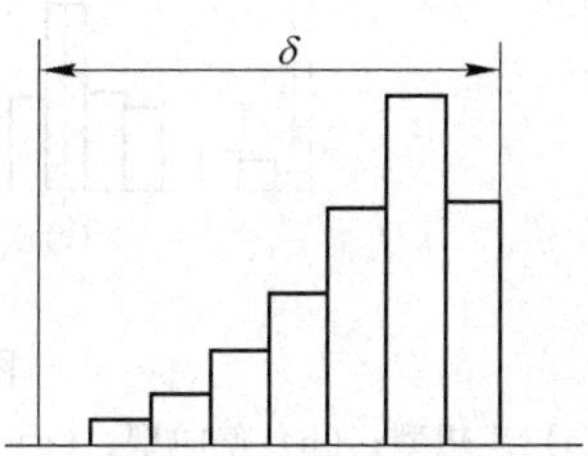

图4－27　偏向型

4）双峰型。常因两个总体的数据混在一起而造成（见图4－28）。例如两个工人（或两台设备）加工的产品混为一批。这种情况应先分层后作图。

5）平顶型。往往因某些缓慢变化的因素影响所致。例如刀具磨损过快、操作者过度疲劳等。应采取措施对该因素加以控制（见图4－29）。

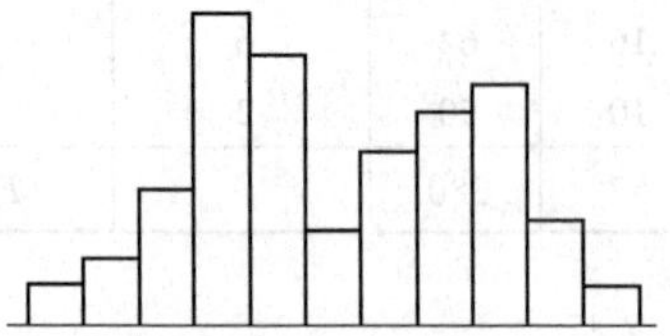

图4－28　双峰型

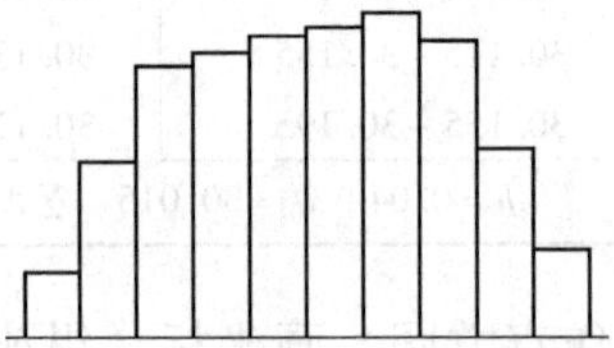

图4－29　平顶型

（2）对照规格标准加以分析比较。在直方图上作出技术标准的界限，然后进行比较。图4－30中B是实际分布范围，T是规格标准范围。

1）理想型。B在T的中间，数据平均值与规格中心重合，实际尺寸分布的两边距规格有一定余量，约为$T/8$，见图4－30（a）。

2）偏向型。顶峰偏向技术要求的某一侧，见图4－30（b）。

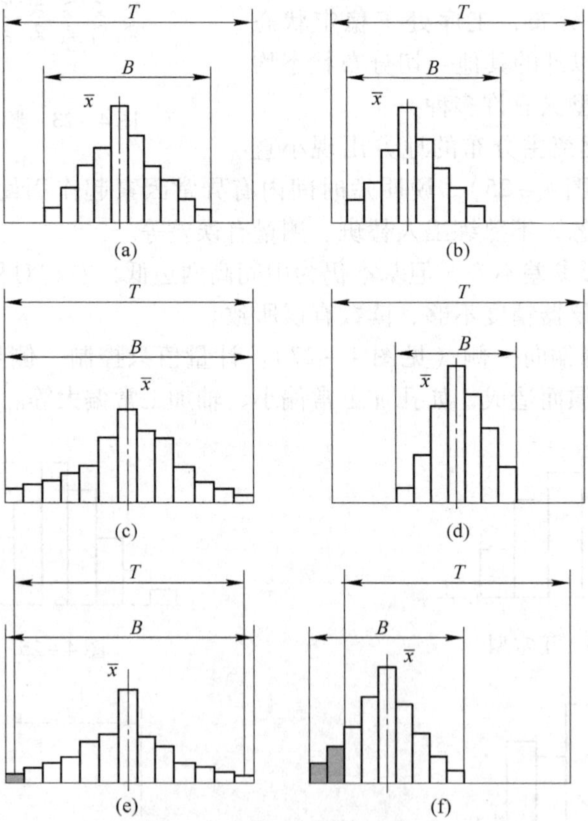

图4－30　直方图规格标准

（a）理想型；（b）偏向型；（c）无富余型；（d）能力富余型；（e）能力不足型；（f）陡壁型

3）无富余型。分布虽在规格范围内但无余量，稍不小心即会超差，须采取措施缩小分布范围，见图4－30（c）。

4）能力富余型。实际尺寸分布范围过分小于规格范围。虽无不合格品但太不经济。应考虑改变工艺，放松加工精度或缩小规格范围，或减少检验频次以降低成本，见图4－30（d）。

5）能力不足型。分布范围太大造成超差，说明质量波动太大，工序能力不足，出现了不合格品，应采取措施缩小分布范围，见图4－30（e）。

6）陡壁型。尺寸分布过分偏离规格中心，造成超差，但作图数据中已剔除了不合格品，可能是初检时的差错所致，见图4－30（f）。

12.6　控制图法

统计过程控制即SPC。它是利用统计方法对过程各阶段进行监控，从而达到改进与保证质量的目的。SPC强调全过程要以预防为主。SPC强调用数学方法来保证，这里主要应用统计方法，尤其是控制图。控制图是用来判断工序是否处于控制状态的工具，通过图形显示生产过程随时间变化的质量波动，分析造成质量波动的原因是偶然因素还是系统性因素，从而及时作出正确的对策。

控制图的种类很多，常用的有两大类。第一类是计量值控制图，常用的计量值控制图有平均值与极差控制图（$\bar{x}-R$ 图）、中位数与极差控制图（$\tilde{x}-R$ 图）等等。其中尤以 $\bar{x}-R$ 图用得最多，它对加工工序有很强的控制能力，是控制产品质量最实用有效的一种工具，计量值控制图适用于质量指标遵循正态分布的场合（如尺寸、重量、纯度、强度等）；第二类是计数值控制图，常用计数值控制图有不合格品数控值图、不合格品率控制图和单位缺陷控制图、缺陷控制图。计数值控制图适用于质量指标遵循二项分布（如不合格品数）或泊松分布（如表面缺陷数）等离散型随机变量的场合。

控制图的基本形式如图4－31所示。控制中心线表示母体平均值 μ 在控制图中的位置，因而也就表示设备调整中心的位置。设备调整中心在一般情况下要求与公差中心线重合，即要求调整误差为0。在这种情况下，当 $C_p=1$ 时，公差上下限恰好在 $\pm 3\sigma$ 处（σ 为样本的标准偏差），而上下控制线在 $\pm 3\sigma/n$ 处，于是只要质量特性实测值不超出控制界限，则可判断不出现不合格品的概率为99.73%（见图4－32）。

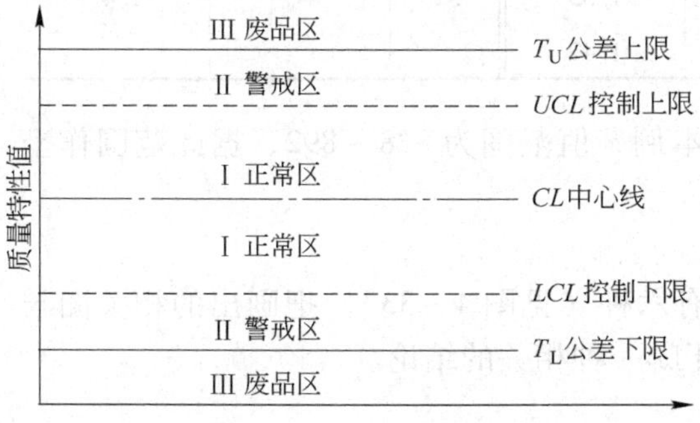

图4－31　工序控制图

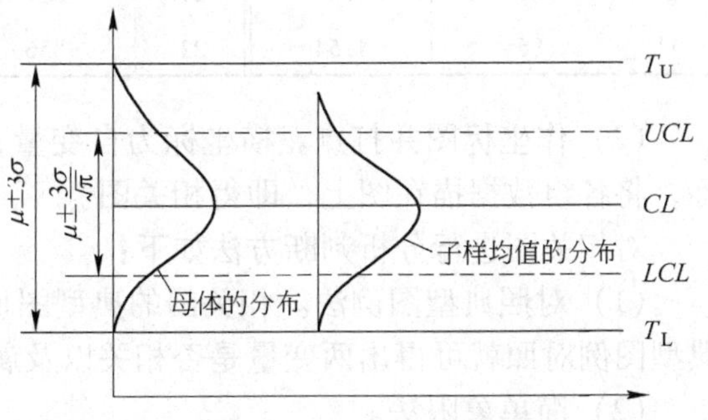

图4－32　设备调整中心与公差重合时的情况

由此知道，上下限应控制在$\mu \pm 3\sigma$处，这是由存在两种错判所决定的。

控制图既然是以概率为基础建立起来的管理工具，就必然存在错判的可能。错判有两种：一种叫“虚发警报”，即过程正常但样本数据却越出了控制界限而误判为异常，使生产者蒙受损失。该错判概率为α。另一种错判叫“未发警报”，即过程已出现异常而样本数据却仍在控制界限之内而误判为正常，使消费者蒙受损失。错判概率为β。这两种错判概率相互制约，当n一定时，扩大控制界限能使α减小但却使β增大。我们希望这两种错判的损失之和最小。研究证明，只有把控制界限定在$\mu \pm 3\sigma$处方可达到此目的。

12.7 相关图法

在质量管理中，常需要研究质量特性值与其质量因素之间的相互关系。若已知变量x与y之间存在一定的关系，希望找出y值如何随x值的变化而变化的规律，则称y为因变量，称x为自变量。当x变化时y也发生变化，但只能大体知道其变化情况而不能测得精确对应值，则称x与y之间的关系为相关关系。相关图是研究变量之间相关关系的工具，通过分析可知两变量是否相关及其相关的规律。相关图又叫散点图。其具体做法如下：

（1）收集数据。为保证判断精度，数据一般应在30组以上。

例4－3 对某零件进行化学腐蚀，公差要求为（15 ±0.1）mm，共收集腐蚀时间与腐蚀深度的32组数据，列于表4－21。

表4－21 腐蚀时间与深度数据

序号	时间/s	深度/mm	序号	时间/s	深度/mm	序号	时间/s	深度/mm
1	874	1.51	12	867	1.57	23	859	1.45
2	879	1.55	13	869	1.55	24	859	1.52
3	881	1.54	14	870	1.52	25	885	1.59
4	882	1.53	15	870	1.57	26	828	1.46
5	884	1.56	16	873	1.48	27	835	1.40
6	888	1.57	17	847	1.50	28	835	1.45
7	891	1.55	18	849	1.42	29	839	1.43
8	892	1.58	19	850	1.46	30	836	1.48
9	860	1.50	20	852	1.52	31	842	1.43
10	864	1.48	21	851	1.55	32	847	1.47
11	865	1.54	22	856	1.47			

（2）作坐标图并打点。横坐标为自变量，本例x值范围为828～892，据此范围作坐标，将各组数据描在图上，即得相关图。

对相关图进行分析判断方法如下：

（1）对照典型图例法。相关图的典型图例有六种（见图4－33）。把画出的相关图与典型图例对照就可得出两变量是否相关以及属于哪一种相关的结论。

（2）简单象限法。

1）在相关图上作y轴的平行线A，使该线左右两边点数相等（或大致相等）；

2）再作x轴的平行线B，使其上下两边点数相等；

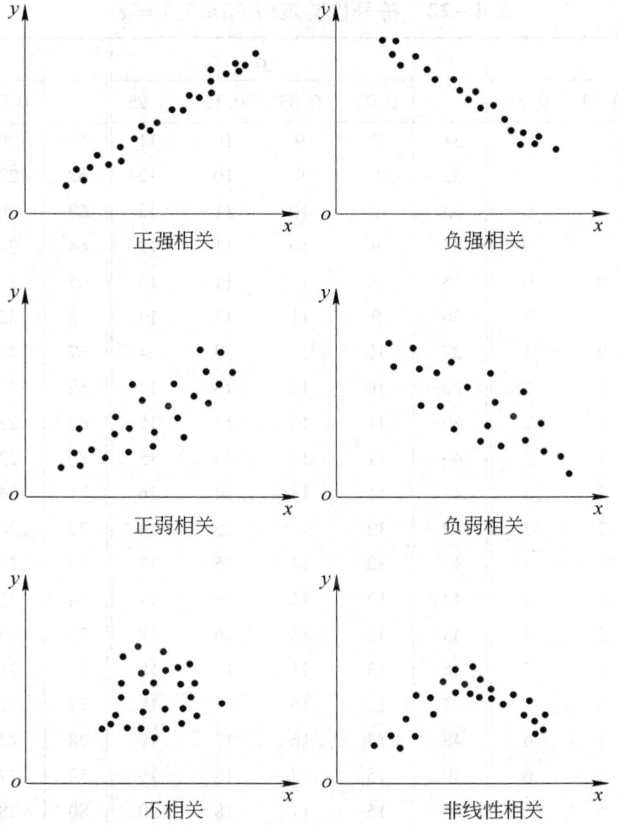

图4-33 相关图的典型图例

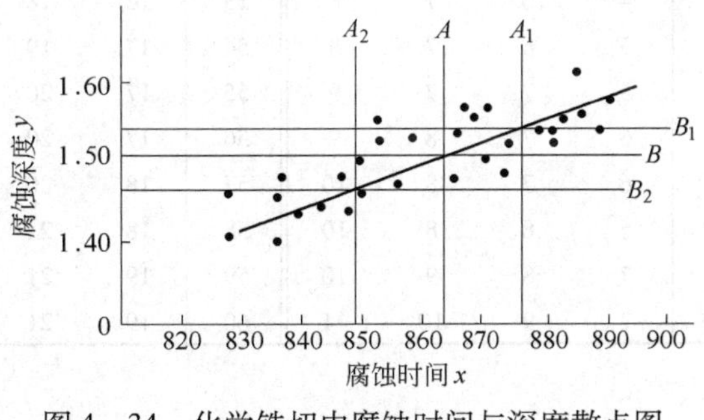

图4-34 化学铣切中腐蚀时间与深度散点图

3）A、B 两线将平面划分为Ⅰ、Ⅱ、Ⅲ、Ⅳ块，分别数出每块的点数，得：$n_1=13$，$n_2=3$，$n_3=13$，$n_4=3$，见图4-34；

4）分别计算相对象限区域内的点数 n_1+n_3，n_2+n_4，本例 $n_1+n_3=13+13=26$，$n_2+n_4=3+3=6$。

若 $(n_1+n_3)>(n_2+n_4)$ 为正相关；若 $(n_1+n_3)<(n_2+n_4)$ 为负相关。可知本例为正相关。为了有一个判别的标准，常用“符号检验表”来判别。符号检验表（见表4-22）中 n 栏表示点子总数；α 栏表示显著性水平，它是衡量判别准确程度的量，在判别前先选好。α 栏下的数字为该显著性水平下的判别界限。如 n_1+n_3 和 n_2+n_4 两数字中的较小者小于该选定的显著性水平下的判别数值，则认为两变量有直线相关关系。

本例 $n=32$，$\min(n_1+n_3, n_2+n_4)=6$，选定的显著性水平 $\alpha=0.05$，查符号检验表得判别界限 $S_{0.05}(32)=9$。因为 $\min(n_1+n_3,n_2+n_4)<S_{0.05}(32)$，故可判断腐蚀时间与腐蚀深度之间有直线相关关系，这个判断的可靠性为95%（$=1-\alpha=1-0.05$）。

表 4-22　符号检验表（$P(S \leqslant S_u)=\alpha$）

n	α				n	α				n	α			
	0.01	0.05	0.10	0.25		0.01	0.05	0.10	0.25		0.01	0.05	0.10	0.25
1					31	7	9	10	11	61	20	22	23	25
2					32	8	9	10	12	62	20	22	24	25
3				0	33	8	10	11	12	63	20	23	24	26
4				0	34	9	10	11	13	64	21	23	24	26
5		0	0	0	35	9	10	11	13	65	21	24	25	27
6		0	0	1	36	9	11	12	14	66	22	24	25	27
7	0	0	0	1	37	10	12	13	14	67	22	25	26	28
8	0	0	1	1	38	10	12	13	14	68	22	25	26	28
9	0	1	1	2	39	11	12	13	15	69	23	25	27	29
10	0	1	1	2	40	11	13	14	15	70	23	26	27	29
11	0	1	2	3	41	11	13	14	16	71	24	26	28	30
12	1	2	2	3	42	12	14	15	16	72	24	27	28	30
13	1	2	3	3	43	12	14	15	17	73	25	27	28	31
14	1	2	3	4	44	13	15	16	17	74	25	28	29	31
15	2	3	3	4	45	13	15	16	18	75	25	28	29	32
16	2	3	4	5	46	13	15	16	18	76	26	29	30	32
17	2	4	4	5	47	14	16	17	19	77	27	29	31	33
18	3	4	5	6	48	14	16	17	19	78	27	29	31	33
19	3	4	5	6	49	15	17	18	19	79	27	30	31	33
20	3	5	5	6	50	15	17	18	20	80	28	30	32	34
21	4	5	6	7	51	15	18	19	20	81	28	31	32	34
22	4	5	6	7	52	16	18	19	21	82	28	31	33	34
23	4	6	7	8	53	16	18	20	21	83	29	32	33	35
24	5	6	7	8	54	17	19	20	22	84	29	32	33	36
25	5	7	7	9	55	17	20	21	23	85	30	32	34	36
26	6	7	8	9	56	17	20	21	23	86	30	33	34	37
27	6	7	8	10	57	18	20	21	23	87	31	33	35	37
28	6	8	8	10	58	18	21	22	24	88	31	34	35	38
29	7	8	9	10	59	19	21	22	24	89	31	34	36	38
30	7	9	10	11	60	19	21	23	25	90	32	35	36	39

（3）经验直线简单作法。在相关图上直线 A 的两边各作一平行线 A_1、A_2，分别将直线 A 两边的点子左右平分；再作直线 B 的平行线 B_1、B_2，分别将 B 两边的点子上下平分。连接 A_1、B_1 的交点 C 与 A_2、B_2 的交点 D，所得直线即为经验直线。由于两交点的坐标为 C（876，1.55）、D（847，1.47），可得直线方程：

$$(Y-1.55)/(1.55-1.47)=(X-876)/(876-847)$$

或

$$Y=0.0028X-0.867$$

根据经验直线，就可以在知道某一变量数值时估计出另一变量的大致取值。如知道腐蚀时间为 870s，则可估计腐蚀深度约为 1.57mm，此即为“预测”。如果要将腐蚀深度控制在 1.48mm 附近，就应将时间掌握在 838s 左右，此即为“控制”。

思考与练习

4－1　什么是产品质量和全面质量？
4－2　钢铁企业产品质量执行的标准有哪些？
4－3　ISO 9000族标准及其核心标准包含哪些内容？
4－4　钢材的产品标准包含哪些内容？
4－5　质量管理发展历史经历了哪几个阶段？
4－6　全面质量管理的指导思想与工作原则是什么？
4－7　全面质量管理的基本工作方法是什么？
4－8　宝钢的一贯质量管理体系的内涵是什么？
4－9　简述一贯质量管理体系中规程体系内容。
4－10　冶金企业质量控制的程序包含哪些内容？
4－11　什么是排列图，排列图作用是什么？
4－12　什么是因果分析图？
4－13　什么是分层分析法？

情景 5

冶金企业设备管理

学习目标

1. 知识目标

- 掌握设备管理实质和任务。
- 掌握设备选择、使用和修理基本原则；
- 掌握设备维修几种基本制度；
- 熟知冶金企业主要设备及反映设备状况指标；
- 掌握冶金设备管理几种模式。

2. 技能目标

- 能够运用设备管理方法用好和管好设备，提高设备使用效率。

单元 13　设备管理的一般内容

13.1　设备管理的一般概念

13.1.1　设备管理的内涵

企业设备管理，是对设备运动全过程的组织和计划等工作的总称。设备管理的一般概念是以设备一生为出发点，把设备系统的人力、物力、财力、信息和资源等，通过计划、组织、指挥、协调和控制的管理功能，最有效地发挥出来，以达到设备寿命周期费用最经济、综合效率最高的目标。

设备一生的管理，也称为设备全过程管理，它分为设备前期管理和设备后期管理两个阶段：设备的前期管理是指设备设计、制造、安装、调试到正式投产的整个过程的设备管理；设备的后期管理包括设备使用、维修、改造和报废更新的管理。

13.1.2　设备管理的内容和任务

13.1.2.1　设备管理基本内容

冶金设备管理内容繁多，用不同的标准可以划分为不同的具体内容。

（1）从设备范围分为工艺设备管理、辅助生产设备管理、研究试验设备管理、管理用设备管理。

（2）从时间顺序上分为设备添置管理和维修管理，对企业主要生产设备的设计、制造购置、安装、使用、维修、改造、更新直至报废的全过程实行综合管理。

（3）从设备的运动形态上分为设备的物质运动形态与设备的价值运动形态管理。设备的物质运动形态包括设备的选购、进厂验收、安装、调试、使用、保养、维修、改造、更新、直到报废处理退出生产领域。设备的价值运动形态包括设备的最初投资、使用过程中的维修费用支出、折旧提取、更新改造资金的筹措等。

（4）从设备管理业务归口类别上分为设备技术管理和设备经济管理。设备技术管理包括自制专用设备和外购设备，从投入生产使用、磨损及其物质补偿，直至报废的管理等内容；设备经济管理包括设备的研制费用、最初投资、维修费用支出、折旧、更新与改造资金的筹措和使用管理等内容。

13.1.2.2 设备管理的意义和任务

冶金产品的生产是靠机器设备连续不断的正常运转来保证的，生产过程中的各环节是按一定的比例关系来配备设备的，产品的数量、质量、消耗的能源、资源等在很大程度上受设备技术状况的影响，企业的技术进步，也在很大程度上靠设备的改造和更新来体现，因此，管好用好设备，是冶金企业建立正常生产秩序、实现均衡生产、提高经济效益的重要条件。

设备管理的中心任务就是要保证为企业的生产提供最良好的技术装备，具体表现在：

（1）根据技术先进、经济合理的原则，正确地选择和购置设备；

（2）保证设备经常处于良好的技术状态；

（3）充分利用好设备的能力；

（4）做好设备的保养、修理、改造、更新工作，保证满足生产的需要；

（5）不断提高设备维修质量，降低维修费用，节约设备改造和更新的费用支出。

因此，设备管理是设备正常运行的重要保证；设备管理是提高维修质量的重要保证；设备管理是提高经济效益的重要保证。

13.2 设备的选择和使用

13.2.1 设备的选择

设备的选购，就是使新设备从企业外部经过选择、购买、运输、安装、调试进入企业的生产过程，是设备管理的首要环节。设备的选购，应遵循技术上先进、经济上合理、生产上可行的原则。一般程序是：首先调查可供选择设备的技术指标；其次，进行经济评价，结合企业的规划和生产情况作出决策；最后，组织采购（订货）或自行研制设计。

13.2.1.1 选择设备时应考虑的因素

（1）设备的生产率。设备的生产率一般表现为功率、速率等一系列技术参数。设备的生产率应与可预见的长远计划任务相适应，以避免该设备在生产中超负荷运行，或负荷不足而造成剩余能力的浪费。

（2）设备的可靠性。这主要指设备精度保持性、零件耐用性和安全可靠性；设备的可靠性越好，发生故障的可能性越小。

（3）设备的节能性。

（4）设备的耐用性。

（5）设备的成套性。

（6）设备的互换性（灵活性）。

（7）设备的维修性。

（8）设备的安全性。

（9）设备的环境保护性。

（10）设备的经济性。

以上是选择设备时应考虑的主要因素，对这些因素应综合分析，全面权衡利弊得失，拟定比较合理的设备购置方案。

13.2.1.2　选择设备的经济评价方法

（1）投资回收期法。投资回收期就是指通过资金回流量来回收投资的年限。计算不同设备方案的投资回收期，在其他条件相同的情况下，应选投资回收期最短的设备。

（2）设备的最小年平均寿命周期费用法（又称费用效率分析法）。如果设备各年的维修费用不同，使用费用不同，可以用计算和比较各个设备方案的年平均寿命周期费用的方法，决定最优选购方案。其计算公式为：

$$C_y = \frac{I + \sum_{i=1}^{T_e} C_i}{T_e} \tag{5-1}$$

式中，C_y 为设备的年平均寿命周期费用；I 为设备购置费用；C_i 为设备在第 i 年的使用费用；T_e 为设备的经济寿命。

年平均寿命周期费用最小的设备，就是最优选购对象。

（3）设备最大综合效益法。设备最大综合效益法，就是计算各设备的综合效益，然后根据综合效益最大的原则选择设备。

假定有三种设备，其寿命周期费用、寿命周期的输出分别如表5－1所示。

表5－1　三种设备的寿命周期费用、寿命周期的输出

设备名称	寿命周期费用/万元	寿命周期输出/t
A	60	48360
B	65	50700
C	50	43000

则三种设备的综合效益分别为：

设备A：48360/60＝806t/万元

设备B：50700/65＝763t/万元

设备C：43000/50＝860t/万元

据此可知，设备 C 最好，设备 A 次之，设备 B 最差。

13.2.2　设备的使用

13.2.2.1　设备的磨损规律

设备选择和购置后，经进厂验收、安装和调试后，就要投入生产中使用。在使用过程中设备形状、性能的劣化，称为设备的磨损。磨损有两种形式，即有形磨损和无形磨损。

（1）设备的有形磨损是指机器设备在使用过程中发生的实体磨损，可分为两种：

1）自然磨损。这是由于自然力的作用，如氧化腐蚀产生的磨损。不论设备是否使用，这种磨损都会发生。

2）生产磨损。在生产使用过程中，机器设备的零部件由于发生摩擦、振动和疲劳等现象产生的磨损。机器设备的磨损大致有三个阶段，如图 5－1 所示。

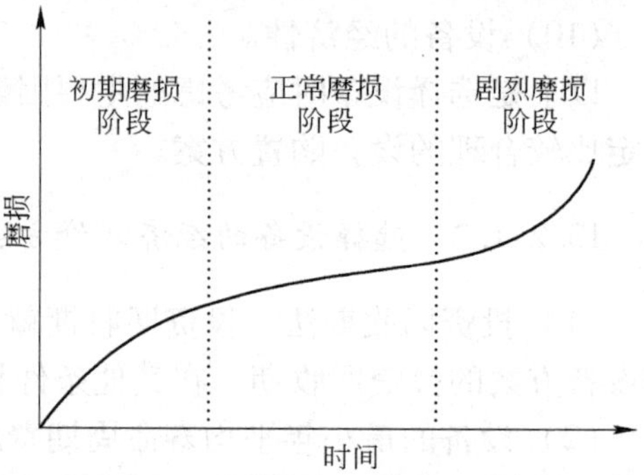

图 5－1　机器零件的磨损曲线

第一阶段叫做初期磨损阶段。在这个阶段，零件的表面宏观几何（表面形状）在零件耦合作用下发生磨损，由于相对运动的零件表面的微观几何（粗糙度）在受力情况下迅速磨损。

第二阶段叫做正常磨损阶段，在这一阶段，如果零件的工作条件不变化或变化很小，零件的磨损基本上随时间匀速增加。在正常情况下，零件磨损非常缓慢。这时设备处于最佳的技术状态。

第三阶段叫剧烈磨损阶段。当磨损达到一定程度后，正常磨损关系破坏了（例如轴和轴承的间隙因磨损而增大时，液体摩擦将被金属接触所代替），使得磨损剧烈增加。零件磨损到这个阶段，正常工作关系也就破坏了，设备的精度、性能和生产率都将降低。所以，一般不允许零件使用到剧烈磨损阶段，当零件到正常磨损阶段后期就应修复或更换。

有形磨损的技术后果是机器设备的使用价值降低，磨损到一定程度，可使机器设备完全丧失使用价值。它的经济后果是机器设备原始价值逐步降低。

（2）设备的无形磨损是指设备在使用或闲置过程中，由于其再生产的必要劳动时间减少或新技术的出现而引起设备价值的损失。其种类有二：

1）由于劳动生产率的提高，生产同样机器设备所需的社会必要劳动时间减少，使原有机器设备贬值。

2）由于新技术的发明和应用，出现了性能更加完善、生产效率更高的机器设备，使原有设备的价值相对降低。这样，旧的机器设备虽然还能使用，但它的生产率已大大低于社会平均水平，如继续使用，产品的个别成本会大大高于社会平均水平，因此，必须用新设备代替过时的旧设备。

（3）设备的综合磨损与设备的寿命。设备的综合磨损是指机器设备在有效使用期内发生的有形和无形磨损的总和。设备的综合磨损决定了设备的寿命，设备的寿命有三种：

1）自然寿命，又称物质寿命，是从设备投产起至报废所经历的时间长度。这种寿命主要取决于设备的质量、使用和维修。

2）技术寿命，又称有效寿命，是从设备投产起至被新技术淘汰止所经历的时间长度。科学技术发展越快，这种寿命越短。

3）经济寿命，是从设备投产起至由于经济效益不佳而被淘汰止所经历的时间长度。经济寿命主要由设备的无形磨损程度来决定。

进行设备管理，更强调正确使用和维护保养，以延长设备的技术寿命；要进行革新和改造，以延长设备的技术寿命；还要正确地确定经济寿命，以便适时地进行设备的更新。

13.2.2.2 设备的故障规律

为了正确合理地使用、维护、修理设备，还必须研究设备发生故障的规律，了解设备的故障曲线。典型的设备故障曲线如图5－2所示。

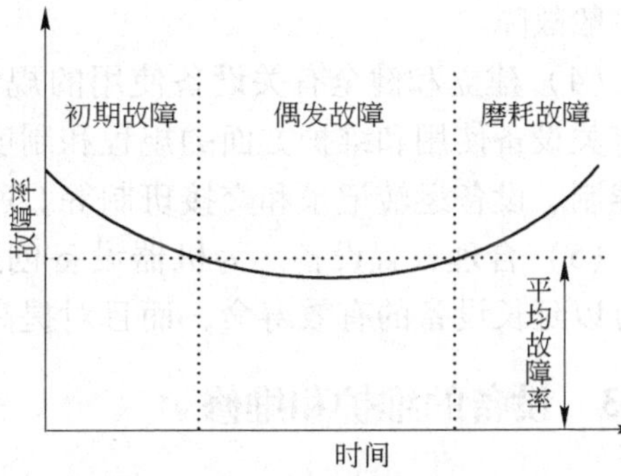

图5－2 典型设备故障曲线

设备故障，除磨耗故障外，还有初期故障和偶发故障。其变化形状恰似一个澡盆断面，所以，设备故障曲线又称“澡盆理论”。

在早发故障期，设备的故障率开始较高，然后随时间而减小。初期故障是设备在使用初期即试车、试产期间发生的故障。它的产生主要是由于设备内在缺陷（如材质）及设计、制造、使用等造成的。初期故障可通过充分试车、试生产而得到，以保证设备的运行稳定可靠。

在偶发故障期，设备的故障在设备有效使用寿命期间所发生。它是非渐进性的，而且是偶然发生的。这时的故障大部分是由维护不良和操作失误而引起的，其对策除了加强操作管理，做好日常维护保养外，还要运用可靠性工程进行管理。

在磨耗故障（劣化故障）期，故障是在设备超过了有效使用寿命期所产生的故障。其故障多是由于零件老化，严重磨损造成的。在这个阶段，要加强设备的维护保养，预防检查和计划修理工作，事前更换磨损零件，以延长设备的有效寿命。当设备大修之后，仍应存在一条类似于图5－2所示的故障曲线。

13.2.2.3 设备的合理使用

设备的合理使用，是保证设备经常处于良好状态的一项重要措施。设备有效寿命的长短、生产效率和工作精度的高低，固然取决于机器设备本身的结构和性能，但在很大程度上也取决于设备的使用情况。同样一台设备，如使用合理，就能减轻磨损，延长寿命；反之，就会加速磨损，使设备过早损坏或报废。

合理使用设备可以采取如下措施：

（1）合理安排生产任务。要根据机器设备的性能、结构和其他技术特征，恰当地安排加工任务和工作负荷。注意避免“大机小用”、“精机粗用”以及超负荷、超性能、超加工范围运转等现象；同时，也要采取各种途径，充分利用现有设备，提高其利用率。

（2）合理配备设备。首先，要根据生产工艺特点和生产任务的要求，经济合理地为各车间、工段、班组配备好设备，使各种设备在性能、能力等方面相互配套，最大限度地发挥设备效能。其次，随着生产任务和工艺技术的变化，及时调整设备，以适应客观情况变化的需要。此外，根据各种设备的特点及其在生产中的地位，合理确定备用设备数量，既要确保生产的正常进行，又要防止设备积压闲置。

（3）选配合格的操作人员。首先要实行岗前培训，考试合格后上岗，凭证操作。其次，本着“谁使用、谁管理、谁负责”的原则，实行“三定”，即定人、定机、定职责，进行划区分片，包干到人，层层负责，台台落实。最后，要搞好“三级教育”，使操作人员做到“三好”、“四会”。“三级教育”是指厂部、车间、工段（班组）三级设备管理教育。“三好”是指管好、用好、修好设备。“四会”是指会使用、会保养、会检查、会排除一般故障。

（4）建立和健全有关设备使用的规章制度。针对设备的不同特点和要求，建立和健全有关设备使用和维护方面的规程和制度，如操作人员岗位责任制、设备操作规程、维护保养制、设备运转记录和交接班制等。所有规章制度都必须严格执行。

（5）合理放置设备。为机器设备创造和保持良好的工作环境。良好的工作环境，不仅可以延长设备的有效寿命，而且对提高产品质量也是至关重要的。

13.3　设备的维护和维修

13.3.1　设备的维护保养

设备维护保养，主要内容是对设备进行清洁、润滑、紧固、调整、防腐，及时处理设备运转中经常出现的不良技术状态，例如松动、间隙、干摩擦以及污染等，保证设备的良性运转。由于各企业的生产技术特点不同，所采用的设备维护保养的具体形式不一样，但按保养工作量的大小和难易程度，一般可分为三种类别，又称为三级保养。

（1）日常维护保养。这是操作工人每天必须进行的例行保养。主要内容包括：班前班后检查，擦拭设备各个部位和注油，班中认真观察、听诊、排除小故障，作好交接班记录等。

（2）一级保养。这是在专职维修人员指导下，由操作工人所承担的保养。主要内容包括对部分零件进行拆卸、清洗规定部位、调整设备各部位配合、紧固设备各个部位等。

（3）二级保养。这是以维修工为主、操作工为辅进行的保养。主要内容包括：对设备进行局部解体和检查、更换和修复磨损件、对润滑系统换油、对电气系统检查、修理等。二级保养项目和部位最多，主要在设备内部。

13.3.2　设备的检查

设备的检查，是对设备运行情况、工作精度、磨损和腐蚀程度等进行检查和检验。通过检查，及时发现和消除设备的隐患；针对发现的问题，提出改进维护保养的措施；有目的地做好修理前的各项准备工作，以提高修理质量和缩短修理时间。

设备检查包括以下几种：

（1）日常检查。由操作人员每日进行，检查对象包括所有设备。检查的内容包括异音、漏油、振动、油压、气压等，检查的结果要记录在点检表上。

（2）定期检查。按照计划日程表，在操作工参与下，由专职检修人员定期执行。检查的对象主要是企业的重点设备。检查的内容主要为测定设备的劣化程度，检定设备的性能，查明不能正常运转的原因，记录下次检修时应消除的缺陷。针对不同的设备，定期检查的检查期为月、季、半年等不等。合理确定检查周期，是一个重要问题，周期过长，达不到预防的目的，周期过短，检查费用增高。

（3）修理前检查。它是在年终，对车间的主要设备进行一次较普遍的检查，以摸清设备技术状态的实际情况，作为编制下年度修理计划和进行修理准备工作的依据。

（4）设备监测技术（诊断技术）。它是通过科学的方法与在设备上安装仪表，在设备运转的条件下，进行动态检查，对设备的运行状况进行监测，它能够全面准确地把握住设备的磨损、老化、劣化、腐蚀的部位和程度，为经济地进行修理提供科学的依据，将设备的定期维护修理制度变为有针对性的预知维修制度，减少了盲目拆卸和设备故障停机带来的损失。一般方法有温度监测、润滑监测、泄漏监测、振动监测、噪声监测、腐蚀监测、裂缝监测等。

13.3.3　设备维修

设备的修理，是对设备的磨损或损坏所进行的修复。它的实质是补偿设备的物质磨损，使设备的效能得到恢复。搞好设备的修理，需要有一套科学的设备维修制度。

13.3.3.1　设备维修制度的基本发展阶段

设备维修制度的发展过程，一般可分为事后修理、预防维修、生产维修、维修预防、设备综合管理五个阶段。

（1）事后修理，指设备发生故障后，再进行修理。事后维修阶段分：兼修时代（操作工＝维修工）、专修时代（操作工专门操作，维修工专门维修）。

（2）预防维修，指在设备发生故障前有计划地进行修理。俄罗斯的计划预修制、美国的预防维修和我国的计划保修制，都属于这一类制度。

（3）生产维修。1954年，为克服预防维修制有时使维修工作量增多从而造成过分保养的弊端，出现了生产维修。生产维修主要是根据设备的重要性来选用维修保养方法。重点设备采用预防维修，对生产影响不大的一般设备采用事后维修，这样，一方面可以集中力量做好重点设备的维修，同时又可以节省维修费用。1960年以后，在设备故障的多发部位进行结构性改革的改革性维修被引入生产维修中，进一步减少了修理工作量。

生产维修阶段主要由四部分内容组成，即事后维修、预防维修、改善维修、维修预防。

（4）维修预防。改革性维修提出的同时，出现了维修预防的设想。认为在设备设计阶段就应考虑维修问题，提高设备的可靠性和易修性，才能减少或取消维修。因此，设备管理不只是设备维修部门的事，设计部门也必须参与。这是设备维修体制方面的一个重大突破。

（5）设备综合管理。在维修预防的基础上，1970年，又进而产生了设备综合管理。设备综合管理是研究从设计、制造、使用、维修、改造到更新的设备一生的管理工作。它不仅仅追求维修阶段的费用节约，而是重在追求设备一生所耗费的总费用最低；它不是单纯的设备管理，而是把技术、管理、财务等各方面综合起来对设备进行研究。所以，设备综合管理的产生是设备管理方面的一次革命。日本在学习设备综合管理的过程中，结合生产维修的实践经验，创造了全面的生产维修（TPM）。一般认为，全面生产维修是日本的设备综合管理。

13.3.3.2　几种主要的设备维修制

（1）计划预修制

计划预修制是我国于 20 世纪 50 年代从苏联引进的一种预防维修制度。这个制度是根据设备的一般磨损规律和技术状态，在故障发生前有计划地修复和更换磨损零件。

计划预修制是指根据设备磨损规律，有计划地对设备进行日常维护保养、检查、校正和修理，以保证设备经常处于良好状态的一种设备维修制度。其内容包括日常维护、定期检查、计划修理。

计划修理方法有三种：

1）检查后修理法。事先只规定设备检查间隔期，设备运转到规定台时时，定期进行检查，根据检查结果编制修理计划，确定修理日期、内容和工作量。这种方法只规定设备的检查计划，它一般用于设备资料不全、无固定负荷及修理时耗费很大的大型或高、精、尖设备。

2）定期修理法。这种方法是根据设备实际使用状况，参考有关修理定额数据，规定设备修理的计划日期和大致的修理内容和工作量。确切的修理日期和工作内容，则根据每次修理前的定期检查，再作详细规定。

3）标准修理法（强制修理法）。这种方法是对设备的修理日期、类别、内容都预先制订具体计划，并严格按计划规定进行，而不管设备零件的实际磨损情况及设备的运转情况如何。

由上述可知，计划预修制是一种比较科学的预防维修制，它所制订的详细计划实施后，一般能保证设备的正常运转。但是，计划预修制也有缺点，主要表现在：易产生过度修理，增加费用。设备不分主次一律实行计划预修制，维修费用高；设备在不同使用阶段采用同一修理周期结构，没有根据不同故障阶段故障率和故障性质组织设备维修。这种方法多用于流水线、自动线上的设备及影响全厂生产的重要设备。

（2）计划保修制。20 世纪 60 年代以来，我国部分企业在推行计划预修制的基础上，吸取三级保养制的优点，实行了一种计划保修制。它是将设备的三级保养和大、中、小修有计划地结合起来的维修制。

这种制度的具体做法在各个企业中不完全相同。一些企业实行的是例行保养、一级保养、中修和大修，也有的企业实行例行保养、一级保养，小修和大修；还有的企业实行例行保养、一级保养、二级保养和大修。总之，企业要根据设备特点和生产实际需要，贯彻以防为主、防修结合的原则，灵活进行安排。

（3）预防维修制（PM）。预防维修制是我国从 80 年代开始，逐步研究、吸取的一种设备维修制度，它的基础是设备的故障理论和规律。预防维修制中包括的设备维修方式主要有：所有设备都必须进行日常维修；对重点设备及一般设备中的重点部位进行预防维修；对非重点设备实行故障发生后的维修；在进行设备修理时，同时进行设备的改装、改造；在进行新设备设计制造时，就考虑提高设备的可靠性、维修性、经济性。显然，预防维修制是事后维修、计划预修、生产维修、维修预防等多种维修方式的综合。

（4）全面生产维修制（TPM）。全面生产维修制是在生产维修制的基础上发展起来的，它吸收了设备综合管理中的设备管理新概念，提出了“全面的”生产维修。“全面”包括了全效益、全系统和全员参加三个方面的含义。所谓全效益，就是要求设备综合效益最大；所谓全系统，就是建立从设备的设计、制造、使用、维修、改装到更新的设备一生的管理系统；所谓全员参加，就是凡是和设备的规划、设计、制造、使用、维修有关的部门和有关的人员都参与。所以，全面生产维修制是全员参加的、以提高设备综合效益为目标、以设备一生为对象的生产维修制。

13.4 设备的改造和更新

由于设备磨损具有有形和无形磨损两种形式，针对设备磨损的不同形式，应采取不同形式加以补偿。补偿分为局部补偿和完全补偿。设备有形磨损的局部补偿是修理，设备无形磨损的局部补偿是改造（现代化改装）。有形磨损和无形磨损的完全补偿是更新。

13.4.1 设备的改造

设备的改造，是把科学技术的新成就，应用于企业的现有设备，改变现有设备技术落后的面貌，以改进设备的性能和提高设备的生产效率。它是企业技术改造的主要内容。设备的改造，有下列三种主要途径：

（1）大型设备的现代化改造。大型设备，根据我国情况，一般很少报废，它们虽然使用役龄已很长，但绝大部分可以结合设备大修理进行现代化改造，改变现有设备的结构，装上新部件、新装置、新附件，使之达到或局部达到新设备的技术水平。

（2）把一般通用设备改造为专用的高效设备。对设备运转和技术要求简单的生产过程，常用万能通用设备组成生产线。随着生产发展，专业化程度提高，万能通用设备生产效率低、局部磨损严重、产品质量不稳的弊端日益暴露时，将万能通用设备改造为高效专用设备，对专业化生产较高的企业来说，是设备改造的最好途径。

（3）对一般通用设备，以提高经济效益为标准，进行设备改造。一般通用设备中，抓住影响产品精度的主要因素或关键部位进行精化、改造，其余部分则采取大修理形式恢复精度。从经济观点看，这些设备采用局部改造的途径是完全可行的。

13.4.2 设备的更新

设备更新一般是以比较经济和比较先进的设备，来代替物质上不能继续使用或经济上不合算的设备。因此，在确定设备更新时，既要考虑到设备的物质寿命，又要考虑到设备的经济寿命。

企业的设备更新，是科学技术发展的要求，也是保证企业生产发展和扩大再生产的必要条件。做好设备更新工作，要严格执行国家的有关规定和统一计划，也要加强调查研究，做好技术经济论证，全面规划，有步骤、有重点地进行。

对现有设备是继续进行大修，还是更新？在影响因素比较简单的情况下，可从如下两方面来分析比较：

（1）根据设备大修费用和新设备的价格进行比较。

$$R < K_n - C \tag{5-2}$$

式中，R 为一次大修理费用；K_n 为相同用途的新设备价格；C 为被替换旧设备的处理回收费用。

式（5－2）成立时，进行大修理，则购置新设备。

（2）根据新、旧设备加工单位产品的成本来比较，即：

$$C_r/C_n \leqslant 1 \tag{5-3}$$

式中，C_r 为在大修后的设备上加工单位产品的成本；C_n 为在新购设备上加工单位产品的成本。

式（5－3）成立时，进行大修理；反之，则购置新设备。

当各种影响因素不同时，如大修理设备的寿命和新设备寿命不同，大修理设备和新设备的使用费用不同等等，这就要根据不同情况作深入细致的分析比较，运用多种技术经济分析方法。

单元14 冶金企业设备及设备管理模式

冶金企业的设备包括矿山、烧结、炼铁、炼钢、金属压延加工等企业的设备。由于冶金生产的迅猛发展，要求这些设备日益趋于大型化、自动化、连续化和高效率。因此，开展好企业的设备管理，就成为保证正常生产与有效地提高生产率的物质基础。

14.1 冶金设备分类和技术指标

14.1.1 冶金设备管理的任务

冶金设备管理的任务是保证设备在使用过程中保持良好的技术状况，使企业生产达到高产、优质、多品种、低消耗和获得最佳经济效益。

14.1.1.1 冶金装备水平的基本特点

(1) 现代化冶金企业装备水平日趋大型化、自动化、连续化和高效率，主要冶金专业设备及附属配套通用设备，经常处于高压、高温、粉尘和蒸汽笼罩的条件下工作，因此，加强冶金设备维护管理工作、保证设备正常运转就显得有特别重要的意义。

(2) 冶金企业是连续的流水生产过程，生产环节多，前后道工序复杂，其中一个环节的设备发生故障，就会打乱生产节奏，使整个生产发生波动。而每波动一次都要一定的时间才能恢复到原有生产水平。因此，只有通过有效的设备管理工作，才能防止设备的突然损坏，才能保证生产的顺利进行。

(3) 企业的产品质量是与设备的性能和完好程度密切相关的，如果设备磨损严重或存在隐患，不仅生产受到威胁，而且影响产品的公差精度等质量指标。所以，必须对设备进行故障预测，做好设备预修。

(4) 随着科学技术发展，产品产量和质量不断提高，要求对设备进行更新改造，使企业装备水平不断提高。

鉴于冶金企业装备水平上的特点，要求我们的设备管理工作要采取针对性措施和使设备管理工作适应冶金企业生产变化的要求。

14.1.1.2 冶金设备管理的任务

(1) 搞好企业的设备综合规划，根据企业的经济效果，为满足生产需要，提供技术上先进、经济上合理的技术装备，掌握设备发展现状和发展动向。

(2) 推行先进的设备管理与维修制度，保证设备经常处于最佳的技术状态，使设备管理工作能保证企业达到最佳经济效果。

(3) 老企业设备的挖潜、革新、改造是实现增产节约、企业内涵扩大再生产的重要途径。

(4) 提高设备的维修技术，确保备品配件的供应，满足生产的需要，同时要研究备品配件的修旧利废，力求降低维修费用。

（5）保证动力正常供应及节约能源工作。

（6）积极推广维修新技术与搞好设备管理人员和设备维修人员的技术培训。

通过调查、研究，在总结经验的基础上，以科学的管理方法，发挥设备管理工作的应有效果，搞好设备的日常维护，计划检修，防止设备突然故障，确保设备安全可靠运转。

14.1.1.3 冶金设备管理的规章制度

冶金企业设备管理工作中，要贯彻以岗位责任制为核心，全面执行“三规十制”。“三规”即操作规程、维护规程和检修规程。“十制”即设备技术状态管理制度、固定资产管理制度、设备事故管理制度、设备大修管理制度、工业建筑管理制度、备品配件管理制度、动力管理制度、图纸资料管理制度、设备润滑管理制度、设备维修费用管理制度。

除了贯彻执行上述设备管理制度外，根据冶金企业设备工作的需要，在日常设备管理工作中，还必须强调责任制，即岗位专职制、巡回检查制、交接班制、设备维修保养制、质量负责制、安全生产制、技术练兵制、经济核算制等各项制度。要定期地组织群众性的设备检查，对生产操作岗位上工人要逐步做到“三好”（管好、用好、修好），“四会”（会使用、会保养、会检修、会排除故障）。维修工人在精通本行技术基础上逐步实现“一专多能”。

在设备系统工作的各级干部、工程技术人员和工人都必须遵守“五大”纪律，即：

（1）不拼设备：在使用上不超重、超载、超速、超温、超压等，不超负荷运行；

（2）不随便取消或改动安全装置；

（3）不许设备在无润滑状态下运行；

（4）不乱拆、乱卸、乱割、乱焊、乱改、乱放；

（5）不准未经培训或考试不合格的人员独立操作设备。

为了落实设备管理制度贯彻执行和巩固设备管理工作的成效，全国冶金企事业统一了设备管理考核的内容：

（1）设备技术经济指标，其中包括主要生产设备完好率、主要生产设备可开动率、主要生产设备大修开竣工率、千元产值设备维修费、千元产值设备事故损失费、设备故障停机时间。

（2）设备综合管理，其中包括执行方针、政策和法令，现代化管理，经济管理，设备资金管理，工业建筑管理，设备事故管理，润滑管理。

（3）冶金行业还规定消除电气设备、动力管网、高压容器、工业建筑四项隐患。

（4）备件管理。

（5）设备故障停机时间（按设备的装备水平，故障的频率状况按月、年下达允许故障停机时间，力求故障停机时间降低到最低限度）。

14.1.2 冶金设备管理的组织形式

在冶金企业里，由于技术装备水平的不断提高，设备管理工作日益繁重与复杂，为了具体有效地进行设备全面管理，必须设立管理机构，从组织上保证设备管理工作得到落实。

目前，国内冶金企业设备管理工作是由企业设备副厂长负责，通过机动部门等职能机构进行并开展各项工作。机动部门由下列专业科室组成，分管本专业业务：

（1）机械科（组）。负责设备技术状况、设备事故、润滑管理工作和设备技术改造，在设备管理中贯彻“以维护为主，检修为辅”的方针，加强设备的维护保养，努力提高设备完好率，确保设备正常运转。同时对设备的重大问题组织力量攻关。

（2）动力科（组）。主要任务是保证动力设备的安全经济合理运行，确保生产上所需的各种动力供应。其具体业务是动力设备管理、使用、维护和检修，定期检查和实验，鉴定，动力产品的生产管理，动力消耗定额管理，计量器具管理，动力网线管理，动力备件供应管理，动力事故管理和技术改造等。

（3）工业建筑科（组）。负责贯彻执行工业建筑物、构筑物、工业炉窑各项管理制度，指导工业建筑物等的使用情况及存在的主要问题，审查和编制工业建筑物的大、中修计划，并负责主要工业建筑的沉降观察和测量水准点的管理。

（4）检修科（组）。主要任务是消除设备缺陷和隐患，恢复设备使用性能，使设备经常处于良好状况和对设备的革新改造工作，如对设备检修的管理，审查编制设备大修计划，审查中、小修计划，对检修部门生产计划安排，分析检修计划执行情况，参加主要大修计划的施工管理工作，贯彻检修规程，实施设备革新改造，合理使用修理资金。

（5）机修科（组）。主要负责机修生产管理，安排生产计划，推广机修新技术、新工艺，逐步做到产品标准化、系列化等。

（6）备件科（组）。主要负责组织机电产品和工矿备件外购计划编制、申请和采购，并对备件仓库和备件组进行业务指导，监督仓库管理规章制度的执行，库存设备和备品配件的调度、分配。根据企业生产及储备情况对积压的设备和备件进行必要的处理，加速备件资金周转。

当前，冶金企业机动部门与机修车间的关系上存在两种类型：

（1）机动科（组）与机修车间在行政上是分开的，在业务上是领导与被领导关系。

（2）机动科（组）与机修车间合在一起，对外是机动科，对内是机修车间，即一套班子两块牌子。

总之，决定设置何种部门，采取何种机构形式要考虑企业的规模大小、建厂历史等相关因素，结合现代化设备管理要求，搞好设备管理工作。

14.1.3　冶金企业设备分类

冶金企业使用的机器设备种类繁多，规格复杂。在实际工作中，常分为机械设备和动力设备两大类，简称为设备。

14.1.3.1　主要生产设备

（1）$250m^3$ 以上高炉，主要包括从仓下受料开始到称量、上料、炉顶、炉身、炉前设备，热风炉设备，煤气除尘设备。

（2）平炉，主要包括平炉炉体（包括倾动和炉门提升设备）、鼓风及换向系统、除尘系统。

（3）15t 及以上转炉，主要包括炉体及倾动设备，吹氧设备、副枪系统，除尘及余热利用系统。

（4）10t 及以上电炉，主要包括炉体及倾动设备（包括炉盖提升）、电炉变压器及电极升降设备、除尘及余热利用系统。

(5) 焦炉，主要包括焦炉炉体、装煤及出焦（推焦、拦焦、熄焦）设备、交换机系统、焦炉风机。

(6) 辊径700mm及以上初轧机。

(7) 辊径500mm及以上开坯机。

(8) 型钢轧机。

(9) 中厚板轧机。

(10) 辊身长1000mm及以上热轧薄板轧机。

(11) 辊身长630mm及以上冷轧薄板轧机。

(12) ϕ100mm及以上钢管轧机。

(13) 连轧机。

(14) 线材轧机。

(15) 车轮、轮箍轧机及其他特种轧机。

以上从第（6）~（15）项中：热轧机中包括从加热炉到精整的整个在线工艺设备；冷轧机中包括从上卷到轧制、卷取的整套设备。

(16) 50m^{2}及以上烧结机（包括烧结球团），主要包括从二次混料开始到布料、烧结、烧结矿的破碎、筛分及冷却设备，除尘设备，烧结风机。

(17) 连续铸锭机，主要包括从钢包回转台到精整的整个在线工艺设备。

(18) 630m^2/min及以上高炉鼓风机，主要包括汽轮机、风机。

(19) 1000m^3/h及以上制氧机，主要包括空气压缩机，空分塔、膨胀机、氧压机，仪表及控制系统，稀有气体净化系统。

(20) 3000kW及以上汽轮发电机，主要包括汽轮机、发电机。

(21) 10t/h及以上生产中工业锅炉。

14.1.3.2 一般生产设备

(1) 重点设备联动机组以外的生产线，主要包括板卷连续酸洗机组、连续镀（涂）层机组、连续热处理炉、平整机组、横（纵）切机组、冷轧管机组、连续焊管机组、40t及以上冷拔机、重轨或管加工作业线。

(2) 为重点设备配套用的铸铁机。

(3) 为重点设备配套用的混铁炉。

(4) 100t及以上普通桥式吊车。

(5) 各种冶金专用吊车（其中包括铸锭专用50t及以上普通桥式吊车）。

(6) 1t及以上特种熔炼炉。

(7) 5t及以上锻锤。

(8) 1000t及以上水压机。

(9) 9000kV·A及以上铁合金电炉。

(10) 耐火隧道窑。

(11) 回转窑。

(12) 500t及以上液压压砖机。

（13）原料场堆取料机。

（14）ϕ1000mm×8000mm 及以上车床。

（15）ϕ5000mm 及以上立车。

（16）8000mm 及以上龙门刨。

（17）4000mm 及以上龙门铣。

（18）ϕ3000mm 及以上滚齿机。

（19）ϕ150mm 及以上镗床。

（20）6000mm 及以上深孔钻床。

（21）ϕ1000mm 及以上轧辊车床。

（22）ϕ1000mm 及以上轧辊磨床。

（23）100m^3/min 及以上空压机。

（24）10000kV · A 及以上电力变压器。

（25）1000m^2/h 及以上一次水源地水泵。

（26）1000kW 及以上变流机组。

（27）ϕ3000mm 及以上煤气发生炉。

14.1.4　冶金设备管理主要技术指标

14.1.4.1　设备完好率

生产设备按其完好状况可分为完好设备和不完好设备两类。设备完好率是目前检查企业设备管理水平的一项重要指标，计算公式是：

$$K = C/N \times 100\% \tag{5-4}$$

式中，K 为设备完好率；C 为设备完好台数；N 为全部设备台数，包括在用、停用、封存、借用、检修的设备。

设备完好台数是指符合设备完好标准的设备台数。设备的工艺结构特点不同，完好标准的要求也不完全一样。对每台设备来说，它的说明书或验收标准对设备的完好标准都有明确的规定。

对设备完好状况进行分类，必须掌握分类具体标准，各工业管理部门对各类设备完好标准均有具体规定。冶金行业统一制定的钢铁企业《设备技术状况管理的若干规定（试行）》，把钢铁生产设备按技术状况，分为一级、二级、三级，达到一级、二级标准的设备，称完好设备，三级设备称不完好设备。

14.1.4.2　设备故障率

设备故障率可按下式计算：

$$K_f = T_s/T_r \times 100\% \tag{5-5}$$

式中，K_f 为故障率；T_s 为故障停机时间；T_r 为生产运转时间。

14.1.4.3　设备利用率

设备利用率又称“设备利用系数”，主要有现有设备实际使用率和计划台时利用率两种。

（1）现有设备实际使用率 D。

$$D = P_n / P_o \times 100\% \tag{5-6}$$

式中，P_n 为实际使用设备数，包括实际运转的设备、备用设备、保养和修理暂停运转的设备、由于管理不善或临时发生事故等非计划停止运转的设备；P_o 为现有设备数，包括企业自有、租用、借用、已安装和尚未安装的设备，但不包括批准报废的、尚未到货的、租出、借出的设备。

（2）计划台时利用率 T_p。

$$T_p = T_a / T_b \times 100\% \tag{5-7}$$

式中，T_a 为实际开动台时数；T_b 为计划开动台时数。

14.1.4.4 设备综合效益

设备综合效益的计算公式如下：

$$C_w = C_m / C_s$$

式中，C_w 为设备综合效益；C_m 为设备寿命周期的输出，指设备一生在满足生产要求条件下的生产量；C_s 为设备寿命周期费用，包括设备购置费和设备一生的使用费用。

14.2 冶金设备管理模式

14.2.1 全员生产维修（TPM）

全员生产维修，简称TPM，是20世纪70年代初日本开始推行的、由企业全体职工参加、讲求设备系统管理和追求设备综合效率的一种设备管理和维修制度。TPM是以提高设备综合效率为目标、以全系统的预防维修为过程、以全体人员参与为基础的设备保养和维修管理体系。

14.2.1.1 全员生产维修的内涵

（1）TPM致力于设备综合效率最大化的目标；

（2）TPM在设备一生建立彻底的预防维修体制；

（3）TPM由各个部门共同推行；

（4）TPM涉及每个员工，从最高管理者到现场工人；

（5）TPM通过动机管理，即自主的小组活动来推进。

14.2.1.2 全员生产维修指导思想

全员生产维修指导思想为全效率、全过程和全员参与的“三全”思想。全效率即设备的综合效率，是以最少的资金、设备、材料和最优的管理方法，做到产量高、质量好、成本低、按期交货、安全无公害以及操作人员劳动情绪饱满。全过程是以设备一生为对象进行系统的研究和管理，并采取相应的生产维修方式，即在规划研究时采取系统分析，在设计制造时采取维修预防，在使用中按不同设备和设备不同部位分别实行预防维修、改善维修和事后维修。全员参与是指从企业最高领导人到第一线生产工人，凡涉及设备方面的有关部门和人员都参加设备管理工作，分别承担相应的职责。TPM 三个“全”中，全效率是目标，全系统是载体，全员是基础。

14.2.1.3　设备维修方式

设备维修方式全部吸收了预防维修制度（PM）中的所有维修方式，包括日常维修、事后维修、预防维修、生产维修、改善维修、预知维修、维修预防等。

在设备管理上确定重点设备，实行设备分级分类管理。一般以设备在生产中的地位和发生故障后对其综合效果的影响程度作为评价标准，详见表 5－2，将设备划分为三级：A 级为重点设备，评价分数在 35 分以上；B 级为重要设备，评价分数在 20～34 分之间；C 级为一般设备，评价分数在 19 分以下。

表 5－2　设备分级分类方法与评分标准

类别	序号	项　目	评　价	评　分　标　准
P 生产	1	开动情况	5·3·1	5——开动两班的设备（无代替设备） 3——开动两班的设备（有代替设备） 1——开动不满两班的设备
	2	发生故障时可否代替	5·3·1	5——不可代替 3——可以外协 1——能代替
	3	专用程度	3·1	3——完全专用的设备 1——可用通用设备代替
	4	发生故障时对其他设备的影响	5·3·1	5——影响全厂 3——影响一部分 1——仅影响该设备本身
Q 质量	5	对产品质量的影响程度	5·3·1	5——不良品率在 15% 以上 3——不良品率在 5%～15% 之间 1——不良品率在 5% 以下
	6	对产品最终质量（或精度）的影响程度	5·3·1	5——对精度有决定性影响（无法整修） 3——对精度有影响（可整修） 1——与精度无关
M 维修	7	故障发生率	5·3·1	5——每月 3 次以上 3——每月 3 次以下 1——基本无故障
	8	故障修理的难易程度	5·3·1	5——特难（需外单位修理，费用大） 3——一般（部分由外单位修理） 1——简单（不需送外单位修理）
C 成本	9	故障造成的损失	5·3·1	5——50 元以上 3——30～50 元 1——30 元以下
S 安全	10	故障对操作人员或作业环境的影响	5·3·1	5——影响人的生命 3——需要停止作业 1——可以照常进行作业
其他	11	设备陈旧程度	3·1	3——使用 3 年以上（同型设备已停止制造） 1——使用 3 年以下（局部结构有改变）

14. 2. 1. 4　设备点检查制度

设备点检查制度是为了及时准确地掌握设备运行及其劣化情况，为组织维修工作提供依据，保持设备规定的性能，把设备检查工作具体化、规范化，由指定人员按照规定标准对设备进行检查的一项制度。它一般分为“厂控”点检和“一般”点检，以及日常点检、定期点检和专项点检。

14. 2. 1. 5　生产维修目标管理，小组自主管理活动

它主要是确定生产维修工作的主要方向、目的，以及要达到的具体程度，并衡量工作效果和分析总结工作经验。它的程序包括目标制定阶段、实施阶段、检查和总结阶段。

14. 2. 1. 6　维修记录及其分析

常用的维修记录有：设备日常点检卡、定期点检卡、精度检查记录表、故障修理记录表、调查记录表、各种维修工作计划执行情况记录以及设备管理台账等。通过平均故障间隔期分析，以确定减少维修作业的项目，选定最适当的修理周期与点检周期，制定或修订点检项目与标准，改善修理方法等。

14. 2. 1. 7　工作作风

开展“五项”活动，实现文明生产。“五项”活动是：整理、整顿、清洁、清扫、素养。整理是把紊乱的东西收拾起来，把不用的东西清理掉，按次序排列好；整顿是把必要的图纸、工具等准备齐全，保持良好的操作秩序；清洁是保持清洁，无污垢；清扫是把工作环境打扫得干干净净；素养是讲文明，懂礼貌，有良好的生产习惯，遵守各种规章制度。

14. 2. 1. 8　评价指标

对设备维修工作成果规定评价的指标体系，主要指标有设备实际开动率、故障停机率、维修费用率、单位产品维修费用、单位运转时间维修费用等。

14. 2. 2　全面规范化生产维护（TNPM）

14. 2. 2. 1　TNPM 的内涵

TNPM 是以设备综合效率和完全有效生产率为目标、以全系统的预防维修为载体、以员工的行为规范为过程、全体人员参与为基础的生产和设备保养、维修体制。

14. 2. 2. 2　TNPM 的特点（简称“四全”）

（1）全效率，以设备综合效率和完全有效生产率为目标；
（2）全系统，以全系统的预防维修体制为载体；
（3）全规范，以员工的行为全规范化为过程；
（4）全员，以全体人员参与为基础。

14.2.2.3　TNPM 的 8 个要素

（1）以最高的设备综合效率和完全有效生产率为目标；

（2）以全系统的预防维修体系为载体；

（3）全公司所有部门都参与其中；

（4）从最高领导到每个员工全体参加；

（5）小组自主管理和团队合作；

（6）合理化建议与现场持续改善相结合；

（7）变革与规范交替进行，变革之后，马上规范化；

（8）建立检查、评估体系和激励机制。

14.2.2.4　TNPM 的 4 个“6”

（1）6S：整理、整顿、清扫、清洁、素养、安全。

（2）6I：改善效率、改善质量、改善成本、改善员工疲劳状况、改善安全与环境、改善工作态度。

（3）6Z：零故障、零缺陷、零库存、零事故、零差错、零浪费。

（4）6T：6 个工具，即单点教材、可视化管理、目标管理、企业教练法则、企业形象法则、项目管理。

14.2.3　设备管理点检定修制

设备点检定修制具体包括三方面的内容：一是以点检为核心开展维修工作，目的是消除设备的劣化，保持设备处于正常状态，防止设备故障停机所造成的损失；二是技术和经济的结合，即一方面经常保持设备处于良好的技术状态，另一方面节约设备维修和管理费用，在保证设备正常运转的前提下，有效利用人力、物力、财力和时间，使支出费用最小；三是指生产工人、点检人员、修理部门三者结合为一个有机整体，紧密配合，保证设备始终处于正常状态。

14.2.3.1　点检定修制及特点

点检定修制是一套加以制度化的比较完善的科学管理方法，它的实质就是以预防维修为基础，以点检为核心的全员维修制。

点检定修制的特点，简要概括起来有 10 个，即：

（1）倾向性管理。它是从严格周期修理制度发展为以状态为主的项目修理制度。每个项目虽然也有周期，但仅作参考。主要依据设备状态来确定修理时间和内容，防止过维修和欠维修。点检的精华在于通过对设备的检查诊断，从中发现劣化倾向性的问题，来预测设备零部件的寿命周期，确定检修项目及备件、资材需用计划，提出改善措施，以便对症下药，消除劣化，使设备始终处于稳定运行状态。

（2）坚持预防为主。其指导思想是：以“防”为主，改变以往的以修为主的传统思想，因此可以最大限度地减少事故和故障发生。

（3）建立四大标准。点检定修制建有一套较为完整的维修标准体系，即维修技术标准、点检标准、给油脂标准、维修作业标准四大标准。

(4) 建立以点检为核心的管理体制。在设备维修管理组织原则上，点检定修制与传统管理有着根本的不同。在基层管理中，建立以点检为核心的维修管理体制，整个维修重心往下移（作业区设点检员、作业长），让最了解、最熟悉现场设备技术状况的点检人员来掌握编制计划大权。这样减少了传统管理的多余层次和环节，信息反馈畅通，使用与管理不脱节，利于实现高效率管理。

(5) 管理目标集中。减少设备故障，降低维修费用，有利于提高检修效率。

(6) 突出为生产服务的观念。由于每个检修工程项目在实施中都有“标准”可依，并且主攻项目都有工时工序表，因而计划的命中率很高，这样既保证了生产计划的正常执行，又满足了检修工程的要求，体现了生产与检修的统一性与协调性。

(7) 实行全员管理。凡参加生产过程的一切人员都要关心和参加设备维护工作，特别是操作人员负有用好、紧固、调整、小修理和日常点检业务，使生产人员与点检方融为一体，成为全员管理的基础。

(8) 采用PDCA工作法。点检定修制在管理上采用PDCA工作方法，各级管理层每月召开一次实绩分析会（自上而下），逐级提供资料，用数据和图表来分析当月设备故障情况、检修工程实施情况及维修费用使用情况，并提出改进对策和实施措施。

(9) 坚持安全第一。点检定修制坚持安全第一的方针，实行开展安全确认制度、危险预知活动、安全会诊活动三项有效措施，尤其是为坚持贯彻执行点检方、检修方、生产方的三方安全确认挂（摘）牌制度（以点检为主），这对防止人身伤害事故的发生起到了应有的作用。

(10) 员工技能的多样化。由于点检定修制的自身要求和设备现代化水平的提高，维修技术的日益发展，对操作、运行、点检人员的素质要求也越来越高。

14.2.3.2 设备点检定修制的实质

其实质就是设备点检制与设备定修制的有机结合。设备点检制是一种以点检为核心的设备维修管理体制，是实现设备可靠性、维护性、经济性达到最佳化，实现全员设备维修管理（TPM）的一种综合性基本制度，也是以点检为核心的设备维修管理制度的简称。设备定修制就是一种生产设备组织计划检修的基本形式，是以设备的实际技术状况为基础而制定出来的一种检修管理制度，其目的是为了能安全、经济、高效率地进行检修，以防止检修时间的延长而影响生产。

14.2.3.3 设备点检制

A 点检定义

为了维持生产设备原有的性能，通过用人的五感（视、听、嗅、味、触）或简单的工具仪器，按照预先设定的周期和方法，对设备上的某一规定部位（点）对照事先设定的标准，进行有无异常的预防性周密检查的过程，以便设备的隐患和缺陷能够得到早期发现、早期预防、早期处理。这样的设备检查称为点检。

B 点检与传统设备检查的区别

传统的设备检查仅是一种进行检查的方法。传统检查的几种形式有：事后检查、巡回检查、计划检查、特殊性检查、法定检查。点检是一种管理的方法，它通过实行“五定”管理维修标准体系，即定点、定标、定期、定法、定人，使隐患和异常都能在故障发生前得到恰当的处理，做到既正确又经济。点检与传统检查主要有八点明显区别：

(1) 定人。检作业的核心是专职点检员的点检，它不是巡回检查，而是固定点检区的人员，做到定区、定人、定设备，不轻易变动。

(2) 定点。预先设定设备故障点，明确设备的点检部位、项目和内容，使点检员做到有目的、有方向地进行点检。

(3) 定量。点检的同时，把技术诊断和倾向性管理结合起来，对有磨损、变形、腐蚀等部位，根据维修技术标准的要求，进行劣化倾向的定量化管理，以测定其劣化倾向程度，达到预知维修的目的。

(4) 定周期。故障点的部位、项目和内容均有预先设定的周期，并根据点检员素质的提高和经验的积累，进行适当的修改、完善，摸索出最佳的点检周期。

(5) 定标准。点检标准是衡量或判别点检部位是否正常的依据，也是判别该部位是否劣化的尺度。因此凡是点检的对象设备都有规定的判定标准，点检员要掌握、熟悉它，以便采取对策，消除偏离标准的劣化点，恢复正常状态。

(6) 定点检计划表。点检计划表是点检员实施点检作业的指南和进行自主管理的蓝图。点检员根据预先编制好的点检计划表，沿着规定的路线去实施作业。

(7) 定记录。点检信息记录有固定的格式，包括作业记录、异常记录、故障记录及倾向记录等。

(8) 定点检业务流程。明确点检作业和点检结果的处理程序。如急需处理的问题，要通知维修人员，不急处理的问题则记录在案，留待计划检查处理。

C　点检的分类

(1) 按点检种类可分为良否点检、倾向点检。良否点检指只检查设备的好坏，即对劣化程度的检查以判断设备的维修时间；倾向点检通常用于突发故障型设备的点检，对这些设备进行劣化倾向性检查，并进行倾向管理，预测维修时间或更换周期。

(2) 按点检方法可分为解体检查、非解体检查。

(3) 按点检周期可分为日常点检、定期点检和精密点检。

1) 日常点检是设备点检的基础，是防止设备劣化、维护保养设备的重要方法。日常点检的内容（十大要素）：压力、温度、流量、泄漏、给脂状况、异音、振动、磨损、龟裂（折损）、松弛。

2) 定期点检包括设备的非解体定期检查、设备解体检查、劣化倾向、设备的精度测试、系统的精度检查及调整、油箱油脂的定期成分分析及更换添加、零部件更换、劣化部位的修复。

3) 精密点检是利用精密仪器、仪表对设备进行综合性测试调查，或在不解体的情况下应用诊断技术，即用特殊仪器、工具或特殊方法测定设备的振动、磨损、应力、温升、电流、电压等物理量，通过对测得的数据进行分析比较，定量地确定设备技术状况和劣化倾向过程，以判断其修理量和调整的必要性。

D　点检管理的特点

(1) 实行全员管理；

（2）专职点检员按区域分工进行管理；

（3）点检员是管理者；

（4）点检是一整套科学的管理工程；

（5）点检是动态管理方法。

E　设备的五层防护线

点检工作的五层防护是设备点检制的精华，是建立完整的点检工作体系的依据。按照这一体系，把企业的各类点检工作关系统一起来，使不同层次、不同专业的全体人员都参加管理，将各种现代化管理方法运用在一起，形成现代化的设备管理技术，即：

（1）操作人员的日常点检。通过岗位操作人员的日常点检，发现异常，排除小故障，进行小处理。这是防止设备事故发生的第一层防护线。

（2）专业点检员的专业点检。专业点检员靠经验和仪器对重点设备、重要部位进行重复的、详细的解体点检和循环维修点检。发现隐患，排除故障，是防止设备事故发生的第二层防护线。

（3）专业技术人员的精密点检。在日常点检和专业点检的基础上，对设备进行严格精密的检查、测定和分析，这是第三层防护线。

（4）设备技术诊断。设备技术诊断是指在运转时或非解体状态下，对设备进行点检定量测试，帮助专业点检员作出决策，防止事故的发生，这是第四层防护线。

（5）设备维修。通过上述四层防线，可以摸清设备劣化的规律，减缓劣化进度和延长机件的寿命。但还有可能发生突发性故障，这时就需要一支维修技术高、责任心强的维修队伍。所以说设备维修是设备的第五层防线。

F　点检检查的方法

专职点检员在现场点检时，必须使用点检工器具，结合点检技能、经验，认真进行点检，及时判断和发现设备故障隐患或劣化现象，提高设备点检命中率，并及时进行处理。

专职点检员应掌握五感（视、听、嗅、味、触）点检技能的方法及根据经验进行五感点检的有关要领。在实施五感点检的过程中，要依据点检标准，认真检查设备，如发现设备出现异常现象，必须从原理上弄清其发生的原因，并根据原因采取正确有效的措施。

14.2.3.4　设备定修制

A　设备定修制形式

（1）定修。凡必须在主作业线停产条件下进行的，或对主作业线生产有重大影响的设备，按年度设定的周期进行的计划检修称为定修。定修周期和日期是相对固定的，每次定修计划时间一般不超过 24h，如遇主控项目或主控项目施工交叉需要，经批准后定修计划时间可适当增加。定修计划的来源为周期管理项目、劣化倾向管理项目、点检结果、设备生产安全改善、技改项目、上次检修遗留项目等。定修计划由点检组长提前 10 ~ 20 天编制。

（2）年修。一年或更长时间安排一次，且连续停产若干天进行的定期检修称为年修。年修时间一般为 8 ~ 15 天（部分可超过 15 天）。年修计划的来源同定修。年修计划由点检组长提前 60 天编写。

（3）日修。不需要在主作业线停产条件下进行的设备计划检修称为日修。日修不影响全厂生产计划，可在平日实施，日修的日期与时间由各厂（车间）自定。日修计划的来源为点检计划和设备隐患的内容等。日修计划由点检员提前一周编制。

（4）抢修。为排除主作业线或对主作业线有重大影响的设备故障（事故）所进行的检修称为抢修。

B　定修的特征

（1）定修是在点检制、预防维修的条件下，把检修负荷压到最低限；

（2）定修的力量除企业内部机修外，在很大程度上依靠社会协作单位的检修力量；

（3）定修的停机修理计划时间，推行“计划值”管理方式，追求时间命中率100%；

（4）定修项目的完成追求项目命中率100%；

（5）定修项目的质量追求命中率100%；

（6）定修计划的来源、调整、确定和管理工作，是按照定修模型的规定执行的，由点检和检修作业长来承担并实施。

C　定修的内容

定修的内容包括：科学的定修模型；完善的以网络图方式编成的检修作业标准和修理质量基准；明确的生产方、点检方、检修方、社会协作方的业务分工协议书；现代化的施工机具和检测仪表等手段；推行以作业长制为中心的现代化基层管理模式。

思考与练习

5-1　设备管理的发展经历了哪几个阶段，每个阶段的主要特征是什么？

5-2　设备选购原则和方法是什么？

5-3　试述设备的检查和保养的基本内容？

5-4　什么是设备的寿命和寿命周期？

5-5　对设备磨损的补偿有哪几种方式，特点如何？

5-6　何谓设备的修理、改造和更新？

5-7　简述冶金企业设备管理“三规十制”。

5-8　反映冶金设备状态的技术指标有哪些？

5-9　什么是全员生产维修TPM？

5-10　什么是设备点检定修制？

5-11　设备维修管理中“五定”内容是什么？

5-12　设备管理的五层防护线指哪些？

情景 6

冶金企业物流与物料管理

学习目标

1. 知识目标

- 掌握物流和物流管理的基本概念；
- 了解冶金企业物料分类管理意义；
- 掌握冶金企业物料消耗定额的构成与计算；
- 掌握冶金企业常用物料消耗定额指标确定方法；
- 了解物料库存控制模型；
- 掌握冶金企业原料种类和成品种类。

2. 技能目标

- 掌握冶金企业物料管理方法；
- 掌握物料 ABC 分析方法；
- 掌握冶金企业料场管理。

单元 15 物流与物流管理

15.1 物流的内涵

由于人们对物流的认识有一个不断深化的过程，所以目前关于物流还没有一个严格的定义。

20 世纪 60 年代，日本通产省物流调查会对物流的定义为："物流是制品从生产地到最终消费者的物理性转移活动，具体由包装、装卸运输、保管以及信息等活动组成。" 20 世纪 90 年代，美国物流管理协会对物流的定义为："物流是为满足消费者需求而进行的原材料、半成品、最终产品及相关信息从起始地到消费地的有效流动与存储的计划、实施与控制的过程。"

中国物流的发展，在 20 世纪实现了从无到有和从小到大两个阶段的变化。2001 年 8 月 1 日颁布实施的中华人民共和国国家标准《物流术语》（GB/T 18354—2001）将物流定义为："物品从供应地向接受地的实体流动过程。根据实际需要，将运输、储存、装卸、搬运、包装、流通加工、配送、信息处理等基本功能进行有机结合。"

这一定义实际上是对物流活动过程所作的客观描述。在这个概念中，还需要明确以下两个问题：第一，关于“物”的概念。物流中的“物”是指一切可以进行物理性移动的物质资料和物流服务。物质资料包括物资、物料和货物，从经济用途上，包括生产资料和生活资料。物流服务包括货物代理和物流网络服务。第二，关于“流”的概念。从一般意义上讲，物流中的“流”是上述物的一种物理性运动形式。这种运动无论在哪种情况下，都要有一系列的活动才能实现，例如包装、装卸搬运、储存保管等。物流中的“流”存在于社会再生产的全过程，包括生产领域、流通领域和消费领域。

15.2　物流管理

《物流术语》中对物流管理的定义为：“为了以最低的物流成本达到客户所满意的服务水平，对物流活动进行的计划、组织、协调与控制。”换句话说，物流管理是对原材料、半成品和成品等物料在企业内外流动的全过程所进行的计划、实施、控制等活动。这个全过程就是指物料经过的包装、装卸、搬运、运输、储存、流通加工、物流信息等物流运动的全过程。

从宏观上来讲，物流管理是指在社会再生产过程中，根据物质资料实体流动的规律，应用管理的基本原理和科学方法，以物流系统为研究对象，对物流活动进行计划、组织、指挥、协调、控制和监督，使各项物流活动实现最佳的协调与配合，以降低物流成本，提高物流效率和经济效益，不断促进物流业的发展。

15.2.1　物流管理的发展沿革

15.2.1.1　物流管理的产生

随着生产技术和管理技术的提高，企业之间的竞争日趋激烈，竞争的焦点开始从生产领域转向非生产领域，转向过去那些分散、孤立的，被视为辅助环节的，诸如运输、存储、包装、装卸、流通加工等物流活动领域。人们开始研究如何在这些领域里降低成本，提高服务质量，创造“第三个利润源泉”。

15.2.1.2　国外物流管理发展的主要历程

自 20 世纪初物流概念产生至今，物流及其管理活动经历了各种各样的变化和发展。在理论研究方面，目前，国内外已形成了许多相关的协会和组织，物流作为“第三利润源泉”已引起了许多人的关注，现代物流管理已成为管理学中一门非常重要的学科。在实践上，随着计算机技术的发展、全球营销的不断开展，物流产业也前所未有地得到了扩大。按照时间顺序，国外物流发展大体经历了四个阶段。

第一阶段：20 世纪初～50 年代。20 世纪初，在北美和西欧一些国家，随着工业化进程的加快以及大批量生产和销售的实现，人们开始意识到降低物资采购及产品销售成本的重要。单元化技术的发展，为大批量配送提供了条件，同时也为人们认识物流提供了可能。

第二阶段：20 世纪 60～70 年代。20 世纪 60 年代以后，世界经济环境发生了深刻的变化。科学技术的发展，尤其是管理科学的进步，生产方式、组织规模化生产的改变，大大促进了物流的发展。物流逐渐为管理学界所重视，企业界也开始注意到物流在经济发展中的作用，并将改进物流管理作为激发企业活力的重要手段。

这一阶段属于实体分配阶段。20世纪60年代和70年代，企业重视实体分配，即把实体分配的一系列相关活动进行系统管理，以最低的成本确保产品有效地送达顾客。企业重视实体分配的主要原因：一是企业为了扩大市场份额，满足不同层次顾客的需求，扩张其生产线。不仅同一基本产品增加了不同的品牌，而且在产品尺寸的大小、形状、色彩等方向都实行了多样化，大大地增加了库存单位，导致了库存成本、订单处理成本及运输成本的增加。二是企业为对付内部和外部的压力，倾向于生产非劳动密集型的高附加值产品。因为存货成本、包装成本及运输成本的增加，导致了实体分配成本的增加。实体分配阶段的物流管理特征是注重产品送到消费者手中的物流环节，这是由于市场环境的改变，即由卖方市场变为买方市场，使生产企业不得不把注意力集中到成品销售上。在整个经济活动中最早对物流的研究是销售的范畴，实体分配反映了这一客观现实。

第三阶段：20世纪70～80年代。这一时期物流管理的内容从企业内部延伸到企业外部，物流管理的重点已经转移到对物流的战略研究上。企业开始超越现有的组织机构界限而注重外部关系，将供货商、分销商以及客户等纳入管理的范围，利用物流管理建立和发展与供货厂商及客户的稳定的、良好的、双赢的、互助合作伙伴式的关系，形成了一种联合影响力量，以赢得竞争的优势。物流管理已经意味着企业应用先进的技术，站在更高的层次上管理这些关系。电子数据交换、准时化生产、配送计划和其他物流技术的不断涌现以及应用与发展，为物流管理提供了强有力的技术支持和保障。

这一阶段进入了综合物流管理阶段。到了20世纪70和80年代，企业越来越认识到把物料管理与实体分配结合起来管理，可以大大地提高效益。70年代后期，美国首先进行了运输自由化，即承运人和货主能自由定价，服务的地理范围也扩大了，承运人与货主建立紧密与长期的合作，增加了企业系统分析物流、降低成本和改进服务的可能，同时全球性竞争加剧，使采用新的物流管理技术、改进物流系统成为必要。如零库存（JIT）、全面质量管理（TQM）等方法，大大地改进了物流系统的管理。

第四阶段：20世纪90年代至今。20世纪90年代以来，随着新经济和现代信息技术的迅速发展，现代物流的内容仍在不断地丰富和发展着，信息技术的进步，使人们更加认识到物流体系的重要，并将现代物流的发展提到重要日程上来。同时，信息技术特别是网络技术的发展，为物流发展提供了强有力的支撑，使物流向信息化、网络化、智能化方向发展。这不仅使物流企业和工商企业建立了更为密切的关系，同时物流企业也为各客户提供了更高质量的物流服务。特别是电子商务的发展，将像杠杆一样撬起传统产业和新兴产业，成为企业决胜未来市场的重要工具，而在这一过程中；现代物流将成为这个杠杆的支点。

这时的物流进入了供应链管理阶段。由于一系列外部因素的变化，企业开始把着眼点放到物流活动的整个过程，包括原材料的供应商和制成品的分销商。这就形成了所谓的供应链的概念。这一概念同时又基于制造商与供应商、分销商及物流公司的合伙及联盟的趋势。要实现供应链的概念不是一件容易的事，因为它涉及不同的利益单位。对总体供应链最优的方案，对个别供应链成员而言其短期利益可能并不是最优的。虽然这样，供应链方法从节省成本与提高服务水平的观点来看，具有很大的潜力。

随着企业物流管理的发展，原先提供运输服务的物流企业，也相应地扩大了它们的服务范围，开始出现了所谓第三方物流业，提供综合物流服务。第三方物流是指由供方和辅方以外的物流企业提供物流服务的模式。

15.2.1.3 物流的发展趋势

随着经济全球化步伐的加快，科学技术尤其是信息技术、通信技术的发展，跨国公司的出现导致本土化生产、全球采购、全球消费趋势的加强，使现代物流的发展呈现出新的特点。

（1）电子物流的兴起。基于网络的电子商务的迅速发展促进了电子物流的发展。此外，电子物流可以在线追踪发出的货物，在线规划投递路线，在线进行物流调度，在线进行货运检查。可以说电子物流是21世纪物流发展的大趋势。

（2）物流规模和物流活动的范围进一步扩大，物流企业向集约化与协同化发展。它主要表现在两个方面：一是物流园区的建设。物流园区是多种物流设施和不同类别的物流企业在空间上集中布局的场所，是具有一定规模和综合服务功能的物流集结点。二是有利于物流企业的兼并与合作。除此之外，另一种集约化方式是建立物流企业之间的战略联盟。

（3）物流服务的优质化和全球化。五个亮点“right”的服务，即把好的产品在规定的时间、规定的地点，以适当的数量、合适的价格提供给客户将成为物流企业优质服务的共同标准。物流成本已不再是客户选择物流服务的唯一标准，人们更多的是注重物流服务的质量。物流服务的全球化是今后发展的又一重要趋势。

（4）第三方物流的快速发展。第三方物流是指由物流的实际需求方（第一方）和物流的实际供给方（第二方）之外的第三方部分地或全部利用第二方的资源通过合约向第一方提供物流服务，也称合同物流、契约物流。第三方是指提供部分或全部物流功能服务的一个外部提供者，是物流专业化和社会化的一种形式。首先，企业将自己的非核心业务外包给从事该业务的专业公司去做，从原材料供应到生产，再到产品的销售等各个环节的各种职能，都是由在某一领域具有专长或核心竞争力的专业公司相互协调和配合来完成，这样形成的供应链具有最大的竞争力。其次，第三方物流企业作为专门从事物流工作的企业，有丰富的专门从事物流工作的专家，有利于确保企业的专业化生产，降低费用，提高企业的物流水平。

（5）绿色物流是物流发展的又一趋势。绿色物流包括两方面：一是对物流系统的污染进行控制，即在物流系统和物流活动的规划与决策中尽量采用对环境污染小的方案，如采用排污量小的货车车型，近距离配送，夜间运货（减少交通阻塞、节省燃料和减少排放）等。绿色物流的另一方面就是建立工业和生活废料处理的物流系统。

（6）不断采用新的科学技术改造物流装备和提高管理水平。

15.2.2 物流管理的主要内容

从企业经营的角度讲，物流管理是以企业的物流活动为对象，以最低的成本向用户提供满意的物流服务，对物流活动进行的计划、组织、协调和控制。根据企业物流活动的特点，企业物流管理可以从以下三个层次展开：

（1）物流战略管理。企业物流战略管理是指站在企业长远发展的立场上，就企业物流的发展目标、物流在企业经营中的战略定位、物流服务水准及物流服务内容等问题作出整体规划。

（2）物流系统设计与运营管理。企业物流战略确定以后，为了实施战略，必须要有一套得力的实施手段和工具，即物流运作系统。作为物流战略制定后的下一个实施阶段，物流管理的任务是涉及物流系统和物流能力，对物流系统运营进行监控，并根据需要调整系统。

（3）物流作业管理。根据业务需求，制订物流作业计划，按照计划要求对物流作业活动进行现场监督和指导，并对物流作业的质量进行监控。

物流管理的内容有：

（1）物流基本活动管理。对物流活动诸要素的管理，包括运输管理、储存管理、装卸搬运管理、保管管理、配送管理、流通加工管理和物流信息管理等。

（2）物流基本要素管理。对物流系统诸要素的管理，即对其中人、财、物、设备、方法和信息六大要素的管理，包括人力资源管理、物流技术管理、物流设施管理、物流成本管理等。

（3）物流基本职能管理。对物流活动中具体职能的管理，主要包括物流计划、质量、技术、经济等职能的管理，包括物流战略管理、物流计划管理、物流组织管理、物流运行监控等。

与传统物流管理相比较，现代物流管理具有下列四方面特点：

（1）以实现客户满意为第一目标。现代物流是基于企业经营战略，从客户服务目标的设定开始，进而追求客户服务的差别化。它通过物流中心、信息系统、作业系统和组织构成等综合运作，提供客户所期望的服务，在追求客户满意最大化的同时，求得自身的不断发展。

（2）以企业整体最优为目的。企业物流既不能单纯追求单个物流功能的最优，也不能片面追求各“局部物流”最优，而应实现企业整体最优。

（3）以信息为中心。信息技术的发展带来了物流管理的变革，物流信息技术的运用和供应链物流管理方法的实践，都是建立在信息基础上的，信息成为现代物流管理的中心。

（4）重效率，更重效果。原来的物流以提高效率、降低成本为重点，而现代物流不仅重视效率方面的因素，更强调整个物流过程的效率，即若从成果角度看，有的活动虽然使成本上升，但它有利于整个企业战略目标的实现，则这种活动仍然可取。

单元16 冶金企业物料管理

16.1 物料及物料管理基本内容

16.1.1 物料

物料是为满足人们需要的一切劳动产品或物质资料的总称。

物料的分类

工业企业所需物料品种繁多，各有不同特点，为了便于编制计划、采购订货和加强管理，对于各种物料必须进行科学的分类。一般按以下标志分类：

(1) 按物料在生产中的作用分类。

1) 主要原材料，指加工后构成产品实体的物料。冶金工业主要原材料有矿石、生铁、钢材、有色金属材料等。

2) 辅助材料，指在生产中起辅助作用，但不构成产品实体的物料，包括工艺用辅助材料（型砂、油漆等）、机器设备用辅助材料（润滑油等）、劳动保护用材料、包装材料等。

3) 燃料，包括工艺用燃料（如高炉、平炉、反射炉用）、动力用燃料（如锅炉用）、非生产用燃料（如取暖用）等。

4) 动力，如电力、蒸汽、压缩空气等。

5) 工具，如工具、刃具、辅助工具等。

6) 修理用备件。

上述分类的燃料、动力、工具和修理用备件，按其使用的特点，也可属于辅助材料，但由于用途不同，为了便于根据它们自己的消耗特点来进行管理和确定消耗定额，才作为独立的项目划分出来。

采用这种分类，主要是便于企业制定物资消耗定额和计算各种物资需用量，同时也为计算产品成本和核算物资储备定额等提供依据。

(2) 按物料本身的自然属性分类。

1) 金属材料（包括黑色金属和有色金属）。

2) 非金属材料（耐火材料、木材、油类等）。

3) 机电产品（电机、电线、仪表、工具及各类配件如机械、电子、光学、液压配件等）。

这种分类法，主要便于企业编制物资供应目录，组织订货、采购，便于根据物资的物理性能、化学性能不同进行保管。

(3) 按物料的使用范围分类。可分为：基本建设用料、生产产品用料、经营维修用料、科学研究用料、技术措施用料、工艺装备和非标设备用料等等。

采用这种分类，主要便于企业和上级部门按使用方向进行物资核算和平衡。

16.1.2　物料管理

物料管理是对工业企业生产经营活动中所需的各种物料的采购、供应、存储、保管、合理使用等各项管理工作的总称。它是企业生产管理的重要内容，也是企业生产前的一项复杂的准备工作。

物料管理的意义有：

（1）保证生产的正常进行。生产过程就是物料消耗的过程，要使生产正常而有节奏，必须及时供应物料，做好物料管理工作。

（2）是降低成本的基础。加工工业的材料费用在产品成本中占60%～70%，在冶金工业中比重更大，而且该比重有进一步加大的趋势。要降低成本，必须搞好物料管理。

（3）加快企业流动资金周转速度。现代大工业企业中储备资金在流动资金中所占比例达到50%～60%，库存资金约相当于销售总额的10%～20%。因此，合理地确定采购批量，加强库存管理和控制，是改善经营、提高经济效益的重要途径。

（4）是保证产品质量的基础。现代工业产品的精度高、结构复杂、品种规格繁多、协作供应厂家很多，对入厂材料和配件的质量都有严格要求，这都增加了物料管理的复杂性。搞好物料管理对提高产品质量、增强市场竞争能力具有十分重要的意义。

物料管理的任务有：

（1）按质、按量、按时、配套地供应各种物料；

（2）合理储备，加速流动资金的周转；

（3）合理使用，降低物料消耗，减少储运损耗。

16.2　冶金企业物料消耗定额和储备定额

16.2.1　冶金企业物料消耗定额

16.2.1.1　物料消耗定额的内涵和作用

物料消耗定额：是指在一定的生产技术条件下，生产单位合格产品或完成某项生产任务所需消耗的物料数量的标准。（物资消耗定额是根据产品结构和工艺方法，对制造单位产品所规定的原材料消耗量标准）。

物料消耗定额在企业管理中具有重要作用。物料消耗的高低，是反映一个企业生产技术和科学管理水平的重要标志。

（1）它是计算物料需要量、编制物料供应计划的依据。企业编制物料供应计划，要根据物料消耗定额来计算物料需要量，并根据物料需要量来计算储备量和申请量或采购量。

（2）它是核算生产用料和科学地组织物料发放工作的依据。根据物料消耗定额和生产作业计划来向生产部门发送物料，就能保证企业生产不间断地、有节奏地进行，并能科学地判断物料使用的节约或浪费。

（3）它是计算产品成本中原材料费用的依据。

（4）它是促进企业提高技术水平、管理水平和工人操作水平的重要手段。先进合理的物料消耗定额，是建立在先进技术水平和管理水平的基础之上的，企业只有不断改进产品设计，采用新工艺、新技术，提高操作水平，才能使物料消耗定额保持在先进的水平上。

16.2.1.2 物料消耗定额的构成与计算

冶金企业的物料消耗定额，通常是按主要原材料、辅助材料、燃料、动力、工具、修理用备件等分门别类制定的。

物料消耗定额还可以分为单项定额和综合定额两种形式。单项定额是把某个工序的材料消耗定额，例如，爆破1t矿石需要多少kg炸药，打1m炮眼需要多少m^3高压风。综合定额是生产单位产品所消耗的全部材料定额，例如，选出1t精矿，冶炼1t粗钢、电铜等所消耗全部材料数量。综合定额是单项定额的汇总。

A 物料消耗定额的构成

以主要材料消耗为例说明物料消耗定额的构成。主要材料消耗的构成一般包括三方面，如图6-1所示。

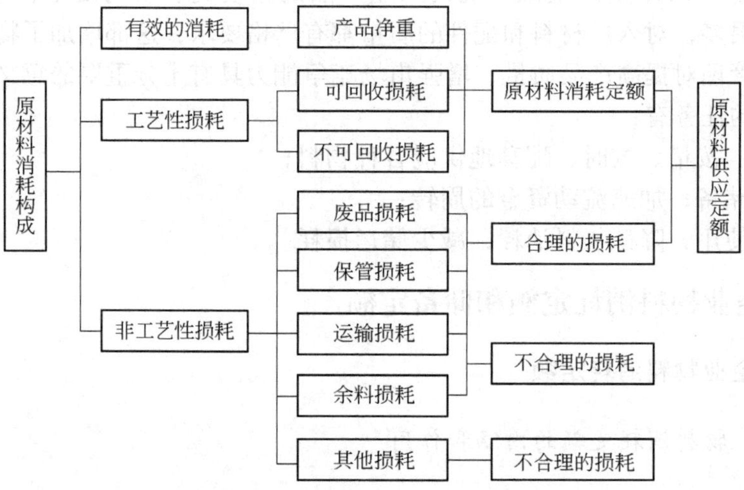

图6-1 主要材料消耗的构成

(1) 有效的消耗（零件净重），指按图纸要求加工后的零件净重，属于原材料的有效消耗部分。

(2) 工艺性损耗，指在加工过程或准备加工过程中，由于工艺技术上的原因而必然产生的原材料损耗，如材料加工准备过程中的边角余料，冶炼过程的废渣及冶炼过程中随炉渣、烟气而损失的炉料，均热炉和加热炉中的金属烧损等，轧制过程的切头边料等。虽然，随着科学技术的发展，新材料、新工艺和新技术不断涌现，这部分损耗会逐渐减少，但总还会有这类损耗产生。

(3) 非工艺性损耗，指运输保管不善、供应材料不合规格以及其他非工艺技术上的原因所造成的损耗。对于此种损耗，其中有的属于正常的不可避免的损耗，另一部分则属于可以避免的损耗，它是由于管理不善、使用不当造成的非正常的损耗，这是应当避免的。

以废品损失为例，废品产生的原因有两种：一种是由于操作人员的工作责任心不强或不按规定的技术要求操作而产生的废品，这就属于可以避免的损耗；另一种原因是工艺技术本身还不可能完全保证所有产品质量都达到规定的要求而产生的废品，如铸件的合格率通常都比较低，其主要原因是铸造工艺目前在技术上还不能达到不产生废品的水平。

物料消耗定额只包括零件净重和工艺性消耗两部分。非工艺性损耗一般是由于管理工作的缺陷所造成的，应当避免。但在目前的生产技术和管理水平下，一些非工艺性损耗还难以避免，有些甚至不是企业内因造成的，所以有必要将非工艺性消耗按照一定的比例计入物料消耗定额之中，通常以材料供应系数来表示。

B　物料消耗定额的计算

物料消耗定额的计算按物料在生产中的作用来分类进行。

（1）主要原材料消耗与供应定额的计算。主要原材料消耗与供应定额的计算可以用以下公式表示：

$$\text{单位产品主要原料消耗定额} = \text{单位产品净重} + \text{各种工艺性损耗重量之和} \tag{6-1}$$

$$\text{物料供应定额} = \text{物料消耗定额} \times (1 + \text{材料供应系数}) \tag{6-2}$$

物料消耗定额与物料供应定额各有不同的作用。物料消耗定额是仓库向车间发料和考核物料消耗的依据，物料供应定额则是企业计算采购量的依据。物料供应系数是非工艺性损耗量与物料消耗定额的比值。

以上说明了制定主要原材料消耗定额的一般原理。依据冶金产品生产过程的特点，通常是根据工艺消耗的特点和预定的配料比，用一系列技术经济指标（如成品率、损耗率、实收率等）来计算的。例如：

1）利用选矿实收率计算选矿矿石消耗定额的计算公式为：

$$\text{选矿矿石消耗定额} = \text{精矿品位}/\text{原矿品位} \times \text{实际回收率} \tag{6-3}$$

$$\text{实际回收率}(\%) = \frac{\text{精矿量}(t) \times \text{精矿品位} \times 100\%}{\text{原矿处理量}(t) + \text{处理原矿品位}}$$

2）利用矿比计算炼铁矿石消耗定额的计算公式为：

$$\text{炼铁矿石消耗定额} = \frac{1}{\text{生铁合格率} \times \text{矿比}} \tag{6-4}$$

$$\text{生铁合格率}(\%) = \text{合格生铁总量}/\text{实际生铁总产量(包括出废铁)} \times 100\%$$

$$\text{矿比} = \text{铁矿石消耗量}\ (t)\ /\text{实际生铁总产量}\ (t)$$

（2）燃料消耗定额的确定。燃料在冶金工企业中是大量消耗的物料，包括原煤、石油、焦炭等。它们的消耗定额要按不同用途和不同消耗标准分别制定。

1）动力用燃料消耗定额，以发电 1kW·h、生产 $1m^3$ 压缩空气或 1t 蒸汽所消耗的燃料为标准来制定，即以 1kW·h 电力、$1m^3$ 压缩空气、1t 蒸汽为计算标准。

2）工艺用燃料定额，以生产 1t 中间产品所需燃料量来制定。

3）取暖用燃料定额，一般按每一个火炉或单位受热面积来制定。由于不同种类燃料发热量不同，必须先按 7000×4.1868kJ/kg 的发热量来计算出标准燃料消耗定额，再根据热当量换算系数换算成实际燃料消耗定额。热当量换算系数为实际燃料发热量与标准燃料发热量之比。如焦炭 1kg 发热量为 6510×4.1868kJ，则其热当量换算系数为 6510/7000 =

0.93。若熔化 1t 生铁的标准燃料消耗量为 90kg，换算为焦炭消耗定额则为 90/0.93 =96.77kg。

（3）辅助材料消耗定额。辅助材料品种很多，企业应按照使用目的和生产条件来分别制定定额。

1）按主要原材料的单位消耗量计算，如高炉冶炼中每 1t 矿石需配多少石灰石，炼钢中每 1t 生铁料要加多少熔剂等。

2）按使用期限计算，如轴承、钢丝绳、皮带、钢球等。

3）按设备开动时间计算，如机油、润滑油等。

4）按金额计算，对于品种繁杂的易损零件和不易分项掌握的材料，如汽车零件等，一般以机台、班组单位按金额控制。

此外，有些辅助材料，则可以根据统计资料或实际耗用情况加以确定。

（4）电力消耗定额。电力不仅是动力的来源，有时还要直接用于技术操作过程中，如电炉炼钢、电炉冶炼铁合金、有色金属电解等。因此，电力消耗大体可分为两类：

1）电力用于发动机器设备时，按机器设备类别和工作小时计算每小时的电力消耗。

2）电力用于技术操作过程时，可直接按单位产品或每吨炉料来制定消耗定额。

（5）维修材料消耗定额。维修材料消耗定额计算公式如下：

$$维修材料消耗定额 = (大修用料量 + 中修用料量 \times 修理周期中修次数 + 小修用料量 \times 修理周期小修次数)/设备大修期产量 \quad (6-5)$$

即：
$$单位产品物料供应定额 = 物料消耗定额 \times (1 + 物料供应系数)$$

物料消耗定额的制定，一般先从原料及主要材料、燃料着手，由粗到细、逐步完善。企业的消耗定额，应报上级主管部门批准，同时还要落实到车间、班组、机台切实执行。

16.2.1.3　物料消耗定额指标

考核企业物资消耗，要计算两个指标：一个是单位产品原材料、燃料、动力的消耗量；另一个是原材料利用率。

（1）单位产品原材料、燃料、动力的消耗（简称单耗）。这是反映产品消耗水平的基本指标。它是以实物量表示的单位产品平均消耗某种主要原材料或燃料、动力的数量。

单耗的一般计算方法为：

$$单耗 = 原材料（燃料、动力）总消耗量/产品产量 \quad (6-6)$$

单位产品消耗的原材料、燃料、动力越少，说明材料、燃料的利用越好。考核单耗时应与消耗定额或消耗计划相比，以检查消耗指标的完成情况。

$$消耗定额(计划)完成情况指标 = 实际单耗/消耗定额(计划) \times 100\% \quad (6-7)$$

（2）原材料利用率。这是根据成品中所包含的原材料净重与所耗用的原材料数量对比，以百分比形式表示的原材料利用程度的指标。

$$原材料利用率(\%) = 产品中的原材料数量(或产品净重)/原材料总消耗量 \times 100\% \quad (6-8)$$

考核原材料利用定额计划完成情况是将实际利用率与定额利用率或计划利用率相减，说明原材料利用率的好坏。

原材料利用率定额(计划)完成情况指标 = 实际利用率 - 定额(计划)利用率　(6-9)

节约原材料数量 = 原材料总消耗量 - 单位产品原材料数量(或产品净重)/定额(计划)利用率 × 产品产量　(6-10)

考核消耗指标包括单耗和原材料利用率都应根据消耗定额或消耗计划进行。单耗计划一般是每年一次，月、季的考核均以年计划为准。企业实现了上级主管机关确定考核的各项消耗指标，才算完成消耗计划。

16.2.1.4　物料消耗定额制定的基本方法

制定物料消耗定额的基本方法有三种：

(1) 经验估计法。经验估计法是指根据过去生产中物料消耗的统计资料，结合技术人员和工人的实际经验，考虑到计划期内企业生产技术条件的变化等因素制定消耗定额的一种方法。该法简单、工作量小，但定额准确程度较差。

(2) 统计分析法。统计分析法根据以往生产中物料消耗的统计资料，并考虑吸收先进技术和采取各种技术组织措施所产生的效果来制定定额。这种方法简单，但是要有健全可靠的统计资料。

(3) 技术计算法。技术计算法按照图纸和工艺文件，经过精确的技术计算来确定消耗定额。为了保证定额的先进性，在计算之前必须对产品图纸、工艺文件进行深入的分析，找出目前生产中存在的物料消耗不合理的原因和问题，研究和参考国内外先进的经验和方法，再考虑本企业的条件和可能，制定出既先进又切实可行的物料消耗定额。用计算分析法制定物料消耗定额比较准确可靠，但计算工作量大，而且要求具备完整的技术资料和文件。

16.2.2　冶金企业物料储备定额

16.2.2.1　物料储备及物料储备定额的概念

企业物料储备是指已由厂外供应单位进入厂内，但尚未投入到生产领域而在一定时间内需要在仓库内暂时停滞的物料。由于这种储备是在仓库内形成的，所以又称为库存储备。物料储备是沟通供应部门和需要部门之间的关系，保持两者之间正常联系，衔接供需之间在时间上和数量上差异的重要手段，同时也是保证需要部门正常生产的必要条件。冶金生产中建立合理的物料储备是必要的。然而，物料储备量应适中，物料储备过小，不能对本企业的生产起到应有的调节作用。而储备过多，则会造成物料的大量积压，以致占用资金太多，不利于企业经济效益的提高。因此，如何确定合理的物料储备定额，是物料管理中不容忽视的问题。

企业的物料储备，一般包括经常储备和保险储备两个部分。经常储备，是企业在前后两批物料到达的间隔期中，为满足日常生产耗用的需要而建立的储备。这种储备的数量是在不断变动的。当一批物资进厂时，达到最高储备，随着生产的消耗，逐渐减少，直到下批物料进厂前，降到最低储备，当下批物料抵厂时，又达到最高储备。这样不断取用，不断补充，反复循环，周而复始，所以这种储备又称为周转储备。保险储备，是企业为了防备物料运输误期或来料品种规格不符需要等而建立的物料储备。在正常情况，这种储备是不动用的。在某些企业里，由于物资生产有季节性（如制糖厂的甜菜），或运输受季节性影响（如冬季河道封冻停航），还需要建立季节储备。

所谓物料储备定额，是指在一定的条件下，为保证生产顺利地进行所必需的最经济合理的物料储备数量的标准。

16.2.2.2　经常储备定额的确定

通常可采取以下两种方法：

（1）供应间隔期法。

$$Q_1 = T \times M_a \tag{6-11}$$

式中，Q_1 为经常储备定额；T 为物料供应间隔天数（储备天数）；M_a 为物料平均日耗用量。

但有些物料在入库以后、投产使用之前，还要经过一定的准备时间，如矿石要进行混匀，木材要进行干燥。对此种物资，经常储备的天数中，应加上这部分时间，则公式成为：

$$Q_1 = (T_1 + T_2) \times M_a \tag{6-12}$$

式中，T_2 为使用前准备天数，主要取决于物料的化验、加工和整理工作的效率，可根据技术分析和实际经验来确定。

经常储备天数中的主要组成部分是供应间隔天数（包括验收入库天数），即物料前后相邻两批供应的时间间隔。它一般是根据报告年度的统计资料计算，一般以入库数量为权数进行加权平均，再按计划年度的具体条件加以适当调整后确定。例如，在2008年第四季度计算2008年度某种物料的供应间隔天数时，首先要将2008年1～3季度的实际入库统计资料加以整理，其结果如表6－1所示。

表6－1　某种物资供应间隔天数计算

材料入库日期	材料入库数量/t	供应间隔天数/d	按间隔天数计算的加权入库量/t·d
1	2	3	4＝2×3
1月3日	84.67	33	2794.11
2月5日	90.12	43	3875.16
3月20日	88.43	41	3625.63
4月30日	83.75	28	2429.00
5月28日	80.22	48	4282.56
7月15日	85.86	35	3090.96
8月20日	84.62	32	2707.84
9月21日	87.00	38（预计）	3306.00
合　计	696.67		26111.26

然后，根据表6－1中的有关数据计算报告期供应间隔天数：

报告期供应间隔天数＝26111.26/696.67＝37.4≈38

假设 2009 年计划产量增加、该项物料平均每日需要量也将增加，根据以往经验，考虑采取一些措施后，供应间隔天数可以作适当压缩，比如：压缩 2 天、改为 36 天。

因为供应间隔期主要是根据供货单位的供应条件、运输条件等因素，保证企业不致因缺料停工而确定的，所以，此法较多地考虑了企业的外部因素，而在考虑企业自身的经济效益方面显得不足。

（2）经济订购批量法。这是将某种物料的经济订购批量作为该种物料的一次进货数量，即该物料的最大经常储备，而侧重从企业本身的经济效益来确定物料经常储备的一种方法。

与物料储备有关的费用（成本），通常可以划分为两大类；一类是储存费用（保管费用），是指物料储备占用资金的利息、仓库管理理费（折旧、维修、取暖、通风、照明等）和物料储存消耗、损失费等。另一类费用是订购费用，是物料从订货到入库过程所需要的各种费用，如物料订货的差旅费、仓库的验收进货、搬运以及订货的回扣等等。这两类费用各有特点，在年需要量一定的情况下，物料储存费用与订购费用成反比，即订购批量越大、采购次数减少、订购费用就越小，因此，从节约订购费用方面来考虑，应当减少订购次数，而增加订购批量。相反，物料的储存费用则与订购数量成正比，因此，从节约储存费用方面来考虑，应当增加采购次数而减少订购批量。可以看出，节约这两类费用是相互矛盾的。因此要求最优的订购数量，即经济订购批量。

设：M 为某种物资年需要量；Q_1 为某种物资订购批量；C_1 为每一单位物资年储存费（有时以保管费 j 储存物资价值% 表示）；q 为某种物资一次订购费用。则一年包括储存费及订购费在内的总费用为：

$$f(Q_1)=\frac{Q_1}{2}\cdot C_1+\frac{M}{Q_1}\cdot q \tag{6-13}$$

式中，$\frac{Q_1}{2}$为平均储备量。为求使 $f(Q_1)$ 最低时的 Q_1^*，令：$\frac{\mathrm{d}f(Q_1)}{\mathrm{d}Q_1}=0$，整理得到：

$$Q_1^*=\sqrt{\frac{2Mq}{C_1}}$$

同理：

$$f(Q_1^*)=\sqrt{2MqC_1}$$

Q_1^*、$f(Q_1^*)$ 为经济订购批量和相应的最低费用。

例 6－1　某厂年需要某种物资 8000kg，订购费用为 5 元/次，保管费用率 i 为 20%，原价 C_0 为 2.5 元/kg，求经济订购批量。

解：$C_1=C_0\times i=2.5\times 0.2=0.5$

$$\begin{aligned}Q_1^* &=\sqrt{\frac{2Mq}{C_1}}=\sqrt{\frac{2\times 8000\times 5}{0.5}}\\ &=400\text{kg}\\ f(Q_1^*) &=f(400)\\ &=\sqrt{2\times 8000\times 5\times 0.5}\\ &=200\text{ 元}\end{aligned}$$

其数量关系如图 6－2 所示。

综上所述，在价格变化极小时，经济订购批量可以采取上面的方法确定。然而，通常物资供应部门为了扩大其销售，对订购量超过一定数量的用户给予价格优惠。一般按订货量的大小，规定几种不同的单价，订购量越大，价格的折扣也越大。如，某种物料的订购量为 Q，当 $Q<Q_1$ 时，则物料单价为 C_{01}；$Q_1 \leqslant Q<Q_2$，单价为 C_{02}；$Q_2 \leqslant Q<Q_3$，单价为 C_{03}。

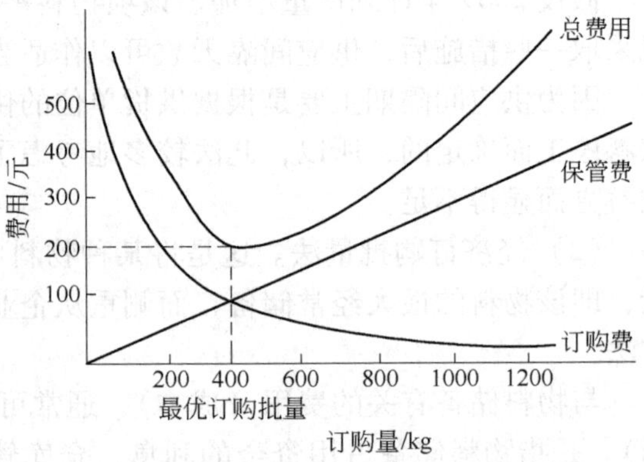

图6－2　订购量与费用关系

为了获得优惠价格，用户应否扩大订货批量，需要分析从价格折扣上取得的购量费用的节约额是否大于因增大订货批量带来的库存费用的增加额，否则扩大订货批量在经济上是不合算的。

如果把某项物资包括购置费用、订购费用和储存费用的总费用以 $F(Q)$ 表示，则对于不同的订购批量，其总费用可用下列公式计算：

$$0<Q<Q_1 \quad F_1(Q)=C_{01}M+\frac{1}{2}C_{01}\cdot Q\cdot i+\frac{M}{Q}\cdot q$$

$$Q_1 \leqslant Q<Q_2 \quad F_2(Q)=C_{02}\cdot M+\frac{1}{2}C_{02}\cdot Q\cdot i+\frac{M}{Q}\cdot q \qquad (6-14)$$

$$Q_2 \leqslant Q<Q_3 \quad F_3(Q)=C_{03}\cdot M+\frac{1}{2}C_{03}\cdot Q\cdot i+\frac{M}{Q}\cdot q$$

式中，M 为该项物料的年需求量；C_{01}，C_{02}，C_{03} 为不同订货量时的物资单价；i 为保管费率；q 为次订购费用；Q 为订货批量。

总费用曲线的形状如图6－3所示。它是一条不连续曲线。按三种单价，总费用曲线分为三段，即图中的 $F_1(Q)$、$F_2(Q)$ 和 $F_3(Q)$ 三段实线。其中 $F_1(Q)$ 最陡，$F_2(Q)$ 次之，$F_3(Q)$ 相对最平缓。

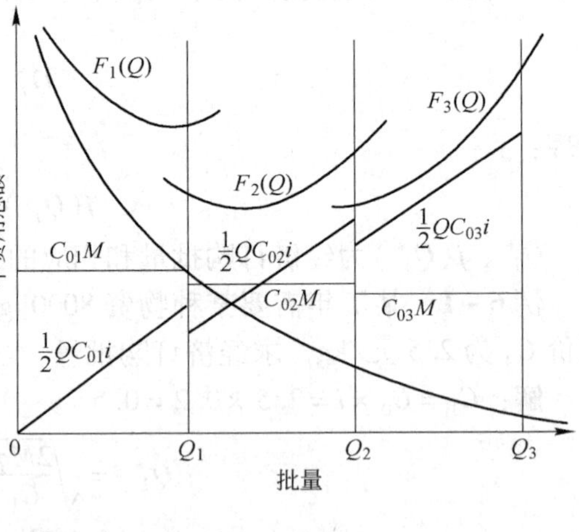

图6－3　总费用曲线图

在有价格折扣时选择经济合理的订货批量，应分两步进行：

1）按不同的单价，求出不同订货量区间的合理订货批量。当订货批量小于 Q_1 时，求出 $F_1(Q)$ 曲线的经济批量 Q_1^*。

$$当 0<Q<Q_1 时，Q_1^*=\sqrt{\frac{2Mq}{C_{01}\cdot i}}$$

此时有两种情况：

若 $0<Q_1^*<Q_1$，则 Q_1^* 就是订货量区间最经济合理的订货数量；

若 $Q_1 \leqslant Q_1^*$，则 Q_1 是该订货量区间最经济合理的订货批量。

当 $Q_1 \leqslant Q < Q_2$ 时，求出 $$Q_2^* = \sqrt{\frac{2Mq}{C_{02} \cdot i}}$$

此时有三种情况：

$Q_1^* < Q_1$，则 Q_1 是该订货量区间的最经济合理的订货批量；

$Q_1 < Q_2^* < Q_2$，则 Q_2^* 是该区间的最经济合理的订货批量；

$Q_2 < Q_2^*$，则 Q_2 是该区间的最经济合理的订货批量。

当 $Q_2 \leqslant Q < Q_3$，求出

$$Q_3^* = \sqrt{\frac{2Mq}{C_{03} \cdot i}}$$

此时也有三种情况：

$Q_3^* < Q_2$，则 Q_2 是最经济合理的订货批量；

$Q_2 \leqslant Q_3^* < Q_3$，则 Q_3^* 是最经济合理的订货批量；

$Q_3 < Q_3^*$，则 Q_3 是最经济合理的订货批量。

2）分析比较以上诸区间哪一种订货批量所对应的总费用最低，就是最后确定的订货批量。

即：

$$\mathrm{Min}\{F_1(Q_1), F_1(Q_1^*), F_2(Q_1), F_2(Q_2^*), F_2(Q_2), F_3(Q_2), F_3(Q_3^*), F_3(Q_3)\}$$

例6－2　某企业年需某项物资10000件，该项物资供应的单价为：订购量小于1000件时，$C_{01}=50$ 元/件，订购量在1000～3000件之间，$C_{02}=48$ 元/件。订购量在3000～5000之间，$C_{03}=45$ 元/件。已知每次订货费用 $q=400$ 元，该项物资的年库存费用 $i=15\%$。

解：第一步，计算各区间的经济合理的订货批量。设订货批量为 Q。

（1）$0 < Q < 1000$：

$$Q_1^* = \sqrt{\frac{2Mq}{C_{01} \cdot i}} = \sqrt{\frac{2 \times 10^4 \times 400}{50 \times 0.15}} = 1033\text{ 件}$$

因为 $Q_1^* > 1000$ 件，在此订货量区间订货批量应取1000件。

（2）$1000 < Q < 3000$：

$$Q_2^* = \sqrt{\frac{2Mq}{C_{02} \cdot i}} = \sqrt{\frac{2 \times 10^4 \times 400}{48 \times 0.15}} = 1054\text{ 件}$$

因为 $1000 < Q_2^* < 3000$，在此订货量区间订货批量应取1054件。

（3）$3000 < Q < 5000$：

$$Q_3^* = \sqrt{\frac{2Mq}{C_{03} \cdot i}} = \sqrt{\frac{2 \times 10^4 \times 400}{45 \times 0.15}} = 1089\text{ 件}$$

因为 $Q_3^* < 3000$，在此订货量区间订货批量应取3000件。

第二步，计算各订货量区间所选订货批量的总费用。

$$F_1(1000) = C_{01} \cdot M + \frac{1}{2}C_{01} \cdot Q_1 \cdot i + \frac{M}{Q_1} \cdot q$$

$$= 50 \times 10^4 + \frac{1}{2} \times 50 \times 10^3 \times 0.15 + \frac{10^4}{10^3} \times 400$$

$$
\begin{aligned}
&= 507750 \text{ 元} \\
F_2(1054) &= C_{02} \cdot M + \frac{1}{2} C_{02} \cdot Q_2^* \cdot i + \frac{M}{Q_2^*} \cdot q \\
&= 48 \times 10^4 + \frac{1}{2} \times 48 \times 1054 \times 0.15 + \frac{10^4}{1054} \times 400 \\
&= 487589 \text{ 元} \\
F_3(3000) &= C_{03} \cdot M + \frac{1}{2} C_{03} \cdot Q_2 \cdot i + \frac{M}{Q_2} \cdot q \\
&= 45 \times 10^4 + \frac{1}{2} \times 45 \times 3000 \times 0.15 + \frac{10^4}{3000} \times 400 \\
&= 461458 \text{ 元}
\end{aligned}
$$

取

$$
\begin{aligned}
&\min\{F_1(Q_1), F_2(Q_2^*), F_3(Q_2)\} \\
&= \{507750, 487589, 461458\} = 461458
\end{aligned}
$$

最后确定订货批量应取 $Q_2 = 3000$ 件。此时对应的年费用总额 $F_3(Q_2) = 461458$ 元最低。

16.2.2.3　保险储备定额的确定

保险储备，如前所述，是为了防止供货的迟误、生产的变动以及其他事先难以预料的因素对生产的正常进行产生的影响而建立的一种储备。保险储备作为一种缓冲和应急手段，对调解生产和衔接供求之间的关系起着重要作用。虽然如此，保险储备也不宜太大，否则会使库存费用急剧增加，影响企业经济效益的提高。

保险储备定额的计算也有两种方法。

（1）简单计算法。

$$
\text{保险储备定额} = \text{平均每日需用量} \times \text{保险储备天数} \tag{6-15}
$$

保险储备天数，一般是凭经验或根据报告期平均误期天数来确定。平均误期天数，是根据报告期实际供应间隔天数中，超过平均供应间隔天数的那一部分，以加权平均的方法计算出来的。例如，按表 6-1 有关资料计算，平均供应间隔期为 38 天，超过 38 天误期有三次，分别为 43，41，48 天，等次误期天数分期为 5 天、3 天和 10 天。

$$
\text{平均误期天数} = \frac{90.12 \times 5 + 88.43 \times 3 + 89.22 \times 10}{90.12 + 88.43 + 88.22} = 6
$$

（2）统计分析计算法。这是以需求量变动值的统计分析为基础，通过相应的公式计算求得保险储备量的一种方法。它比简单计算法来得合理，且较准确。

综上所述，企业的物料储备定额，一般是由经常储备和保险储备两部分组成，由于经常储备是一个经常变化的量，因此，物资储备定额有上限和下限之分。上限叫最高储备定额，即经常储备量与保险储备量之和；下限叫最低储备定额，即保险储备量。

16.3　物料库存控制

从减少流动资金和节省投资的角度来看，物料库存最理想的情况是使库存极少，甚至没有库存。但是由于某些原因使得库存不可避免：一是原材料不可能完全按企业的需要按量按时送到工作地；二是企业的物料需求往往发生波动，需要一定的库存量进行调节；三是多品种生产的企业都以分批投入的方式组织生产，以提高生产效率，这就必然会出现在制品库存。既然物料库存不可避免，那么怎样控制物料库存呢？下面介绍几种物料库存控制的模型。

16.3.1　确定型库存模型

确定型模型是在一切条件都明确知道的情况下应用的模型。应用确定型模型进行物料库存控制的具体模型有定量模型和定期模型两种。

16.3.1.1　定量模型

定量模型（订货点法）就是要确定具体的订货点 R，当库存量降至此数时立即发出订货量为 Q 的订单。

从图6－4可见，物料需求量是恒定而均衡的，订货提前期 L（从开始订货到物料运达）固定，物料订单固定，订货费也是固定的（如图6－5所示）。

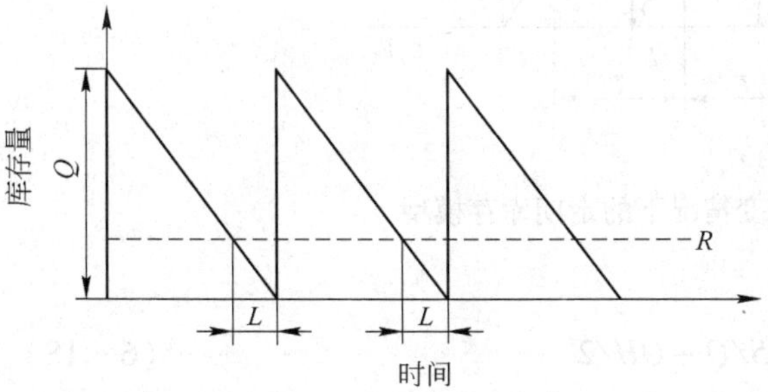

图6－4　固定订货量模型

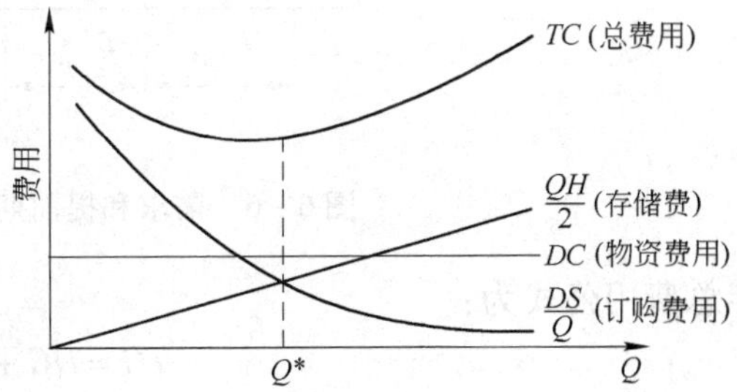

图6－5　费用与订货量的关系

在这种情况下，年物料总费用（TC）计算公式为：

$$TC = DC + D/Q \times S + Q/2 \times H \tag{6-16}$$

式中，D 为年物料需求量；C 为物料单价；Q 为订货量；S 为一次订购费；H 为单位物料年平均保管费。

经济订购批量确定：定量模型的目的是求出最佳订货批量 Q^*，使总费用降至最低。

把总费用对 Q 进行微分，并使它等于0。

$$\mathrm{d}TC/\mathrm{d}Q = 0 + (-DS/Q^2) + H/2 = 0$$

得：

$$Q^* = \sqrt{\frac{2DS}{H}}$$

式中，Q^* 称为经济批量。

在这一简单模型中不建立保险储备。

订货点：

$$R = \bar{d} \cdot L \tag{6-17}$$

式中，$\bar{d}$ 为平均日需求量；L 为订购提前期。

16.3.1.2　定期模型

定期模型是固定订货期的模型。通过定期模型所得出的订货数量，各期都不相同，它取决于消耗速度的大小。在很多情况下宁可每到一定的周期便去检查库存量并编制补充储备的订单，也不要等到库存量降到订货点，因为此法更便于计划工作。但是定期模型一般要比定量模型需要更多的储备量，因为仅按照规定的时间来统计和记录存储量，在两次检查期间必须有足够的保险储备来满足检查期间和订货提前期的需要。

图 6－6 为确定情况下的固定周期的库存模型。需求量和提前期是固定的，但加入了一些新项目。q_s 是每次检查后得出的订货量，它等于库存补足到原定水平后的数量减去现有储存量和已订购量后的差额，在这里是一个常数。

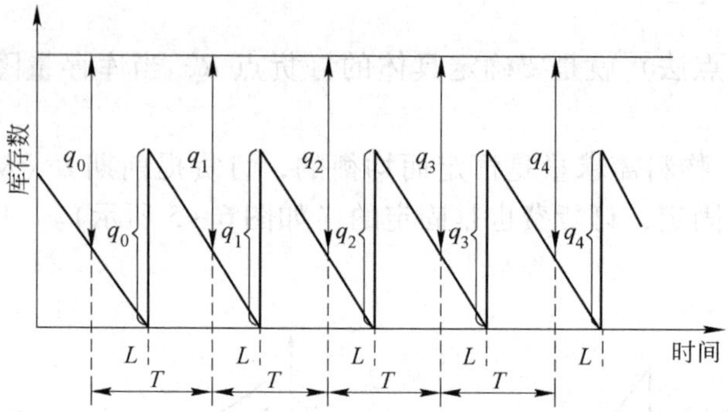

图 6－6　需求和提前期不变情况下的定期库存模型

年总费用公式为：

$$TC = DC + DS/Q + QH/2 \tag{6-18}$$

式中，D 为年需求量；C 为该物料单价；Q 为订购量；S 为订购费用；H 为单位物料的年度保管费；T 为周期长度。

式（6－18）中有两个变量 T 和 Q。定期模型要确定周期 T 为多长才能使总费用降到最低。

由于每年有 $\frac{D}{Q}$ 个供应周期，故周期长度为 $T = \frac{Q}{D}$。

所以　$Q = DT$，代入式（6－18）得：

$$TC = DC + \frac{DS}{DT} + \frac{DTH}{2}$$

对 T 微分并令其为 0，整理后得到最佳周期 $T = \sqrt{\frac{2S}{DH}}$。

又因 $\frac{Q}{D} = \sqrt{\frac{2S}{DH}}$，故得最佳订购批量：

$$Q^* = \sqrt{\frac{2DS}{H}}$$

16.3.2　概率性库存模型

在许多情况下，需求量在经常地变化着。为了防止因需求量随机变化而造成供应脱节，必须有一定的保险储备，这种模型称为概率性库存模型。下面只讲需求变化、提前期固定下的订货量模型。

这种模型是当库存量下降到 R 时即发出订单，在提前期 L 内，可能由于需求量变大而产生缺货（见图6－7），为此应根据需求的历史资料而建立保险储备，使当发生预期的最大需求量时保险储备量降为0，如图6－8所示。

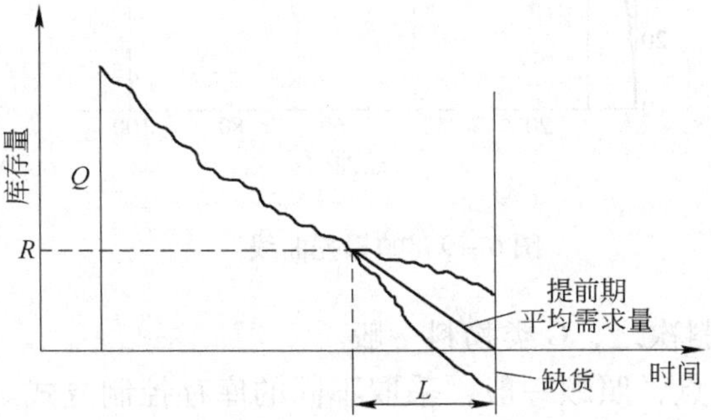

图6－7　需求变化、提前期固定下的固定订货量模型

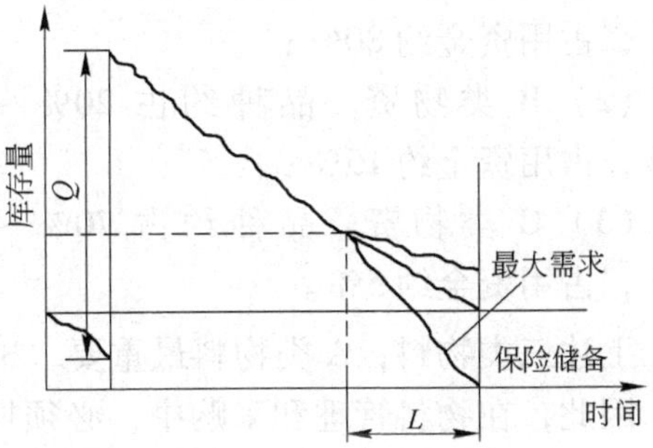

图6－8　需求变化、提前期固定并建立保险储备的固定订货量模型

建立保险储备之后，平均最高储备水平将因保险储备量的存在而提高。

订货点：

$$R=\overline{U}+B \tag{6-19}$$

式中，$\overline{U}$ 为提前期的平均需用量；B 为保险储备量。

$$\overline{U}=\overline{d}\cdot L \tag{6-20}$$

式中，$\overline{d}$为日平均需用量；L 为提前期。

$$B=\alpha\cdot\sigma_{\mathrm{u}} \tag{6-21}$$

式中，α 为达到一定置信度所需的标准差数；σ_{u} 为提前期内需用量的标准差。

例如，若对某物料的日需求量服从正态分布，并且在提前期内满足需求的概率要达到95%，查正态分布表得知，95%对应于1.645个标准差，故适宜的订货点是：

$$R=\overline{d}L+1.645\sigma_{\mathrm{u}}$$

这一模型的最佳订货批量形式相同于连续不断需求的固定订货量模型，即：

$$Q^{*}=\sqrt{\frac{2\overline{D}S}{H}} \tag{6-22}$$

式中，$\overline{D}$ 为平均年需求量。

此外，还有专用模型，如折扣价格模型、单个周期模型等。

16.3.3　物料ABC重点管理法

物料的ABC重点管理法又称帕累托分析法（见图6－9）或巴雷托分析法、主次因分析法、ABC分类法、ABC管理法，平常也称之为“80对20”规则。它是根据事物在技术或经济方面的主要特征，进行分类排队，分清重点和一般，从而有区别地确定管理方式的一种分析方法。它由于把被分析的对象分成 A、B、C 三类，所以又称为 ABC 分析法。

物料的 ABC 分析法是按企业的物料品种以及占用资金的大小进行分类排队，把它们分为 A、B、C 三类：

（1） A 类物资。品种约占 10% ~ 15%，占用资金约 80%；

（2） B 类物资。品种约占 20% ~ 30%，占用资金约 15%；

（3） C 类物资。品种约占 70% ~ 55%，占用资金约 5%。

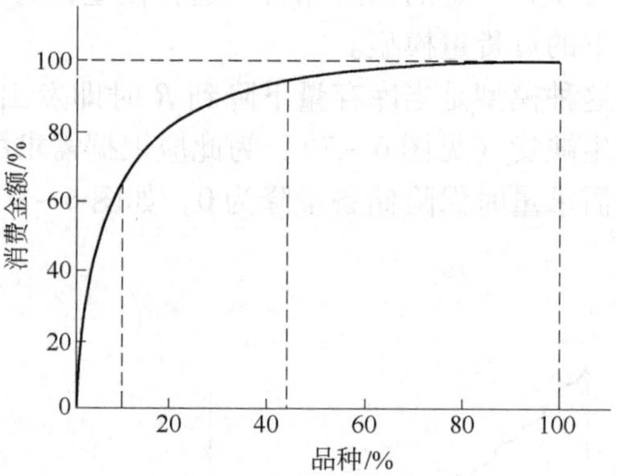

图 6 – 9　帕累托曲线

上述三类物料，A 类物料最重要，B 类物料次之，C 类物料一般。

因此，在物料管理和采购中，必须抓住重点，照顾一般，采取不同的库存控制方式。一般而言，A 类物料，属于消耗量大、比较贵重、占用面积较多的物料。这类物资品种不多，而占用资金多，应定为物料管理的重点对象，实行定期订购的控制方式，对库存盘点、来料期限、领发料等都要严格要求。C 类物料，用于消耗量不大、单价较低，面积占用较少的物资，或不经常领用的零星器材、维修备件等。这类物料品种繁多，但资金占用很少，应定为物料管理的一般对象，采用比较粗放的管理方法，即订货点法的控制方式，可以适当加大保险储备量，以防止缺料现象的发生。B 类物资，其特点和重要程度介于上述两类物资之间，企业要根据物资管理的能力和水平选用定期订货法或订货点法。

下面通过一例来说明 ABC 分类的具体做法。

若某一仓库中需要储存 13 类物料，因年需要量和单价是已知的，这就可以计算出每种物料全年占用的资金额，然后按全年占用资金额的大小列于表 6 – 2。

表 6 – 2　某仓库物料占用资金情况

代号	全年占用资金		累计年资金占用		代号	全年占用资金		累计年资金占用	
	元	%	元	%		元	%	元	%
CD84	22000	71.4	22000	71.4	CD91	300	1.0	30200	98.1
B28	3000	9.8	25000	81.2	B81	250	0.8	30450	98.9
B15	1300	4.2	26300	85.4	A15	150	0.5	30600	99.4
G25	1100	3.6	27400	89.4	B7	100	0.3	30700	99.7
A34	1050	3.4	28400	92.0	G15	60	0.2	30760	99.9
A21	950	3.1	29400	95.5	G4	40	0.1	30800	1.00
H10	500	1.6	29900	97.1					

根据表 6 – 2 的累计年资金占用额的累计百分比，可绘制帕累托物资的资金占用额排列图，如图 6 – 10 所示。

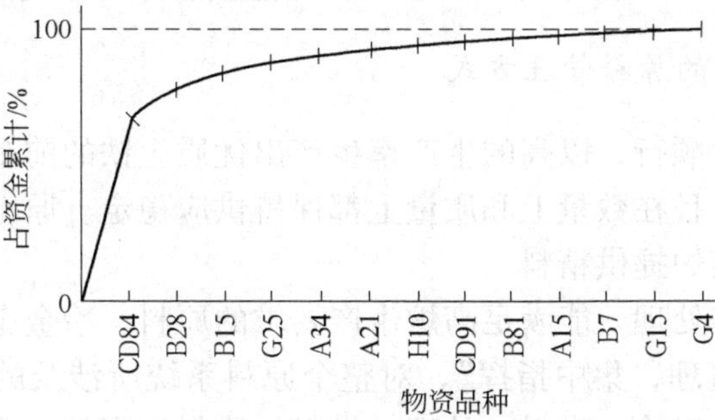

图6－10　帕累托物资占用资金排列图

从占用资金排列图中可以看出，CD84属A类，它占用资金71.4%；曲线的弯曲部分属于B类，这里有B28、B15、G25、A34、A21；其他部分属于C类。这些分类结果及占用资金的百分比汇集于表6－3中。

表6－3　各类别占用资金情况

类　别	物资代号	占用资金/元	占总物资项目/%	占总年资金的比例/%
A类	CD84	22000.00	7.9	71.4
B类	B28　B15 G25　A34 A21	7400.00	38.5	24.1
C类	H10　CD91 B81　A15 B7　G15 G4	1400.00	53.6	4.5

经过分类后，一个多品种的储存问题，简化为若干类，每类的物资占用资金基本相似，则可以给每类规定应采用的储存策略，这样简化了管理工作。

16.4　冶金企业原料及成品管理

16.4.1　冶金企业原料管理

冶金企业原料种类有：

（1）铁矿石类，包括原块矿、整粒块矿、粉矿、粉碎粉、筛下粉、球团矿、烧结矿、锰矿等；

（2）副原料类，包括石灰石、白云石、蛇纹石、硅石、硅砂、萤石、轻烧白云石、生石灰等；

（3）燃料类，包括焦煤、焦炭、发电煤、喷吹煤；

（4）厂内回收料，包括高炉灰、氧化铁皮、粒铁、转炉尘粗粒等。

以上原料，包括了炼铁原料和炼钢原料，但就其品种、数量与管理的复杂程度而言，主要是炼铁原料（含烧结、焦化原料）的管理，其直接服务对象是炼铁厂。

16.4.1.1　集中统一的原料管理方式

现代化大型高炉安全顺行，以高的生产率生产出优质生铁的前提是使用精料，即使用的炉料品位高，质量优，且在数量上和质量上都保持供应稳定。原料管理的任务，就是以尽可能低的采购成本向高炉提供精料。

精料必须是经过严格处理、能满足高炉生产要求的原料。冶金企业采用集中统一的原料管理方式，即“统一管理，集中指挥”，对整个原料系统所涉及的各部门、各单元进行协调、控制，保证采购、运输、进料、处理、供料、原料生产的步调一致。

实现集中统一的原料管理方式，应做到：

（1）企业总公司统一组织配矿、配煤小组，负责确定年度配矿比、配煤比，提出矿、煤的技术与品质要求，组织新矿种试验。

（2）计划发展部负责编制主副原料及燃料的年度计划，提供必要的计划值。

（3）生产部根据年度计划及实施过程中原料进料、使用、库存的实际情况，按季、月编制出原料的需用计划。

（4）物资部负责编制各种主副原料、燃料的采购计划，签订采购合同，根据计划发展部编制的年度计划与生产部编制的季、月原料需用计划编制年、季、月到达计划，按时组织进厂，并对厂内外装载计划进行动态协调。

（5）国贸公司负责进口矿石、煤的采购合同的签订和执行，以及各项进口有关业务。

（6）运输部全面负责主副原料、燃料的运输业务，负责合同中运输条款的谈判、装料条件的确认，提供原料装载动态及到达信息。生产部负责从原料到厂开始，经过卸料、输入、堆积、破碎、筛分、混匀、输出等工序和焦化、烧结生产，一直到高炉上料槽为止全部原料生产的管理工作，具体包括编制原料的季、月供需计划并组织实施调整，编制与调整炼焦、烧结、焙烧的季、月生产作业计划，负责季、月及日常的配矿、配煤管理，负责日常输入、处理、输出、料场配置等作业计划的协调，收集整理生产实绩。

（7）各有关生产厂部按计划组织日常生产作业。

实践表明，这种管理方式保证了各部门间业务关系基本理顺，从而使物流畅通、供料质量稳定，满足了高炉的需要。

16.4.1.2　原料管理内容

（1）原料输入。关键是输入计划的编制、实施和调整必须准确，各部门间配合得好，争取运输部门支持。

（2）料场管理。重点在于防止混料，提高储存能力，为此要加强输入计划管理和原料场的作业管理，加强料场的压密管理，充分利用料场四周的“死料”，试行复合堆料管理。

（3）均矿管理。要求每一堆内的质量稳定，铁分波动控制在 ±（0.2% ~0.25%）、SiO_2 波动控制在 ±（0.15% ~0.2%）内；堆与堆之间有较好的连续性和稳定性，使均矿的质量达到技术标准规定的成分和精度。

（4）烧结生产。原则是加强配料调整（重点是 SiO_2 含量），充分发挥烧结机的能力，安排好烧结机检修或年修时的供料。

（5）炼焦生产。要点是加强煤场管理，杜绝混煤，按批堆存，按批使用；编好焦煤输入计划，准确掌握煤种、库存和资源预测，选用合理的配煤比，在保证焦炭质量的同时，充分利用富裕煤种资源。

（6）高炉配矿管理。确定合理的配矿比，确保供料的稳定性、连续性。

16.4.1.3　原料需求计划的编制

为了保证企业生产经营活动的正常进行，在每个计划年度开始之前，要精心编制原料需求计划，作为全年组织原料工作的依据。

年度的原料需求计划，要以企业的年度经营目标为依据，在“统一管理、集中指挥”原则指导下，满足以下要求：根据炼铁、炼钢生产任务的需用，提供足够数量、质量稳定的原料；确定每个品种原料的合理库存量，在满足正常生产要求的前提下减少资金占用；合理筹划资源，努力降低原料的采购成本。

原料需求年度计划包括年度配矿配煤方案、生产用原料使用计划、采购计划与运输计划等四个部分。

（1）年度配矿（煤）方案的确定。确定年度配矿（煤）方案，是编制年度生产用矿（煤）计划的前提，考虑年度配矿（煤）方案的依据，包括前几年使用的各品种矿（煤）情况的基本评价，企业计划年度的经营目标与方针、设备年修等生产情况，矿（煤）市场价格变化趋势与供求关系。

（2）编制生产用原料使用计划。生产用原料、材料及燃料种类很多，其中大宗的是矿石和煤，其年度计划是在配矿（煤）方案基础上制订的。计划发展部根据配矿（煤）方案，编制年度生产使用计划。生产部根据组织生产的实际需要，协助生产计划处形成分品种、分月数。

（3）编制年度原料采购计划。年度原料使用计划编成后，由物资部和生产部一起确定各类原料、材料、燃料的合理储备定额，根据生产部提供的年初库存、原料消耗定额与分月原料使用计划，由物资部编制原料采购计划，并列出分月采购数。在总的原料采购量中扣除申报计划内原料品种数量后，即为企业自筹的原料品种和数量。

（4）编制年度运输计划。年度运输计划由运输部根据分月的采购计划编制。运输计划定案后，要取得生产部与物资部的确认。

16.4.1.4　原料料场管理

原料料场在生产上有两个功能：一是起储存作用，在数量上保证生产的连续进行，在品种和质量上对使用变动和配比变动起缓冲作用；二是对炼铁工序用料进行管理。

现代高炉生产要求使用精料，即高品位、低有害杂质、物化性能良好、品位稳定、粒度均匀的原料。

钢铁企业用料品种多、用量大、而料场的能力又是限的。因此，料场管理目标是：在追求配料长期稳定的情况下，保证储矿能力最大。料场管理的前提是准确地随时掌握料场状况，检查料场储存能力是否满足进料需要，避免因料场能力不足而导致计划大幅度修正。为此，必须不断了解原料输入预报，包括供料矿山生产状况和运输状况在内；经常测算储料量，并与料场的标准管理能力进行比较。如果发现料场能力不足，可采用以下方法调整：

(1) 变更、修改现有料场配置，尽力提高料场的堆放能力；

(2) 在操作允许的前提下，增加某些品种使用量，以腾出位置堆置新入厂的原料；

(3) 小堆原料改放其他位置或备用料场；

(4) 推迟进料，但这是下策。

改善料场的运用，应注意以下问题：

(1) 料场的使用要充分考虑料场工艺布置状况和设备配置状况。

(2) 各品种原料是否配置在固定位置，要视具体情况确定。非固定配置应变能力强，料场利用率高。但对一些特殊品种如球团矿、精块矿则可固定配置。杂副原料因各自有独特的成分，也宜固定配置。对一些用量少而长期占用场地的品种可考虑堆在料场端部。

(3) 基本的矿种与煤种要分散配置，以防止取料机或皮带机一旦出现故障后，基本品种送不出去。

(4) 原料堆放位置要考虑原料场机械的负荷，不希望出现长期极不均衡的状况。

(5) 在雨季为防止塌方而造成混料，要适当控制料堆高度，一般可比正常情况下降低 1 ~ 1.5m。

根据以上原则，每月编制出料场配置计划。

16.4.2　冶金企业成品管理

冶金企业成品种类有：

(1) 成品，指具有订货合同的、质量符合技术标准的钢材、钢坯、生铁、焦炭、化工产品与副产品等。

(2) 预合同产品，指根据市场预测组织生产但暂时并未有订货合同的、质量符合技术标准的钢材、钢坯、生铁、焦炭、化工产品与副产品等。在市场经济体制下，按照市场需求组织生产预合同产品以满足潜在用户的需要，完全是正常的、合理的。

(3) 非计划产品，指按合同或预合同编制的计划规定之外的，因而没有合同的、也不是按市场预测组织的，但质量符合技术标准的钢材、钢坯、生铁、焦炭、化工产品与副产品。

16.4.2.1　成品出厂管理

安全、顺利、均衡地组织好成品出厂对提高企业的效益和社会的效益有很重要的作用。

(1) 全面完成订货合同，及时地、按质按量地把成品运送给用户，满足用户需要，减少用户待料或积压资金的损失；

(2) 组织成品及时出厂，确保生产线物流的畅通，保证实现企业的生产方针；

(3) 加速成品的出厂，降低成品的库存，减少资金的占用，加快资金的周转；

(4) 充分利用成品出厂的设施和运力，合理组织成品出厂流程，减少厂内转库倒运，缩短生产周期，降低成本；

（5）严密企业与用户之间的接口，防止成品出厂中的差错，维护企业声誉与形象，减少不必要的经济损失。

16.4.2.2 成品库存管理

成品库实行定量管理，堆放位置、占地与堆高都有标准，成品库中的成品要分清炉号，堆放整齐，严防压弯、松捆、散包。钢坯、钢材成品必须妥善保护标记或标签，以利于识别，避免混材（料）。各生产厂末端库与成品库设立分品种、规格的收、发、存台账，及时反映收、发、存实况，末端库与成品库都要定期进行实物盘点，发现账物不符时，要认真查明原因，采取措施，提出盈亏报告，进行处理。

成品库存管理中，要特别注意预合同与非计划产品的管理，因为这些成品尚无用户而暂时堆放，无法事先确定发运次序。待找到用户需要发货时，倒垛的工作量较大。例如冷轧板成品在库中堆放时，每垛6包，找到用户先发货的可能放在垛的下面，需要倒垛，当预合同或非计划产品较多时，管理尤为困难。

同时还要安排好例外情况下的成品管理，例如热轧机年修时还会造成连铸坯的大量积压，在库中堆放时间要延长，可能到使用时发现打印不清，导致混号。又如热轧板卷与冷轧板卷标签可能在运输过程中脱落，或由于外包装不良、断带而无法出厂。因此，成品库的管理必须取得生产厂的密切配合。

为了加速资金周转，全面完成用户订货合同，保证生产物流的顺行，冶金企业要求尽可能将成品库存量减少，这个目标的实现，在很大程度上取决于成品出厂管理组织水平。

思考与练习

6－1 何谓物流及物流管理？
6－2 物流管理基本内容及特点是什么？
6－3 何谓物料，物料管理的意义是什么？
6－4 物料消耗定额概念和意义是什么？
6－5 冶金企业常用物料消耗定额指标有哪些，如何确定？
6－6 经常储备定额的确定方法是什么？
6－7 确定型模型进行物料库存控制的具体模型是什么？
6－8 何谓物料的ABC分析法？
6－9 冶金企业原料种类有哪些？
6－10 冶金企业原料管理的任务是什么？

情景 7

冶金企业人力资源管理

学习目标

1. 知识目标

- 掌握人力资源管理的概念和薪酬的内容;
- 理解人力资源管理与绩效考核的重要性、企业的工资制度;
- 熟知人力资源规划的含义与实施程序、绩效考核的方法、薪酬激励的意义;
- 了解冶金企业岗位设置。

2. 技能目标

- 树立和培养现代人力资源管理理念;
- 掌握企业绩效考核的基本方法;
- 掌握冶金企业主要岗位的评价方法。

单元 17 人力资源管理基本理论

17.1 人力资源

17.1.1 人力资源的内涵

所谓人力资源是指能够推动整个经济和社会发展的劳动者的能力，即处在劳动年龄的已直接投入建设和尚未投入建设的人口的能力。

人力资源包括智力劳动能力和体力劳动能力，也包含人的现实的劳动能力和潜在的劳动能力。现实的劳动能力是指人能够直接迅速投入劳动过程对社会经济产生贡献的能力，潜在的劳动能力是指人必须经过学习、开发等过程才能投入劳动、产生贡献的能力。因此，人力资源可泛指有劳动能力的人。就企业而言，人力资源是指一个企业所拥有的员工数量的总和以及企业员工所拥有的文化素质、生产技能、专业技术水平、身心素质等方面的总质量。

人力资源有质和量两个方面。人力资源数量即具有劳动能力的人口数量，通常按照法定的劳动年龄来进行统计。人力资源质量即具有劳动能力人口的总体素质。人力资源质量可用体质、智力、学识、技能和品质这五项要素来衡量，一个国家或地区的人力资源质量状况在很大程度上由经济发展水平决定。此外，人口遗传、传统文化及意识形态等也影响到人力资源的质量。我国人力资源的特点表现为数量庞大，总体质量不高。

人力资源与人口资源、劳动力资源和人才资源既存在着联系，又具有一定的区别，其关系如图7－1所示。人口资源是指一个国家或地区所拥有的人口的总体，它主要是表明一个数量的概念，即全部自然人的总和。劳动力资源是指一个国家或地区处于劳动年龄之内，并具有劳动能力的人口数量的总和。人才资源是指一个国家或地区具有较强的管理能力、研究能力、创造能力和专业技术能力，并为社会创造价值的人们的总称。人口资源主要表明的是数量概念，是人力资源、劳动力资源和人才资源的基础。劳动力资源是人力资源的主体，突出的是劳动者的数量，用于反映一个国家或地区劳动力的供给情况。人才资源是指人力资源中杰出的、优秀的人员，着重于强调一国或地区人力资源的质量，往往决定着一个国家或组织的综合实力。

<table>
<tr><td colspan="4">人　　口</td></tr>
<tr><td>丧失劳动能力者</td><td colspan="3">人力资源</td></tr>
<tr><td></td><td>学生、失业者</td><td colspan="2">劳动力</td></tr>
<tr><td></td><td></td><td>普通劳动力</td><td>人才资源</td></tr>
</table>

图7－1　人力资源与人口、劳动力以及人才资源的关系

17.1.2　人力资源的特点

人力资源不同于物质资源，它具有区别于物质资源的特点：

（1）人力资源的可再生性。人力资源的可再生性体现在三方面：一是通过人的自身繁衍，人力资源不断地再生产出来，子子孙孙、世世代代延续不止；二是人的体力和脑力在消耗后通过休息和补充能量能够得到恢复，而且如果人的技能和知识陈旧过时了，也可以通过学习等手段得到更新；三是人力资源的使用过程也是一个持续开发和再生的过程。

（2）人力资源的时效性。人力资源的时效性是指人力资源无法储存，其发挥作用受其生命周期的限制。人力资源的有效时期是人能够正常工作的时期，年老或因意外丧失劳动能力后就不属于人力资源范围了。

（3）人力资源的能动性。人力资源是诸多生产要素中唯一具有主观能动性的生产要素。人通过发挥主观能动性来作用于其他生产要素，并通过劳动过程创造社会财富。如果人的主观能动性得不到发挥，不仅浪费人力资源还影响到其他资源的有效利用。所以，人力资源是所有资源中最为重要的资源。人力资源的主观能动性还表现为人力资源有寻求自我发展的需要。人力资源不像物资资源只能被动地被使用，它会寻找能最大限度发挥自身效能、最大限度满足自身需求的位置，也就是说人力资源具有自主的流动性。

（4）人力资源的社会性。人类本质上是一种依靠群体力量而生存发展的社会动物。首先，人力资源的素质是在社会整体背景下形成的，在社会及传统文化氛围中形成价值观、人生观，在社会教育体系中获得知识技能，在社会实践中获得经验。社会环境具有时代性，人力资源也相应地具有时代性。其次，人力资源是在社会分工体系中实现劳动能力并创造社会价值的。尤其是在现在分工日益精细化、合作社会化的背景下，人力资源只有参与社会分工合作才能发挥作用，其劳动成果只有得到社会承认才具有价值。

（5）人力资源的两重性。人力资源在经济运行中承担生产者和消费者的双重身份。人类的生产就是为了满足人类自我生存、发展的物质和精神需要。同时人们的消费行为也是其劳动力恢复和再生产的前提。生产和消费是相互依赖、相互促进的两个经济环节，人力资源的双重身份也不可分割，同样重要。

（6）人力资源的系统性。人力资源的系统性特征在于不同类型的个体人力结合在一起，形成一个有机互动的系统，该系统的能量要远远超过单个人力量的简单总和。人力资源管理中的配置功能就是要实现人力资源的系统性。

17.2　人力资源管理

17.2.1　人力资源管理的内涵

人力资源管理是指运用现代化的科学方法，对与一定物力相结合的人力进行合理的培训、组织与调配，使人力、物力经常保持最佳比例，同时对人的理想、心理和行为进行恰当的引导、控制和协调，充分发挥人的主观能动性，使人尽其才，事得其人，人事相宜，以实现组织目标。简言之，就是对人力资源进行有效开发、合理利用和管理的过程。

从人力资源量和质两方面看，人力资源管理也相应存在量和质两个方面。量的管理就是根据人力和物力及其变化，对人力进行恰当的增减、培训、组织和协调，使人力与物力保持最佳比例并有机结合。质的管理就是对人的思想、心态和行为进行有效的管理，充分调动人的主观能动性，以达到组织目标。就企业员工个人而言，人力资源质的管理是要提高员工的工作生活质量和工作满意度。

从人力资源管理的过程和职能来看，其内容包括员工招聘、选拔、考核、绩效评估、薪酬、激励、培训开发、职业生涯设计与组织发展等。

现代人力资源管理与传统人事管理的区别有：

（1）管理观念的区别。传统人事管理把员工视为一种成本负担，简单地把人看做是管理的对象，注重的是投入、使用和控制，而忽视了人本身的能动作用；现代人力资源管理把人作为企业的一种首要资源，注重产出和开发，强调发挥人的主观能动作用。

（2）管理模式的区别。传统人事管理的特点是以“事”为中心，只见“事”，不见“人”，只见某一方面，而不见人与事的整体性、系统性，强调“事”的单一方面的、静态的控制和管理，其管理的形式和目的是“控制人”；现代人力资源管理以“人”为核心，强调一种动态的、心理与意识的调节和开发，管理的根本出发点是“以人为本”，其管理归结于人与事的系统优化，致使企业取得最佳的经济效益和社会效益。

（3）管理作用的区别。传统人事管理在企业中的作用主要表现在两个方面：一是提高员工的生产效率和工作效率，二是保障企业短期利益的实现；现代人力资源管理的主要作用不仅要满足员工自我发展的需要，还要保障企业长远利益的实现，因而现代人力资源管理更具有决定企业命运的战略性作用。

（4）在企业中地位的区别。传统人事管理是某一职能部门单独使用的工具，似乎与其他职能部门的关系不大，属于企业中的执行层，对企业决策不具有影响；现代人力资源管理却与此截然不同，实施人力资源管理职能的各企业中的人事部门逐渐成为决策部门的重要伙伴，从而提高了人事部门在决策中的地位。

17.2.2　人力资源管理的职能

现代人力资源管理在企业的发展中占有举足轻重的地位，是因为它肩负着重要的使命。这种使命就是通过人与事的最优配置，做到事得其人、人尽其才、才尽其用，这就需要一系列的管理活动，这些活动就构成了现代人力资源管理的职能。

（1）职务分析与设计。对企业内各个工作岗位进行考察和分析，确定它们的性质、结构、责任、流程、胜任该职位工作人员的素质、知识、技能和享有的权利等，以及相应的教育和培训方面的情况，在调查分析所获取相关信息的基础上，编写出职务说明书和岗位规范等人事管理文件。

（2）制定人力资源规划。根据企业的发展战略和经营计划，将企业人力资源战略转化为中长期目标、计划和政策措施，包括对人力资源现状分析、未来人员供需预测与平衡，制定人力资源使用、培训与发展规划，确保企业在需要时能获得所需要的人力资源。

（3）员工招聘与选拔。公开向社会招聘员工是企业人力资源开发的主要渠道，它是根据人力资源规划和工作分析的要求，为企业招聘、选拔所需要的人力资源并录用安排到一定岗位上。能否招聘和选拔到满足工作需要的人才，直接关系到企业的生存和发展。

（4）员工培训与开发。通过培训提高员工个人、群体和整个企业的知识、能力、工作态度和工作绩效，进一步开发员工的智力潜能，以增强人力资源的贡献率，适应外部环境不断变化的需要。

（5）员工激励。激励是指运用各种因素激发员工的动机，诱导和强化员工的行为，使之产生实现企业目标的行为的过程。对员工进行激励，就是采用激励理论和方法，对员工的各种需要予以不同程度的满足或限制，引起员工心理状况的变化，以激发员工向企业所期望的目标努力。

（6）职业生涯规划。企业要鼓励和关心员工的个人发展，帮助员工制定个人发展规划，以进一步激发员工的积极性、创造性。

（7）绩效考评。对照职务说明书，对员工在一定时间内对企业的贡献和工作中取得的绩效进行考核和评价，及时做出反馈，以便提高和改善员工的工作绩效，并为员工培训、晋升、计酬等人事决策提供依据。

（8）薪酬管理。薪酬管理是企业人力资源的重要组成部分。它包括对基本薪酬、绩效薪酬、奖金、津贴以及福利等薪酬结构的设计与管理，以激励员工更加努力地为企业工作。

（9）人力资源会计。与财务部门合作，建立人力资源会计体系，开展人力资源投资成本与产出效益的核算工作，为人力资源管理与决策提供依据。

（10）劳动关系管理。协调和改善企业与员工之间的劳动关系，进行企业文化建设，营造和谐的劳动关系与良好的工作氛围，保障企业经营活动的正常开展。

17.2.3　人力资源管理理论的发展

人力资源管理理论先后产生如下管理思想：

（1）早期福利人事思想。18 世纪后期，英国及其他一些老牌资本主义国家先后发生了工业革命，以机器大工业替代了工场手工业。蒸汽机得到广泛应用，工厂这一新的组织形式代替了以家庭为单位的手工作坊生产。管理者开始对工厂的管理进行探索。员工不习惯工厂的劳动方式，生产规模的扩大受到制约，管理者感到必须要采用新的科学的管理方法。工人对工厂劳动的单调、枯燥乏味感到厌烦，并且对工厂严格的作息时间和规章制度感到不习惯，导致企业员工流失，同时，工厂很难招聘到合适的人才。针对这种情况，管理者纷纷通过各种各样的福利措施来提高工人对企业的忠诚度，并吸引外部人才。例如，当时的美国“沃尔瑟姆制”工厂就通过建立女工寄宿所来吸引女工，一些工厂还在传统节日举行聚会和郊游等活动，以期望消除劳动的枯燥带来的负面影响，留住工人。

这些对劳工问题的解决措施促进了福利人事概念的形成与发展。福利人事，是指由企业提供的、旨在改善企业员工及其家庭成员的工作与生活的一系列活动与措施。现在，企业开办的食堂、浴室、幼儿园等设施，依然受到福利思想的影响。

科学管理之父泰罗的科学管理研究都是围绕如何提高工作效率而展开的，主要集中在定额研究以及人与劳动手段的匹配上。科学管理思想与理论引起了人们对人事管理职能的关注，并推动了人事管理职能的发展。

（2）人事管理思想。人事管理是为企业对人员的管理提供支持的一种作用体系，这种体系作用于员工受雇于企业的全过程。

以人际关系理论、激励理论等为代表的行为科学理论，吸收了心理学、社会学等相关学科的成就，指出人具有多层次的需要，管理者对员工要实行人性管理，通过提高员工的工作生活质量、满足其高层次的需要来调动员工的积极性，并要重视企业中的非正式组织，它们对于满足职工的社会需要发挥着不可替代的作用。行为科学理论的大量研究成果应用于人事管理领域，推动了人事管理的迅速发展。

进入20世纪60年代以后，西方涉及人事和工作场所的相关立法急剧增加。相关的法律诉讼案件层出不穷，企业的司法诉讼花费巨大。于是，大量的律师进入企业的人事部门，尽可能地使企业避免司法诉讼。这样，直接处理有关的司法诉讼等工作成了人事管理的新职能。20世纪80年代，人事管理进入了企业的更高层次，人事管理的职能更加丰富，人事管理的地位得到提升。但是，人事管理依然没有形成完整而严密的理论体系。

（3）人力资源管理思想。1984年美国哈佛商学院教授迈克尔·比尔等人在其出版的《管理人力资本》一书中首次提出了人力资源管理模式。斯托里通过对人力资源管理内在特征的分析，指出了人力资源管理与人事管理的不同点，即人事管理致力于建立对员工的约束管理机制，提高员工的工作效率；而人力资源管理将员工视为企业的首要资源，更加注重员工的能动性。

20世纪中期以来，人力资源管理与开发的理论得到了长足的发展，综合了各个学科的知识成果和研究方法，既重视对工作和组织的研究，又充分重视“人”的因素，强调人的主观能动性和人在生产中的主导作用，研究范围逐渐拓展到对企业人力资源管理的研究。

（4）战略人力资源管理思想。在竞争日益激烈的今天，从企业战略的角度对人力资源进行管理已成为管理者关注的焦点，正在形成“战略人力资源管理”这一新的说法。战略人力资源管理，将人力资源管理视为一项战略职能，从改进人力资源管理部门的工作方式等出发，将人力资源管理与企业的总体战略整合，以提高企业的绩效和实现企业的长期利益。战略人力资源管理主要包括人力资源战略目标的制定、人力资源战略原则的设定以及战略人力资源管理的主要措施三方面内容。美国学者罗纳德·舒勒将战略人力资源管理分成几个不同的组成部分，每个部分都包括战略人力资源管理实施的内容，将人力资源管理政策与企业的战略相结合，目的在于使企业的人力资源更加适应战略发展的需要。

不同的学者对“战略”有着不同的认识，因此战略人力资源管理领域存在着多种不同的观点。但是，战略人力资源管理预示了人力资源管理理论的发展方向，研究者将会更多地关注新兴的战略人力资源管理，推动了这一理论不断发展。

17.3　人力资源规划

17.3.1　人力资源规划的内涵

所谓人力资源规划，又称人力资源计划，是指企业根据发展战略和目标，科学地预测、分析其人力资源在不断变化的环境中的供给和需求状况，并据此制定必要的政策和措施以确保企业在需要的时间和需要的岗位上获得各种必需的人力资源的计划，并使企业和员工的发展需求得到满足的过程。这个定义包含以下四个层次的含义：

（1）企业制定人力资源规划的原因在于环境的不断发展变化。首先，任何企业都处在一定的环境之中，这些环境中政治、经济、技术等一系列因素的变化，势必会引起企业作出相应的变化，而这种适应环境的变化一般又都会带来人员数量和结构的调整。其次，企业内部各种因素同样是在不断地运动和变化着的，人力因素本身也处于不断的变化之中。因而，企业就必须制定人力资源规划，对不断变化的环境中的人力资源的需求和供给状况进行科学预测，以保证企业在发展过程的每一个阶段都获得相应的人力支持。

（2）企业制定人力资源规划的主要任务是预测企业的人力资源需求和可能的供给，确保企业在需要的时间和岗位上获得所需的合格人员。企业的生存和发展与人力资源的结构密切相关。在对于一个处在不断变化的环境中的动态的企业来说，人力资源的需求和供给的平衡就不可能自动实现，因此就要分析企业中人力资源供求的差异，通过制定人力资源规划，采取适当的手段对差异进行调整。

（3）企业制定人力资源规划的目的是实现企业的发展战略和目标。在现代社会中，人力资源是企业拥有的最重要的资源，拥有数量充足和素质良好的人力资源是企业在竞争中取胜的决定性因素。人力资源规划是对企业人力资源管理的统筹安排，是企业在需要的时间获得有效人力的保证。因此，企业在进行人力资源规划时，应从自身的发展战略和目标出发，从而使企业获得适宜数量与质量的人力资源，提高企业效率，实现企业的长远目标。

（4）企业制定的人力资源规划要满足企业和个人的发展需求，保证企业的长期持续发展。人力资源规划不仅是符合企业发展战略的，也是面向企业成员个人的。也就是说，人力资源规划在帮助企业发展的过程中，也要充分关注企业成员的物质利益与精神利益，有助于他们的职业生涯发展，为企业成员实现个人目标创造条件。只有这样，才能为企业留住人才，并吸引更优秀的人才加入到企业中来。

17.3.2　人力资源规划的作用

在企业的人力资源管理活动中，人力资源规划不仅具有先导性和战略性，而且在实施企业的战略目标和规划的过程中，它还能不断调整人力资源管理的政策和措施，指导人力资源管理活动。因此，人力资源规划直接关系着人力资源管理工作整体的成败。所以，制定好人力资源规划是企业人力资源管理部门一项非常重要和有意义的工作。

（1）人力资源规划有利于确保企业在生存发展过程中对人力的需求。任何企业都处在不断变化的内外环境系统之中。随着市场需求的迅速变化、生产技术的不断更新，企业需要不断地开发新产品，引进新技术，才能适应日益激烈的市场竞争。这就使得企业的生产规模和经营领域随之发生变化，也就使得企业一方面要对原有员工进行再培训以适应新技术条件下工作对人的要求，另一方面引进新的高素质人才。因此，如果企业不事先对内部的人力资源情况进行全面系统的分析，进而预测企业未来所需的人力资源，制定人力资源规划，就会不可避免地出现人力资源短缺状况，影响企业的正常生产经营活动。

（2）人力资源规划是企业管理的重要依据。对于企业而言，无论是确定员工的需求量、供给量，还是职务及任务的调整，不通过一定的计划显然都是难以实现的。例如，什么时候需要补充员工，补充哪些层次的员工，如何避免各部门员工提升机会的不均等的情况，如何组织多种需求的培训等。这些管理工作在没有人力资源规划的情况下，就会出现混乱状况。因此，人力资源规划是企业管理的重要依据，它会为企业的录用、晋升、培训、人员调整以及人工成本的控制等活动提供准确的信息和依据。

（3）人力资源规划有助于控制企业的人工成本。企业的人工成本中最大的支出是工资，而工资总额在很大程度上取决于企业中的人员分布状况。人员分布状况指的是企业中的人员在不同职务、不同级别上的数量状况。当一个企业处于发展初期的时候，处于低层职务的人多，人工成本相对较低，随着时间的推移，当企业进人成熟期之后，企业规模扩大，人员的职务等级水平上升，工资的成本也就随着增加。如果再考虑物价上涨的因素，人工成本就可能超过企业所能承担的范围。如果没有人力资源规划，不对企业人员数量的变化、人员结构和职务布局进行合理预测和分析调整，就难免会出现成本上升、效益下降的趋势。因此，在预测未来企业发展的条件下，有计划地逐步调整人员的分布状况，把人工成本控制在合理的支付范围内是十分必要的。

（4）人力资源规划有助于企业作出人事决策。人力资源规划的信息往往是人事决策的基础。例如，采取什么样的晋升政策、制定什么样的报酬分配政策等。人事政策对管理的影响是非常大的，而且持续的时间长，调整起来也困难。为了避免人事决策的失误，准确的信息是至关重要的。例如，一个企业在未来某一时间缺乏某类有经验的员工，而这种经验的培养又不可能在短时间内实现，那么如何处理这一问题呢？如果从外部招聘，需要较高的成本，而又有可能找不到胜任这一工作的人员，或在短时间内难以熟悉和适应工作。如果企业自己培养，就需要提前对员工进行培训，同时还要考虑培训过程中人员流失的可能性等问题。所以，企业必须通过制定人力资源规划，为企业的人事决策提供合理有用的信息。

（5）人力资源规划有助于调动员工的积极性。现代人力资源规划不仅要实现组织的发展目标，还要满足员工个人的物质需求和精神需求。只有在合理的人力资源规划的条件下，员工才可以看到自己的发展前景，明确自己在企业的发展方向和努力方向，才能够激发出工作的积极性。否则，在前途和利益未知的情况下，员工的积极性就会受到削弱和抑制，进而影响企业的工作效率。

17.3.3 人力资源规划的主要内容

企业人力资源规划包括两个层次：人力资源总体规划和各项业务规划。人力资源总体规划是指在计划期内人力资源管理的总目标、总政策、实施步骤和总预算的安排。人力资源业务规划则是总体规划的展开和具体化，包括：

（1）人员补充计划。补充计划也称招聘计划，目的是合理填补企业中的职位空缺。由于企业规模扩大或原有员工的离职、退休等原因，企业可能出现新的或空缺的职位，这就需要企业制定必要的人员补充计划，以填补企业中的空缺职位。

（2）人员使用计划。人员使用计划的主要内容是晋升和轮换。晋升计划是根据企业管理层次结构的要求和人员的分布状况，制定相应的人员提升政策。轮换计划是为实现工作内容的丰富化、提高员工的创新能力和工作热情、培养员工多方面的素质而制定的大范围的对员工工作岗位进行定期变换的计划。晋升表现为员工岗位的垂直上升，而轮换表现为工作岗位的水平变动。

（3）人员培训开发计划。人力资源的开发和利用是人力资源规划的主要内容。培训开发计划是为企业中、长期发展所需要补充的空缺职位而制定的人才储备计划。企业通过对员工的培训与开发，一方面可以使员工更好地适应目前所从事的工作；另一方面，可以为企业的未来发展所需要的职位储备后备人才，有利于提高企业的整体素质和员工的个人能力，增强企业的竞争力。

（4）人员配备计划。企业内的人员在未来职位的分配，是通过有计划的人员内部流动来实现的。这种内部的流动计划就是配备计划。这表示组织中、长期内处于不同职位、部门或工作类型的人员的分布状况，是确定企业人员需求的重要依据。企业中各个部门和职位所需要的人员都有一个合适的规模，当某些岗位出现人员不足或过剩时，可以通过配备计划改变工作的分配方式。

（5）退休及解聘计划。企业每年都会有一些人因为达到退休年龄或合同期满等原因而离开企业。在经济不景气、企业人员过剩时，有的企业还常常采取提前退休等特殊手段裁撤冗员，从而提高企业的生产效率、降低成本，实现更高的效益。

（6）薪酬计划。薪酬计划是指为确保企业的人力资源战略与企业的经营状况保持在一个合理的水平上，而对员工的薪酬所进行的计划，内容包括绩效标准及其衡量方法、薪酬结构、工资总额、工资关系、福利项目等。

（7）劳动关系计划。这项计划是为降低非期望离职率、改善雇佣关系、减少和预防劳动争议等而制定的。

17.3.4 人力资源规划的基本程序

企业进行人力资源规划要经过以下基本程序：

（1）搜集、分析有关信息与资料。搜集、分析有关信息与资料是进行人力资源规划的基础。在一般情况下，与人力资源规划有关的信息主要包括以下三个方面：企业的战略决策、企业的外部经营环境、企业的人力资源现状。

实现企业的经营战略，首先应对企业的人力资源现状进行调查研究，包括现有人力资源的数量、素质结构、分布状况、流动比率等。这项工作是这一阶段的重点。在此基础上，找出现有人力资源与企业发展对人力资源要求的差距，作为制定人力资源规划的依据。

（2）人力资源需求预测。人力资源需求预测是指根据企业的发展规划和企业的内外条件，选择适当的预测技术，对人力资源需求的数量、质量和结构进行预测。其主要任务是分析企业未来工作岗位所需要的人员数量、素质结构、能力要求等。影响人力资源需求的因素主要有企业内部和外部两类因素。内部因素主要包括企业规模的变化、经营方向的改变、技术与管理的变化及人员的流动比率；外部因素主要是指经济、政治、法律、技术和竞争者等。

（3）人力资源供给预测。人力资源供给预测，即估计在未来一段时间企业可获得的人力资源的数量和类型。包括两个方面：一是内部人员拥有量预测，即根据现有人力资源及其未来变动情况，预测出计划期内各个时间点上的人员拥有量；二是外部供给量预测，即确定在计划期内各个时点上可以从组织外部获得的各类人员的数量。

人力资源供给预测应从企业内部入手，充分挖掘现有人力资源的潜力。外部供给量的预测应侧重于对关键人员数量的预测，如技术人员、管理人员等。

（4）确定人员净需求。人员的需求和供给预测完成后，就可以将企业人力资源需求的预测情况与同期内企业本身可供给的人力资源数量进行对比分析，从分析中确定本企业对各类型人员的净需求状况。如果净需求是正的，企业则需要招聘新的员工或对原有员工进行培训；如果净需求是负的，则表明企业的人员过剩，需要对员工进行精简或重新调配。

（5）制定人力资源规划。本阶段主要是制定出人力资源开发与管理的总规划，根据总规划制定各项具体的业务规划以及相应的人事政策，总规划与各项具体计划是相互关联、相互统一的。首先，根据人力资源供求状况以及人员净需求量，制定出相应的规划政策，以确保企业发展的各规划时间点上的供给和需求的平衡。在完成以上工作的基础上，编制企业的人力资源规划。一份典型的人力资源规划至少应包括规划的时间段、目标、现状分析、未来情况分析、具体内容、制定者、制定的时间等。

（6）执行人力资源规划并对其进行评估。在执行人力资源规划的同时，要对规划进行评估，及时反馈信息，为组织总体规划的制定或调整提供可靠的信息。在人力资源的预测中，许多不可控因素的存在都可能导致企业战略目标的变化，从而引起人力资源规划的不断变更，因此必须在对人力资源规划进行评估的基础上不断进行动态调整，以适应企业发展的要求。

17.4　人力资源招聘与培训

17.4.1　人力资源招聘

17.4.1.1　人力资源招聘的概念

招聘是指通过各种信息，把具有一定技巧、能力和其他特性的，同时又有兴趣到本企业任职的申请者吸引到企业空缺岗位的过程。

一般来说，人员招聘包括以下几个程序：对工作岗位进行分析，确定职位空缺；作出职务分析，制定招聘计划书；组建招聘团队；发布招聘信息；对应聘人员进行甄选和评价；对应聘合格者进行录用与试用，与试用合格者签订劳动合同；对招聘结果进行评估和审核。

17.4.1.2　人力资源招聘的原则

要做好人力资源招聘工作，除了要掌握一套科学的技术和方法以外，还必须遵循一定的原则和方法。招聘工作要遵循的基本原则和标准主要有以下几条：

（1）合法的原则。企业在招聘员工时就要严格按照 2008 年 1 月 1 日起施行的《中华人民共和国劳动合同法》（以下简称《劳动法》）的规定签订合同，并依法履行劳动合同。随着我国加入世贸组织，更多的国际性惯例与标准形成了对企业的进一步限制，因此企业必须增强自身的法律意识。

（2）计划性原则。企业进行招聘工作时，必须先明确用人需求，并制订详细的招聘计划，严格按照计划书有步骤地开展招聘工作，提高工作的计划性。

（3）公平竞争的原则。公平是企业招聘过程中一个极为重要的原则。只有对应聘者采取一视同仁、公开考核的方法，严格保证招聘过程的公正性，才能够使真正有才能、胜任工作的人从众多的应聘者中脱颖而出，从而保证企业的招聘质量。

（4）任人唯贤、择优录用的原则。企业在招聘员工的时候，要挑选德才兼备的人员，德决定着才能的发挥方向，才是德的基础，因此挑选员工要两者兼顾。同时，招聘人员还要充分考虑企业各机构、部门的工作需要，通过测试结果，对应聘人员择优录用，为企业提供可靠、及时的人力保障。

总之，人力资源部要有计划、有目标、有步骤地开展日常的人员招聘工作，严格掌握对应聘人员的基本要求，把公平竞争、择优录用的基本原则贯穿在整个招聘工作的过程中，甄选出德才兼备的优良人才，不断满足企业生产经营发展的需求，使企业在激烈的竞争中始终保持优势地位。

17.4.1.3　人力资源招聘的主要形式

人力资源招聘的途径有两种：

（1）企业内部招聘。内部招聘是指从企业正在任职的员工中选拔所需要的各种人才填补空缺职位。内部招聘是企业人力资源招聘的重要来源，特别是企业中管理人员的招聘，主要是由企业内部被确定为具备提升资格的人员来填补。内部招聘方式主要包括内部晋升、公告征召、员工推荐。

（2）企业外部招聘。外部招聘是按照一定的程序和标准，从企业外部吸引人才的过程。外部招聘可以通过广告、人才招聘会、网络、中介公司、申请人自荐和校园招聘等渠道进行。

不同的招聘形式具有不同的特点，如表 7－1 所示。

表 7－1　内部招聘与外部招聘优缺点的比较

招聘途径	内 部 招 聘	外 部 招 聘
优点	对员工较为了解，有利于保证选拔的正确性，降低招聘的风险和成本； 为员工提供了发展的机会，有利于提高员工的忠诚度； 被聘者可以尽快地适应工作	为企业带来新的血液和思考方式，有利于企业的长期发展； 被聘者的人际关系简单，有利于工作的开展； 可以吸引到更优秀的人才； 有利于树立企业的形象

续表 7－1

招聘途径	内部招聘	外部招聘
缺点	易形成思维定式，缺乏创新性，使企业失去活力； 可能引起内部部门或员工间的矛盾，不利于员工间的团结； 必然产生另一个职位空缺，仍需要新的招聘； 选择范围有限，晋升者不一定适应新的工作	聘任外部人员需要承担一定的风险； 被聘者需要较长的适应期； 对新员工的培训要花费相当的精力和时间； 对内部员工的积极性造成打击

在实际招聘活动中，企业要根据自己的战略计划、招聘岗位等因素综合考虑，选取适当的招聘形式。企业可以同时运用内外部招聘来选拔人才，克服两者的不足，坚持公平竞争的原则，采取科学的手段与方法对应聘人员进行评估与审核，为企业挑选合适的人才。

17.4.1.4　人员选拔的方法

对应聘人员的选拔是招聘过程中的关键环节，需要运用一系列的科学方法。选拔过程包括填写求职申请表、素质测评、面试等环节。人员选拔过程不仅要挑选优秀的人才，更主要的是要找到最适合从事这份工作的人才。

（1）填写求职申请表。求职申请表不仅应要求应聘者提供诸如年龄、教育背景等资料，而且应搜集与评价指标相关的信息。比如，要求应聘者详细写出几个过去发生的，能够显示应聘者团队精神、创新能力等方面素质的事例，以便对其合作、创新等能力进行评价。

（2）人员素质测评。人员素质测评是指测评者采用科学的方法，收集被测评者在主要活动领域的表征信息，人员素质测评就是对个人稳定的素质特征进行测量与评价。

个人稳定的素质特点主要包括三个方面：一是能力因素，二是个人风格因素，三是动力因素。常用的测评方法有卡特尔 16 项人格因素测验、霍兰德职业性格测验、瑞文标准推理测验、图片投射测验等。

在实施人员素质测评时，首先要进行相关准备工作，制定测评方案。其次是测评的实施阶段，包括测评前的动员、测评时间和环境的选择、测评的具体操作以及测评数据的反馈。最后要对数据进行分析、评价，得出测评结果，以供有关部门使用。

（3）面试。面试主要是通过招聘者与应聘者面对面交流、观察，进行双向沟通，了解应聘者的素质状况、能力特征、应聘动机等，是人力资源招聘过程中必不可少的一步。

17.4.2　人力资源培训

17.4.2.1　人力资源培训的定义

人力资源培训是指根据企业和员工自身发展的需要，有计划地组织员工进行学习和训练等，旨在提高员工的知识和技能、改变员工的工作态度和价值观、增强员工的创新能力，最终使员工更好地做好本职工作，提高企业绩效的过程。人员培训是人力资源管理的重要组成部分，是提高企业效率、增强竞争力的重要手段，它具有重要的意义。

17.4.2.2　人力资源培训的原则

（1）“理论联系实际、学用一致”的原则。培训要有明确的针对性，从实际工作出发，与职位特点紧密结合，与培养对象的年龄、知识结构、技能结构相联系，紧紧围绕培训目标，合理确定培训的内容，使培训与使用相结合，切实做到学用一致。

（2）全员培训与重点提高相结合的原则。全员培训就是有计划、有步骤地对在职各类人员进行全面培训，是提高员工整体素质和增强企业竞争力的需要。在实行全员培训的同时，应重点对具有较大影响力的技术和管理骨干，特别是中高层管理者与关键技术人员进行培训，以使这些人员在工作中发挥带头作用。

（3）讲求实效的原则。人员培训首先要讲究实际效果，追求培训的质量。一方面，企业要做好培训的计划与组织工作，根据企业与员工的需求，设置有针对性的培训内容；另一方面，培训的形式、方法要有较强的实用性与针对性，确保收到明显效果。

（4）考核与激励原则。培训要有严格的考核与激励制度。严格的考核是保证培训质量的必要措施，只有通过考核才能够得到录用或提拔。在进行考核管理的同时，还要通过一定的机制形成对员工的激励，将培训与员工的工资福利等衔接起来，使员工积极主动地接受培训，最大限度地发挥潜能。

17.4.2.3　人力资源培训的方法

员工培训的方法有很多种，不同的培训类型、内容，可以采用不同的培训方法。常用的员工培训方法主要有以下几种：

（1）讲授法。讲授法也称课堂教学法，是传统模式的培训方法。它是由培训者通过语言向受训者传授知识的一种方法。讲授法适用于向群体学员简单地传授单一课题的内容，要求培训者对讲授内容具有较为深刻的研究。讲授法的成本较低，并可以一次性地将知识传授给受训者，培训进度也容易掌握。但是，这种方法比较单调，受训者的参与程度较低，缺乏实践环节，限制了受训者对所传授知识的理解程度。

（2）案例研究法。案例研究法是通过给受训者一定的案例资料，对此进行分析并提出解决问题的方案。这种方法注重培养受训者发现问题、分析问题、解决问题的能力，通过对案例的研究，受训者可以在分析问题的过程中增强对这一方面知识的理解。

（3）角色扮演法。角色扮演法是一种情景模拟活动，由受训者扮演环境中的某一角色，借助对所扮演角色的演练来体验所扮演角色的感受与行为，培养和训练解决问题的能力。角色扮演法为受训者提供了广泛获取多种工作生活经验、锻炼能力的机会，可以充分调动参与者的积极性，增加受训者间的配合、交流与沟通，培养社会交往能力与团队精神。在角色扮演过程中，培训者要对扮演者的表现进行仔细的观察与记录，并对照预先设计的评分标准对其行为进行评估和打分，形成文字报告，反馈给受训者，以达到培训的目的。

（4）行为模拟法。行为模拟法是利用演示或录像来向受训者展示某一角色的行为或做法，并要求受训者对所展示的行为进行模拟。这种方法主要用于管理者进行工作业绩评价问题、处理投诉、改进不安全的行为习惯、克服变革中的阻力等管理能力与技巧的培训。

（5）学徒培训法。学徒培训法是一种兼有在职培训和课堂教学、兼顾工作和学习的一种培训方法，它是通过有经验的员工对受训者进行行为示范，受训者不断地实践、反馈、强化，以达到培训目的，如建筑、修理等技术性较强的行业多采取这种方法。

17.5　人力资源绩效考核

17.5.1　绩效考核的内涵和作用

17.5.1.1　绩效考核的定义

绩效是相对一个人所担当的工作而言的，即按照其工作性质，员工完成工作的结果或履行职务的结果。换句话说，就是组织成员对组织的贡献，或对组织所具有的价值。考核即考查审核。

绩效考核通常也称为业绩考评或"考绩"，是针对企业中每个员工所承担的工作，应用各种科学的定性和定量的方法，对员工行为的实际效果及其对企业的贡献或价值进行考核和评价，是组织的各级管理者通过某种手段对下属工作完成情况进行定量与定性的评价过程。它是企业人力资源管理的重要内容，更是企业管理强有力的手段之一。

17.5.1.2　绩效考核目的和原则

绩效考核的目的是通过考核提高个体的效率，最终实现企业的目标。

绩效考核原则是：

（1）公平公正原则。公平是确立和推行人员考绩制度的前提。不公平，就不可能发挥考绩应有的作用。

（2）客观原则。进行客观考核，即用事实说话，切忌主观臆断。缺乏事实依据，宁可不做评论，或注上"待深入调查"等意见，按个体的绝对标准进行考核，引导成员改进工作，避免人与人之间的攀比，破坏团结关系。

（3）单头考核原则。对各级职工的考核，都必须由被考核者的"直接上级"进行。直接上级相对来说最了解被考核者的实际工作表现（成绩、能力、适应性），也最有可能反映真实情况。间接上级（即上级的上级）对直接上级作出的考核评语不应当擅自修改。这并不排除间接上级对考核结果的调整修正作用。单头考核明确了考评责任所在，并且使考核系统与组织指挥系统取得一致，更有利于加强经营组织的指挥机能。

（4）可行性原则。可行性应主要考虑的是和业绩标准相关的资料来源、潜在的问题分析，预测在考核过程中可能发生的问题、困难和障碍并准备应变措施。

（5）公开性原则。考绩的结论应对本人公开，这是保证考绩民主的重要手段。这样做，一方面可以使被考核者了解自己的优点和缺点、长处和短处，从而使考核成绩好的人再接再厉，继续保持先进；也可以使考核成绩不好的人心悦诚服，奋起上进。另一方面，还有助于防止考绩中可能出现的偏见以及种种误差，以保证考核的公平与合理。

（6）及时反馈原则。在业绩考核之后，进行面谈讨论，把结果反馈给考核者，同时听取被考核者的意见及自我评价情况，对存在的问题给以建议和帮助修改。

（7）差别的原则。考核的等级之间应当有鲜明的差别界限，针对不同的考评评语在工资、晋升、使用等方面应体现明显差别，使考评带有激励性，鼓励职工的上进心。

17. 5. 1. 3　绩效考核的作用

绩效考核是现代企业不可或缺的管理工具，它是一种周期性检讨与评估员工工作表现的管理系统，是主管或相关人员对员工的工作做系统的评价。有效的绩效考核，不仅能确定每位员工对企业的贡献或不足，更可在整体上对人力资源的管理提供决定性的评估资料，从而可以改善企业的反馈机能，提高员工的工作绩效，更可激励士气，也可作为公平合理地酬赏员工的依据。

（1）公司角度。管理者以及培训工作负责人，在进行培训需求分析时，应把人事考核的结果作为员工是否需要培训、培训什么的主要依据，根据绩效考核的结果，制定绩效改进计划，对员工实行有针对性的指导，改善和提高员工的工作绩效。对考核结果优异者或突出者给予一定的奖励。在决定每年一度的奖励时，绩效考核结果是重要的依据。

（2）管理者角度。合理的绩效考核可以帮助管理者建立与下属的职业工作关系，借以阐述主管对下属的期望，了解下属对其职责与目标任务的看法，取得下属对主管、对企业的看法和建议，提供主管向下属解释薪资处理等人事决策的机会，共同探讨员工培训和开发的需求及行动计划。

（3）员工角度。科学而有效的绩效考核让所有员工肩上都有担子，时时有事做，事事有目标，使员工更加了解自己的职责和目标，了解自己在企业的发展前途，了解与自己有关的各项政策的执行情况，获得说明困难和解释误会的机会，获得成绩和能力得到上司赏识的机会。此外，奖勤罚懒、优胜劣汰、有言在先、目标明确、心往一处想劲往一处使，都是和谐企业文化的关键内容，而绩效考核的长期推进，恰恰能实现这些目标。

17. 5. 2　绩效考核的程序

绩效考核的程序如下：

（1）制定考核计划。

1）明确考核的目的和对象。考核目的不同，则考核对象也不同。例如，为晋升职称而进行的考核，对象是专业技术人员；而评选先进、决定提薪奖励的考核往往在全体员工中进行。

2）选择考核内容和方法。考核目的和对象不同，重点考核的内容也不同。例如，发放奖金应以绩效考核为主，这是因为发放奖金的意图就是激励员工提高绩效；而提升职务，除了要看考核成绩外，还要注意其品德和能力。考核的方法和考核的内容是相关联的，不同的考核内容应选择不同的考核方法与其相适应。

3）确定考核时间。考核的时间因考核的目的和对象而异。生产、销售人员的考核可每月进行，而专业技术人员、管理人员的工作短期不易见效，考核过于频繁不但没有实际意义，反而容易助长短期行为，因此以半年或更长时间一次为宜。

（2）进行技术准备。绩效考核是一项技术性很强的工作。其技术准备主要包括确定考核标准、选择或设计考核方法。在考核计划确定之后，最为关键的一个程序就是要确定绩效考核的标准。考核标准的合理性直接决定着考核工作的有效性。首先，如果没有较为客观的考核标准，考核者就无法客观地对被考核者作出正确评价；其次，如果考核标准不合理，则考核结果和员工的实际情况之间会存在偏差，从而影响考核的公平公正。一般来说，考核标准包括业绩标准、行为标准及任职资格标准等方面。

(3) 选拔考核人员。在选择考核人员时，应考虑多方面因素，并同时对考核人员进行培训。通过培训，可以使考核人员掌握考核原则，熟悉考核标准，掌握考核方法，克服常见偏差。

(4) 收集资料信息。收集资料信息要建立一套与考核指标体系有关的制度，并采取各种有效方法。冶金生产企业收集信息的方法主要有以下几种：

1) 生产记录法。生产、加工、销售、运输、服务的数量、质量、成本等均按规定填写原始台账。

2) 考勤记录法。记录出勤、缺勤及原因，以及是否请假。

3) 行为记录法。同时记录部下和主管的行动、意见和反应。

4) 定期抽查法。由专职人员定期抽查生产、加工、销售、运输、服务的数量、质量，并做好记录。

(5) 作出分析评价。这一阶段是绩效考核的具体实施阶段，一般考核人员要在考核计划的指导下，以考核标准为依据对员工各个方面的表现进行考核，得出考核意见，具体包括：确定单项的等级和分值，对同一项目各考核来源的结果进行综合分析，对不同项目考核的结果进行综合分析。

(6) 考核结果反馈和运用。绩效考核反馈即将考核的意见反馈给被考核者。一般有两种形式：一是绩效考核意见认可，即考核者把考核意见给被考核者，若其认可，则签名盖章，若不认可，则可以提出，并要求上级主管部门予以裁定；二是绩效考核面谈，即考核者通过面谈把考核结果告知被考核者，了解其意见和看法，同时，绩效考核意见也需要被考核者签字。

绩效考核的最后一个阶段就是考核结果的运用，也可以说就进入了绩效管理的流程，使考核结果真正运用到企业管理的实践中。

17.5.3　绩效考核的基本方法

绩效考核的方法有很多种，企业应根据实际需要进行选择。比较具有代表性的考核方法有以下几种：

(1) 关键事件法。所谓关键事件法，就是通过分析和评价被考核人在工作中极为成功或极为失败的事件来考察被考核者工作绩效的一种方法。

关键事件法应用较为成功的原因有：首先，它使主管不得不考虑下属在一年时间里所积累的关键事件，从而避免了考核中只关注最近有关绩效情况的倾向；其次，保留一系列关键事件还可以使主管更清楚哪些方面是下属做得较好的，哪些方面还需要通过指导来改进；最后，关键事件法由于借助于一系列事实记录而使得许多考核误差得以较好的控制。

(2) 强制比例法。强制比例法是按预先规定的比例将被评价者分配到各个绩效类别上的方法。这种方法根据统计学正态分布原理进行，其特点是两边的最高分、最低分者很少，中间分布者居多。强制比例法分布法的核心思想，就是通过对考核结果进行修正和调整来实现考核结果满足预先设定的等级分布。

这种考核方法可以有效地避免由于考核人的个人因素而产生的考核误差。根据正态分布原理，优秀的员工和不合格的员工的比例应该基本相同，大部分员工应该属于工作表现一般的员工。所以，在考核分布中，可以强制规定优秀人员的人数和不合格人员的人数。

强制比例法适合相同职务员工较多的情况。

（3）平衡记分法。平衡记分法是从财务、顾客、内部业务过程、学习与成长四个方面来衡量绩效的。平衡记分法一方面考核企业的产出（上期的结果），另一方面考核企业未来成长的潜力（下期的预测），再从顾客角度和内部业务角度两方面考核企业的运营状况参数，充分把企业的长期战略与企业的短期行动联系起来，把远景目标转化为一套系统的绩效考核指标。

（4）交替排序法。交替排序法是根据绩效考评要素，将员工从绩效最好到最差进行交替排序，最后根据序列值来计算得分的一种考评方法。这种方法的倡导者认为：在一般情况下，从员工中挑选出最好的和最差的，要比对他们绝对的绩效的好坏差异进行评分、评价容易得多。因此，这种方法在西方企业员工绩效评价中运用得也很广泛。

交替排序法的操作方法是：首先，列举出所有需要进行评价人员的名单；其次，选择一个被评价要素，并列出在该被评价要素上，哪位员工的表现是最好的，哪位员工的表现是最差的；最后，再在剩下的雇员中挑出最好的和最差的。依此类推，直到所有必须被评价的员工都被列出。

这种方法的优点是简单实用，其考评结果也一目了然。但结果完全由上司或主管凭其主观判断来确定，难免会受到个人利益、情感和偏好的影响，使评价结果不够客观。

（5）小组评价法。小组评价法是指由两名以上熟悉该员工工作的经理，组成评价小组进行绩效考核的方法。小组评价法的优点是操作简单，省时省力。缺点是容易使评价标准模糊，主观性强。为了提高小组评价的可靠性，在进行小组评价之前，应该向员工公布考核的内容、依据和标准。在评价结束后，要向员工讲明评价的结果。在使用小组评价法时，最好和员工个人评价结合进行。当小组评价和个人评价结果差距较大时，为了防止考核偏差，评价小组成员应该首先了解员工的具体工作表现和工作业绩，然后再作出评价。

（6）360 度考核法。360 度考核法又称为全方位考核法，最早被英特尔公司提出并加以实施运用。该方法是指员工通过自己、上司、同事、下属、客户等不同主体来了解自己的工作绩效，达到提高自身能力的目的。这种考核并不是每个员工都必须要做的，一般针对工作时间较长的员工和骨干员工。考核的内容主要是跟公司的价值观有关的各项内容。这种考核方法是背对背的，是为了避免在考核中出现人为因素的影响。

360 度考核法的优点在于：

1）考评者来自不同的群体，可以全方位、多角度地为被考核者提供反馈信息，有助于被考核者多方面能力的提升；

2）打破了由上级考核下属的传统考核制度，可以避免传统考核中考核者极容易发生的“光环效应”、“个人偏见”和“考核盲点”等现象；

3）促进了来自不同渠道的信息在企业内部的交流，增进了上下级以及同级人员之间的信息交流，有利于员工间建立和谐的工作关系。但是，这种考核方法的成本较高，并且对考核者的培训工作难度较大。

（7）目标管理法。目标管理法是 20 世纪由彼得 · 德鲁克创建的管理方法，它通过让组织的成员亲自参加工作目标的制定，实现“自我控制”，并激励员工努力完成工作目标。对于员工的工作成果，由于有明确的目标作为考核标准，从而使对员工的评价和奖励做到更客观、更合理，因而可以大大激发员工为完成组织目标而努力。这种管理制度在美国应用得非常广泛，而且特别适用于对主管人员的管理，所以被称为“管理中的管理”。

目标管理的具体实施分三个阶段：第一阶段为目标的设置；第二阶段为实现目标过程的管理；第三阶段为测定与评价所取得的成果。在实际操作中，目标管理很容易出现偏差，因此，在实施过程中，要科学地将目标进行层层分解，使目标管理具有可操作性，并构建与目标管理相适应的企业文化，用价值观来协调、统一全体员工的行动。

单元 18　冶金企业薪酬管理与激励

18.1　冶金企业岗位设置

原冶金部组织了 60 家企业修订《冶金企业劳动定员定额标准》，并将岗位劳动评价技术引入修订标准的过程。它包括矿山采选、焦化、炼铁、炼钢等 30 个专业的定员定额标准、劳动力素质要求、岗位作业时间标准，同时也有各专业《岗位劳动评价序列》，可以为冶金企业推行岗位技能工资提供统一的、科学的参考依据。

18.1.1　岗位评价标准

岗位评价标准有：

（1）产量责任评级标准。产量责任是以整个生产系统中岗位对最终产品的责任大小为主要评价依据，并考虑工种岗位的性质及种类评定等级，如表 7－2 所示。

表 7－2　产量责任评级标准

等　级	评 级 依 据
1	直接生产最终产品的主要工种中的重要岗位
2	直接生产最终产品的主要工种中的一般岗位，原材料生产的主要工种中的重要岗位
3	直接生产最终产品的一般工种岗位，原材料生产的主要工种中的一般岗位
4	直接生产最终产品的辅助岗位，原材料生产的一般工种岗位
5	辅助生产的主要工种岗位
6	辅助生产的一般工种岗位
7	辅助生产的次要工种岗位、重要服务性岗位
8	一般的服务岗位
9	次要的其他岗位

（2）操作复杂程度评价标准。操作复杂程度是从操作本身的复杂程度及熟练地从事该岗位操作所需时间两方面来进行评价的，见表 7－3。

表 7－3　操作复杂程度评价标准

等　级	评 级 依 据
1	复杂的机手并动，精细、复杂的作业，需 5～8 年的经验才能胜任的岗位
2	较复杂精细的作业，或要求较高的手工操作，需 3～5 年的经验才能胜任的岗位
3	较精细的作业，或要求较高的手工操作，需 2～3 年的经验才能胜任的岗位
4	较复杂的手工操作，或机手并动操作，需 1～2 年的经验才能胜任的岗位
5	较复杂的手工操作，或机手并动操作，需 6 个月～1 年的经验才能胜任的岗位
6	比较简单的手工操作，需 3～6 个月的实践，即可胜任的岗位
7	比较简单的手工操作，需 2～3 个月的实践，即可胜任的岗位
8	基本上不需要操作技能，1～2 个月内即可上岗
9	不用手工技能，1 个月内训练可上岗的岗位

（3）体力劳动强度评价标准。把经测定取得的岗位劳动时间率和能量代谢率数据按照国家《体力劳动分级》标准（CE 3869—83）计算分级指数，按分级指标评价分级，见表7－4。

表7－4　体力劳动强度评价标准

体力劳动分级指数	－10	－15	－20	－25	>25
级　别	0.5	1	2	3	4

（4）接触粉尘危害程度评价标准。把岗位测定取得的接触粉尘时间、肺总通气量、粉尘浓度超标倍数、粉尘游离 SiO_2 含量数值，按国家标准《生产性粉尘作业危害程度分级》（GB 5817—86）计算分组指标，进行分级，见表7－5。

表7－5　接触粉尘危害程度评价标准

粉尘危害程度分级指数	0	－7.5	－22.5	－90	>90
级　别	0	1	2	3	4

18.1.2　岗位劳动评价标准

岗位劳动评价序列及评价标准如表7－6及表7－7所示。

表7－6　《岗位劳动评价序列》示例

工种名称	岗位名称	评价等级	评价总分	劳动责任								
				合计分数	质量责任		产量责任		看管责任		安全责任	
					平均等级	最终分数	平均等级	最终分数	平均等级	最终分数	平均等级	最终分数
转炉炼钢工	炉长		68.47	26.39	1.0	7.00	1.0	7.00	2.2	4.04	2.0	4.15
烧结机工	看火		61.48	25.22	1.1	6.92	1	7.00	1.8	4.25	3.8	3.21
转炉炼钢工	一助手		57.93	24.35	1.7	6.46	1.7	6.46	1.5	4.41	2.9	3.68
烧结配料工	配料		55.45	23.8	1.6	6.53	1.3	6.77	2.3	3.99	3.9	3.16
转炉炉衬工	混铁炉修砌		47.34	12.54	6.1	3.03	5.5	3.50	7.0	1.56	5.5	2.33
冷却筛分工	冷筛		47.24	19.87	2.6	5.76	2.8	5.60	3.2	3.53	4.2	3.01
混铁炉工	倒铁		44.17	16.03	4.9	3.97	4.8	4.04	6.3	1.92	2.7	3.79
整模工	下砖		43.97	14.74	4.4	4.36	4.5	4.28	7.4	1.35	5.1	2.54
烧结原料工	受矿槽		41.62	15.95	4.1	4.59	4.1	4.59	4.9	2.64	5.1	2.54
混铁炉工	出铁		40.15	17.69	3.6	4.98	4.8	4.04	2.7	3.79	4.2	3.01
炼钢原料工	指吊		36.27	8.15	7.2	2.18	7.4	2.02	7.5	1.30	7.0	1.56
炼钢原料工	备料		30.47	11.38	6.2	2.96	5.3	3.66	6.7	1.71	7.1	1.50

表7－7　岗位劳动评价标准

序号	专业	产品责任		质量责任		安全责任		消耗责任		看管责任		管理责任		技术知识		操作复杂程度		看管设备复杂程度		产品难易复杂程度		处理事故复杂程度	
		岗位名称	级	岗位名称	级	岗位名称	级	岗位名称	级	岗位名称	级	岗位名称	级	岗位名称	级	岗位名称	级	岗位名称	级	岗位名称	级	岗位名称	级
1	露天采矿	矿用重型汽车司机	2	电铲司机	3	矿用重型汽车司机	2	矿用重型汽车司机	3	牙轮钻司机	2	电铲司机	5	电铲司机	3	电铲司机	3	电铲司机	3	电铲司机	5	矿用重型汽车司机	3
2	井下采矿	凿岩	2	凿岩	2	凿岩	2	凿岩	3	凿岩	2	凿岩	4	运矿	3	运矿	2	运矿	3	运矿	5	凿岩	3
3	选矿	球磨机	2	球磨机	2	球磨机	3	球磨机	3	球磨机	2	球磨机	6	球磨机	4	球磨机	4	球磨机	3	球磨机	4	球磨机	4
4	烧结	烧结机看火	1	烧结机看火	1	热风机	2	烧结机看火	2	热风机	1	烧结机看火	3	烧结机看火	2	烧结机看火	2	热风机	1	配料	3	热风机	2
5	焦化	装煤车	2	调火	1	回收鼓风机	2	焦油蒸馏	3	回收鼓风机	1	调火	3	调火	1	焦油蒸馏	3	回收鼓风机	1	焦油蒸馏	2	回收鼓风机	2
6	炼铁	值班工长	1	值班工长	1	铁口	2	值班工长	2	卷扬司机	1	值班工长	1	值班工长	1	铁口	2	卷扬司机	2	瓦斯工	3	铁口	1
7	炼钢	炼钢工	1	炼钢工	1	浇钢工	2	炼钢工	2	炼钢一助手	2	炼钢工	2	炼钢工	1	炼钢一助手	2	板坯主控室	2	炼钢工	1	板坯浇铸工	2
8	初轧	压下	1	连轧调整	1	挂吊	4	剪切操作	3	主电室值班	1	成品管理	4	压下	2	压下	1	主电室值班	2	压下	2	主电室值班	2
9	中小型开坯	调整	1	调整	1	轧钢操作	3	调整	2	调整	3	调整	4	调整	2	调整	3	调整	3	调整	2	调整	3
10	小型轧钢	调整	1	调整	1	机前操作	1	调整	1	调整	2	调整	4	调整	2	调整	2	看火	3	调整	1	调整	3
11	中型轧钢	调整	1	调整	1	机前操作	1	看火	2	主电室值班	1	调整	4	调整	2	调整	3	调整	3	调整	1	调整	3
12	大型轧钢	轧钢	1	调整	1	轧钢	3	看火	2	看火	2	主马达操作	4	调整		推床压下	2	看火	3	调整	1	轧钢	3
13	热轧	把闸	1	把闸	1	前喂	2	看火	2	主电室值班	1	包装挂吊	4	把闸	2	把闸	2	把闸	2	把闸	3	把闸	3
14	冷轧	轧钢主控	1	轧钢主控	1	制氢工	2	镀锌、锡工	3	轧钢主控	1	原料管理	4	轧钢主控	2	轧钢主控	2	轧钢主控	1	轧钢主控	1	精整剪切	3
15	中板	压下	1	压下	1	压下	3	压下	2	主电室值班	1	压下	4	压下	2	压下	1	主电室值班	2	压下	2	压下	3

续表 7-7

序号	专业	产品责任		质量责任		安全责任		消耗责任		看管责任		管理责任		技术知识		操作复杂程度		看管设备复杂程度		产品难易复杂程度		处理事故复杂程度	
		岗位名称	级	岗位名称	级	岗位名称	级	岗位名称	级	岗位名称	级	岗位名称	级	岗位名称	级	岗位名称	级	岗位名称	级	岗位名称	级	岗位名称	级
16	焊管	焊接调整	1	焊接调整	1	挂吊	4	焊接调整	2	焊接调整	2	原料管理	4	焊接调整	2	焊接调整	2	焊接调整	3	焊接调整	1	焊接调整	3
17	无缝管	穿孔调整	1	穿孔调整	1	轧管操作	3	轧管调整	2	看火	2	原料管理	4	轧管调整	2	穿孔调整	2	看火	3	穿孔调整	1	穿孔调整	3
18	铸管	拉管	1	拉管	1	拉管	3	拉管	2	拉管	5	拉管	4	拉管	3	拉管	2	拉管	3	拉管	2	拉管	3
19	高线	主控台	1	精轧调整	1	精轧调整	3	主控台	2	看火	2	主控台	4	主控台	2	主控台	2	看火	3	主控台	2	主控台	3
20	动力	空分	2	煤气炉司炉	3	一类供变电	1	煤气炉司炉	3	空分	1	空分	4	空分	2	空分	3	空分	1	煤气炉司炉	4	煤气加压	3
21	热电	司炉	2	汽机运行	2	发电运行	1	司炉	2	汽机运行	1	发电运行	4	发电运行	1	汽机运行	3	发电运行	1	司炉	4	汽机运行	2
22	计器计量	仪表维修	5	检定工	4	衡器检修工	5	计控安装工	5	仪表维修	4	计量检验工	3	仪表维修	2	仪表维修	2	仪表维修	2	计控电调	4	仪表维修	4
23	检化验	钢 C 分析	4	钢 C 分析	4	浇钢监督	5	生铁分析	4	钢 C 分析	4	轧钢质检	2	光谱分析	2	钢原子吸收	2	钢原子吸收	3	中厚板监督	3	高炉监督	6
24	机加工	工具磨	5	镗床	5	合箱浇铸	3	造型	3	车床	4	车床	5	木型	2	镗床	2	龙门铣	2	造型	2	数控车床	4
25	耐火	机械成型	2	焙烧	2	机械成型	2	焙烧	2	粉碎	3	成品交库	4	焙烧	3	模套组装	3	配料	4	配料	3	焙烧	4
26	起重运输	机车司机	3	堆取料机	5	调车工	1	汽修工	5	机车司机	3	站调	1	汽修工	2	汽修工	2	内燃机司机	3	汽修工	4	机车司机	3
27	物资供应	原燃料管理	5	原燃料管理	5	原燃料管理	6	原燃料管理	4	化药库保管	3	原燃料管理	4	原燃料管理	5	原燃料管理	6	原燃料管理	7	原燃料管理	7	原燃料管理	7
28	铁合金	冶炼工炉台	2	配料	2	冶炼工炉台	3	冶炼工炉台	3	电炉操纵	2	值班工长	1	值班工长	2	湿法冶金工	3	电炉操纵	3	冶炼工炉前	3	冶炼工炉前	3
29	金属制品	合绳工	1	合绳工	1	拉丝工	4	热处理上线	3	热处理司炉	3	合绳工	5	合绳工	3	合绳工	3	合绳工	3	合绳工	3	合绳工	4
30	碳素	压型	2	配料	2	焙烧装出窑	3	调温	3	调温	2	压型	5	配料	3	碳车碳铣	3	自动线加工	2	压型	3	自动线加工	4

18.2　冶金企业劳动定员

18.2.1　定员的概念与人员分类

劳动定员是根据企业已定的产品方案和生产规模，规定企业必须配备各类人员的数量标准。

定员工作的关键是解决两个方面的问题：一是企业各岗位需要什么样的人员，二是需要多少人员。人员的质量和数量是密切相关的，劳动定员作为企业用人的标准，是企业在人员安排方面的质量要求和数量界限。对企业中主要从事脑力劳动的职工，尤其要明确其质量标准，不能只局限于制定数量界限。

劳动定员工作是企业劳动管理工作的重要内容。先进合理的劳动定员是企业编制先进的切实可行的职工需要量计划的基础，它既要保证生产的需要，又要提高效率，避免劳动力的窝工浪费。确定先进合理的劳动定员，有利于建立和健全岗位责任制，加强职工的责任感，调动职工社会主义积极性。由此可见，做好劳动定员工作是企业提高劳动生产率的一项重要措施。

企业劳动定员的对象，包括国家规定的编制内的所有职工。按照职工的工作性质、劳动分工的特点和所处的岗位，将企业人员划分为六类：

（1）工人，即企业中直接从事物质生产的人员，按照他们参与企业产品生产过程的性质和方式的不同，又可分为基本工人和辅助工人两种。基本工人就是直接制造产品的工人，辅助工人就是为基本工人服务，并保证供应主要生产的各种需要的工人。

（2）学徒，即在熟练工人指导下，在企业生产劳动中学习生产技术和享受学徒待遇的人员。

（3）工程技术人员，通常又分为专职工程技术人员和业务技术管理人员。前者指的是直接从事有关产品设计、工艺制造、产品检验和化验以及科学研究等工作的工程技术人员，后者指的是在技术部门担任行政职务的工程技术人员。

（4）行政经营管理人员，就是企业中从事组织领导工作、经营管理工作和政治工作的人员。行政经营管理人员又可划分出计划统计人员、财务会计人员、物资供应和保管人员、行政领导人员、政工人员等。

（5）服务人员，是企业中从事职工生活福利、卫生保健、文化教育以及警卫消防和勤杂等方面的人员。

（6）其他人员，凡是不属于上述的人员，均列入其他人员，包括农副业生产人员、出国援外人员、长期（六个月以上）脱产学习人员、长期（六个月以上）病伤假人员、派出外单位工作人员等。

企业中各类人员在企业定员总数中所占的比重称为定员结构。

18.2.2　劳动定员的原则和方法

劳动定员的原则有：

（1）定员水平必须先进合理。定员水平是定员工作的核心问题。所谓先进，就是在同类型企业或有关条件大体相同的情况下，人员相对少，非直接生产人员比例小，劳动效率高。所谓合理，就是从实际出发，实事求是，保证正常生产和工作的需要。先进合理的定员，应当建立在合理的劳动组织、平均先进水平的劳动定额、充分发挥职工群众积极性的基础上。

（2）正确安排各类人员的比例关系。要合理安排直接生产人员和非直接生产人员的比例关系。直接生产人员是直接创造价值的人员，一般是指生产工人和直接从事生产技术工作的人员。非直接生产人员是保证企业生产经营活动正常进行不可缺少的，一般指管理人员和服务人员，直接生产人员与非直接生产人员应有恰当的比例，既要保证生产第一线有足够的直接生产人员，又要适当配备非直接生产人员，同时还要合理安排基本工人与辅助工人的比例，要注意防止“一线紧、二线松、三线肿”的不良现象。

（3）要保护工人的健康。冶金企业的劳动条件比较艰苦，对井下、高温、粉尘、有毒有害气体等有损健康的岗位和劳动强度大、操作紧张的岗位，人员要留有余地，保证工人有一定的休息时间，以保护工人的健康。

制定定员的基本依据是总的任务量（或工作量）和一个人的工作效率。由于企业内各类人员的工作性质不同，总的任务（或工作量）和一个人的工作效率的表现形式不同，所以，定员的具体方法多种多样。一般说来，有以下几种：

（1）按劳动效率定员，就是根据生产任务（工作量）和工人的劳动效率来计算定员数。劳动效率一般以劳动定额的形式表现，所以也叫劳动定额定员。计算公式是：

$$\text{定员人数}=\frac{\text{年生产任务量(或工作量)}}{\text{制定工作日数}\times\text{劳动定额}\times\text{出勤率}} \tag{7-1}$$

（2）按设备定员，就是根据机器设备的数量、工人的看管定额和设备的开动班次来计算：

$$\text{定员人数}=\frac{\text{完成生产任务所需设备台数}\times\text{每台设备开动班次}}{\text{工人的看管定额}\times\text{出勤率}} \tag{7-2}$$

（3）按岗位定员，就是根据工作岗位的多少来计算定员人数，首先要确定有多少需要工人操作的岗位或操作点，然后依照操作岗位的工作量、作业环境、劳动强度、紧张程度、作业班次和出勤率等因素来计算定员人数。冶金企业是连续生产，采用按岗位定员的较多。岗位有三种：

1）操作性岗位，例如高炉炉前工、平炉炼钢工、轧机轧制工等。

2）看管性岗位，例如变电所的变电工、热处理车间的热处理工等。

3）值班性岗位，值班电工和钳工等。

（4）按比例定员，就是按职工总数或某一类人员总数的比例，计算某种人员的定员数。这种方法通常适用于计算服务人员定员数。

（5）按组织机构、职责范围和业务分工定员，这种方法主要适用于确定企业行政经营管理人员的定员数。

对于以上几种方法，冶金企业在制定定员时，可以根据不同工作性质、各类人员的不同情况采用。

18.3　冶金企业薪酬管理

18.3.1　薪酬的内涵与内容

薪酬即含有薪水和酬劳的意思，它是企业对员工提供劳务和所做贡献的回报。员工的贡献包括客观绩效和付出的努力、时间、精力、学识及才能。

不同企业在不同时期的薪酬体系构成不尽相同，但一般来说，都由以下几部分构成：

（1）工资，主要以员工所在部门、岗位、职务以及员工个体间的劳动差异为标准，完成定额内的劳动而得到的报酬，主要包括基础工资、岗位工资、技能工资、年功工资。工资是根据员工的工作性质支付的基本现金报酬，反映的是工作或技能的价值，不体现因员工个人素质等因素而引起的对企业贡献的差异。

（2）奖金，是指员工在完成定额任务的基础上，付出超额劳动的报酬。奖金是对员工过去劳动的认可，目的在于激励员工，使其继续保持良好的工作态度与势头。它是在基本工资基础上的增加，是随员工业绩的变化而调整的。

（3）福利，是指企业为了保留和激励员工，通过设置集体生活设施、提供劳务和建立补贴制度等方式，解决员工在物质和精神生活上的需求与困难。例如，企业建立的食堂、浴室、幼儿园、图书馆、俱乐部等福利设施，发放给员工的生活困难补助、冬季取暖补助、支付的保险等个人福利，以及提供的培训与休假的机会。

（4）激励性薪酬，是提前将受益分享方案告知员工，员工根据自己的业绩所达到的标准，获得收益的一种薪酬。这种薪酬与员工的业绩直接挂钩，是可变性的薪酬。衡量员工业绩的标准主要有产品质量、成本节约、投资收益、利润增加等。激励性薪酬分为短期和长期两种类型。短期的激励工资主要是对员工的业绩达到一定的标准后给予的货币性奖励。例如，当季度内生产成本节约达到 10% 时，全体员工可以得到相当于一天工资的奖金；达到 20% 时，可以得到相当于两天工资的奖金。长期的激励工资是对员工长期努力的奖励，目的是使员工更加注重企业的长期利益。例如，微软、沃尔玛等公司都有针对高层管理者或高级技术人员的奖励方案，当他们对企业的发展做出突出贡献时，可以得到公司的股份或股票期权。

18.3.2　工资制度

不同的工资制度在不同的企业中实施，激励的效果也会有所差异。企业应根据自身的实际情况设计合理的工资制度。

18.3.2.1　工资制度类型

（1）技术等级工资制。这是根据劳动的复杂程度、繁重程度、精确程度等因素将劳动技术分成不同的等级，按等级规定相应的工资标准的一种制度。它主要是根据劳动的质量来对劳动进行区分，进而据此制定工资的差别。

（2）职务工资制。这是按照职务规定工资标准的一种工资等级制度。它可实行单一型的工资标准，也可实行重合可变型工资标准。我国企业中的管理人员和专业技术人员大多实行的就是职务等级工资。在实行职务工资制时，企业必须要有健全的、合理的编制与定员标准；要做到职务范围清晰、责任分明、工作规范、便于评价；要建立严格的职工调配、考核和晋升制度。

（3）岗位工资制。这是按照工人在生产中的不同岗位确定工资的一种工资等级制度。岗位工资标准是根据各个岗位技术的复杂程度、工作的责任大小、劳动的繁重程度而制定的。制定岗位工资制是在分析、评价各岗位工作的基础上给各岗位评分，再按其所得总分由低到高顺序排列、划岗归类，组成统一的岗位工资标准体系。

（4）结构工资制。这是根据决定工资的不同因素和工资的不同作用，将工资划分为几个部分，通过对各部分工资数额的合理确定，构成员工的全部工资。结构工资的各个组成部分之间具有内在的结构关系，互相联系，互相制约，互相补充，形成一个有机的统一体。结构工资制既适用于企业管理层职员，也适用于一般工人，具有较灵活的调节作用，有利于合理安排各单位职工构成中各类职工的工资关系，能够调动各方面职工的劳动积极性，更能充分发挥工资的职能作用。

（5）年薪制。这是以企业的有关经营业绩指标为依据，确定经营者该年度薪酬的一种制度。年薪制一般作为高层管理人员使用的薪资方式，是一种“完全责任制”薪资。一般来说，年薪制包括基本薪金和风险收入两大部分。基本薪金主要包括基本工资和福利性报酬，风险收入则根据经营者的经营业绩来确定。从人力资源管理的角度看，年薪制是一种有效的激励措施，对提升绩效有很大作用。

18.3.2.2　冶金企业岗位技能工资制

冶金企业目前多数实行的是岗位技能工资制。岗位技能工资制是以加强工资宏观调控为前提，以按劳分配为原则，以劳动技能、劳动责任、劳动强度和劳动条件等基本劳动要素评价为基础，以岗位、技能工资为主要内容的企业工资分配制度。

冶金企业岗位技能工资，由基本工资和辅助工资两个部分组成。基本工资主要由岗位（职务）工资和技能工资两个单元构成。辅助工资包括效益工资、工龄工资、奖金、津贴等单元，由企业根据实际情况自行确定。

（1）岗位（职务）工资。岗位（职务）工资是根据职工现任岗位或职务的岗位责任轻重、劳动强度大小和劳动条件好差确定的工资。岗位职务工资随职工岗位、职务的变动而调整，岗位（职务）工资实行一岗一薪制。

工人的岗位工资标准分10级，根据岗位测评数据分别确定各工种岗位工资序号。管理人员和专业技术人员的职务工资分为11级。按所担任的管理和业务技术职务确定工资序号。

（2）技能工资。技能工资是根据职工的劳动技能、业务技术能力和工作业绩，经考试、考核而确定的工资。

工人的技能工资分为初级工、中级工、高级工、技师、高级技师等5个层次，共14个等级。其中1~3级对应初级技术等级，4~6级对应中级技术等级；7~9级对应高级技术等级。工人技师和高级技师工资起点同高级工，工资止点分别为12级和14级。按照工人技术等级标准的有关规定对工人进行考试考核评定。管理人员的专业技术人员的技能工资分18个等级。不设起点工资，止点工资按担任的行政、技术职务设定。技能工资根据班干部的文化知识水平、专业水平、实际工作能力和工作业绩，经过考试考核确定。新参加工作的，可按照学历确定。

（3）辅助工资。企业可根据实际情况，依据按劳分配原则，自主决定辅助工资单元的设置及发放办法：

1）效益工资；

2）奖金；

3）津贴。

18.3.2.3　冶金企业薪酬激励

激励是管理的核心，而薪酬激励是企业激励机制中最重要的激励手段，是目前企业普遍采用的一种有效的激励手段。薪酬激励应遵循的原则：一是公开、公平、公正原则；二是激励与绩效挂钩原则；三是多方位考评原则；四是沟通反馈与持续改进原则。

（1）行为能力和综合能力。行为能力考评和综合能力评价的内容可参考表 7－8 和表 7－9。

表 7－8　行为能力考评

<table>
<tr><td>工号</td><td></td><td>姓名</td><td></td><td>岗位</td><td></td><td>部门</td><td></td></tr>
<tr><td rowspan="2">类别</td><td rowspan="2">要素名称</td><td rowspan="2">权重</td><td rowspan="2">评价标准</td><td>第一考评人评价</td><td rowspan="2">第二考评人评价</td><td colspan="2">特记事项</td></tr>
<tr><td>考评值</td><td>加扣分</td><td>记事</td></tr>
<tr><td rowspan="5">行为能力要素</td><td>表达能力</td><td>15%</td><td>20%</td><td>18</td><td></td><td></td><td></td></tr>
<tr><td>要素 2</td><td></td><td></td><td></td><td></td><td></td><td></td></tr>
<tr><td>要素 3</td><td></td><td></td><td></td><td></td><td></td><td></td></tr>
<tr><td>要素 4</td><td></td><td></td><td></td><td></td><td></td><td></td></tr>
<tr><td></td><td></td><td></td><td></td><td></td><td></td><td></td></tr>
<tr><td>考评人签名</td><td colspan="2">第一考评人</td><td colspan="2">日期：</td><td colspan="2">第二考评人</td><td>日期：</td></tr>
<tr><td>员工反馈</td><td colspan="5">签名：　　日期：　年　月　日</td><td>最终得分</td><td></td></tr>
</table>

表 7－9　综合评价

<table>
<tr><td colspan="2">类别 / 职工</td><td colspan="2">业绩</td><td colspan="2">工作态度</td><td colspan="2">行为能力</td><td rowspan="2">综合评价分</td><td rowspan="2">最终评价</td></tr>
<tr><td>工号</td><td>姓名</td><td>权重</td><td>分值</td><td>权重</td><td>分值</td><td>权重</td><td>分值</td></tr>
<tr><td>12345</td><td>×××</td><td>40%</td><td>91</td><td>20%</td><td>88</td><td>40%</td><td>90</td><td>90</td><td></td></tr>
<tr><td></td><td></td><td></td><td></td><td></td><td></td><td></td><td></td><td></td><td></td></tr>
<tr><td></td><td></td><td></td><td></td><td></td><td></td><td></td><td></td><td></td><td></td></tr>
<tr><td></td><td></td><td></td><td></td><td></td><td></td><td></td><td></td><td></td><td></td></tr>
<tr><td></td><td></td><td></td><td></td><td></td><td></td><td></td><td></td><td></td><td></td></tr>
<tr><td></td><td></td><td></td><td></td><td></td><td></td><td></td><td></td><td></td><td></td></tr>
</table>

（2）考评指标和权重。

1）阶段指标，包括任职权数、岗位权数、技能权数和团队权数。

任职权数。组长、作业长可以参照 1.15 至 1.35，具体权数各部门按照管理内容、管理幅度、管理难易程度等自行制定，但是制定后要保持相对稳定，如若调整，须报厂部批准。分厂领导及综合主管可以参照 1.35 至 1.45，具体权数由厂部领导根据具体岗位制定。

技能权数。各部门根据定期对所属操作维护员工进行技能考核，动态地制定每位员工的实际技能权数。可以参照：初级为 1，中级为 1.05，高级为 1.1。

岗位权数。各部门依据定岗定编和各岗位的具体情况，设置岗位权数。

团队权数。各部门权数由厂部根据综合管理情况制定。

各部门根据具体作业区和班组的实际情况，分别制定作业区和班组权数，作业区绩效分由所在的部门评价，各部门绩效分由厂部考核领导小组综合评价。

2）行为态度指标，可以参照：管理类人员为 50 分，专业技术类人员 40 分，其他生产操作维护类人员 20 分。

3）工作业绩指标，可以参照：管理类人员为 50 分，专业技术类人员 60 分，其他生产操作维护类人员 80 分。

4）特殊指标，指特别事项加分指标。

思考与练习

7-1　什么是人力资源管理，其与传统人事管理的区别表现在哪些方面？

7-2　人力资源业务规划包括哪些内容？

7-3　简述人力资源规划的程序。

7-4　简述内部招聘与外部招聘的优缺点。

7-5　人员培训的方法有哪几种，各自的特点是什么？

7-6　简述员工绩效考核的方法。

7-7　薪酬由哪几部分组成，各自的含义是什么？

7-8　简述薪酬激励的意义。

7-9　冶金企业薪酬激励原则是什么？

情景 8

冶金企业营销管理

学习目标

1. 知识目标

- 掌握营销观念及不同产品生命周期阶段的营销策略；
- 熟知营销观念演变和市场分类；
- 掌握营销组合策略、产品策略形式；
- 了解市场营销新趋势。

2. 技能目标

- 树立营销观念，并能够把营销观念运用到学习、生活和工作中去；
- 能够利用市场营销基本理论分析企业营销问题的运作过程，并能够提出相应解决问题的对策和建议。

单元 19 冶金企业营销基本内容

19.1 市场与市场营销

19.1.1 市场

19.1.1.1 市场内涵

市场有广义和狭义之分。狭义的市场是指商品买卖的场所。广义的市场则是指一定场合或一定地理区域，买卖双方采取各种不同的交易方法，使商品或劳务发生转移。

市场的基本特征包括：

（1）市场必须具备三种要素，即购买者、购买力和购买动机；

（2）商品的买卖是市场行为的中心内容；

（3）在市场上起作用的是商品经济规律，如供求规律、竞争规律、价值规律等。

19.1.1.2 市场分类

为了更好地掌握市场营销规律，必须进行市场分类。市场的分类可以有多种不同的标准。

（1）按流通领域的范围分，有国内市场和国际市场，有农村市场和城镇市场；

（2）按市场交易的内容来划分，有商品市场、服务市场、技术市场、金融市场、证券市场等；

（3）按服务对象，可以划分为生产资料市场（即工业品市场）、消费资料市场（即生活资料市场）；

（4）按经营形式划分，有超级市场、专业市场、传统商品市场、集市贸易市场等。

不同类型的市场有不同的特征，对市场营销有不同的要求。下面主要介绍按服务对象划分的市场。

A 生产资料市场

生产资料市场（即工业品市场）是指各工商企业和机关团体为了工作需要和制造其他产品的需要，而购买货物和劳务的场所。它是各国最庞大的市场。生产资料的购买具有如下特点：

（1）赢利性购买。购买生产资料的目的是用于生产、创造利润。

（2）专家性购买。购买者通常是某方面知识专家，对于商品的规格、质量、售后服务、支付方式等事先都要作研究、比较，属于理性购买。

（3）集中性和配套性购买。集中性是指购买批量集中，以大型、中型购买为主；配套性是指主机与零配件之间都有严格的比例，需要配套采购。

（4）计划性购买。因为生产要求连续性和计划性，所以生产资料的购买也是有计划的。

（5）交易数量大。生产资料的购买往往是大宗买卖。

B 消费资料市场

消费资料市场，又称生活资料市场，是指为了满足个人或家庭生活的需要，而购买商品和劳务的场所。消费资料的购买具有如下特点：

（1）非赢利性购买。购买目的是为了满足个人或家庭物质或精神的需要，是最终购买。

（2）非专家性购买。购买者对欲购的商品缺乏专业知识，而往往受到广告等推销手段的影响。此类商品的购买往往起于感情动机。

（3）广泛性和复杂性。广泛性是指所有的人都是这个市场推销的对象；复杂性是指商品的供给和需求千差万别，变化多端。

（4）小型、分散、多变。个人购买或以家庭为单位购买，每次量少、分散。因为许多商品具有可替代性，所以消费者购买商品会在不同商品之间不断发生转换。

（5）消费品的产销受季节的影响。

从消费资料的购买特点和消费特点来看，消费资料可以分为三种类型：

（1）日用消费品。它是消费者日常生活所必需的，范围广泛，品种繁多，体积小，价格低，购买零星分散，使用寿命短。如日用百货、主副食品、时令服装、书报文具等。消费者对这类商品的厂家、商标、包装、价格等，一般并不特别注意，只要求需要时能及时买到。因此对这类商品的经营，一般应从方便顾客购买着手，应通过中间商，多点分散经销，不宜由厂家直接销售。

（2）选购消费品。这类商品价格较高，使用寿命较长，多属中档商品，如皮鞋、手表、照相机、自行车等。买者不是立即需要，愿花些时间比较和选择，对厂家、商标、款式等较为注意。商品质量、价格和零售商的服务质量等，对这类商品的经营有重大的影响。厂家创名牌和树立产品信誉，有决定性的意义。为减少环节，在可能条件下以不经批发商购买为宜。在大中城市，经营这类商品的商店应相对集中，使购买者少跑路，就近比较和选购。

(3) 特殊消费品。主要指高档消费品，如电视机、高级音响、电冰箱、洗衣机、高档照相机、高级家具等。这类商品技术性强，价格高，需安装或维修服务，买者一般需经过一定时期的储蓄，反复思考和比较，方决定选购，属慎重型购买，厂家、商标、信誉、价格和售后服务是这类商品经营中的决定性因素。其经营方式应由具有专业知识和维修力量的专业商店（或专业柜组）经销，也可由厂家直接销售。

19.1.2 市场营销

19.1.2.1 市场营销内涵

市场营销是指引导商品与劳务从生产者到达消费者或使用者的一切商业性活动的过程。

在社会主义市场经济中，不仅一般的产品要商品化，而且各种生产要素，包括资本、劳动力、房地产等也要进入市场，这就使得市场营销所包含的内容比在有计划商品经济中的市场营销内容要广泛得多。资本、劳动力、房地产等原先认为不能作为商品来流通的，现在已经进入市场，无疑拓宽了市场营销的内涵。

19.1.2.2 市场营销的观念与演进

先后有五种可供选择的观念指导着企业进行市场营销活动，它们分别是：生产观念、产品观念、推销观念、市场营销观念和社会营销观念。

(1) 生产观念认为，消费者会喜欢那些随处可买到的价格低廉的产品。因此，生产导向型组织的管理部门总是把注意力集中在改进生产和销售效率方面。这一观念是指导销售者的最古老的理念之一。生产观念在两种情况下不失为有效的指导思想：第一种情况是产品的需求超过供给，此时，管理部门应致力于增加产量；第二种情况是产品的成本太高，必须靠提高生产率来降低成本。

(2) 产品观念认为，消费者喜爱那些质量最优、性能最好、特色最多的产品。因此，企业应该致力于对产品不断进行改进。

"酒香不怕巷子深"就是典型的产品观念。产品观念会导致"营销近视症"。例如，铁路管理部门曾经认为使用者需要的是火车而不是运输，因而忽视了来自日益增长的飞机、公共汽车、卡车和小汽车的竞争。许多大学也以为中学毕业生需要的是大学教育，因而忽视了来自职业学校日益增长的挑战。

(3) 推销观念认为，除非机构采用大规模的推销和促销活动，否则消费者不会购买。绝大多数企业都是在生产能力过剩时采用推销观念，目的是推销它们生产的产品，而不是生产市场需要的产品。这种营销的风险很高，它注重的是做成买卖，而不是与顾客建立长期的可获利的关系。

(4) 市场营销观念认为，组织目标的实现有赖于对目标市场的需要和欲望的正确判断，并以采取比竞争者更有效的方式去满足消费者的要求。

推销观念和营销观念有时会混淆。表 8 - 1 对这两种观念进行了比较。推销观念采用由内向外的视角。它从工厂出发，着重企业现有的产品，并且需要大力进行推销和促销活动，以实现有利的销售。它强调的是政府顾客，即取得短期销售量，而不怎么关注是谁在购买以及为什么购买。营销观念恰恰与此相反，它采用的是由外向内的视角。它从一个界定明确的市场出发，以顾客需要为中心，协调所有影响顾客的营销活动，并通过建立基于顾客价值和满意之上的长期顾客关系来取得利润。在营销观念指导下，企业生产消费者想要的产品，从而满足消费者的需要并获取利润。

表 8 - 1　推销观念和营销观念比较

项　目	出发点	中　心	手　段	目　的
推销观念	工厂	现存产品	推销和促销活动	通过增加销售获得利润
营销观念	目标市场	顾客需要	协调市场营销活动	通过顾客满意获得利润

(5) 社会营销观念。社会营销观念认为，组织应该确定目标市场的需要、欲望和利益，然后再以一种能够维持或改善消费者和社会福利的方式向顾客提供更高的价值。根据社会营销观念，纯粹的市场营销观念忽视了消费者短期欲望和消费者长期社会福利之间可能的冲突。社会营销观念要求营销者在制定营销政策时，要考虑企业利润、消费者欲望和社会利益三者之间的平衡。

19.1.3　现代市场营销的主要特点

现代市场营销的主要特点有：

(1) 以消费者为中心，以充分满足消费者的需求和欲望为宗旨。现代企业的经营思想是“用户是上帝”、“一切为了用户”。它要求把企业的长期利益建立在消费者满意的基础上，通过消费者满意度来获得企业信誉，从而拥有大量长期的顾客。这也正是企业能否长期生存稳定发展的关键。

(2) 整体营销活动。从企业与消费者的关系来看，整体营销就是企业各部门共同面对消费者，即要求企业各部门、各环节从不同的角度和专业出发，协调一致，共同考虑满足消费者的需求。因此，市场营销活动是企业的整体行为。要使这一活动形成良性循环，必须从企业整体出发去研究其行为，从而求得企业营销活动的最佳效果。

(3) 引导消费（使用）。市场营销不是被动地坐等消费者的需求，而要主动地激发消费者把潜在的需求变成现实的需求。这就要求企业必须重视消费者的需要，要把了解消费者的需要、欲望和行为作为营销活动的起点，发展能满足消费者所需要的商品或服务，并以积极的方式说服和诱导消费者购买商品或服务，从而实现企业追求的利润目标。

(4) 市场营销活动要不断地创新。随着社会的进步与科技的发展，人们的需求将日益提高而且会更加多样化，企业要满足消费者发展着的种种需求，使自己在激烈的市场竞争中永远立于不败之地，就必须不断提高自身的适应能力和创新能力，不断地提供新的产品和服务。

19.2　企业营销机会分析

19.2.1　市场调查

要掌握消费心理和市场要求，就必须进行市场调查。

19.2.1.1　市场调查的概念

市场调查是以科学的方法，通过对大量市场营销信息资料的收集、记录、整理和分析，提出解决企业经营方面问题的方案和建议，便于上层管理人员作出正确的销售决策，包括产品品种、包装、商标和价格等决策，以及其他经营决策。

19.2.1.2　市场调查的重要性

（1）市场调查有利于了解市场的供求情况。商品的价格不仅决定于其价值，而且也受到商品供求情况的影响。供不应求时，商品价格可能高于甚至大大高于价值。供过于求时，商品价格又可低于甚至大大低于其价值。而且，商品销售量、广告策略、产品开发等均受到供求影响。因此，了解市场供求状况，对于企业销售工作具有很大的促进意义。

（2）市场调查有利于企业根据消费者需要组织生产，满足市场的需要。消费者的需求是多种多样的，不同年龄、不同性别、不同职业等都可能有不同的需求和偏好，而且这种需求和偏好，也不是一成不变的，它会随时间变化而变化，有时过去很多年的偏好又重现，产生怀旧现象。企业只有了解和掌握消费者对商品的数量、质量、品种需求的变化，才能做到按消费者的需要去组织生产和供应，使自己的产品得到社会承认，顺利完成商品从生产到消费的转移。

（3）市场调查有利于改进产品组合，发展新产品。产品是否受消费者欢迎，有无发展前途，在很大程度上决定了企业的兴衰。作为企业经理，应通过市场调研，掌握本企业产品在消费者心目中的地位、在产品寿命周期中的地位，便于改进老产品，发展新产品，保持企业长盛不衰。

（4）市场调查有利于增强企业竞争能力。通过市场调查，可以了解竞争对手在市场营销组合四大要素（产品、销售渠道、价格、促进销售）方面的方法及策略，知己知彼，取长补短，增强本企业的竞争能力。

此外，市场调查还有利于发挥广告的作用，有利于提高企业的经营管理水平，有利于加速流通。

19.2.1.3　市场调查的方法

市场调查的方法主要有三种：

（1）询问法。询问法是对被调查人进行当面或函件、电话、电报询问而收集资料的一种方法。询问法通常应准备设计很多问题，一般是设计一套精确而简单的调查表格，以便询问，故又称为调查表法。该调查法所得资料比较实际，但难免受到调查对象对调查本身的意义认识程度的影响。

（2）观察法。观察法是直接观察所发生的事实，以判别消费者在某种情况下的行为、反应或感受。此调查法可避免向被调查人提出问题，从而收集的资料比较客观正确，但无法解释消费者购买的动机、态度和意见等，即不能深入调查原因。

（3）实验法。实验法是对多种市场营销因素或广告计划以实验方法加以测定。实验法能分析较复杂的购买心理和行为，但是费用较大，实验结果受实验对象选择的影响。

19. 2. 1. 4　市场调查的程序

市场调查的程序分以下两步：

（1）拟订调查计划。拟订调查计划又可细分为以下四步：

1）确定调查对象和范围。首先，应仔细分析公司的各项资料，包括公司的历史、产品、竞争者、包装、广告、消费者购买习惯等，目的是先让市场调查人员对于问题有一个初步的认识与了解，以便深入发现其中的因果关系；其次，进行非正式调查，调查与目前调查范围有关的过去的资料，其目的是进一步肯定这种因果关系；再次，就是在这些因果关系中，寻找对企业产销影响大的作为调查研究的问题。

2）制定收集资料的方法。

3）设计调查表。运用前述调查收集原始资料，如何设计理想的调查表，是整个调查工作最重要的一环。任何一个简单问题，若措词或语气或选择项设计得不好，所得结果往往与事实相去甚远。

4）选定调查范围、调查对象及样本数。

（2）实施调查。有了一个好的调查计划后，下一步关键是如何按计划进行调查。实施调查中应注意，要看调查对象把表填完整，没有漏项后才收。如果委托他人调查，应检查所收上来的调查表是否仅出于同一个人或少数几个人之手，这种调查表应作废。

19. 2. 2　市场预测

19. 2. 2. 1　市场预测及其意义

市场预测就是运用各种信息和资料，通过数学方法分析研究，测算未来一定时期内市场的需求与供给的状况，从而为制定正确的营销和经营策略提供科学依据。

在市场经济条件下市场处在千变万化中，对市场进行正确的科学预测，是一项极其重要的工作。首先，市场预测为企业的经营策略和营销策略提供了科学依据。其次，市场预测可以把消费者与生产者紧密联系起来。再次，市场预测有利于运用价值规律发展商品生产。

19. 2. 2. 2　市场预测的要求

预测是根据过去发生的资料和经验进行科学的推算，是对某一不确定的或未知的事件做出表达。在多数情况下，这一事件属于未来性质。因此，预测的要求就是要把某一未来事件发生的不确定性极小化，尽量消除预测与实际的偏差。具体要求是：首先，必须掌握预测的对象和目标。这是因为在市场预测中包括许多因素，涉及范围很广，如不注意此点，可能既浪费时间、精力，预测也不准确。其次，预测人员必须具备应有的知识，如市场学、经济学、心理学等方面的知识。再次，应重视资料和调查研究。我们所说的预测是科学的预测，是建立在实践基础上的，而不是幻想和主观臆断。因此，要求进行深入的调查研究，并通过调查掌握大量资料数据，在分析调研资料后，才有可能对未来的发展趋向作出科学预言。

19.2.2.3　市场预测的分类

市场预测可按不同的方法进行分类。

按市场预测时间的长短，可以分长期预测、中期预测和短期预测。

（1）长期预测是指5年以上的市场变化趋势的预测，它能为制定重大经营策略和营销策略提供科学依据；

（2）中期预测是指对1～4年以内的市场变化的预测，它为实现长期规划提供措施、方案；

（3）短期预测是指计划年度内的预测，它为近期安排市场提供数据、资料和措施等。

按预测的性质来分，可分为定量预测和定性预测：

（1）定量预测是表示事物数量、规模、速度的预测；

（2）定性预测则是表示事物的性质和规定性的预测。

19.2.2.4　市场预测的基本步骤

市场预测可按如下步骤进行：

（1）明确预测目标；

（2）收集资料；

（3）选择预测的方法；

（4）预测的分析评价；

（5）撰写预测报告。

19.2.2.5　市场预测的方法

市场预测的方法有定性预测法、定量预测法和季节性预测法。

A　定性预测法

定性预测方法分以下几种：

（1）经验估计法。它是通过熟悉业务，具有经验和综合分析能力的人对市场需求作出预测的一种方法。这种方法简便易行，但是主观性较强。预测质量受预测人员本身的文化水平、专业知识和见识甚至性格的影响。

（2）订单测算法。它是根据需要者的订单来测算产品生产量与进货量。这种方法主要适合于生产企业与商业企业的市场预测。对生产企业来说，适合于用此方法来测算新产品、特殊商品及价值高的产品产量。对商业企业，尤其是零售企业来说，适合于用此方法确定新产品、大件品的销售。

（3）市场潜力测算法。市场潜力是指未来市场需求前景。市场潜力测算法主要是通过企业产品在市场上现有的市场占有率和将来市场潜在容量来对企业未来市场需求进行预测的一种方法。

（4）专家意见法（德尔菲法）。它是根据专家的经验和判断进行预测。做法是按预测目标找一些熟知内情和知识深厚的专家，只要他们各自给出预测结果，专家之间不见面，然后将各专家的意见进行分析综合，再如此反复几次，将结果反馈到各专家，并让他们进行一次预测，再进行一次综合，即可作出比较准确的预测。专家意见法具有匿名、收敛、反馈等特征。

此外，定性预测还有用户调查法、厂长(经理)估计法、销售人员估计法等。

B　定量预测法

定量预测法分以下几种：

(1) 时间序列预测法。所谓时间序列，是指某变量按时间的先后顺序排列组成的一组数据。时间序列预测法是通过时间序列对未来进行推测的一种方法。此类方法重在研究变量随时间推移可能的变化，它又可分为：

1) 简单平均法。它是把已有的全部统计数字加以平均，以此推算事物未来发展趋势。

$$x_{N+1} = \sum_{t=1}^{N} x_t / N \tag{8-1}$$

式中，x_{N+1}为需预测的第 $N+1$ 期值；x_t 为第 t 期实际值；N 为资料期数。

例 8－1　已知某厂 1991～1999 年的产值如表 8－2 所示，试预测 2000 年该厂的产值。

表 8－2　某厂 1991～1999 年产值

年份	1991	1992	1993	1994	1995	1996	1997	1998	1999	2000
产值/万元	1200	1180	1300	1080	1240	1280	1160	1040	1260	?

$$\text{解：} x_{N+1} = \sum_{t=1}^{N} x_t / N$$

$$= \frac{1200 + 1180 + 1300 + 1080 + 1240 + 1280 + 1160 + 1040 + 1260}{9}$$

$$= 1193(\text{万元})$$

由此可见，预计该厂 2000 年产值为 1193 万元。

2) 一次移动平均法。一次移动平均法是对时间序列的数据按一定的跨越期进行移动，逐个计算其移动平均值，取最后一个移动平均值作为预测值的方法，直接以本期（t 期）的移动平均值作为下期（$t+1$ 期）预测值的方法。

$$M_t^{(1)} = \frac{x_t + x_{t-1} + \cdots + x_{t-n+1}}{n} = \frac{\sum_{i=t-n+1}^{t} x_i}{n} \tag{8-2}$$

式中，$M_t^{(1)}$ 为一次移动平均预测值；n 为移动平均值；x_t 为第 t 期实际值。

仍以例 8－1 为例，取移动平均值为 3 和 5，试用一次移动平均法预测 2000 年产值。

解：

取 $n=3$，则 $M_{1994}^{(1)} = M_4^{(1)}$

$$= \frac{1200 + 1180 + 1300}{3}$$

$$= 1227(\text{万元})$$

$M_{2000}=1153$（万元）

取 $n=5$，则 $M_{1994}^{(1)}=M_4^{(1)}$

$$=\frac{1200+1180+1300+1080+1040}{5}$$

$=1200$（万元）

$M_{2000}=M_9^{(1)}$

$=1196$（万元）

运算如表 8－3 所示。

表 8－3　运算表

年　份	产值 x	$n=3$	$n=5$
1991	1200		
1992	1180		
1993	1300		
1994	1080	1227	
1995	1240	1187	
1996	1280	1207	1200
1997	1160	1200	1216
1998	1040	1227	1212
1999	1260	1160	1160
2000		1153	1196

由此可见：当 n 取 3 时，2000 年预测产值为 1153 万元。

当 n 取 5 时，则 2000 年预测产值为 1196 万元。

从上例中可以看出 n 值不同，移动平均数会不同。n 取值大，个别数对整体的影响就小。n 取值小，个别数对整体影响就大。n 取值应视资料期的多少及数据本身的变动性大小而定。一般可取 3～10。如数据很多，n 可相应取大点。

一次移动平均法相对于简单平均法来讲，其优点是考虑了近期数据影响大的这一客观实际，其计算也十分简便。然而当数据变化大，特别是呈线性趋势时，一次移动预测值就会出现不能反映这种趋势的缺陷。于是二次移动平均法及一元线性回归等方法就得到运用。

3）指数平滑法。指数平滑法实质上是加权平均法的一种特殊形式。

$$F_t = F_{t-1} + \alpha(x_{t-1} - F_{t-1}) \qquad (8-3)$$

或

$$F_t = \alpha x_{t-1} + (1-\alpha)F_{t-1}$$

式中，F_t 为第 t 期预测值；F_{t-1} 为第 $t-1$ 期预测值；x_{t-1} 为第 $t-1$ 期实际值；α 为平滑系数（$0<\alpha<1$）。

仍以例 8－1 为例，取 $\alpha=0.2$，试用指数平滑法预测该厂 2000 年产值。

解：当没有初始预测值时取 $x_1=F_1$

$F_2=F_1+0.2\times(x_1-F_1)=F_1=1200$（万元）

$F_3=F_2+0.2\times(x_2-F_2)=1200+0.2\times(1180-1200)=1196$（万元）

$F_4=F_3+0.2\times(x_3-F_3)=1196+0.2\times(1300-1196)=1216.8$（万元）

依次类推，分别可求得 $F_3=1189.4$ 万元，$F_6=1199.5$ 万元，$F_7=1215.6$ 万元，$F_8=1204.5$ 万元，$F_9=1171.6$ 万元，$F_{10}=1189.3$ 万元。F_{10} 即为 2000 年预测产值。

（2）一元线性回归分析法。一元线性回归分析法是将一个变量与另一变量（如时间）之间的对应关系，用一条直线来进行模拟，建立回归方程，并以此作为依据进行预测的一种方法。

$$y=a+bx \tag{8-4}$$

式中，y 为预测对象的预测值；x 为影响因素；a，b 为回归系数。

其中：

$$a=\frac{\sum y_i-b\sum x_i}{N}$$

$$b=\frac{N\cdot\sum x_iy_i-\sum x_i\cdot\sum y_i}{N\cdot\sum x_i^2-(\sum x_i)^2}$$

式中，x_i 为影响因素已往实际值；y_i 为预测对象已往实际值；N 为已往资料期数。

若 x 是时间变量，则可采用对称时序，使 $\sum x=0$，a，b 的计算公式则简化如下：

$$a=\frac{\sum y_i}{N}\quad b=\frac{\sum x_iy_i}{\sum x_i^2}$$

仍以例 8－1 为例，试预测该厂 2000 年产值。

解：列表计算，见表 8－4（表中 x 为对称时序）。

表 8－4　计算表

N	y_i	x_i	x_i^2	x_iy_i
1991	1200	−4	16	−4800
1992	1180	−3	9	−3540
1993	1300	−2	4	−2600
1994	1080	−1	1	−1080
1995	1240	0	0	0
1996	1280	1	1	1280
1997	1160	2	4	2320
1998	1040	3	9	3120
1999	1260	4	16	5040
$N=9$	10740	0	60	−260

$$a=\frac{\sum y_i}{N}=\frac{10740}{9}=1193.33$$

$$b=\frac{\sum x_iy_i}{\sum x_i^2}=\frac{-260}{60}=-4.33$$

$$
\begin{aligned}
y_{2000} &= 1193.33 - 4.33x \\
&= 1193.33 - 4.33 \times 5 \\
&= 1171.68\text{（万元）}
\end{aligned}
$$

可见，该厂2000年产值为1171.68万元。

C　季节性预测法

某些产品的销售量往往与季节性因素有关，这就需要用季节性预测的方法来进行预测，否则结果很可能离实际很远。

季节预测的方法，可以采用移动平均法，但采用季节指数的方法将更有效。采用季节指数的方法，首先要取得历年来每月的平均数（如销售额），再计算每个月的季节指数，也就是各月数的平均数占全年平均数的比值。这样知道某一年某一月的或几个月的实际数值，就可以预测该年其他月份的数值。

19.3　企业的市场细分和目标市场

19.3.1　市场细分

19.3.1.1　市场细分化的概念和作用

市场细分化是根据消费者的需求和购买习惯的差异，把整体市场划分为许多需求大致相同的消费者群体所组成的分体市场。

对企业而言，市场细分化具有以下作用：一是使企业处于有利的地位，发现与比较市场机会；二是运用市场细分化知识，使销售预算集中用于选定的目标市场，从而发挥最大的市场推销效果；三是根据各个市场的特点，企业可随时调整产品结构与市场营销策略，以适合各种细分化市场的需要；四是由于企业不断地研究与分析市场，从对市场细分的了解中可以为企业发掘新需要、开发新市场。

19.3.1.2　市场细分标准

（1）消费者市场细分标准。

1）地理细分，即企业按消费者所在地理位置及其他地理变量（如城镇、地形、气候、交通状况等）来细分消费者市场。

2）人口细分，即将购买者按人口统计变量（如年龄、性别、家庭人数、收入、职业、教育、宗教、种族等）划分为不同群体。

3）心理细分，即按照购买者社会阶层、生活方式或个性特点，将购买者划分为不同群体。

4）行为细分，即企业按消费者购买或使用某种产品的时间、消费者的购买动机、使用者情况、消费者对某种产品的使用数量、消费者对品牌的忠诚程度、消费者待购阶段和消费者对产品的态度等行为变量来细分消费者市场。

（2）产业市场细分的标准。产业市场细分的依据有些与消费者市场相同，如行为标准、地理标准等，但根据其特点还有其他一些标准。

1）最终用户，不同的最终使用者常常追求不同的利益，需要运用不同的营销组合才能达到目的。

2）用户规模，即根据用户规模大小来细分市场，对大用户和中小用户采取不同的营销策略。

在进行市场细分时，往往同时选用多个标准，同时从多个角度进行细分，从而有效识别需求。

19.3.2 目标市场选择

市场细分的目的在于有效地选择并进入目标市场。目标市场是指企业经过比较、选择确定作为服务对象的相应的子市场。

（1）无差异市场营销。无差异市场营销是指企业不考虑各子市场的特性差异，而只注重各子市场需求方面的共性，把所有子市场看做一个大的目标市场，设计一种产品和制定单一的市场营销组合策略，力求在一定程度上适应尽可能多的顾客需求。例如，福特公司最开始以黑色 T 型车这一种产品来满足所有汽车用户的需求。

（2）差异市场营销。差异市场营销是指企业决定同时为几个子市场服务，设计不同的产品，并在定价、渠道和促销方面加以相应的改变，以适应不同子市场的需求。例如，宝洁公司推出的洗发水系列：针对需要发质柔顺的顾客推出了“飘柔”，针对去屑需求的顾客推出“海飞丝”等。

（3）集中市场营销。集中市场营销是指企业集中全部力量，只选择一个或少数几个性质相似的子市场作为目标市场，开发一种理想产品，实行高度专业化的生产与营销，试图在较少的子市场上占有较大的市场份额。例如，日本某公司就是专门针对孕婴市场中的一个子市场——纸尿裤市场来开发产品和市场，并把纸尿裤产品销往世界各地。

19.3.3 市场定位

19.3.3.1 市场定位的含义

菲利普·科特勒认为：“市场定位是指公司设计出自己的产品和形象，从而在目标顾客心中确定与众不同的有价值的定位。”定位要求公司能够确定向目标顾客推销的差别数目及具体差别。定位不在定位对象本身而是在消费者心中，是在消费者的大脑中占据的一个合理的位置，其具体的含义有以下四种：

（1）市场定位不仅仅局限于产品营销，而有着更为广阔的应用范围。市场定位的目的在于集中地找到定位对象想要突出给消费者的一面，同时这个突出的一面正是消费对象想要看到的，并运用各种传播手段把这一面进行强化，使消费对象能够清楚地注意到并长久地留在记忆当中。

（2）市场定位不是对产品本身做实质性的改变，而是对市场的发现。定位中可能要求产品在名称、价格、包装等方面进行改动，但这些改动只是为了寻找在潜在消费者心中有价值的位置而做的形式上的改动。说到底，是由于发现了市场的顾客需求，为了使产品能够更好地满足消费者的新需求所做的形式上的变动，产品本身可能并没有发生实质性的变化。

（3）市场定位关键是找出消费者心中对所需产品的位置。市场定位关键是找出消费者心中对所需产品的位置，定位所要占据的是消费者心理位置，即所做的定位给消费者传达的信息要长时间地停留在消费者的记忆当中，一旦消费者接收到与该定位相关的外部信息的时候，消费者第一时间就可以想到那个定位所占据的位置。

（4）好的定位可以为企业赢得巨大竞争优势。好的定位一旦得到消费者的认可将使企业形成巨大的竞争优势，而这一优势往往非产品质量和价格所带来的优势可比，但是不能把定位简单地看成就是竞争优势。定位是要发现市场上存在的顾客需求，定位表现的优势并不一定就是企业自身所拥有的，只有在找到定位并充分挖掘企业自身资源将该定位深入消费者心中并得到了消费者认可后，定位所带来的结果才能称得上是企业的竞争优势，即不仅要找到好的定位，并且要能够很好地实现这个定位。

19.3.3.2　市场定位的作用与原则

市场定位对市场营销活动而言主要在以下两个方面起到作用：

（1）市场定位有利于建立企业及产品的市场特色。市场定位有利于建立企业及产品的市场特色，是参与现代市场竞争的有力武器。在现代社会中许多市场都存在严重的供大于求的现象，众多生产同类产品的厂家争夺有限的顾客市场，竞争异常激烈。市场定位的作用之一在于帮助企业更好地了解消费者需求，找到消费者的关注点及兴趣点，结合自身优势，有效地向消费者传递信息，从而达到获取消费者心理偏好的目的。

（2）市场定位决策是企业制定市场营销组合策略的基础。例如，假设某企业决定生产销售优质低价产品，那么这样的定位就决定了产品的质量要高，价格要定得低，广告宣传内容要突出强调企业产品质优价廉的特点，要让目标顾客相信低价也能买到货真价实的好产品，分销储运效率要高，保证低价出售仍能获利。也就是说，企业的市场定位决定了企业必须设计和发展与之相适应的市场营销组合。

总体来讲，市场定位所依据的原则有以下四点：

（1）根据具体的产品特点定位。构成产品内在特色的许多因素都可以作为市场定位所依据的原则，如所含成分、材料、质量、价格等。

（2）根据特定的使用场合及用途定位。例如，果珍饮料进入中国市场的时候恰逢改革开放之初，人们对国外产品比较欣赏，生产厂商利用这一优势，将果珍定位为礼品取得了成功。

（3）根据顾客的利益定位。例如，1975 年美国米勒公司推出了一种低热量的 Lite 牌啤酒，将其定位为喝了不会发胖的啤酒，迎合了那些经常饮用啤酒而又担心发胖的人的需要心理。

（4）根据使用者类型定位。例如，美国米勒啤酒公司曾将其原来唯一的品牌“高生”啤酒定位于啤酒中的香槟，以吸引不常饮用啤酒的高收入女性。但后来发现占 30% 的狂饮者大约消费了啤酒销量的 80%，于是该公司在广告中展示石油工人钻井成功后狂欢畅饮的镜头，还有年轻人冲浪后在沙滩上开怀畅饮的镜头，塑造了一个个精力充沛的形象，并在广告中提出“有空就喝米勒”的广告语，从而成功占领啤酒狂饮者市场达 10 年之久。

19.3.3.3　市场定位的步骤和方法

市场定位的步骤为：

（1）明确潜在的竞争优势。企业通过与竞争者在产品、促销、成本、服务等方面进行对比分析，以了解自己的长处和不足，从而认定自己的竞争优势。

（2）选择相对的竞争优势。相对的竞争优势也就是一个企业能够胜过竞争者的能力。这种能力可以是企业本身具备的或是具备发展潜力的，也可以是通过努力创造的。总之，相对的竞争优势是本企业能够比竞争者做得更好的地方。

（3）显示独特的竞争优势。显示竞争优势也就是准确向目标市场传播企业的定位以期获得消费者的心理共鸣。企业作出市场定位决策后，要与选定的目标市场进行有效的沟通。包括建立与市场定位相一致的形象，让目标顾客知道、了解并熟悉企业的市场定位。

市场上原有产品通常已经在顾客心目中形成一定形象，占有一定地位。例如，人们认为可口可乐是世界上最大的软饮料公司，奔驰、凯迪拉克是豪华型汽车等。这些品牌拥有自己的地位，竞争对手很难取代它们。在这些产品市场上，参与竞争的企业要想争得立足之地难度很大，因此企业必须有适当的定位方式，并选准一个切入点。

市场定位的方法有：

（1）避强定位。当企业意识到自己无力与强大的竞争者抗衡时，则远离竞争者，根据自己的条件及相对优势，突出宣传自己与众不同的特色，满足市场上尚未被竞争对手发掘的潜在需求。例如，河北华龙集团，最初是由几位农民合办的股份制企业，它避开大企业竞争激烈的城市市场而定位于为农民服务，其产品定位在生产中低档方便面。由于定位准确及营销策略得当，华龙集团目前已成为我国第三大方便面生产企业。

（2）迎头定位。这是一种以强对强的市场定位方法，即将本企业形象或产品形象定位在与竞争者相似的位置上，与竞争者争夺同一目标市场。实行这种定位的企业应具备的条件是：市场容量大，能比竞争者生产出产品质量更好或成本更低的产品；能够容纳两个或两个以上竞争者产品；比竞争者有更多资源和实力。这种定位存在一定风险，但能够激励企业以较高目标要求自己奋发向上。

（3）创新定位。寻找新的尚未被占领但有潜在市场需求的位置，填补市场的空缺，生产市场上没有的、具备某种特色的产品。例如，“金利来”进入中国市场时就填补了男士高档衣物的空缺。

（4）重新定位。企业在选定了市场定位目标后，如果定位不准确或虽然开始定位得当，但市场情况发生变化，如遇到竞争者定位于本企业附近，侵占了本企业部分市场，或由于某种原因使消费者或用户的偏好发生变化而转移到竞争者方面时，就应考虑重新定位。例如，美国的万宝路香烟最开始的定位为女性消费者，但销量一直不佳，后来改男士消费者为目标顾客，并配以西部牛仔的大幅广告宣传，取得了很好的效果。

19.4 市场营销组合策略

市场营销组合又称整体市场营销，它是指为了达到企业经营目标，而综合运用各种可能的市场营销的策略和方法。

市场营销组合策略主要由四大部分组成，即产品策略、销售渠道策略、价格策略、促进销售策略，故又称为“4P”策略。它是市场营销中应用最多、最广，并以系统观点考虑和处理问题的一种策略。

19.4.1 产品策略

产品策略是指企业对其产品的发展方向和目标所选择和采取的策略。它主要包括产品计划与开发策略、产品组合策略、产品寿命周期策略、商标策略、包装策略等。

19.4.1.1　产品计划与开发策略

从市场营销观点出发，产品并非仅指一件物品而已，它应包括许多无形的特性，如包装、颜色、价格、商誉、售后服务质量等。这是因为消费者购买产品，目的是希望获得产品的功能。因此善于经营的企业，不应只重视产品本身，还应重视产品的其他特性。

（1）产品计划的制订。产品计划是指企业为确保其长期最大总利润，生产质与量均能满足消费者需要的产品计划活动。制订产品计划应做如下工作：产品范围建议；顾客与习惯的分析；产品评价；产品构想与处理；外观设计；产品投产、投入市场时机的决定；产品定价。

（2）产品计划内容包括：

1）产品完全自制还是购进的决策。此即决定产品部分自产，其余部分向其他厂商购进，还是全部自制或全部购进。

2）产品线简化还是扩充的决策。产品线的简化便于改进品质、降低产品成本、减少资本需要、降低缺货风险。产品线的扩充便于充分利用企业的人力与各项资源，能增加公司的安全性，少数品种滞销不会影响全局，可扩大销售额，适应特别顾客的需要。简化和扩充各有各的优点，具体采用哪种，应依据企业特定的情况而定。

3）产品试验。在产品进入市场前，为了解消费者对某一产品的态度如何、是否接受该产品、产品在消费者心目中的地位，厂商必须进行产品试验。试验方法有两种：一是技术实验，利用技术设备以及各种指标来检验产品；二是模拟消费试验，让消费者试穿、试用。

（3）新产品及其开发。从市场营销的角度来看，新产品通常有以下四种含义：

1）全新产品。全新产品指采用新原理、新技术、新材料、新结构开发出来的新产品，例如青霉素、原子笔、计算机等。

2）换代新产品。换代新产品主要指在原有产品的基础上，采用新技术制造出来的、能满足人们新的消费需求、在性能或品质上有显著提高的新产品，例如大型计算机到微机、普通车床到数控车床等。

3）改进新产品。改进新产品指对原有产品进行改进，提高其质量，美化其功能和外观，增加其品种规格而开发成的产品，例如常用牙膏到药物牙膏、一般单缸洗衣机到双缸自动洗衣机等。

4）地域性新产品。它又称仿制型新产品，指对市场上已有的产品，进行模仿制造，或者在一个市场是老产品，而对另一个市场来说还是新产品。

开发新产品是现代企业生存和发展的关键，是发展社会主义市场经济的需要，同时也是激烈的市场竞争中以创新取胜这一条重要策略的基础。

新产品开发的方式基本上有三种，即独立开发方式、科技协作开发方式和技术引进方式。

（4）产品开发战略。产品开发战略主要有五种：

1）补缺战略。此即把注意力放到努力发现市场供应的空当上去，积极开发短线产品，以及外贸需要而又供应不足的产品。

2）配角战略。企业如果在社会经济系统中就某一类产品的生产不能取得主导地位时，可以采用甘当配角的战略，主动地用企业技术经济实力为主导企业研究、生产和经营某种产品服务，大力发展主导企业所需的配套产品或提供必要的服务。

3）模仿最好者的策略。中国有句俗话："取法乎上得乎中，取法乎中得乎下。"这句话说明模仿就要模仿最好的。美国及日本许多成功的企业在发展时，都是靠了模仿某方面最好的企业或产品而起步的。

4）创新策略。模仿固然好，但难免步人后尘，如企业有足够实力，产品的开发还是应立足于创新，要在"奇"字上下工夫，标新立异，与众不同。

5）组合战略。采用这种战略，并不着力追求新的发明创造，也不一定要用什么新原理、新结构、新技术，而只是将现有的已经成熟的技术和产品加以重新组合，开发出别具一格的新产品。

19.4.1.2　产品组合策略

在阐述产品组合策略之前，先把与产品组合有关的几个基本概念介绍如下：

(1) 产品项目。凡是列入企业销售目录的产品名称称为产品项目。

(2) 产品线。它是指密切相关的一组产品，或因其皆能满足其一种需要，或其必须在一起使用，或售予同类顾客，或经由相同销售途径售出，或同属于某种价格范围之内的一组产品。

(3) 产品组合。它指企业所售产品的组合方式。

(4) 产品组合的宽度。它指企业产品线的数目。

(5) 产品组合的深度。它指一条产品线中，不同规格的产品的数目。

(6) 产品组合的关联性。它是指企业中各条产品线在最终用途、生产条件、销售途径或其他方面中相互关联的程度。

企业对其产品组合广度、深度与关联性的决策，有许多选择。决策的组合方式很多，企业常用的产品组合策略，主要有下列两种：

(1) 收入盈亏组合策略。企业中各种产品为企业带来的利润不尽相同，反映出企业的利润目标与产品构成关系。收入盈亏的组合策略是，根据企业盈亏资料对现有产品的品种进行科学取舍。

(2) 最佳产品组合策略。选择最佳产品组合，就是解决产品组合优化问题。分析产品组合常采用三维分析图，见图 8－1。

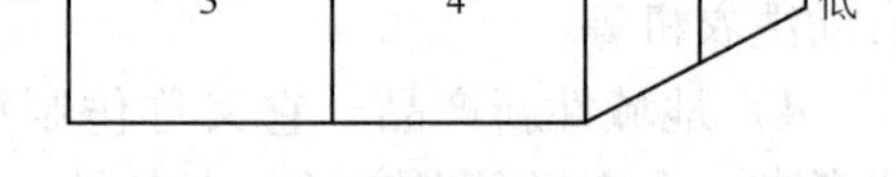

图 8－1　三维市场组合模型图

在三维空间坐标上，x 轴代表市场占有率的高低，y 轴代表销售增长率的高低，z 轴代表利润率的高低。这样就形成 8 个不同的空间位置。各空间位置三指标的高低如表8－5所示。

表 8－5　各空间位置的三个指标

空间位置	市场占有率	销售增长率	利润率
1	高	高	高
2	低	高	高

续表8－5

空间位置	市场占有率	销售增长率	利润率
3	高	低	高
4	低	低	高
5	高	高	低
6	低	高	低
7	高	低	低
8	低	低	低

从表8－5中可以看出，第一空间的产品是最佳产品，第八空间的产品是最差产品。由此，企业就可以决定哪些产品应该发展，哪些产品应该保留，或减产，或淘汰，从而确定企业的最佳产品组合。

19.4.1.3　*产品寿命周期策略*

产品寿命周期是指产品从投入市场开始到被市场淘汰、企业停止生产为止，在市场延续的全部时间，通常用一条曲线来表示，见图8－2。

从图8－2可以看出，产品销售量开始时上升缓慢，称为投入期，进而迅速上升，产品处于成长期；然后上升缓慢，渐至极点，并转而缓慢下降，此时产品已为消费者接受，处于赢利丰厚的成熟期；此后迅速下降，产品进入衰退期。

所谓产品寿命周期策略，就是要根据产品所处的寿命周期特定阶段，采用相应的产品策略。

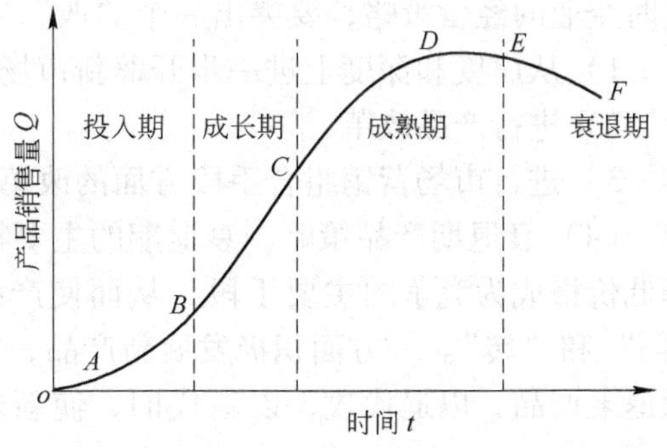

图8－2　产品寿命周期曲线示意图

（1）投入期产品策略。产品处于投入期时，由于成本高，企业利润通常是负值。有时，由于新产品的性能、质量、价格、分销渠道和服务不能适应广大消费者的需要，在竞争中惨遭失败。这个时期可供选择的市场策略，就价格和促销而言，有以下四种，但不论采用何种策略都应突出一个“短”字。

1）双高策略。双高策略就是以高价格和高促销把产品投入市场。由于高促销进行大量的广告宣传推销活动，从而可达到迅速提高产品的知名度，迅速占领市场的目的。由于价格高，获利多，从而可迅速收回投资，开创企业经营新局面。

2）密集性渗透策略。这一策略的特点是采用低价格方针配以高度集中的促销而推出新产品。此种策略常可使该产品以最快的速度渗入市场，并为公司带来最大的市场占有率。

3）双低策略。此策略是以低价格、低促销措施而推出新产品。低价之目的在于促使市场能快速接受该产品。同时，企业希望减低其促销成本以换取较多的利润。企业一定要确信产品市场需求的价格弹性很高，而促销弹性很低，才宜采用此种策略。

4）选择性渗透策略。此策略的特点是高价格、低促销。如果奏效，将能比双高策略取得更好的效益。然而，这一策略适应的范围有限，一般只在此类产品市场规模很小、竞争者少、消费者对此产品的需求又缺乏弹性（多为生活必需品）、无较大的选择性时才能奏效。

以上四种策略各有其优缺点和适应前提，企业营销人员使用时，应根据具体情况采用合适的策略。

（2）成长期产品策略。成长期的特点是产品稳定，产品设计和工艺渐趋完善，消费者了解、熟悉这种产品，销售额上升较快，产品成本显著下降，企业有利可得。这是产品的黄金时期，产品策略应突出一个“快”字，企业应集中人力、物力、财力保证此产品的发展，促使其迅速成为拳头产品，以保证取得最大的经济效益。具体的策略主要有：

1）完善、改进产品，以继续增强市场竞争能力；

2）加强市场调查，不断开拓新的市场；

3）宣传广告的重点应放在获得消费者进一步信任上；

4）适当降价促销。

（3）成熟期产品策略。在成熟期，生产者的设计和工艺稳定、成熟，市场的需求量已饱和，销售量已接近最高点，生产批量大，产品成本低，利润已达到最高点，很多同类产品已进入市场，市场竞争激烈，产品价格开始有所下降，企业的利润也开始有所下降。这时企业的经营策略，要突出一个“改”字。具体策略如下：

1）从广度和深度上进一步开辟新市场或拓宽原有市场；

2）进行产品改革；

3）进行市场营销组合手段方面的改革。

（4）衰退期产品策略。衰退期的主要特点是市场上已有新产品出现，市场销量下降，降低价格成为竞争的主要手段，从而使产品的利润迅速下降。此阶段市场策略的关键是“创”和“转”。一方面积极发展新产品，重视新产品的研究与开发；另一方面有计划地撤退老产品，以退代攻，以新代旧，使新老产品的交接班顺利进行，保持和扩大市场占有率。

19.4.1.4　商标策略

商标又称品牌，是产品的标记，通常采用文字名称、图案记号或二者相结合的形式来表示。

企业在商标策略上都要面临以下三个决策：

（1）有品牌与无品牌。通常人们认为一些普通化的产品，如白糖、盐、肉等，是不需要品牌的，然而时至今日，很少有东西不再加上品牌就推出来了。这一方面是来自使用者、采购者的要求，另一方面也来自分销商。

但是品牌除了增加产品自身的成本——包装、印刷、注册费用等外，它有时会影响企业其他产品的销售，使企业很多产品销售量下降。营销人员在决定是否给一些普通化产品以品牌的时候应考虑到这一点。

（2）制造者品牌与销售者品牌。在使用产品的品牌时，生产者可使用自己的名称（制造者品牌），也可以使用分销者的名称（销售者品牌）。例如 IBM 公司，就是以其自己的品牌推出所有产品，而华威克电子公司，则几乎所有产品都以其分销商的品牌制造。

（3）统一品牌和个别品牌。统一品牌，即以单一品牌推出其所有产品。个别品牌，即不同产品采用不同的品牌。统一品牌可以利用企业成功产品的信誉，将其他新产品也带入市场，从而减少广告宣传等推销费用。采用个别品牌，可以结合地区不同、民族不同、宗教不同和生活习惯不同的消费者的需要，个别品种失败，不会影响其他品种的销售。

19.4.1.5　包装策略

包装是指将商品盛装于容器或包扎物之内，以便陈列销售。现代包装材料日新月异，包装方法与技术已演变成一项专门学问，包装对于产品推销的重要性与日俱增。对于某些消费品和工业品而言，包装成为产品策略中最主要部分，企业在包装上支出的比重越来越大。通常可以采用的包装策略如下：

（1）类似包装。企业所生产的各种产品，在包装外形上采用相同的图案、近似的色彩、共同的特征，使顾客极易想到是同一厂家出产。这种包装策略，称为类似包装。

（2）多种包装。多种包装是将多种关联产品放置于同一容器或包扎物内。这种包装策略最有利于新产品上市、将新产品与其他旧产品放置在一起而使消费者在不知不觉中接受新观念、新构思，而习惯于新产品的使用。

（3）再使用包装。其又称双用途包装，即在原来所包装的产品使用完毕后，空包装可用于其他用途。这种策略一方面可取悦于消费者，另一方面使刻有商标的容器发挥广告的作用。

（4）附赠品包装。它又称万花筒式包装，是现代重要包装策略之一，尤其对儿童最有影响力。

（5）改变包装。产品的改变包装，正如产品的创新一样重要。当产品销售量明显减少，或企业欲扩张市场吸引顾客时，改变产品的包装，常起到意想不到的效果。

19.4.2　销售渠道策略

销售渠道又称商品流通渠道或分配路线。它是指商品从生产者经中间商至消费者的整个市场营销结构。销售渠道策略是确定市场营销的组织结构，即在多种销售渠道中选择最佳的销售渠道，使得产品适时、适地、经济、方便地进入消费领域，最终提高企业的经济效益。

19.4.2.1　销售渠道的类型

企业欲获得最大利润，除控制并降低生产成本外，如何选择最有利的销售渠道，使市场营运发挥最大功能并尽量降低销售成本，以最低价格将产品提供给消费者也是十分重要的，见图8－3和图8－4。

19.4.2.2　销售渠道的选择策略

（1）普遍性渠道策略。这种策略用于销售方便的商品，它要求商品有大量销售的可能性，广泛的推销时机，如香烟、酒类、饮料、肥皂、毛巾等日用品，价格低，需要大量销售赢利，因而应采用各种可能的销售渠道，即采取普遍性销售渠道策略。

（2）选择性销售渠道策略。这种策略是生产企业有选择地确定一部分批发商与零售商经销自己的产品。如电视机、录像机等消费者购买过程中习惯挑选的选购品，并无必要每个社会角落都有，而应有选择地分配。

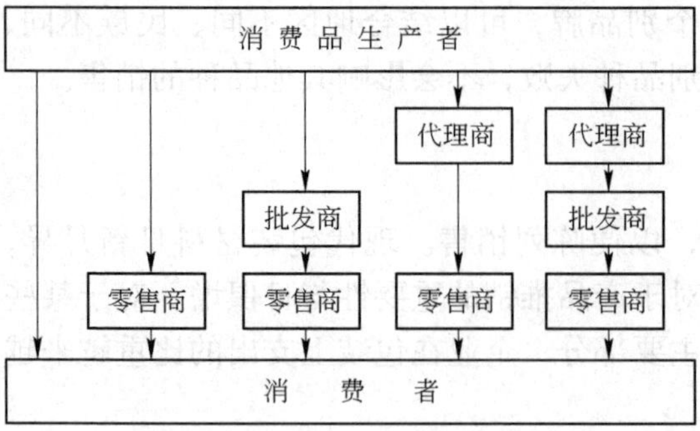

图8-3 消费品销售渠道示意图

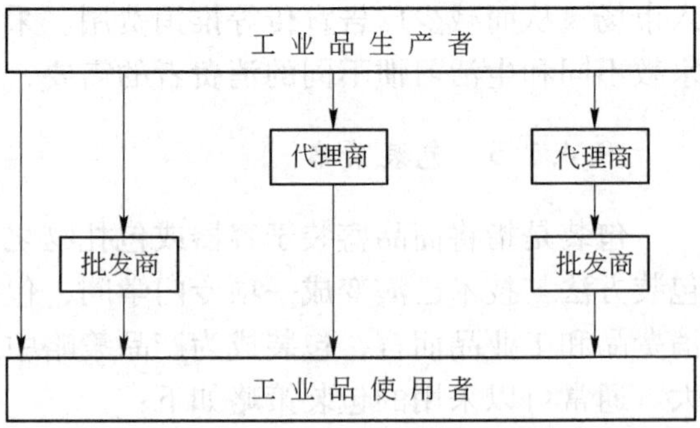

图8-4 工业品销售渠道示意图

（3）单一性的销售渠道策略。这种策略是生产者在市场上选定一家批发商或零售商独家经营它的商品。例如现在许多山地车厂家就是采用了这一形式。

19.4.2.3 我国目前主要市场销售渠道

（1）批发商业的渠道。

1）工业品贸易中心。这种贸易中心可以进行代购、代销、代储、代运输业务，可以提供各种服务，业务面较广。它是以中心城市为依托，组织商品辐射式交流的批发交易枢纽。它的特点是批量交易、配套服务等。

2）批零商店。这些商店以从事商品的批发为主，兼营零售。

3）农、副产品批发市场以及其他各类产品如布、药材等批发市场。

4）企业产品门市部。它类似批零商店的性质，不过省却了一些中间环节。

（2）零售商业的渠道。

1）专业零售商店。它专门营销某一大类商品，如食品商店、文化用品商店、服装商店等都是经营一大类专门用品的商店。

2）综合商店。它是出售若干不同大类商品的商店。它适应消费者在选购上的同时性，消费者在一家商店可以买到满足日常生活一定范围需要的各类所需商品。

3）杂货商店。主要出售日用杂货如厨房小商品、家庭卫生用品等。这些都是家庭生活不可缺少的日用物品。

4）百货商店。这类零售商店有大、中、小型之分。

5）超级市场。

6）建立全国销售网络。

7）直销方式。

8）仓储式销售。

19.4.3 价格策略

价格是价值的货币表现。价值是价格的基础。此外，价格还在很大程度上受到市场供需情况的影响，如图8-5所示。

从图8-5（c）中，可以看出在E点上方，供给大于需求，出现买方市场，价格将下降，直到使供需平衡；在E点下方，供不应求，出现卖方市场，商品价格将上升，直到

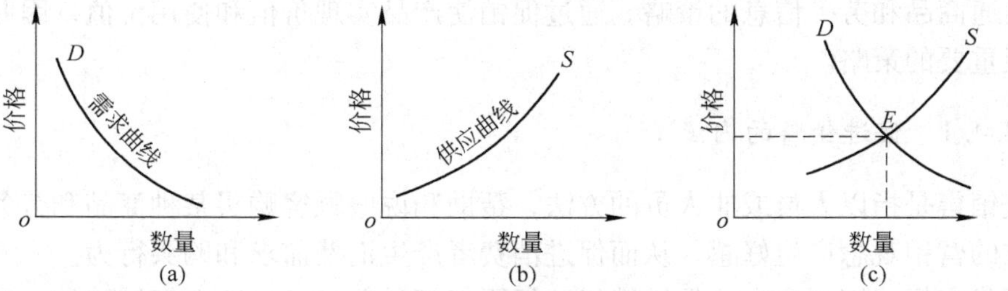

图8－5　价格曲线

(a) 需求曲线；(b) 供应曲线；(c) 供求平衡点

使供需重新平衡。此外，还可从图8－5(a)和图8－5(b)中看出，价格下降需求量增大，供给量减少；价格上升则需求量减少，供给量增大，这就是供求规律。

可见价格应根据价值与供求状况来确定，制定价格的过程、方法和策略如下：

(1) 制定价格的过程。它包括收集有关资料、分析外部环境、分析内部因素、确定策略、制定具体价格、反馈等几大环节。

(2) 制定价格的方法。定价的方法有很多，在不同的条件下，在不同的经营环境下，应采取不同的定价方法。

1) 成本加成定价法，即根据产品的单位成本加上预期的利润定价。

2) 习惯定价法，即以销售已久、形成一种习惯的价格或便利的价格定价。

3) 按竞争产品价格定价法。

4) 比较定价法。

5) 地理定价法。

6) 倾销与垄断定价法。

(3) 制定价格的策略。

1) 新产品定价策略。它对于产品是否能在市场上站稳脚跟、迅速开拓市场有着非常重要的作用和影响。常用的新产品定价策略有：

① 高价策略，即利用新产品独一无二的地位，将价格定得很高，尽可能赚取最大的利润。

② 低价策略，即将新产品价格定得低于预期价格，以利尽快为市场所接受，迅速打开销路。

③ 满意定价策略，即采取生产者和消费者都能接受的价格。

2) 折扣与让价策略。它是靠减少企业其他费用支出或让利，从而减少一部分价格来争取顾客的方式。有现金折扣、数量折扣、交易性折扣、季节性折扣等多种形式。

3) 心理定价策略。它包括尾数定价、整数定价、谐音定价等方法。

4) 特价策略。或为招徕顾客，或为清理陈旧或过时商品，采用打折（或五折或六折等）的方式促进购买。

19.4.4　促进销售策略

促销活动是企业向顾客或用户提供产品性能、特点、价格、供应地点以及使用这种商品能给消费者带来哪些实惠等信息，吸引消费者购买的活动。促进销售策略是卖方向买方传递和沟通商品和劳务信息的策略。通过促销使产品实现价值和使用价值，因此它是营销策略中很重要的策略。

19.4.4.1 促进销售的内涵

促进销售是指以人员或非人员的方法，帮助和说服顾客购买某种商品和劳务，或使顾客对卖方的营销观念产生好感，从而促进消费者产生消费需求和购买行为。

在现代市场营销观念中，促进销售已经不仅仅是促成商品所有权转移的一种行为。首先，销售活动不但可协助或诱导潜在顾客消费，并且能创造顾客；由于需求的增加，从而促进更多的生产。其次，销售活动需大量的人力，从而导致充分就业的机会。此外，由于销售刺激消费，消费促进生产，造成社会的繁荣，因而维持较高的生活水平。

19.4.4.2 促进销售的方法

促进销售的方法主要可分为人员推销和非人员推销。非人员推销包括广告、营业推广、公共关系等方法。

（1）人员推销策略。人员推销是指企业的销售人员用谈话方式向可能购买的顾客作口头宣传，满足消费者的需要，达到推销商品的目的。人员推销是最古老的售货方法，也是现代最重要的推销手段。人员推销有下列优点：一是人员推销由于与顾客保持直接接触，其操作方法因此较具弹性，可适合个别顾客的需要，而且推销员可以看出顾客对特殊方面的反应，立即采取必要的调整与行动，同时顾客如果提出相反的意见，可及时予以解释。二是可以将不必要的浪费减至最低限度。三是人员推销往往在推销的同时，促成实际的购买行动。四是推销员除担任销售工作以外，还可为公司做许多其他服务工作，诸如收集信息资料，反映顾客态度，并将顾客的要求或指责提供给领导者参考。

（2）广告策略。广告是一种促进销售的手段，是非人员推销的主要形式，是以付费原则通过一定的媒体把商品和服务的信息广泛告知顾客的促销方式。广告作为当代备受企业家青睐的一种促销手段，对市场营销有如下作用：一是传递商品信息。广告把有关信息提供给顾客，帮助顾客了解所需商品的存在，便于顾客购买。二是创造需求，刺激需求。广告指导顾客和协助用户了解商品的使用价值，促进人们对商品的认识与兴趣，激发购买欲望。

单元20　市场营销新趋势

从20世纪末到21世纪初，企业的营销环境发生了深刻的变化，营销工具和营销手段越来越先进，企业间以及企业与消费者之间的供求关系也越来越复杂，消费者的要求越来越高。面对着这样一个变化了的营销环境，营销理论工作者与实际工作者一直在孜孜不倦地探索新的对策，从而不断深化了对营销本质的认识，不断产生着新的营销观念和方式，包括：

（1）战略营销。战略营销是指以营销战略为主体和核心的营销活动。从观念角度来说，营销必须提升到战略高度来认识，要用全局的、长远的观点来策划企业的营销活动。因为企业的营销活动的成败决定了企业的存亡，所以必须要有一个战略的观念。在进行营销战略规划时，企业要对自己所处的营销战略地位作出判断，包括企业产品所处的寿命周期位置、企业在同行业中所处的竞争地位、企业自身的实力（优势和劣势）和市场的吸引力（机会和威胁）等，然后根据这些判断，遵循营销战略原则制定出相应的营销战略。

（2）关系营销。关系营销是指通过建立与维系跟顾客及其他公众之间的长期良好关系来开展营销活动。关系营销在观念上最重要的突破是，营销不仅实现产品的交换，更重要的是实现关系的建立和维系。从这个角度而言，关系本身就是营销的对象，是一种更广义的“产品”概念。实施关系营销要求企业员工树立关系与关系营销的观念，熟悉顾客与其他企业相关者，主动与他们沟通，以质量、服务为建立与维系关系的重要手段。

（3）权力营销。权力营销是指依托权力来开展的营销活动，这里的权力不仅限于常规含义的权力，而扩大为影响力与控制力。它包括法定权力营销、专家权力营销、信仰权力营销、政治权力营销、法律权力营销和政府权力营销等诸多方式。

（4）信息营销。信息营销是指应用信息与信息技术来开展营销活动，主要内容包括广泛采用营销管理信息系统、实行商业自动化、提供与经营信息密集型产品。

（5）形象营销。形象营销是指通过塑造企业形象，凭借企业形象力来开展营销活动。形象营销力图在形象与营销之间找出一个交会点，一方面形象营销使企业形象与CI对企业具有更大的实用价值；另一方面，企业形象对营销活动的影响如此之大，形象营销使形象作用在企业营销组合中的地位得以体现。

（6）直复营销。直复营销是指一种为了在任何地方产生可度量的反应和达成交易，而使用一种或多种广告媒体的、互相作用的市场营销体系。直复营销的基本精神就是“双向信息交流”，通过这种双向互动，使企业的营销人员与顾客直接地、有效地沟通，促进销售。在直复营销活动中，买卖双方无须见面碰头，亦无须议价。靠着现代化的通信工具，用邮递、电传、电讯等方式，去进行商品介绍、推广、购买、付款和退货等手续。

（7）服务营销。服务营销是指突出服务策略在营销组合中的作用的营销方式或者是指以无形服务为“产品”的营销活动。它要求企业加强产品售前、售中和售后的服务，要求企业针对“服务”这一无形产品的特殊性来开展独具特色的营销活动。

（8）绿色营销。

（9）网络营销。

鉴于其中绿色营销和网络营销在当前尤为重要，故下面将对其作详细的介绍。

20.1 绿色营销

所谓绿色营销，是指企业以环境保护观念作为其经营哲学思想，以绿色文化为其价值观念，以消费者的绿色消费为中心和出发点，力求满足消费者绿色消费需求的营销活动。绿色营销是人类有关建立可持续发展社会一系列新观念的重要内容之一。它是“人类与自然和谐”这一绿色文明价值目标在市场营销中的体现，是环境保护意识与市场营销观念相结合的现代营销观念。

企业实施绿色营销策略，应做好以下几个方面的工作：

（1）树立绿色观念。绿色需求要求企业树立绿色营销观念，寓环保意识于企业的经营决策之中，开展以消除和减少产品对生态环境影响为中心的市场营销活动。既要考虑企业自身的利益，又要考虑到社会利益和环境利益，努力使其和谐发展。

（2）收集绿色信息。面对大量的绿色商机，企业应从市场需求出发，收集相关的绿色信息，并结合自身的情况采取相应的措施，深入研究信息的真实性和可行性，为企业实施绿色营销提供依据。绿色信息包括绿色消费信息、绿色科技信息、绿色资源和产品开发信息绿色法规信息、绿色组织信息、绿色竞争信息等等。

（3）开发绿色资源。绿色资源开发的着眼点应放在：无公害新型能源、资源的开发，如风能、水能和太阳能以及各种新型替代能源等；节省能源和资源的途径及工艺，采用新科技、新设备提高能源和资源的利用率；废弃物的回收和综合利用。

（4）开发绿色产品。所谓绿色产品，是指对社会或环境的改善有所贡献的产品，或指较少损害社会和环境的产品，或指对环境及社会生活品质的改善优于传统产品的产品。如用自然纤维、亚麻、棉布、丝绸等无污染物质制作的自然装、生态服，又如绿色冰箱、绿色电脑、绿色汽车、绿色食品、绿色饮料等。开发绿色产品不仅有利于生态环境，而且很多时候还可以节省开支、增强竞争力。例如美国电报电话公司设在美国和新加坡的工厂，在制造线路板的过程中不再使用会损害臭氧层的氯氟烃，每年节省了 600 万美元，而且这一行动增强了企业自身的环保形象，营业额上升了 15%。

（5）重视绿色包装。企业在产品包装装潢设计时，应尽量降低产品包装及其残余物对环境的影响，符合可再循环、可生物分解的要求。

（6）制定绿色价格。摆脱以前投资环保是白花钱的思想，树立“谁污染谁付费”“环境有偿使用”的新观念，把企业用于环境保护方面的开支列入成本，这些成本应列入绿色报告成本。为了合理控制各项支出，企业会计部门应编制绿色预算，合理分配各项支出，对用于环境方面的支出，企业和消费者要共同负担。商品市场价格应把归消费者负担的环保费用计入在内。

（7）选择绿色渠道。绿色渠道的畅通是成功绿色营销的关键。选择绿色渠道可从以下方面进行：

1）考察是否选用中间商。如果企业试图在绿色市场上建立知名度，对绿色市场进行调研，或向顾客提供更完善的服务等，就应自行建立分销渠道；反之，则要考虑选择中间商。

2）考察中间商的绿色信誉。选择中间商时要把重点放在与本企业有相同绿色意识、有良好形象并能真正合作的中间商上，同时也要考虑它们的经济实力、管理状况等综合情况。设立绿色专柜或绿色商品的购销公司，以回归自然的装饰为标志，招徕顾客。

3）开展绿色产品直销活动，缩短渠道，减少污染。

（8）开展绿色促销。

1）绿色营销是一种观念。企业要在公众中树立良好的绿色形象。同时，要与有关环保部门保持和谐关系，寻求其支持，并积极参加各种与环保有关的事务，以扩大企业的绿色影响。

2）绿色营销又是一种行动。企业可利用各种传媒宣传自己在绿色领域的所作所为，以实际行动强化企业在公众心目中的形象。

（9）争取绿色标志。绿色标志是标明产品从生产到使用以及回收处理的整个过程中符合特定环保要求的标志。它可引导消费者选购商品时参与环保活动，也可以使绿色标志同价格、质量一样成为重要的市场竞争因素。

（10）实施绿色管理。企业要设立专门的管理机构，以监督和管理企业绿色营销的实施和发展。绿色营销管理机构的职能主要有绿色信息管理、绿色资源和产品开发的管理与控制、绿色产品质量的监测与控制、企业治理“三废”及其他环保指标的制定与监督管理等。

20.2 网络营销

网络营销是建立在互联网的基础之上，借助于互联网来实现一定营销目标的一种营销手段。

网络营销产生于美国，1994 年美国出现了网络商场，网上购物成为一种消费时尚。到 1996 年底，互联网上的市场已超过 20000 家，全球网络的营业额约 30 亿美元。现已有 170 多个国家和地区接入国际互联网络，互联网用户正在迅速增加。未来企业要保持领先地位，必须要同时称雄于以资源为主体的“实体市场”和以网络信息为主体的“虚拟市场”。

与传统营销方式相比，网络营销具有如下一些特点：

（1）跨越时空，全球营销。互联网已经形成一个全球性体系，企业运用网络进行营销能有效地消除时间和空间距离，使国外的顾客与本企业在网上迅速地、低成本达成交易。例如，湖北中天亨迪药业有限公司于 1997 年 5 月上网后，在海外的客户增加了 20 多个，主导产品布洛芬的月出口量增加了 1 倍多，并很快打通了在新加坡、印度、加拿大和欧洲等地的市场。

（2）减少环节，沟通直销。传统的商业活动需要大量的中间环节，企业往往要应对庞大的商业网络体系，建立多级销售渠道。网络营销则可以省略许多环节，使企业直接和供应商、用户进行交流。例如，湖北广济药业公司有 80% 以上的产品出口，以往主要通过中间商外销产品，原材料也要通过中间商进口。1997 年 10 月接入互联网后直接在网上发布供求信息，销售和采购方式都发生了很大的变化，在网上找到了许多海外分销商，通过网上查询原料价格，使得一种原料的采购价格由上网前的每吨 4 万美元降到 2 万美元。国际互联网使企业在原料采购、产品销售等诸多方面，跨越大量的中间环节，直接与用户进行联系，确定具体谈判事宜，有利于提高生产运营效率。

（3）降低成本，服务行销。网上销售可以实现“无店面化”’最大限度地降低销售成本，而且可以通过提供多样化的服务，巩固消费者群体。在通过美国戴尔网站（DELL. COM）进行采购的客户中，30%的客户从没有看过戴尔的广告，80%的个人和50%的企业以前从未购买过戴尔的产品，但他们仍然通过因特网采购戴尔的计算机，而且这些客户的平均购买量比戴尔传统用户要大。此外，通过戴尔网站为客户提供服务和技术支持，每年可以为公司节省几百万美元。

（4）交叉互动，个性促销。随着社会的进步，消费者个性化消费的倾向日益明显，参与意识日益增强，生产企业可以通过因特网的互动功能，将产品信息传递结用户，用户也可以根据自己的喜好或需要有选择地阅读有关详细资料，或将自己的意见反馈给生产企业，甚至可以在网上马上实现一个交易的过程，生产企业与用户或消费者之间可以实现交叉互动，从而更有利于营销。

从是否拥有自己的网站来划分，企业的网络营销可以分为两类：

（1）无站点网络营销。它是指企业没有建立自己的网站，而是利用互联网上的资源，开展初步的网络营销活动，属于初级的网络营销。这些活动主要包括：在一些网站提供的信息平台上，免费发布供求信息，直接向潜在客户发布信息，举行网上拍卖，加入专业经贸信息网，加入行业信息网等。

（2）基于企业网站的网络营销。经过对网络营销的初步认识，企业已不能满足于仅仅发布一些信息的“游击战”。于是，建立自己的企业网站，开展“阵地战”的要求日益迫切。这样，进入真正意义上的网络营销阶段——基于企业网站的网络营销。这一阶段的主要内容包括域名申请、网络规划、网页制作、网站发布、网站推广以及网站的管理与维护等。网站推广是网络营销的核心内容。网站推广的主要方法有搜索引擎登记与排名、网络广告、电子邮件营销、新闻组与论坛、信息网和分类广告、整合营销等。

思考与练习

8-1 什么是市场，它有哪些基本特征？

8-2 生产资料的购买与消费资料的购买有何不同？

8-3 市场营销组合策略包含哪些内容？

8-4 什么是产品生命周期？

8-5 产品策略和产品寿命周期策略包含哪些内容？

8-6 简述新的营销观念和方式有哪些？

情景9

冶金企业财务与成本管理

学习目标

1. 知识目标

- 了解现代企业财务管理的基本内容和目标；
- 了解企业筹资原则和基本要求及投资类型；
- 熟知企业财务分析的方法和财务比率分析；
- 熟知成本概念和产品制造成本构成；
- 掌握冶金企业成本管理新理念；
- 熟知冶金企业标准成本管理模式；
- 掌握冶金企业现场成本管理模式。

2. 技能目标

- 树立和培养现代企业财务管理的基本理念；
- 能够熟练应用标准成本制度体系；
- 能够运用计划值项目体系控制现场成本。

单元21 冶金企业财务管理

21.1 财务管理的基本内容

21.1.1 财务管理的内涵

21.1.1.1 财务管理及其特点

财务管理是对企业财务活动所进行的管理。财务管理就是组织企业财务活动，处理企业与各方面财务关系的一项经济管理工作，是企业管理的重要组成部分。

财务管理的特点有：

（1）财务管理是一种价值管理。它主要利用资金、成本、收入、利润等价值指标，运用财务预测、财务决策、财务预算、财务控制、财务分析等手段来组织企业中价值的形成、实现和分配，并处理这种价值运动中的经济关系。

（2）财务管理具有很强的综合性。企业生产经营活动各方面的质量和效果，大多可以通过资金运动过程和结果的各项价值指标反映出来，从而及时组织资金供应，有效使用资金，严格控制生产耗费，大力增加收入，合理分配收益，又能够促进企业有效开展生产经营活动，不断提高经济效益。

21.1.1.2　企业财务管理的内容

财务活动具体包括资金的筹集、运用、耗费、收回及分配等一系列行为，其中资金的运用、耗费和收回可统称为投资。

（1）筹资管理。筹资是指企业为了满足生产经营活动的需要，从一定的渠道，采用特定的方式，筹措和集中所需资金的过程。

筹集资金是企业进行生产经营活动的前提，也是资金运动的起点。一般而言，企业可以从三个方面筹集并形成三种性质的资金来源：一是从所有者处取得的资金，形成资本金；二是从债权人处取得的资金，形成负债；三是从企业获利中以留利形式取得的资金，形成一部分所有者权益。企业筹集的资金，可以是货币资金，也可以是文物资产或无形资产。在筹资过程中，企业一方面要确定筹资的总规模，以保证投资所需要的资金；另一方面要通过筹资渠道和筹资方式或工具的选择，确定合理的筹资结构，使筹资的代价较低而风险不变甚至降低。

（2）投资管理。企业在取得资金后，必须将资金投入使用，以谋取最大的经济效益。否则，筹资就失去目的和意义，还会给企业带来偿付所筹资金的本息风险。投资有广义和狭义之分。广义的投资是指企业将筹集的资金投入使用的过程，包括企业内部使用资金的过程以及企业对外投放资金的过程。就前者而言，企业将筹集的资金投放在生产经营中，主要是通过购买、建造等过程，形成各种生产资料。即一方面进行固定资产的购买和建造，形成企业的固定资产投资；另一方面进行流动资产的购买和制造，形成流动资产的占用或投资；再有就是进行无形资产的购买或创立，形成无形资产的投资；以上各项资金的投放和使用都属于企业内部的投资活动。狭义的投资是指企业以现金、实物或无形资产采取一定的方式对外或对其他单位投资。在投资过程中，企业方面必须确定投资规模，以保证获得最佳的投资效益。

（3）分配管理。企业通过资金的投放和使用，会取得各种收入。企业的收入首先要用以弥补生产耗费，缴纳流转税，其余部分为企业的营业利润。营业利润和对外投资净收益、其他净收入构成企业的利润总额。利润总额的分配包括以下几方面：首先要按国家规定缴纳所得税；税后利润要提取公积金和公益金，分别用于扩大积累、弥补亏损和改善职工集体福利设施；其余利润分配给投资者，或暂时留存企业，或作为投资者的追加投资。企业必须在国家的分配政策指导下，根据国家所确定的分配原则，合理确定分配的规模和分配的方式，以使企业获得最大的长期利益。

筹资、投资和分配构成企业财务活动过程，它伴随着企业生产经营活动过程反复不断地进行，从而也就构成了企业财务管理的主要内容。

21.1.2　财务管理的目标

财务管理目标是企业进行财务活动所要达到的根本目的，它决定了企业财务管理的基本方向。

21.1.2.1　财务管理总体目标

财务管理总体目标是企业全部财务活动需要实现的最终目标，它是企业开展一切财务活动的基础和归宿。根据现代企业财务管理理论和实践，最具有代表性的财务管理目标有以下几种：

（1）利润最大化。利润是企业在一定期间内全部收入和全部费用的差额，它反映了企业当期经营活动中投入（所支）与产出（所得）对比的结果，在一定程度上体现了企业经济效益的高低。利润既是资本报酬的来源，又是提高企业职工劳动报酬的来源，还是企业增加资本公积金、扩大经营规模的源泉。

（2）资本利润率最大化或每股利润最大化。资本利润率是企业在一定时期的税后净利润与资本额的比率；每股利润或称每股盈余是一定时期税后利润与普通股股数的对比数。它既能反映企业的赢利能力和发展前景，又便于投资者评价企业经营状况的好坏，分析不同企业赢利水平的差异，确定投资方向和规模。然而，同利润最大化目标一样，资本利润率或每股利润最大化目标仍然没有考虑资金时间价值和风险因素。

（3）企业价值最大化或股东财富最大化。企业价值是通过市场评价而确定的企业买卖价格，是企业全部资产的市场价值，它反映了企业潜在或预期的获利能力。投资者投资企业的目的，在于获得尽可能多的财富。这种财富不仅表现为企业的利润，而且表现为企业全部资产的价值。企业价值最大化也就是股东财富最大化。这一目标考虑了资金时间价值和风险问题，企业所得的利润越多，实现利润的时间越近，实现的利润越稳定，企业的价值或股东的财富就越大。这一目标还充分体现了对企业资产保值增值的要求，有利于纠正企业追求短期利益行为的倾向。

在股份制企业尤其是上市公司，投资者持有公司的股票，成为公司的股东。股票的市场价格体现着投资大众（包括股东本身）对公司价值所作的客观评价。所以，人们通常用股票市场价格来代表公司价值或股东财富。一般说来，股票的市场价格可以全面地反映公司目前和将来的赢利能力、预期收益、时间价值和风险价值等方面的因素及其变化，因而，企业价值最大化或股东财富最大化目标在一定条件下也就演变为股票市场价格最大化。

21.1.2.2　财务管理的具体目标

财务管理的具体目标是为实现财务管理的总体目标而确定的企业各项具体财务活动所要达到的目标。

（1）筹资管理的目标。要在筹资活动中贯彻财务管理总体目标的要求。首先，必须以较小的筹资成本获取同样多或更多的资金。企业筹资成本包括利息、股利（或利润）等向出资人支付的报酬，也包括筹资中的各种筹资费用。企业降低筹资过程的各种费用，尽可能使利息、股利（或利润）等的付出总额降低，就会增加企业的总价值。其次，企业必须以较小的筹资风险获取同样多或较多的资金。筹资风险主要是到期不能偿债的风险，企业降低这种风险，就会使内含于企业价值中的风险价值相对增加。归结以上两点，企业筹资管理的具体目标是：以较低的筹资成本和较小的筹资风险，获取同样多或更多的资金。

（2）投资管理的目标。要在投资活动中贯彻财务管理总目标的要求。首先，必须使投资收益最大化。投资收益总是与一定的投资额和资金占用额相联系的。企业投资报酬越多，意味着企业的整体获利能力越高，因而会在两个方面影响企业价值：第一，业已获得的投资收益会直接增加企业资产价值。第二，投资收益较高会提高企业的市场价值。其次，由于投资还会带来投资风险，因此，企业在争取获得较高投资收益的同时，还必须使投资风险降低。投资风险是指投资不能收回的风险，企业降低这种风险，就会使内含于企业价值中的风险价值相对增加。归结以上两点，企业投资管理的具体目标是：以较小的投资额与较低的投资风险，获取同样多或较多的投资收益。

（3）分配管理的目标。企业分配管理的具体目标就是合理确定利润的分成比例及分配形式，以提高企业潜在的收益能力，从而提高企业总价值。分配是将企业取得的利润在企业与相关利益主体之间进行分割。这种分割不仅涉及各利益主体的经济利益，而且涉及企业现金的流出量，从而影响企业财务的稳定和安全性；它不仅涉及各利益主体经济利益的多少，而且也会涉及企业价值的变动。企业必须通过分配，选择适当的分配标准和分配方式，才能既提高企业的即期市场价值和财务的稳定性与安全性，又能使企业的未来收入或利润不断增加，从而使企业市场价值不断上升。

21.1.3　筹资管理

21.1.3.1　企业筹资意义

企业筹资是指企业在国家的宏观控制下，通过不同的渠道，用各种方式向企业外部和从企业内部筹措生产经营活动所需的资金。一个企业能否聚集和融通资金，并使资金的使用具有稳定性，是该企业能否求得生存和发展的关键。于是筹资管理也就成为现代企业财务管理的一项主要内容。

21.1.3.2　企业筹资的原则

（1）合理性原则。企业在筹集资金之前，就要合理确定资金的需要量，在此基础上拟定筹集资金计划，“以需定筹”，即按企业投资项目必不可少的资金需要量和为保证生产经营正常、高效运行的最低需要量。

（2）及时性原则。所谓及时性原则，是指企业筹集资金应根据资金的投放使用时间来合理安排，使筹资和用资在时间上相衔接和平衡，避免超前筹资而造成资金的闲置和浪费，或滞后筹资影响生产经营的正常进行。

（3）效益性原则。效益性原则是企业在选择资金来源、决定筹资方式时，必须综合考虑资金成本、筹资风险及投资效益等多方面的因素。企业在筹集资金时，应根据不同的资金需要量与筹资效益，考虑各种筹资渠道、方式所引起的资金成本、风险程度，把资金来源和资金投向综合起来，全面考虑，力求以最小的资金成本、最低的风险程度，实现最大的投资效益。

（4）科学性原则。科学性原则就是要科学地确定企业资金来源的结构，实现筹资方式的最佳组合。科学确定筹资来源的结构，包括两个方面的内容：一是安排自有资金与借入资金的比例，以确定运用负债经营的策略；二是合理安排长期资金与短期资金的比例。

21.1.3.3　企业筹资的基本要求

（1）合理确定筹资数量，控制资金投放的时间。无论通过什么渠道，采用什么方式筹集资金，都应预先确定资金的需要量，使筹资数量与需要达到平衡。防止筹资不足影响生产经营或资金过剩而降低筹资效益。

由于企业在正常生产经营过程中，各个时期、各个阶段的资金需要量并不完全一致，所以，保证正常生产经营周转资金的需要，还需从时间方面加以控制。即在测定资金需要量和确定筹资方式时，不仅要考虑全年的情况，还应在年内分季、分月进行估算并作出安排，做到有计划地调度资金。

（2）认真选择筹资渠道和筹资方式，力求降低资金成本。企业筹资渠道有多种，具体取得资金的方式有很多，但无论什么方式、什么渠道，都要付出一定的代价，即资金成本。资金成本是对筹资效益的扣除，而不同的筹资渠道和方式，其资金成本是不同的，比如银行借款的资金成本就低于发行股票的资金成本。所以，企业在筹资时应认真选择各种筹资渠道和筹资方式，求得最优的筹资组合，以便降低综合资金成本。

（3）科学安排筹资结构，降低筹资风险。筹资结构指各种资金来源占全部资金来源的比重及各类资金之间的比例关系。从不同角度看，可以有不同的筹资结构。如自有资金与借入资金的比例关系、长期资金与短期资金的比例关系，它们之间的不同的比例构成所承担的筹资风险也是不同的，所以应科学地安排筹资结构。

（4）周密研究投资方向，努力提高投资效益。企业筹资的目的是投资，投资是决定是否筹资、筹资多少的主要因素。所以，投资额决定资金需要量，投资效益的好坏也会对筹资效益起决定性作用。因此，必须进行周密详尽的可行性研究，必须确定有利的资金投向，避免不顾投资效益的盲目筹资。

（5）遵守有关法规，维护各方面的合法权益。企业的筹资活动，影响着社会资金的流向和流量，涉及有关方面的经济利益。为此，必须在国家宏观控制下依照一定的金融法规和一定的程序，按照公开、公平、公正的原则，维护各方面的合法权益，杜绝各种乱筹资。

21.1.3.4　企业筹资的类型

（1）自有资金和借入资金。

1）自有资金是指企业通过发行股票、吸收直接投资、内部积累等方式筹集的资金。自有资金代表投资人对企业净资产的所有权，所以又称为主权资金。

按照我国财务制度规定，企业的自有资金包括资本金、资本公积金、盈余公积金和未分配利润。按照国际惯例，一般包括实收资本（或股本）和留存收益两部分。

2）借入资金是指企业通过发行债券、银行借款、融资租赁、商业信用等方式筹集的资金。借入资金到期要按照合同的规定还本付息，所以又称为负债资金。

借入资金包括各种借款、应付债券、应付票据等。在财务报表上，借入资金表现为流动负债和长期负债。借入资金的使用期有长有短，短的几个月，长的超过一年，有的数年，甚至长达数十年。借入资金是企业资金的重要来源。

（2）长期资金和短期资金。

1）长期资金是指供企业使用一年以上的资金。企业要长期、持续、稳定地从事生产经营活动，必须有一定数量的长期资金作保证。长期资金一般采用吸收直接投资、发行股票、发行债券、长期借款、融资租赁等筹措得到。

2）短期资金是指企业在一年内要归还的资金。短期资金在使用时，周转速度快，通常在一年内就能收回、偿还。企业由于生产经营过程中资金周转会出现暂时的短缺，往往需要相当数量的短期资金。企业的短期资金一般是通过短期借款、风险短期融资券、商业信用等方式筹措形成的。

（3）内部筹资和外部筹资。

1）内部筹资是指在企业内部通过计提折旧而形成资金来源和通过留用利润而增加资金来源。其中计提折旧并不增加企业的资金总量，只是资金形态的转化；留用利润则增加企业的资金总量，其数额由企业的可分配利润和利润分配政策（股利政策）决定。

2）外部筹资是指在企业外部筹集资金。在企业的初创时期和成长时期，内部筹资的可能性不大，加之企业发展需要的资金较多，就必须从外部筹资所需的资金。

（4）直接筹资和间接筹资。

1）直接筹资是指企业不经过银行等金融机构，直接与资金供应商协商借贷或发行股票、债券等方法筹集资金。在直接筹资过程中，资金供求双方借助于融资手段直接实现资金的转移，而无须银行等金融机构作为媒介。

2）间接筹资是指企业借助于银行等金融机构而进行的筹资活动。在间接筹资形式下，银行等金融机构发挥中介作用，它们预先筹集资金，然后提供给筹资企业。间接筹资的基本方式是银行借款，此外还有非银行金融机构借款、融资租赁等方式。间接筹资是目前我国企业最为重要的筹资途径。

以上这些分类之间是存在交叉的，如自有资金的筹集，既可用内部筹资解决，又可用外部筹资解决。又如，外部筹资，既可用直接筹资方式，又可用间接筹资方式等等。

21.1.4　投资管理

企业投资是指企业为了在未来可预见的时期内获得收益或使资金增值，而在一定时期内向一定领域投放足够数额的资金或货币等价物的经济行为。

投资按不同的分类标志可分为以下四种类型：

（1）按照投资的内容不同，可分为固定资产投资、无形资产投资、其他资产投资、流动资产投资、房地产投资、有价证券投资、期货与期权投资、信托投资等。

（2）按照企业对投资行为的介入程度，可分为直接投资和间接投资。直接投资是指由企业直接介入的投资，即将货币直接投入投资项目的一种投资；间接投资即为证券投资。

（3）按照投资方向的不同，可分为内部投资（对内投资）和外部投资（对外投资）。内部投资是把资金投向企业内部，购置生产经营所需的各项资产；外部投资是企业以现金、实物、无形资产等方式投放于其他企业或购买有价证券。

（4）按照投资期限的长短，可分为长期投资和短期投资。长期投资是指在一年以上的时间才能收回的投资。内部长期投资主要包括固定资产投资、无形资产投资；外部长期投资主要包括对外直接长期投资和长期有价证券投资。

本节重点介绍对企业长期经营管理和最终收益有重大影响的内部长期投资和外部长期投资。

21.1.4.1　内部长期投资

A　固定资产投资决策评价指标

运用固定资产投资决策评价指标进行投资决策首先要理解什么是现金流量。现金流量是指在投资活动过程中，由投资项目引起的现金收入和支出的数量，即现金流入量和现金流出量，两者之间的差额为净现金流量。

（1）静态投资回收期。静态投资回收期是指以投资项目经营净现金流量抵偿原始总投资所需要的全部时间。只有静态投资回收期指标小于或等于基准投资回收期的指标时，项目才具有财务可行性。

（2）投资收益率。投资收益率又称投资报酬率，是指投资项目进入运营期后正常年份年息税前利润占项目总投资的百分比。只有投资收益率指标大于或等于无风险投资收益率的投资项目才具有财务可行性。

（3）净现值和净现值率。净现值是指在投资项目的整个实施期限内，按基准收益率计算的各年净现金流量现值的代数和；净现值率是指投资项目的净现值占原始投资现值的比率。只有净现值和净现值率指标大于或等于零的投资项目才具有财务可行性。

（4）内部收益率。内部收益率是指项目投资实际能达到的收益率，也是使项目的净现值等于零时的折现率。只有内部收益率指标大于企业的资金成本时投资项目才具有财务可行性。

B　无形资产投资管理

无形资产包括专利权、商标权、著作权、土地使用权、非专利技术、商誉等。从无形资产的内容就可看出无形资产没有物质形态，变现能力差，获得未来经济效益具有较大程度的不确定性。这些特点决定了无形资产投资管理的特定内容，即要在理念上重视无形资产的作用、合理选择无形资产的获得渠道，对无形资产进行日常维护和管理。

21.1.4.2　外部长期投资

企业对外直接长期投资是指企业直接以货币资金、其他非货币资产（包括有形资产和无形资产）对其他企业所进行的长期投资行为，主要有联营、并购、境外投资三种投资方式。

（1）长期债券投资。企业进行长期债券投资的主要目的是获得稳定的投资收益。进行长期债券投资决策的关键是准确预测在投资期间企业各种资金的供求状况，比较长期债券投资收益与将长期债券投资资金用于企业自身发展所带来的经济效益的高低，在牺牲企业自身发展与获得投资收益之间进行权衡。

（2）长期股票投资。企业进行长期股票投资的主要目的是为获取被投资企业的控制权。长期股票投资是并购投资的一种重要方式，是否进行长期股票投资取决于企业并购决策中采取何种并购方式。

21.2 财务分析

21.2.1 财务分析基本知识

财务分析是以企业的财务报告及其他相关资料为基础，采用专门的财务分析方法，对企业的财务状况和经营成果进行分析和评价，预测企业未来发展趋势的一种方法。财务分析是财务管理的重要内容。通过财务分析，可以为企业内外的直接或间接利害关系的使用者进行财务决策、计划与控制，了解企业的财务状况、经营业绩及未来前景，提供有用的帮助。

21.2.1.1 财务分析的内容

综合各方面的需要来看，企业的财务分析主要包括四个方面内容：

(1) 企业的偿债能力。企业的偿债能力，也称支付能力，是企业能用于支付的资产抵补需要偿付的债务能力。企业在生产经营过程中，经常需要支付各种款项，如果企业不能如期足额地支付这些款项，生产经营就会停顿，所以，企业的偿债能力对企业的生存和发展具有十分重要的意义。

(2) 企业的营运能力。企业的营运能力，也称经营效率，是指企业在生产经营过程中各种经济资源的利用程度。企业的经济资源主要有人力资源、各种流动资产和固定资产、无形资产等。例如，企业人力资源的利用程度就是劳动生产率，它反映企业利用劳动力的程度和水平。

(3) 企业的获利能力。企业的获利能力，也是企业生产经营的经济效益。获利能力的高低不仅关系到投资者的利益，也关系到债权人以及企业经营管理者的利益。因此财务管理人员通过获利能力的分析，可为生产经营决策提供重要的财务信息。

(4) 企业的社会贡献能力。企业的社会贡献能力，是企业履行社会义务的情况。例如，企业交付的税金、为职工谋取的福利、为社会福利部门所做的贡献等。

21.2.1.2 财务分析的方法和程序

企业财务分析的方法主要有：

(1) 比率分析法。它是将财务报告或与其有关资料的相关项目进行对比，得出一系列财务比率，以此来揭示企业的财务状况和经营成果。企业的财务分析主要是通过计算各种财务比率进行的。企业的各种财务比率构成了一个指标体系，通过对财务指标体系的分析，能了解企业各个方面的情况。

企业财务管理人员、股东、债权人及其他人员在财务分析时要特别注意财务比率指标的可比性，必须结合其他分析方法并善于应用例外原则，具体情况具体分析，不能绝对化。

(2) 比较分析法。它是将同一个指标的不同方面进行比较，揭示矛盾和差距，为进一步分析和解决问题提供线索的一种方法。它是财务分析的最基本的方法。在运用比较分析法时，必须注意对比指标的可比性，要剔除不可比因素。所谓指标的可比性，是指指标的内容、范围、计量单位、计价标准、计量方法、时间等口径都必须一致。

（3）因素分析法。它是将某一综合性的经济指标分解为具有内在联系的各个原始因素，并用一定的计算方法，从数值上测定各因素对该经济指标的差异影响程度的一种方法。根据其繁简程度，分为连环替代法和差额计算法。

在运用因素分析法时，应注意以下几个问题：

1）被分析的指标首先应分解为若干个有内在联系的小指标，而不是任意拼凑的蒂莲。

2）替代要注意顺序性。当有数量指标、质量指标时，首先应替代数量指标，然后替代质量指标；当有实物量指标和价值量指标时，首先应替代实物量指标，然后再替代价值量指标；当一个因素在变时，其他因素不变，替代后因素用报告期指标，尚未替代的因素用基期指标。

3）替代要注意环比性。

（4）趋势分析法。它主要是比较企业连续几期的财务报告或财务比率，来了解企业财务状况变动的趋势，并以此来预测企业的未来财务状况，判断企业的发展前景。

不同的财务报告使用者，由于财务分析的目的不同，对财务分析的程序也可能不同。财务分析的程序大体如下：

（1）明确财务分析的范围，搜集有关的经济资料。财务报告使用者在进行财务分析时首先要明确财务分析的范围。如债权人最关心企业的偿债能力，这样他就不必对企业经营活动的全过程进行分析，而企业的经营管理者则需要进行全面的财务分析。

（2）采用一定的财务分析方法进行对比，找出差异。在进行财务分析时，可以结合多种财务分析方法，以便进行对比，作出客观的、全面的评价。利用这些分析方法，比较分析企业的有关财务数据、财务指标，对企业的财务状况和经营成果作出评价。

（3）进行因素分析，查明原因。通过财务分析，可以找出影响企业经营活动和财务状况的各种因素。在诸多因素中，有的是有利因素，有的是不利因素；有的是外部因素，有的是内部因素。在因素分析时，必须查明影响企业生产经营活动财务状况的主要因素，然后才能有的放矢，提出相应的办法，作出正确的决策。

（4）综合评价，总结报告。财务分析的最终目的是为经济决策提供依据。通过因素分析，权衡各种方案的利弊得失，从中选出最佳方案，作出经济决策。同时，决策者通过财务分析可以总结经验，吸取教训，以改进工作。

21.2.2　财务比率分析

21.2.2.1　企业偿债能力分析

A　短期偿债能力分析

短期偿债能力是指企业在某一时点上应付即将到期的债务的能力。企业在做财务分析时，首先考虑的是企业的资金流动性问题，即资产的变现性。资产的变现性越高，则偿债能力越强。

反映企业短期偿债能力的财务比率主要有：

（1）流动比率。它是企业流动资产与流动负债的比率。其计算公式为：

$$流动比率 = \frac{流动资产}{流动负债} \tag{9-1}$$

流动比率是衡量企业短期偿债能力的一个重要财务指标，它反映企业真正的短期偿债能力。这个指标值越高，说明企业偿还流动负债的能力越强。一般而言，生产企业合理的最低流动比率是 2。

（2）速动比率。它是速动资产与流动负债的比率。其计算公式为：

$$速动比率 = \frac{流动资产 - 存货}{流动负债} = \frac{速动资产}{流动负债} \qquad (9-2)$$

用速动比率来判断企业短期偿债能力比用流动比率进了一步，因为它剔除了变现能力最差的存货。速动比率越高，说明企业的短期偿债能力越强。一般认为，速动比率为 1 时比较合适。

（3）现金比率。它是企业的现金类资产与流动负债的比率。其计算公式为：

$$现金比率 = \frac{现金 + 现金等价物}{流动负债} \qquad (9-3)$$

现金比率反映了企业立即支付的能力，因为企业的债务最终都需要用现金来清偿，如果企业缺乏现金，将不能应付业务开支甚至会面临财务危机。一般而言，现金比率越高，说明企业有较好的支付能力，资产的流动性越强，短期债权人的债务风险就越小。但是这个比率过高，也不是一件好事，可能反映了该企业不善于利用现有的现金资源，企业拥有过多的获利能力较低的现金及现金等价物。一般认为，分析者怀疑企业存货和应收账款的流动性时才运用该指标分析企业的短期偿债能力。

（4）现金流动负债比率。它是企业经营活动产生的现金净流量与流动负债的比率。其计算公式为：

$$现金流动负债比率 = \frac{经营活动产生的现金净流量}{年末流动负债} \qquad (9-4)$$

这一比率反映企业本期经营活动产生的现金净流量是流动负债的多少倍，当这个倍数足够大时，说明企业经营活动产生的现金净流量足以抵付流动负债，能够保障企业按时偿还到期债务。但是，该指标值过高，表明企业的流动资金没有得到充分利用，收益能力不强。

（5）到期债务本息偿付比率。它是经营活动产生的现金净流量与本期到期债务本息的比率。其计算公式为：

$$到期债务本息偿付比率 = \frac{经营活动产生的现金净流量}{本期到期债务本金 + 现金利息支出} \qquad (9-5)$$

到期债务本息偿付比率反映经营活动产生的现金净流量是本期到期债务本息的倍数。该指标值小于 100%，表明企业经营活动产生的现金不足以偿付本期到期的债务本息。

B　长期偿债能力分析

反映企业长期偿债能力的指标有：

（1）资产负债率。它是企业的负债总额与资产总额的比率，也称为负债比率。其计算公式为：

$$资产负债率 = \frac{负债总额}{资产总额} \qquad (9-6)$$

资产负债率是反映企业偿还长期债务的综合能力，它反映了企业的总资产中有多少是有负债形成的，也可以衡量企业在清算时保护债权人利益的程度。通常，这个比率越高，说明企业偿还债务的能力越差；反之，偿还债务的能力越强。但从企业的各个利害关系人的角度来看，则有所不同。

从债权人的角度来看，他们希望资产负债率越低越好，这样，他们的债权才有保障，风险更小。

从企业的股东来看，当企业的资产利润率大于负债利率时，他们希望资产负债率越高越好，以获得财务杠杆收益；反之，当企业的资产利润率小于负债利率时，希望降低资产负债率以减小损失。

从经营者的角度来看，如果资产负债率过大，企业的经营风险就会加大，企业想再借入资金的难度就会增大。如果资产负债率过低，说明企业比较保守，缺乏冒险精神，从而丧失负债经营给企业带来的额外收益。

企业的资产负债率为多少最合理，并没有一个固定的标准。一般而言，处于高速成长时期的企业，其资产负债率可能会高一些，这样所有者会得到更多的杠杆利益。但作为企业的财务管理人员应郑重权衡借入资本的比例，在收益与风险之间权衡利弊得失，然后才能作出正确的决策。

（2）产权比率。它是指负债总额与所有者权益总额的比率，又称债务股权比率或负债股权比率。其计算公式为：

$$\text{产权比率}=\frac{\text{负债总额}}{\text{所有者权益总额}} \tag{9-7}$$

产权比率反映了债权人所提供的资金与所有者提供的资金的对比关系，它是资产负债率的另一种表现形式。产权比率高是高风险、高收益的财务结构，反之是低风险、低收益的财务结构。此外，该比率还反映了债权人的资金受所有者权益保障的程度。

（3）有形净值债务率。它是指企业的负债总额与有形净值的比率。其计算公式为：

$$\text{有形净值债务率}=\frac{\text{负债总额}}{\text{所有者权益总额}-\text{无形资产净值}} \tag{9-8}$$

一般认为，无形资产不宜用来偿还债务，故将其从产权比率公式的分母中扣除计算出有形净值。可见，有形净值债务率实际上是产权比率的延伸，比较保守地反映了企业在清偿时债权人投入的资金受到所有者权益的保护程度。该比率越低，说明企业的财务风险越小。

除此以外，反映企业长期偿债能力的指标还有利息保障倍数、现金利息保障倍数、权益乘数、偿债保障比率等其他指标。

21.2.2.2　企业的营运能力分析

企业的营运能力是指企业的资金周转效率。企业的资金周转状况与供、产、销各个环节密切相关，任何一个环节出现问题，都会影响到企业的资金正常周转。资金只有顺利地通过各个经营环节，才能完成一次循环。

评价企业资金营运能力常用的财务比率有：

（1）应收账款周转率。它是企业一定时期内赊销收入净额与应收账款平均额的比率。它反映了企业应收账款的周转速度。其计算公式为：

$$\text{应收账款周转率}=\frac{\text{赊销收入净额}}{\text{平均应收账款}} \tag{9-9}$$

$$平均应收账款 = \frac{期初应收账款 + 期末应收账款}{2} \qquad (9-10)$$

公式中赊销收入净额是指销售收入扣除了销货退回、销货折扣及折让以及现金销售收入后的赊销净额。

该指标反映了企业一定时期内应收账款转变为现金的次数。应收账款周转次数越多，说明收账的速度越快，企业的支付能力也就越强，其管理应收账款的效率就越强。在计算该比率时，要注意季节性经营、大量使用现金销售以及大量使用分期付款结算方式对该指标的影响。

（2）存货周转率。它是衡量和评价企业购入存货、投入生产、销售收回等各环节管理状况的综合性指标。它是销售成本与存货的比率，也叫存货的周转次数。其计算公式为：

$$存货周转率 = \frac{销售成本}{平均存货} \qquad (9-11)$$

在正常的情况下，存货的管理效率高低直接从周转速度中就可分析出；存货周转率越高，说明存货储备保证销售的可靠性就越高，实现的销售收入和赢利额就越多，而且，存货的储备量也较合理。在生产企业中，存货周转率是一个综合性的指标，还可以进一步分析材料、在产品等的周转率，以便找出存货周转速度快慢的原因。

（3）流动资产周转率。它是指销售收入净额与平均流动资产的比率，反映了企业流动资产的周转速度。其计算公式为：

$$流动资产周转率 = \frac{销售收入净额}{平均流动资产} \qquad (9-12)$$

（4）固定资产周转率。它是指销售收入净额与平均固定资产净值的比率，反映出每一固定资产能创造出多少销售收入，是衡量固定资产使用效率的一个重要指标，其计算公式为：

$$固定资产周转率 = \frac{销售收入净额}{平均固定资产净值} \qquad (9-13)$$

（5）总资产周转率。它是指销售收入净额与平均总资产的比率，它反映了企业在一个会计年度内总资产的运行效率。其计算公式为：

$$总资产周转率 = \frac{销售收入净额}{平均总资产} \qquad (9-14)$$

总资产周转速度快，表示企业全部资产运行效率高，从销货所产生的资金再投入生产，便可以扩大企业的获利能力。

除此以外，评价企业资金营运能力常用的财务比率还有不良资产比率、营业周期、资产损失比率等指标。

21.2.2.3　企业获利能力分析

获利能力是指企业赚取利润的能力。赢利是企业的重要经营目标，是企业的生存和发展的物质基础，它不仅关系到企业所有者的利益，也是企业偿还债务的一个重要来源。获利能力分析是企业财务分析的重要组成部分，也是评价企业经营管理水平的重要依据。

评价企业获利能力的指标有：

（1）总资产报酬率。它是指企业在一定时期内获得的报酬总额与平均资产总额的比率。它表示企业的全部资产的总体获利能力，是评价企业资产营运效益的重要指标。其计算公式为：

$$总资产报酬率 = \frac{利润总额 + 利息支出}{平均资产总额} \tag{9-15}$$

式中，利息支出是指企业在生产经营过程中实际支出的借款利息、债券利息等；利润总额是指损益表中的利润总额；平均总资产是指企业资产总额年初数与年末数的平均值。

该指标全面反映了企业的获利能力和投入产出的状况，指标值越高，说明企业投入产出的水平越高，企业的资产营运效率就越高。当该指标值大于市场利率时，则表明企业可以充分利用财务杠杆，进行负债经营，获取尽可能多的收益。

（2）净资产收益率。它是指企业在一定时期内的净利润与平均净资产的比率，又称权益净利润率。其计算公式为：

$$净资产收益率 = \frac{净利润}{平均净资产} \tag{9-16}$$

平均净资产是指企业年初所有者权益同年末所有者权益的平均值。企业的净资产包括实收资本、资本公积、盈余公积和未分配利润。

该指标充分体现了投资者投入企业的自有资本获取净收益的能力，突出反映了投资与报酬的关系，是评价企业资本经营效益的核心指标。一般认为，企业净资产收益率越高，企业自有资本获利能力越强，营运效益越好，对企业投资人、债权人的保证程度越高。

（3）销售利润率与销售净利率。

1）销售利润率是指企业在一定时期内销售利润与销售收入净额的比率。其计算公式为：

$$销售利润率 = \frac{销售利润}{销售收入净额} \tag{9-17}$$

公式中的销售利润是指企业销售收入扣除销售成本、销售费用、销售税金及附加后的利润，它是企业的主营业务利润。

该指标是从企业主营业务的赢利能力和获利水平方面对资本金收益率指标的进一步补充，体现了企业主营业务利润对利润定额的贡献，以及对企业全部收益的影响程度。

该指标值越高，说明企业产品或商品定价科学，产品附加值高，营销策略得当，主营业务市场竞争力强，发展潜力大，获利水平高。

2）销售净利率是指企业净利润与销售收入净额的比率。其计算公式为：

$$销售净利率 = \frac{净利润}{销售收入净额} \tag{9-18}$$

销售净利率说明了企业净利润占销售收入净额的比例，表明企业每元销售净收入可实现的净利润是多少。该比率越高，企业通过扩大销售获取收益的能力越强。

（4）成本费用利润率。

成本费用利润率是指企业在一定时期内的利润总额与企业成本费用总额的比率，它表示企业为获取利润而付出的代价。其计算公式为：

$$成本费用利润率 = \frac{利润总额}{成本费用总额} \tag{9-19}$$

成本费用总额是指企业销售成本、销售费用、销售税金及附加、管理费用、财务费用、所得税之和。该指标从企业的内部管理等方面，对资本收益状况的进一步说明，通过企业收益与支出直接比较，客观评价企业的获利能力，也有别于促进企业加强内部管理，节约开支，提高经济效益。

一般认为，该指标值越高，表明企业为获取收益所付出的代价越小；企业成本费用控制得越好，企业的获利能力越强。

此外，对于股份有限公司还有每股盈余、每股现金流量、每股股利、每股发放率、每股净资产、市盈率等指标。

单元 22　冶金企业成本管理

22.1　冶金企业成本管理的基本内容

22.1.1　成本的内涵与内容

22.1.1.1　成本的内涵

成本从耗费角度看，是商品生产中所消耗的活劳动和物化劳动的总和，这是成本最基本的经济内涵。成本从补偿角度看，是补偿商品生产中资本消耗的价值尺度，即成本价格，这是成本最直接的表现形式。成本是已耗费而又必须在价值或实物上得以补偿的支出，这就是说作为成本的耗费是有偿的，企业发生的耗费一旦无法得到补偿就不能作为成本，而只能作为损失。

凡与产品存在明显的因果关系的生产费用，包括直接可按因果关系确认或根据受益期分配结合按因果关系确认的生产费用，构成产品制造成本。由于产品制造成本是被认定属于生产待售商品的成本，又称作可计入存货的成本，只有当产品出售时，这种可计入存货的成本才能转化为销售成本（营业成本）与其销售收入相配比。不能按与产品生产的因果关系确认的费用，包括根据收益期分配后仍不能按因果关系确认的费用，则作为期间成本（期间费用）。期间成本（期间费用）是从发生当期的销售收入中扣除的，为不计入产品成本的费用，又称为不可计入存货的成本。产品制造成本与期间费用的比较见图 9－1。

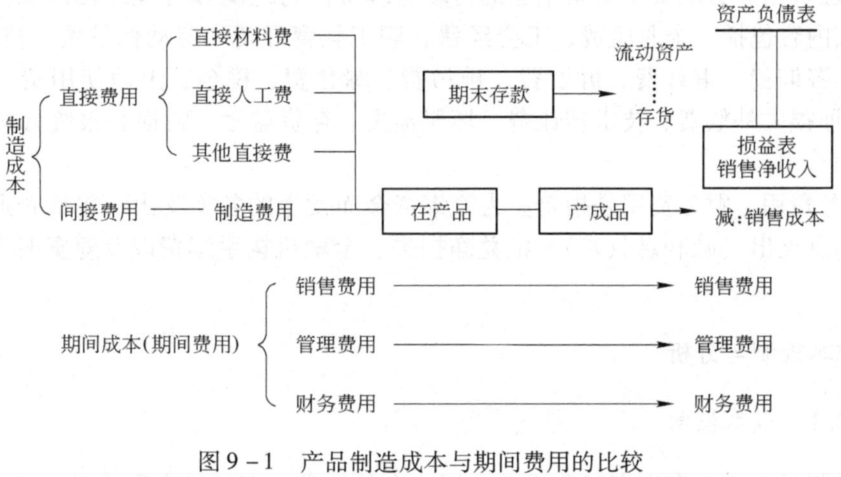

图 9－1　产品制造成本与期间费用的比较

22.1.1.2　成本的内容

冶金企业的成本是指企业生产产品的制造成本和直接计入当期损益的期间费用之和，它包括为生产产品和提供劳务等耗费的直接材料、直接人工和制造费用，以及企业职能管理部门为组织生产经营活动、销售产品而发生的管理费用、销售费用和财务费用。

（1）产品制造成本。产品制造成本是指企业直接为生产产品所发生的直接人工费、直接材料费、其他直接支出和制造费用等构成的产品生产成本。

1）直接材料费。这是产品生产中直接发生的并伴随该产品生产增加而发生正比例变动的有关材料费用，包括企业生产经营中实际消耗的原材料、辅助材料、设备配件、外购半成品、燃料、动力、包装物、低值易耗品以及其他直接材料。

2）直接人工费。它是生产过程中直接发生并伴随产量增减而变动的人工费用，包括生产工人的工资、按产品产量计算的加班津贴、补贴和超产奖金等。

3）其他直接费用。目前这种费用包括直接从事产品生产人员的职工福利费等。

4）制造费用。它是企业内部生产经营单位（分厂、车间）为组织生产和管理生产经营活动而发生的共同费用，包括分厂、车间一级管理人员工资、职工福利费，生产单位房屋、建筑物和机器设备的折旧费，原油储藏量使用费，油田维护费，矿山维简费，租赁费（不包括融资租赁费），修理费，机物料消耗，低值易耗品摊销，取暖费，水电费，办公费，差旅费，运输费，保险费，设计制图费，试验检验费，劳动保护费，季节性及修理期间停工损失以及其他制造费用。

（2）期间成本（期间费用）。期间费用是指企业在特定期间内为销售、组织和管理正常经营以及筹集资金而发生的费用。它包括以下几项：

1）销售费用。销售费用是指企业在销售产品、自制半成品和提供劳务等过程中发生的各种费用以及专设销售机构的各种经费。其内容包括：由企业负担的运输费、装卸费、包装费、保险费、委托代销手续费、广告费、展览费、租赁费（不含融资租赁费）和销售服务费用、销售部门人员工资、职工福利费、差旅费、折旧费、修理费、物料消耗、低值易耗品摊销以及其他经费。

2）管理费用。管理费用是指企业的行政管理部门为组织和管理经营活动而发生的各项费用。其内容包括：企业经费、工会经费、职工教育经费、劳动保护费、待业保险费、董事会费、咨询费、审计费、诉讼费、排污费、绿化费、税金、土地使用费（或海域使用费）、土地损失补偿费、技术转让费、坏账损失、存货盘亏、毁损和报废（减盘盈）以及其他管理费用。

3）财务费用。财务费用是指企业为筹集资金而发生的各项支出，包括企业在生产经营期间的利息支出（减利息收入）、汇兑净损失、金融机构手续费以及筹资时发生的其他财务费用。

22.1.2 成本控制与分析

22.1.2.1 成本控制

成本控制是指企业在生产经营活动中用一定的标准对产品成本形成过程进行监督，并采取有效措施，及时纠正脱离标准的差异，使实际劳动消耗与费用支出限制在规定的标准范围内，保证达到企业降低成本目标的一项成本管理工作。它是预防性成本管理的主要标志，也是保证完成成本计划的重要手段。

根据产品形成过程，成本控制可分为前馈控制、现场控制和反馈控制三个过程。在实际控制过程中，它们是相互联系的。

（1）前馈控制。这是在产品成本形成前，采取有效的管理措施防止浪费发生的过程，如确立目标成本，建立成本中心等。

（2）现场控制。这是在供、产、销的成本发生过程中，按照已建立的标准成本制度和责任成本制度，各岗位人员严格控制成本支出，找出成本差异，及时纠正偏差的过程。

（3）反馈控制。这是指以既定的成本目标为控制依据，与成本费用的实际结果（即输出）进行对比分析，一方面肯定成绩、找出偏差、进行奖惩考核，另一方面用本期的输出去指导下一期输入的过程。成本控制体系见图9－2。

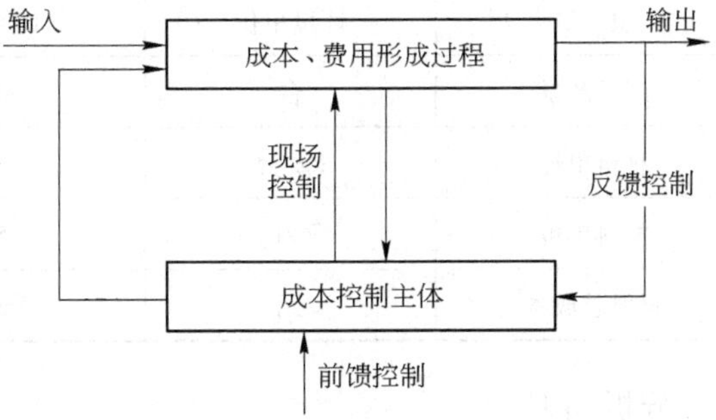

图9－2　成本控制体系图

22.1.2.2　成本分析

成本分析是指利用成本核算所提供的资料，借助一定的方法，查明影响成本升降的各个因素及相互作用，确定各因素对成本影响程度的方法。通过成本分析，可以考核企业成本计划的完成情况，找出问题和差距，促使企业挖掘降低成本的潜力；通过成本分析，可以认识和掌握成本变动的规律，从中总结成本管理的经验和教训，提高企业经营管理水平；通过成本分析，还可为企业编制成本计划、预算和进行经营决策提供可靠的依据。

影响产品成本的因素有企业外部因素和企业内部因素，而成本分析主要分析企业内部因素的变化对成本的影响。这些因素主要有下列几种：

（1）劳动生产率水平。劳动生产率的提高将减少工时消耗，从而减少单位产品中的工资费用；劳动生产率的增长，往往引起产品产量增长，从而使单位产品中的固定费用降低。另外，劳动生产率提高与技术进步、工人熟练程度的提高和劳动组织改善密切相关，通常会促使固定资产、原材料、动力利用程度的提高，从而减少单位产品中的物化消耗。

（2）材料和动力利用效果。合理的产品设计和先进的生产工艺可以减少产品生产中的材料和动力的消耗。另外合理的材料配比和综合利用程度的提高也将减少材料消耗。

（3）生产设备利用效果。提高设备单位时间的生产效率可使同等数量的生产设备生产出更多的产品，从而单位产品的折旧费、维修费用相应减少。

（4）产品的质量水平。产品的废品少，返修品少，则单位产品的成本降低。

常用的成本分析方法有：

（1）指标对比法。指标对比法又称比较法，它是通过相互关联的经济指标的对比来确定成本差异的一种方法。在实际工作中，通常进行如下对比：实际指标与计划指标对比，说明计划完成程度；本期实际指标与基期（上年同期或历史最好水平）实际指标对比，反映企业成本发展动态和变化趋势；本期实际指标与同行业先进水平对比，反映与先进水平的差距。指标对比可用绝对数相比，也可用相对数相比，但要注意指标的可比性，即对比指标采用的计价标准、时间单位、指标内容和计算方法等应具有可比基础。

（2）因素分析法。因素分析法是把某一综合指标分解为若干个相互联系的因素，并分别计算、分析各因素对成本的影响程度的方法。连环替代法是最常用的一种因素分析法。现用连环替代法的简化方法——差额外算法来分析一实例。

例 9－1　某企业甲产品的材料成本构成见表 9－1。

表 9－1　某企业甲产品的材料成本构成

项　目	计量单位	计　划	实　际	差　异
产品产量	台	90	100	+10
材料单耗	kg/台	8	7	−1
材料单价	元/kg	5	6	+1
材料总成本	元	3600	4200	+600

分析如下：

材料成本总差异　$4200-3600=+600$（元）

计划指标　$90\times8\times5=3600$（元）

产量增加使材料总成本增加　$10\times8\times5=400$（元）

单耗减少使材料总成本减少　$100\times(-1)\times5=-500$（元）

单价提高使材料总成本增加　$100\times7\times(+1)=+700$（元）

各因素对材料的综合影响为　$+400+(-500)+700=600$（元）

22.2　冶金企业成本管理模式

22.2.1　冶金企业成本管理新理念

冶金企业成本管理的新理念有：

（1）严格成本管理是增强企业竞争力的必然选择。从长远看，企业通过提高价格获取利润的空间越来越小，在严峻的市场形势下，严格成本管理、降低产品成本将是企业增加利润的主要手段，推进成本管理是增强企业竞争力的必然选择。

（2）“质量是企业的生命，成本是企业的寿命”。质量是产品进入市场的准入证，产品质量不过关，就没有市场，也谈不上生存，没有竞争力的成本，企业就没有长期生存的发展后劲。只有持续的降低生产成本，使公司拥有超过竞争者的成本优势，才能确保企业的稳定发展。

（3）“成本是设计出来的”，降低成本的有效途径是改进成本设计。企业产品的技术标准，企业的组织结构、管理体系以及企业文化、外部协作关系等因素构成了企业成本发生的基础条件。

降低成本的简单方式是通过降低消耗，这种方式的成本降低以公司现有条件为前提，是日常成本管理的重点内容。降低成本的第二种方式是改变成本发生的基础条件，通过成本价值链分析，挖掘成本设计方面的潜力。

（4）“成本是组织出来的”，生产组织优化是成本不断降低的重要手段。企业是一个“作业链”，其实质就是生产组织过程、生产组织的优化过程，也就是作业链的优化过程。消除作业链中“非增值作业”，实现“价值最大化”，对不同的主要状态进行成本分析，选择最优的成本作业。

其途径是打破惯性思维，审视公司物流管理，优化合同及生产组织，找寻成本效益最佳工艺路径，降低无效成本；研究质量与成本的关系，将质量设计、生产工艺成本管理相结合，减少过程质量投入过剩；优化设备检修模式，减少对生产的影响；研究局部成本与总体成本关系，推进跨工序降成本。

（5）“成本是运行出来的”，产品成本是系统运行的结果。成本是系统运行的结果。在运行过程中建立科学合理的成本评价体系，通过减少故障、减少质量降级、提高生产操作水平以及加强生产组织和上下工序的协调等有效手段，优化成本运行环境，使成本在运行全过程中受到有效控制，以保证成本目标的实现。

（6）成本管理的重心在现场。成本管理重心在现场是成本的客观属性所决定的。成本管理的重心在现场是市场经济下推行成本管理的客观要求，这是因为成本标准的制定、修订在现场，成本的差异分析在现场，成本责任的承担和成本业绩评价的重点在现场。

（7）成本管理必须有明确的目标。要提高成本管理水平，促进各项降本增效措施有效实施，就必须制订明确的成本目标，而这一目标与员工的切身利益紧密的联系起来，就会发挥员工的主观能动性，自觉地为实现这一目标而努力。

（8）成本管理是全员性的、全面性的。成本管理是全员性的是指企业的每位员工的工作都与成本有关，大到一个投资项目、一节轧辊，小到一张纸、一度电，都处于各位员工的操作和管理之中。员工的成本意识在成本控制的诸环节中起着至关重要的作用。因此，每个人都应树立一种“降本增效”意识，从小事做起，从我做起。

成本管理是全面性的，是指一个企业的成本不仅包含生产成本，也包含资本性支出及期间费用。通过对各个项目的价值量转化，建立公司完整的成本项目体系，将对控制成本发挥应有的作用。

成本管理包括基建、投资、采购、生产、期间费用等各个环节。成本的实质决定必须大力提倡全过程的成本管理，不能轻视任何一个节点、环节。在生产中要倡导全过程降成本的观念，从投资、原料采购、合同订购、质量设计、工艺路线设计、生产组织、用户服务等各个环节进行全过程成本控制。

（9）成本管理是动态的、连续的过程。成本管理必须是动态的闭环式管理，即PDCA循环。通过成本中心标准成本绩效衡量，寻找差异原因，并通过有效的手段进行改善，如通过技术改造、配煤配矿优化、提高操作水平等来提高成本水平。通过不断地完善和改进，促使成本管理水平不断提高。因此，成本管理是动态的管理，而且每个环节必须相互衔接、共同提高。

（10）加强成本管理是培养“勤俭节约”、“艰苦朴素”作风，搞好“廉政建设”的有力保证。钢铁企业摊子大、与市场联系的口子多，采购、销售、技改、基建、外协、备件修复等直接涉及资金的流进流出，稍有不慎就会损坏公司利益。强调成本管理，就是反对铺张浪费、提倡勤俭节约、提倡廉洁奉公；强调成本管理，就是促使每位员工时刻以公司利益为重；加强成本管理，就要求每位员工细算账、算好账，从自己岗位的小事做起。

在成本管理中要建立一套体系使企业成本处于受控状态，不断推进、完善现场成本控制体系。要创立一个机制使企业成本能得到持续改善。确立较长期的成本目标，降本增效，着力于成本持续改善。要营造一个氛围倡导价值最大化。将勤俭治厂、价值最大化的观念融于日常经营管理中。

22. 2. 2　冶金企业标准成本管理模式

冶金企业较为先进的成本管理体系是以健全的标准成本制度为基础，以管理创新和技术进步为动力，并通过成本对标，挖掘成本潜力，推进成本的持续改良，对成本实行全过程控制，以此全面提升产品的成本竞争力。图 9 -3 为以标准成本制度为基础的成本管理体系框架。

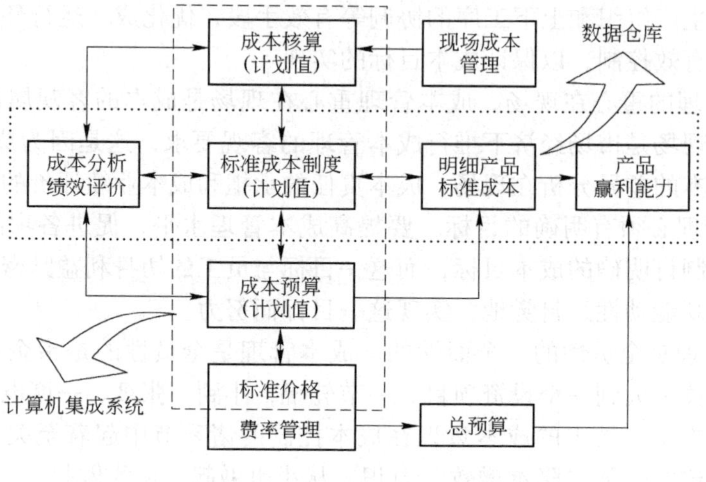

图 9 -3　成本管理体系框架

标准成本就是在一定的环境和条件下，通过对成本项目的细化分析及成本影响动因的确定，结合实际设定细化的成本基准，是衡量实际成本是否受控的一种成本尺度（标杆）。标准成本有别于习惯意义上的目标成本。

标准成本制度是通过对成本中心各项成本指标及其成本动因的细化分析，找寻规律并设定相应的成本标准及成本动因，运用标准与实际对比揭示差异并分析的方法，实施对成本事前、事中和事后的全过程控制，通过成本中心成本绩效衡量，着力于成本改善，并运用成本标准服务于经营决策的成本管理体系，见图 9 -4。

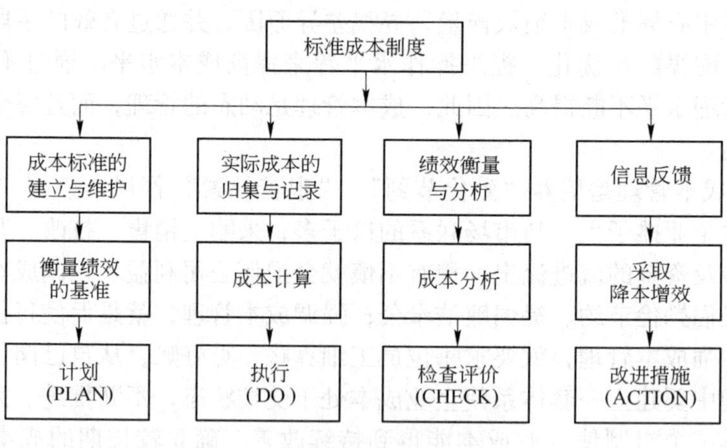

图 9 -4　标准成本制度体系

成本中心绩效衡量是指成本中心为增加效益而提高投入，绩效衡量动态地调整成本目标（所谓弹性预算），其有别于一般意义上的预算，即在成本中心实际的作业量或服务量下，根据制定的成本标准所允许发生的成本，表现为剔除采购部门或上工序的价格因素对成本的影响，剔除了产品结构的影响，对成本中心的可控成本（数量、金额）进行绩效衡量。

22.2.3　冶金企业现场成本管理模式

基层（作业区、班组）成本管理通过计划值管理体系来实现。消耗、作业指标对作业区（班组）及个人而言更加直观，他们更加注重于指标的控制；同时作业区（班组）等成本控制点可以通过成本动因来查找成本发生的直接动因，更能有效地从源头控制成本，见图9－5。

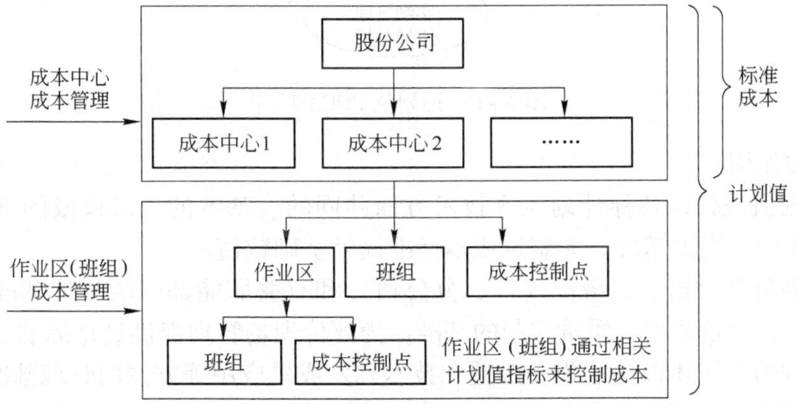

图9－5　冶金企业成本管理模式

计划值是指在企业内部共同认识的基础上，由企业统一规定的生产、技术、预算等方面重要管理基础标准数值。计划值的含义可从以下三个方面理解：

（1）计划值是在企业共同认识的基础上产生的，也就是说计划值是从公司整体管理需要出发，而不是某个单元（作业区）所认定的，故它是企业比较重要的基础数值。

（2）计划值是管理基础数值，是各项管理的基准值。

（3）计划值是最小的基础标准数值。随着管理深入和数据收集手段的不断进步，计划值不断细分直至揭示出最直接的作业动因，使其成为不受其他因素影响的数值即标准值。因此，计划值从其内涵来说也就是标准值。

计划值的特点有：

（1）反映生产单元运行状况及生产能力；

（2）运用精度分析理念，实行例外管理；

（3）是寻找、收集成本的动因，通过差异分析，及时揭示生产及成本等管理中的薄弱环节；

（4）具有完整性、真实性、唯一性及权威性；

（5）公司效益通过完成计划值实现；

（6）实行 PDCA 循环管理见图9－6；

（7）具有动态管理的功能。

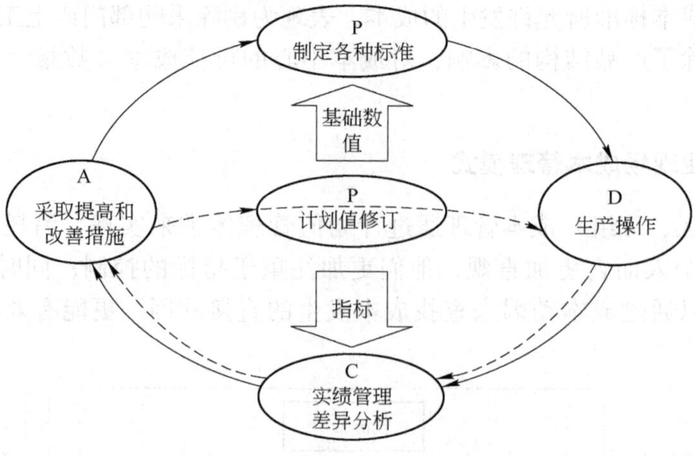

图 9－6　计划值 PDCA 循环

计划值的作用有：

（1）计划值是公司各种计划生产技术方面共同的、基本的、最权威的基础数值，为编制各种专业计划提供基准，为制定成本标准提供基础数值。

（2）计划值是公司、二级部（厂、分公司）和有关职能部门的管理基准，为现场提供成本、生产、设备管理、质量控制的基准，为评价现场管理提供量化标准。

（3）计划值是技术改进、设备改造和技术开发成果应用等方面的管理基准。

（4）计划值可以促进企业各项管理水平的提高，不断降低消耗，降低成本，使企业的经济效益得到不断提高。

计划值项目体系如图 9－7 所示。

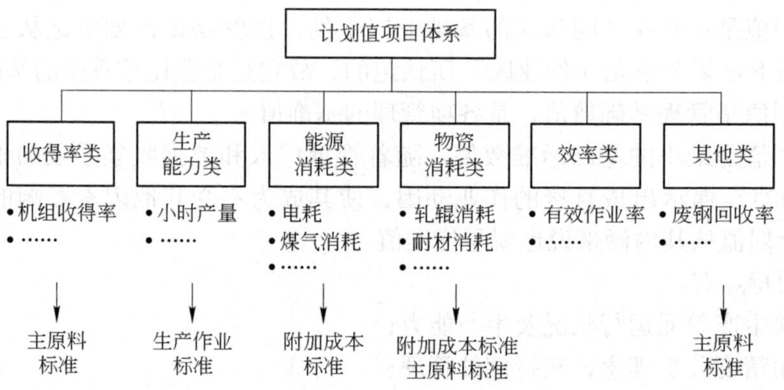

图 9－7　计划值项目体系

计划值表达方法和周期：

（1）计划值表达方法是函数式或实数式。例如高炉矿铁比用函数式表达；热轧轧线收得率用实数式表达。

（2）编制计划值周期按季度或年度制定。对受季节影响较大的计划值按季度制定，否则，按年度制定。例如发电厂用电率、能源随季节变化的项目实行分季度标准。

计划值修订：计划值指标制定（修订）原则为以追求完成100%为目标，客观、公正、合理、不留余量；考虑生产条件的变化和生产工艺、操作技术改善、技术开发成果的应用、质量改进、设备改进所带来的指标的变动；考虑到对象期内人的主观能动性的充分发挥可能产生的成本改善；致力于管理水平的提高，实施对计划值指标的改善。计划值修订程序如图9－8所示。

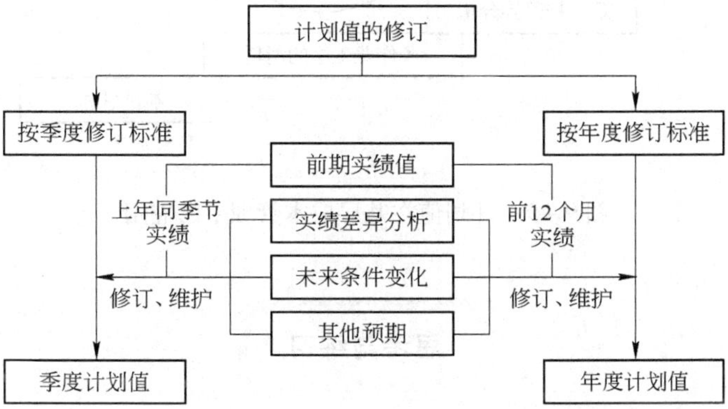

图9－8　计划值修订程序图

计划值指标和成本目标均原则上每一年修订一次，对重大的前提条件变化，年中可以对相关指标进行适当的修订。计划值及成本目标指标以追求精度最小差异为最终目标，精度越高表明计划值及成本目标指标制定得水平越高。

计划值在基层成本管理中的应用（见图9－9）：以作业区为成本控制点建立成本评价体系，首先将分厂指标细化分解到作业区，其次将作业区指标细化分解到班组，最终将具体做法落实到岗位、个人。

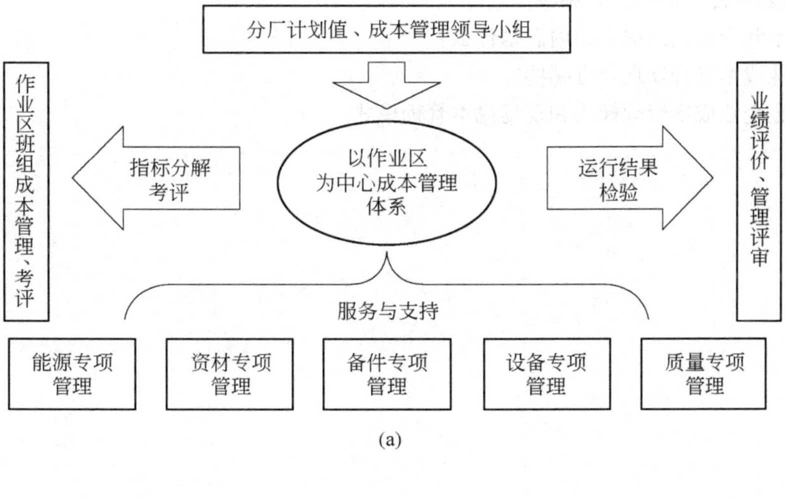

(a)

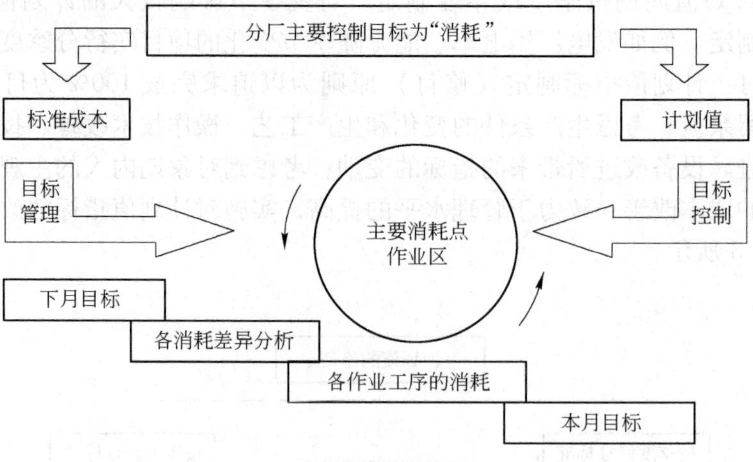

(b)

图 9 – 9　计划值在基层成本管理中的应用

思考与练习

9 – 1　财务管理目标是什么？

9 – 2　财务管理的特点和内容有哪些？

9 – 3　企业筹资的类型和筹资遵循原则有哪些？

9 – 4　企业投资内容分哪些？

9 – 5　财务分析的内涵和内容是什么？

9 – 6　反映企业长期偿债能力的主要指标有哪些？

9 – 7　反映企业短期偿债能力的主要财务比率指标有哪些？

9 – 8　评价企业资金营运能力常用的财务比率有哪些？

9 – 9　评价企业获利能力的指标有哪些？

9 – 10　企业成本和产品制造成本的内涵是什么？

9 – 11　冶金企业成本管理新理念有哪些？

9 – 12　简述冶金企业成本管理模式和现场成本管理模式。

情景 10

冶金企业安全生产管理

学习目标

1. 知识目标

- 掌握安全管理中的基本概念；
- 掌握安全管理“三不放过”；
- 掌握安全生产管理的原则；
- 熟知冶金生产各工序主要危险源的判定方法；
- 理解安全教育意义和内容；
- 了解安全检查形式和内容。

2. 技能目标

- 能掌握冶金生产各工序主要危险源的识别和原因分析；
- 能掌握冶金生产各工序事故的预防措施。

单元 23 冶金企业安全生产管理基本知识

23.1 安全管理中的有关概念及理念

23.1.1 安全管理中的有关概念

安全管理中的有关概念有：

(1) 事故。事故是指企业生产活动过程中发生的一个或一系列非计划的（即意外的），可导致人员伤亡、设备损坏、财产损失以及环境危害的事件；根据事件产生的后果不同，可将事故分为人身伤亡事故、财产损失事故、未遂事故等。

(2) 危险。危险是指造成事故的一种现实的或潜在的条件。

(3) 安全与系统安全。安全与危险是相对的概念。它的基本含义包括两个方面：预知危险和消除危险，二者缺一不可。从广义上讲，安全是预知人类活动的各个领域里所存在的固有的或潜在的危险，并且为消除这些危险所采取的各种方法、手段和行动的总称；从生产的角度讲，安全所表征的是一种不发生死亡、伤害、职业病及设备财产损失的状况。从一定意义上讲，安全就是防止灾害，消除最终导致死亡、伤害、职业病及各种损失发生的条件。

在生产过程中，导致事故发生的原因是很多的，必须从系统的观点出发，运用系统的方法去分析、评价和消除系统中的危险，消除产生事故的根源，才能实现系统的安全。

所谓系统安全，是指在系统使用期限内，应用安全科学的原理和方法，分析并排除系统要素的缺陷及可能导致灾害的潜在危险，使系统在整个寿命周期内保持最佳安全状态。

（4）有害因素、危险因素和事故隐患。

1）有害因素。在生产过程中存在着各种与人的安全和健康息息相关的因素。其中，能对人造成伤亡或对物造成突发性损坏的因素称为危险因素；能影响人的身体健康，导致疾病或对物造成慢性损坏的因素称为有害因素。

2）危险因素。为了区别各种因素对人体不利作用的特点和效果，通常将生产中的有关因素分为危险因素（强调突发性和瞬间作用）和有害因素（强调在一定时间内的积累作用）。有时为了方便起见，对二者不加以区分，统称危险因素。

3）事故隐患。事故隐患泛指现存系统中可导致事故发生的物的危险状态、人的不安全行为及管理上的缺陷。通常，通过检查、分析可以发现和察觉它们的存在。事故隐患在本质上属于危险、有害的一部分。

（5）劳动保护。劳动保护是指依靠技术进步和科学管理，采取技术措施和组织措施，来消除劳动过程中危及人身安全和健康的不良条件和行为，防止伤亡事故和职业危害，保障劳动者在劳动过程中的安全与健康。劳动保护是站在政府的立场上，强调为劳动者提供人身安全与身心健康的保障。

（6）安全生产。安全生产是指在生产过程中消除或控制危险及有害因素，保障人身安全健康、设备完好无损及生产顺利进行。在安全生产中，消除危害人身安全和健康的因素，保障员工安全、健康、舒适地工作，称为人身安全；消除损坏设备、产品等的危险因素，保证生产正常进行，称为设备安全。安全生产就是使生产过程在符合安全要求的物质条件和工作秩序下进行，以防止人身伤亡和设备事故及各种危险的发生，从而保障劳动者的安全和健康，以促进劳动生产率的提高。安全生产是从企业的角度出发，强调在发展生产的同时，必须保证企业员工的安全、健康和企业财产不受损失。

（7）劳动安全卫生。劳动安全卫生是指以保障职工在劳动过程中的安全和健康为目的的工作领域以及在法律、技术、设备、组织制度和教育等方面所采取的相应措施。劳动安全卫生与职业安全卫生可以作为同义词使用。

（8）安全管理。这里的安全管理主要是指劳动安全管理，它是企业管理的一个组成部分，是以安全为目的，进行有关决策、计划、组织和控制方面的活动。安全管理的主要内容是为贯彻执行国家安全生产的方针、政策、法律和法规，确保生产过程中的安全而采取的一系列组织措施。安全管理的范畴包括安全生产和劳动保护两大方面。

23.1.2 安全生产理念

安全生产理念有：

（1）生产必须安全。安全为了生产、生产必须安全是现代工业的客观需要。“生产必须安全，安全促进生产”科学地揭示了生产与安全的辩证关系，经实践证明这是一个正确的指导思想。在应用这一思想指导实践时，必须坚持“安全第一”的原则和“管生产必须同时管安全”的原则。

"安全第一"的原则是指当考虑生产的时候，应该把安全作为一个前提条件考虑进去，落实安全生产的各项措施，保证员工的安全和健康，保证生产持续和安全地进行；当生产和安全发生矛盾时，生产必须服从安全。"安全第一"，对企业的各级管理者来说，就是辩证地处理好生产与安全的关系，牢记"以人为本"，保护员工的安全和健康；对广大员工来说，则是自觉地执行安全生产的各项规章制度，从事任何工作时都应首先考虑可能存在的危险因素和应该采取哪些预防治施来防止事故发生，以避免人身伤害或影响生产的正常进行。

"管生产必须同时管安全"的原则要求企业的各级管理者，特别是高层管理者要亲自抓安全工作。安全生产应该渗透到生产管理的各个环节，企业的各级管理者必须坚持生产和安全"五同时"，即在计划、布置、检查、总结、评比生产的同时，计划、布置、检查、总结、评比安全工作。贯彻"管生产必须同时管安全"的原则，要求把安全生产纳入计划，在编制企业年度计划和长远规划时，应把安全生产作为一项重要内容，结合企业的增产挖潜、技术革新、设备改造、流程重组等，来消除事故隐患，改善劳动条件。

（2）安全生产，人人有责。安全生产是一项综合性的工作，必须坚持群众路线，贯彻"专业管理和群众管理相结合"的原则，在充分发挥专职安全技术人员和安全管理人员骨干作用的同时，应充分调动和发挥全体员工的安全生产积极性，做到安全生产人人重视，个个自觉，提高警惕，互相监督，发现隐患，及时消除，这样才有可能实现安全生产。

企业必须制定和执行各级安全生产责任制。安全生产责任制是企业岗位责任制的一部分，是企业中最根本的一项安全制度。安全生产责任制把安全与生产从组织领导上统一起来，使安全生产做到事事有人管、人人都管事。

为使安全生产各项规章制度得以贯彻执行，必须加强监督检查。企业的各级领导应以身作则、模范带头、身体力行、认真执行，同时要充分依靠和发挥工会组织的群众监督作用，发挥各个职能部门的监督检查作用，对安全生产中的好人好事好经验、要不断进行交流，给予表扬和奖励；而对违章指挥、违章作业和违反劳动纪律（简称"三违"）而造成事故的，要认真追查、严肃处理，坚持"三不放过"的原则（即在调查和处理工伤事故时，事故原因分析不清不放过，事故责任者和群众没有受到教育不放过，没有采取切实可行的防范措施不放过）。

（3）安全生产，重在预防。安全工作应"重在预防"，变被动为主动，变事后处理为事前预防，把事故消灭在萌芽状态。"安全生产，重在预防"首先应该认真贯彻"三同时"的规定，即在新建、改建、扩建工程以及计划实施革新、挖潜、改造项目时，安全技术和"三废"治理措施应与主体工程同时设计、同时施工，同时投产。绝不能让不符合安全、卫生要求的工艺、设施、设备、装置等投入运行。"安全生产，重在预防"还应该积极开展安全生产的科学研究，对运行中的生产装置、生产工艺存在的安全问题，要组织力量攻关，及时消除隐患，在研究新材料、新设备、新技术、新工艺时，相应地研究和解决有关安全、卫生方面的问题，并研制各种新型、可靠的安全防护装置，提高生产装置的安全可靠性。

"安全生产，重在预防"尤其应该狠抓安全生产的基础工作，不断提高员工识别、判断、预防和处理事故的本领。例如：开展各种形式的安全教育，进行安全技术考核；组织安全检查，及时发现和消除不安全因素；完善各种检测手段，坚持检测工作，掌握设备和环境变化的情况，分析以往发生的各类事故，从中摸索本地区或本企业发生事故的原因及其规律，以便主动采取预防事故重复发生的措施等。

23.2 冶金企业主要危险源及事故分析技术

23.2.1 冶金工厂主要危险源及主要事故类别和原因

冶金生产过程既有冶金工艺所决定的高热能、高势能的危害，又有化工生产具有的有毒有害、易燃易爆和高温高压危险，同时还有机具、车辆和高处坠落等伤害，特别是冶金生产中易发生的钢水、铁水喷溅爆炸、煤气中毒或燃烧、爆炸等事故，其危害程度极其严重。此外，冶金生产的主体工艺和设备对辅助系统和依赖程度很高，如突然停电等可能造成铁水、钢水在炉内凝固，煤气网管压力突然骤降等而引发重大事故。因此，冶金工厂的危险源具有危险因素复杂、相互影响大、涉及范围广、伤害严重等特点。

23.2.1.1 烧结、焦化、耐火材料生产过程中存在的主要危险源及事故类别和原因

(1) 烧结。

主要危险源：高温、粉尘、高速转动机械、有毒有害气体及物质流、高处作业、作业环境复杂等。

事故发生的原因：设备设施缺陷，技术与工艺缺陷，防护装置缺陷，作业环境差，规章制度不完善和违章作业等。

事故类别：机械伤害、高处坠落、物体打击、起重伤害、灼烫、触电、中毒及尘肺等职业病。

(2) 焦化。

主要危险源有：高温和噪声、粉尘、有毒有害气体及易燃易爆和物质流、火灾爆炸等。

事故类别：火灾、爆炸、机械伤害、中毒、灼烫事故等。

事故发生的主要原因：违章作业和操作失误，安全技术缺乏和安全操作技术不熟练，技术和设计缺陷，设备设施和工具缺陷。

(3) 耐火材料。

主要危险源有：冲压成型设备及操作，高温炉窑及作业，回转往复运动的机械，高温、高粉尘等。

事故类别：物体打击、机械伤害、车辆伤害、起重伤害、灼烫、高处坠落等。

事故发生原因：违章作业或误操作，劳动组织不合理，现场缺乏检查指导，技术和设计缺陷，缺乏安全技术知识，设备安全防护装置存在缺陷或失效等。

23.2.1.2 炼铁生产过程中存在的主要危险源及事故类别和原因

炼铁生产工艺、设备复杂，作业种类多，作业环境差，劳动强度大。

(1) 主要危险源：烟尘、噪声、高温辐射、铁水和熔渣（喷溅与爆炸）、高炉煤气、煤粉（爆炸）、机具及车辆、高处作业等。

（2）主要事故类别：按事故发生的次数排序分别为灼烫、机具伤害、车辆伤害、物体打击、煤气中毒和各类爆炸等事故。此外，触电、高处坠落事故及尘肺病、硅肺病和慢性一氧化碳中毒等职业病也经常发生。

（3）事故发生原因：人为因素、管理原因和物质原因三个方面。人为因素主要是违章作业，其次是误操作和身体疲劳。管理原因中最主要的是不懂或不熟悉操作技术，劳动组织不合理；其次是现场缺乏检查指导，安全规程不健全，以及技术和设计上的缺陷。物质原因中主要是设施（备）工具缺陷，个人防护用品缺乏或有缺陷；其次是防护保险装置有缺陷和作业环境条件差。

23.2.1.3　炼钢生产过程中存在的主要危险源及事故类别和原因

炼钢生产中高温作业线长，设备和作业种类多，起重作业和运输作业频繁。

（1）主要危险源：高温辐射、钢水和熔渣（喷溅与爆炸）、煤气、氧枪回火（燃烧爆炸）、车辆、起重机械、机具、高处坠落等。

（2）主要事故类别：氧气回火、钢水和熔渣喷溅等引起的灼烫和爆炸、起重伤害、车辆伤害、机具伤害、物体打击、高处坠落及触电和煤气中毒事故。

（3）事故发生原因：人为的违章作业和误操作，作业环境条件不良，设备有缺陷，操作技术不熟悉，作业现场缺乏督促检查和指导，安全规程不健全或执行不严格，个人防护措施和用品缺乏或有缺陷。

23.2.1.4　轧钢生产过程中存在的主要危险源及事故类别和原因

轧钢生产主要由加热、轧制和精整三个主要工序组成，生产过程中工艺、设备复杂，作业频繁，作业环境温度高，噪声和烟雾大。

（1）主要危险源：高温加热设备，高温物流，高速运转的机械设备，煤气、氧气等易燃易爆和有毒有害气体，有毒有害化学制剂，电气和液压设施，能源、起重运输设备，以及作业、高温、噪声和烟雾影响等。

（2）主要事故类别：根据冶金行业综合统计，轧钢生产过程中的安全事故在整个冶金行业中较为严重，高于全行业平均水平，事故的主要类别有机械伤害、物体打击、起重伤害、灼烫、高处坠落、触电和爆炸等。

（3）事故发生原因：违章操作和误操作，技术设备缺陷和防护装置缺陷，安全技术和操作技术不熟悉，作业环境条件缺陷，以及安全规章制度执行不严格等。

23.2.1.5　冶金生产中煤气、氧气生产过程中存在的主要危险源及事故类别和原因

（1）煤气生产过程中存在的主要危险源及事故类别和原因。

主要危险源：冶金生产中大量产生和使用的煤气有高炉煤气、焦炉煤气、转炉煤气、发生炉煤气和铁合金煤气。各种煤气的组成成分及所占百分比各不相同，主要成分为一氧化碳、氢气、甲烷、氮气、二氧化碳等。煤气是冶金生产中主要的危险源之一，其主要危害是腐蚀、毒害、燃烧和爆炸。

煤气事故的主要类别：急性中毒和窒息事故、燃烧引起的火灾和灼烫事故、爆炸形成的爆炸伤害和破坏事故。

主要原因：违章操作或误操作，设备（施）及防护装置的自身缺陷，安全技术知识缺乏，现场缺乏检查指导和监护措施，监护装置与个体防护用品缺乏或有缺陷，以及事故预防与救护措施不完善等。

（2）氧气生产过程中存在的主要危险源及事故类别和原因。

主要危险源：冶金生产过程中大量使用氧气。氧气易助燃，几乎与一切可燃物都可进行燃烧，与其他可燃气体按一定比例混合后极易发生爆炸，其主要危险是易燃烧和易爆炸。

氧气事故的主要类别：氧气燃烧或助燃造成的火灾、烧伤事故和氧气爆炸形成的爆炸事故，其伤害和破坏程度都很严重。

主要原因：分析统计表明，冶金生产中引发氧气事故的主要原因是人为的违章操作和误操作、设备设施装置的缺陷以及缺乏安全生产技术知识和操作不熟练等。

23.2.2　冶金企业事故分析技术

安全生产事故分析技术的种类很多，应用较广泛的主要有评分法、概率法、检查表法和综合评价法。

（1）评分法。评分法又称指数法，是根据分析评价对象的具体情况选定评价项目，每个评价项目均订出评价的分值范围，在此基础上由评价者给各个评价项目评分，然后通过一定的运算求出总分值。根据总分值的大小，对工作系统进行危险分级并决定采取何种预防与防护措施。美国某化学公司的火灾、爆炸指数法，英国帝化学公司 ICI 蒙德法，日本化工厂六阶段法，以及化工部化工厂危险程度分级等均属此类。美国的道氏法和英国 ICI 蒙德法就是两种代表性的指数法。

（2）概率法。概率法主要是把事故后果的分析同实际运行中的事故发生概率分析结合起来，根据系统各组成要素的故障率及失误率，确定系统发生事故的概率；然后同既定的目标值相比较，判断其是否达到了预期的安全要求或者将概率值划分为若干个等级，作为对系统安全性评定及制定安全措施的依据。

具体地说，就是通过对系统可能发生的事故进行事故树分析（FTA）或事件树分析（ETA），建立数学模型，决定目标函数，然后求解，通过对系统进行定量评价，逐步改善对事故发生概率影响大的事件，使之逐步趋近于系统安全的目标，并求得最优解。

1）事故树分析法。事故树分析法是以某一种不希望发生的事件为最后状态，然后使用系统分析方法寻找造成这一状态的一系列失效（故障）。例如核潜艇失效、航天飞机爆炸、建筑物坍塌等严重的不希望发生的事故，分析它们是由哪些原因造成的，是安全性分析的重要内容之一。

2）事件树分析法。事件树分析法是从一个初始事件开始，经过不断发展，一直到结果的全部分析过程。该方法可以在分析故障类型对于系统以及系统产生影响的基础上，结合故障发生的概率，对影响严重的故障进行定量评估。

（3）检查表法。根据经验或系统分析的结果，把评价项目自身及周围环境的潜在危险集中起来，列成检查项目清单，评价时依据清单逐项检查和评定。由于该法主要是凭经验进行分析和评定的定性方法，所以经常同评分法结合应用，根据评定的总分来确定安全的程度。石化总公司的“石油化工企业安全评价实施方法”具有检查表的性质。

（4）综合评价法。综合评价法是根据评价对象的要求，将一些不同种类及不同适用范围的方法组合起来进行综合评价的方法。对一个工作系统进行风险评价，首先应通过系统安全分析，辨识出其固有或潜在危险，然后根据安全标准进行危险分级，进而采取相应的措施预防或消除危险，通常按下列程序进行：

1）危险的确定，即辨识出系统中可能出现危险的性质、种类、范围以及发生条件。

2）危险的检测与分析，即通过一定的手段测定、分析和判明危险，包括固有的和潜在的危险，及在一定条件下转化生成的危险。

3）危险的定量化，即把危险的评价项目通过定量化处理，确定其发生的概率和危险程度。

4）危险的处理，即为消除危险所采取的技术措施和管理措施。

5）综合评价，采取系统分析评价方法，进行概率危险度评价和危险度等级评定，然后同现定的安全指标比较，以求判明所达水平。

因此，选择合适的安全技术分析方法，并按照一定的程序对某一工作系统进行安全分析，是保证获得准确结果的基本条件。

单元 24　冶金企业安全生产技术

24.1　烧结、焦化、耐火材料安全生产技术

24.1.1　烧结安全生产技术

24.1.1.1　烧结生产特点

烧结是把含铁废弃物与精矿粉烧结成块用作炼铁的原料。其工艺过程是按炼铁的要求，将细粒含铁原料与熔剂和燃料进行配料，经造球、点火、燃烧，所得成品在经过破碎、筛分、冷却、整粒后运往炼铁厂。

24.1.1.2　烧结生产安全技术及事故预防措施

（1）铁精矿运输。铁精矿是烧结生产的主要原料，在选矿厂生产过程中，常夹杂着大块和其他杂物，在胶带运输中经常发生堵塞、撕裂皮带，甚至进入配料圆盘使排料口堵塞事故。处理时易发生人身伤害事故。为避免以上事故，胶带机的各种安全设施要齐全，保证灵活、可靠，并应实现自动化控制。

（2）由于工艺的需要，在烧结配料中还应加入富矿粉、钢渣等，以提高烧结矿的质量和产量，高炉瓦斯灰、转炉炉尘用干法处理。

（3）生石灰的处理。生石灰进场时，不应含水，一般采用密闭式运输。否则，遇水局部消化，以致喷出伤人，在配水时也不能加水过多。

（4）燃料细碎，要求来料不得夹有大块，设专人在给料胶带上挑大块，并设有吸铁器，挑出废钢铁。

24.1.1.3　主体设备存在的不安全因素及防护措施

（1）抽风机。抽风机能否正常运行直接关系着烧结矿的质量。抽风机存在的不安全因素是转子不平衡运动中发生振动的问题。针对这一问题，在更换新的叶轮前应当对其作平衡试验；提高除尘效率，改善风机工作条件；适当加长、加粗集气管，使废气及粉尘在管中流速减慢，增大灰尘沉降的比率。同时，加强二次除尘器的检修和维护。

（2）带式烧结机。带式烧结机存在的不安全因素是烧结机的机体又大、又长，生产与检修工人会因联系失误而造成事故。随着烧结机长度的增加，台车跑偏现象也很严重；受高温的变化，易产生过热“塌腰”现象。所以应当为烧结机的开、停，设置必要的联系信号，并设立一定的保护装置。

（3）翻车机。由于翻车机联络工和司机联系失误，车皮未能对正站台车即行翻车，会发生站台车及旋转骨架撞坏事故；工人处理事故易发生挤手、砸脚事故。

24.1.1.4　除尘与噪声防治

（1）烧结厂除尘。在烧结过程中，产生大量的粉尘、废气、废水，含有硫、铝、锌、

氟、钒、钛、一氧化碳、二氧化硅等有害成分，严重地污染了环境。因此应抽风除尘。烧结机抽风一般采用两级除尘：第一级集尘管集尘和第二级除尘器除尘。大型烧结厂多用多管式，而中小型烧结厂除了用多管式外还常用旋风式除尘器。

（2）烧结厂的噪声防治。烧结厂的噪声主要来源于高速运转的设备。这些设备主要有主风机、冷风机、通风除尘机、振动筛、锤式破碎机、四辊破碎机等。对噪声的防治，应当采用改善和控制设备本身产生噪声的做法，即采用合乎声学要求的吸、隔声与抗震结构的最佳设备设计，选用优质的材料，提高制造质量，对于超过单机噪声允许标准的设备则需要进行综合治理。

24.1.2　焦化安全生产技术

24.1.2.1　焦化生产特点

焦化厂一般由备煤、炼焦、回收、精苯、焦油、其他化学精制、化验和修理等车间组成。其中化验和修理车间为辅助生产车间。

备煤车间的任务是为炼焦车间及时供应合乎质量要求的配合煤。炼焦车间是焦化厂的主体车间。炼焦车间的生产流程是：装煤车从贮煤塔取煤后，运送到已推空的碳化室上部将煤装入碳化室，煤经高温干馏变成焦炭，并放出荒煤气由管道输往回收车间；用推焦机将焦炭从碳化室推出，经过拦焦车后落入熄焦车内送往熄焦塔熄焦；之后，从熄焦车卸入凉焦台，蒸发掉多余的水分和进一步降温，再经输送带送往筛焦炉分成各级焦炭。回收车间负责抽吸、冷却及吸收回收炼焦炉发生的荒煤气中的各种初级产品。

24.1.2.2　焦化安全生产技术及事故预防措施

（1）防火防爆。一切防火防爆措施都是为了防止生产可燃（爆炸）性混合物或防止产生和隔离足够强度的活化能，以避免激发可燃性混合物发生燃烧、爆炸。为此，必须弄清可燃（爆炸）性混合物和活化能是如何产生的，以及防止其产生和互相接近的措施。

有些可燃（爆炸）性混合物的形成是难以避免的，如易燃液体储槽上部空间就存在可燃（爆炸）性混合物。因此，在充装物料前，往储槽内先充惰性气体（如氮），排出蒸气后才可避免上述现象发生。此外，选用浮顶式储槽也可以避免产生可燃（爆炸）性混合物。

（2）泄漏。泄漏是常见的产生可燃（爆炸）性混合物的原因。可燃气体、易燃液体和温度超过闪点的液体的泄漏，都会在漏出的区域或漏出的液面上产生可燃（爆炸）性混合物。

造成泄漏的原因主要有两个：一是设备、容器和管道本身存在漏洞或裂缝。有的是设备制造质量差，有的是长期失修、腐蚀造成的。所以，凡是加工、处理、生产或储存可燃气体、易燃液体或温度超过闪点的可燃液体的设备，储槽及管道，在投入使用之前必须经过验收合格。在使用过程中要定期检查其严密性和腐蚀情况。焦化厂的许多物料因含有腐蚀性介质，应特别注意设备的防腐处理，或采用防腐蚀的材料制造。二是操作不当。相对地说，这类原因造成的泄漏事故比设备本身缺陷造成的要多些。由于疏忽或操作错误造成跑油、跑气事故很多。要预防这类事故的发生，除要求严格按标准化作业外，还必须采取防溢流措施。《焦化安全规程》规定，易燃、可燃液体储槽区应设防火堤，防火堤内的容积不得小于储槽地上部分总储量的一半，且不得小于最大储槽的地上部分的储量。防火堤内的下水道通过防火堤处应设闸门。此闸门只有在放水时才打开，放完水即应关闭。对可能泄漏或产生含油废水的生产装置周围应设围堰。生产车间下水道应设水封井、隔油池等。

（3）放散。焦化厂许多设备都设有放散管，加工处理或储存易燃、可燃物料的设备或储槽，放散管放散的气（汽）体有的本身就是可燃（爆炸）性混合物，或放出后与空气混合成为可燃（爆炸）性混合物。《焦化安全规程》规定，各放散管应按所放散的气体、蒸气种类分别集中净化处理后方可放散。放散有毒、可燃气体的放散管出口应高出本设备及邻近建筑物 4m 以上。可燃气体排出口应设阻火器。

（4）防尘与防毒。煤尘主要产生在煤的装卸、运输以及破碎粉碎等过程中，主要产尘点为煤场、翻车机、受煤坑、输送带、转运站以及破碎、粉碎机等处。一般煤场采用喷洒覆盖剂或在装运过程中采取喷水等措施来降低粉尘的浓度。输送带及转运站主要依靠安设输送带通廊、局部或整体密闭防尘罩等来隔离和捕集煤尘。破碎及粉碎设备等产尘点应加强密闭吸风，设置布袋除尘、湿式除尘、通风集尘等装置来降低煤尘浓度。

在焦化厂，一氧化碳存在于煤气中，特别是焦炉加热用的高炉煤气中的一氧化碳含量在 30% 左右。焦炉的地下室、烟道通廊煤气设备多，阀门启闭频繁，极易泄漏煤气。所以，必须对煤气设备定期进行检查、及时维护，烟道通廊的贫煤气阀应保证处于负压状态。为了防止硫化氢、氰化氢中毒，焦化厂应当设置脱硫、脱氰工艺设施。过去国内只有城市煤气才进行脱硫，冶金企业一般不脱硫。至于脱氰，一般只从部分终冷水或氨气中脱氰生产黄血盐。随着对污染严重性认识的提高，近年来，各焦化厂已开始重视煤气的脱硫、脱氰问题。为了防止硫化氢和氰化氢中毒，蒸氨系统的放散管应设在有人操作的下风侧。

24.1.3　耐火材料生产安全技术

24.1.3.1　生产特点

不同的耐火制品，使用的原材料及生产时发生的物理化学反应虽不同，但生产工序和加工方法，如原料煅烧、破碎、粉碎、细磨、配料、混料、成型、干燥和烧成等基本一致。耐火材料生产所用的设备比较笨重，机械化程度低，劳动强度大，环境条件差，生产中易发生事故。另外，耐火材料生产工艺中的各个环节，都可能产生大量含有较高游离二氧化碳的粉尘，严重地危害着人的身体健康。

24.1.3.2　耐火材料安全生产技术及事故预防措施

（1）主体设备运行的安全。运行时应注意以下几点：检查轴承润滑情况，轴承内及衬板的连接处是否有足够而适量的润滑脂；检查所有的紧固件是否安全紧固；检查传动胶带，若有破损应及时更换，胶带轮有油污时，应用干净的抹布将其擦净；检查防护装置是否良好，发现有不安全的现象时应即行消除；检查破碎腔内有无矿石及杂物，并清除之，正常运行后方可喂料；正常启动后若发现有不正常情况，应立即停机检查处理；在设备运行时，严禁从上面朝机器内窥视、进行任何调整、清理或检查等工作，也严禁用手在进料口上和破碎腔内搬运、移动矿石；停机前，应首先停止加料，待破碎腔内破碎物料完全排出后，方可断开电源开关。

（2）防尘措施。耐火厂的各个工艺环节可以说无处不产尘。经验证明，采取水、密、风、护、革、管、教、查八字方针是有效的、正确的。

（3）安全技术措施。改进工艺，提高机械化、自动化程度；安装安全设施和标志，并定期检查；坚决贯彻执行有关安全生产的政策和法规；加强劳动保护，定期对职工进行身体检查。

24.2　炼铁安全生产技术

24.2.1　炼铁安全生产主要特点

炼铁是将铁矿石或烧结球团矿、锰矿石、石灰石和焦炭按一定比例予以混匀送至料仓，然后再送至高炉，从高炉下部吹入1000℃左右的热风，使焦炭燃烧产生大量的高温还原气体煤气，从而加热炉料并使其发生化学反应。在1100℃左右铁矿石开始软化，1400℃熔化形成铁水与液体渣，分层存于炉缸，之后，进行出铁、出渣作业。

炼铁生产所需的原料、燃料，生产的产品与副产品的性质，以及生产的环境条件，给炼铁人员带来了一系列潜在的职业危害。例如，在矿石与焦炭运输、装卸，破碎与筛分，烧结矿整粒与筛分过程中，都会产生大量的粉尘；在高炉炉前出铁场，设备、设施、管道布置密集，作业种类多，人员较集中，危险有害因素最为集中，如炉前作业的高温辐射，出铁、出渣会产生大量的烟尘，铁水、熔渣遇水会发生爆炸，开铁口机、起重机造成的伤害等；炼铁厂煤气泄漏可致人中毒，高炉煤气与空气混合可发生爆炸，其爆炸威力很大；喷吹烟煤粉可发生粉尘爆炸；另外，还有炼铁区的噪声，以及机具、车辆的伤害等。如此众多的危险因素，威胁着生产人员的生命安全和身体健康。

24.2.2　炼铁生产的主要安全技术

24.2.2.1　高炉装料系统安全技术

装料系统是按高炉冶炼要求的原料，持续不断地给高炉冶炼。装料系统包括原料、燃料的运入、储存、放料、输送以及炉顶装料等环节。装料系统应尽可能地减少装卸与运输环节，提高机械化、自动化水平，使之安全运行。

（1）运入、储存与放料系统。大中型高炉的原料和燃料大多数采用胶带机运输，比火车运输易于自动化和治理粉尘。储矿槽未铺设隔栅或隔栅不全，周围没有栏杆，人行走时有掉入槽的危险；料槽形状不当，存有死角，需要人工清理；内衬磨损，进行维修时的劳动条件差；料闸门失灵常用人工捅料，如料突然崩落往往造成伤害。放料时的粉尘浓度很大，尤其是采用胶带机加振动筛筛分料时，作业环境更差。因此，储矿槽的结构应是永久性的、十分坚固的。各个槽的形状应该做到自动顺利下料，槽的倾角不应该小于50°，以消除人工捅料的现象。金属矿槽应安装振动器。钢筋混凝土结构，内壁应铺设耐磨衬板；存放热烧结矿的内衬板应是耐热的。矿槽上必须设置隔栅，周围设栏杆，并保持完好。料槽应设料位指示器，卸料口应选用开关灵活的阀门，最好采用液压闸门。对于放料系统应采用完全封闭的除尘设施。

（2）原料输送系统。大多数高炉采用料车斜桥上料法，料车必须设有两个相对方向的出入口，并设有防水防尘措施。一侧应设有符合要求的通往炉顶的人行梯。卸料口卸料方向必须与胶带机的运转方向一致，机上应设有防跑偏、打滑装置。胶带机在运转时容易伤人，所以必须在停机后，方可进行检修、加油和清扫工作。

（3）顶炉装料系统。通常采用钟式向高炉装料。钟式装料以大钟为中心，由大钟、料斗、大小钟开闭驱动设备、探尺、旋转布料等装置组成。采用高压操作必须设置均压排压装置。做好各装置之间的密封，特别是高压操作时，密封不良不仅使装置的部件受到煤气冲刷，缩短使用寿命，甚至会出现大钟掉到炉内的事故。料钟的开闭必须遵守安全程序。为此，有关设备之间必须连锁，以防止人为的失误。

24.2.2.2 供水与供电安全技术

高炉是连续生产的高温冶炼炉，不允许发生中途停水、停电事故。特别是大、中型高炉必须采取可靠的措施，保证安全供电、供水。

（1）供水系统安全技术。高炉炉体、风口、炉底、外壳、水渣等必须连续给水，一旦中断便会烧坏冷却设备，发生停产的重大事故。为了安全供水，大中型高炉应采取以下措施：供水系统设有一定数量的备用泵；所有泵站均设有两路电源；设置供水的水塔，以保证柴油泵启动时供水；设置回水槽，保证在没有外部供水情况下维持循环供水；在炉体、风口供水管上设连续式过滤器；供、排水采用钢管以防破裂。

（2）供电安全技术。不能停电的仪器设备，万一发生停电时，应考虑人身及设备安全，设置必要的保安应急措施。设置专用、备用的柴油机发电组。

计算机、仪表电源、事故电源和通讯信号均为保安负荷，各电气室和运转室应配紧急照明用的带铬电池荧光灯。

24.2.2.3 煤粉喷吹系统安全技术

高炉煤粉喷吹系统最大的危险是可能发生爆炸与火灾。为了保证煤粉能吹进高炉又不致使热风倒吹入喷吹系统，应视高炉风口压力确定喷吹罐压力。混合器与煤粉输送管线之间应设置逆止阀和自动切断阀。喷煤风口的支管上应安装逆止阀，由于煤粉极细，停止喷吹时，喷吹罐内、储煤罐内的储煤时间不能超过8～12h。煤粉流速必须大于18m/s。罐体内壁应圆滑，曲线过渡，管道应避免有直角弯。

为了防止爆炸产生强大的破坏力，喷吹罐、储煤罐应有泄爆孔。喷吹时，由于炉况不好或其他原因使风口结焦，或由于煤枪与风管接触处漏风使煤枪烧坏，这两种现象的发生都能导致风管烧坏。因此，操作时应该经常检视，及早发现和处理。

24.2.2.4 高炉安全操作技术

（1）开炉的操作技术。开炉工作极为重要，处理不当极易发生事故。开炉前应做好如下工作：进行设备检查，并联合检查；做好原料和燃料的准备；制定烘炉曲线，并严格执行；保证准确计算和配料。

（2）停炉的操作技术。停炉过程中，煤气的一氧化碳浓度和温度逐渐增高，再加上停炉时喷入炉内水分的分解使煤气中氢浓度增加。为防止煤气爆炸事故，应做好如下工作：处理煤气系统，以保证该系统蒸气畅通，严防向炉内漏水。在停炉前，切断已损坏的冷却设备的供水，更换损坏的风渣口；利用打水控制炉顶温度在400～500℃之间；停炉过程中要保证炉况正常，严禁休风；大水喷头必须设在大钟下。设在大钟上时，严禁开关大钟。

24.2.2.5 高炉维护安全技术

高炉生产是连续进行的，任何非计划休风都属于事故。因此，应加强设备的检修工作，尽量缩短休风时间，保证高炉正常生产。

为防止煤气中毒与爆炸应注意以下几点：

(1) 在一、二类煤气作业前必须通知煤气防护站的人员，并要求至少有2人以上进行作业。在一类煤气作业前还须进行空气中一氧化碳含量的检验。并佩带氧气呼吸器。

(2) 在煤气管道上动火时，须先取得动火票，并做好防范措施。

(3) 进入容器作业时，应首先检查空气中一氧化碳的浓度，作业时，除要求通风良好外，还要求容器外有专人进行监护。

24.2.2.6 出铁、出渣安全技术

炉前工在进行高炉出铁、出渣工作时，应按时、按量除铁、除渣，以保证炉况和安全生产。

(1) 砂口用以分离渣、铁保证渣罐或水冲渣中不进入铁水，铁水中不混入渣。

(2) 在高炉工长的指挥下，按时、按进度出渣、出铁。

(3) 掌握休风的要领，慎重操作。

(4) 为了防止冲渣沟堵塞，渣沟坡度应大于3.5%，不设直角弯，且沟不宜过长。

24.2.2.7 高炉煤气安全技术

(1) 设计煤气管道时，必须考虑炉顶压力温度和荒煤气对设备的磨损。

(2) 为了降低煤气上升阻力，减少炉尘吹出，在炉管和下降管之间有足够的高度，以防止炉料吹出。

(3) 除尘器、洗涤塔、高炉炉顶设置的入口，要上下配置，以便打开入口后，使空气进行对流，减少煤气爆炸的危险。

(4) 在防止煤气泄漏方面，高炉与热风炉砌耐火砖，炉体结构要严密，防止变形开裂。

24.2.2.8 炼铁生产事故的预防措施和技术

炼铁厂煤气中毒事故危害最为严重，死亡人员多，多发生在炉前和检修作业中。预防煤气中毒的主要措施是提高设备的完好率，尽量减少煤气泄漏；在易发生煤气泄漏的场所安装煤气报警器；进行煤气作业时，煤气作业人员佩带便携式煤气报警器，并派专人监护。

炉前还容易发生烫伤事故，主要预防措施是提高装备水平，作业人员要穿戴防护服。

原料场、炉前还容易发生车辆伤害和机具伤害事故。

在烟煤粉尘制备、喷吹系统，当烟煤的挥发分超过 10% 时，可发生粉尘爆炸事故。为了预防粉尘爆炸，主要采取控制磨煤机的温度、控制磨煤机和收粉器中空气的氧含量等措施。目前，我国多采用喷吹混合煤的方法来降低挥发成分的含量。

24.3 炼钢安全生产技术

24.3.1 炼钢安全生产的主要特点

铁水中含有 C、S、P 等杂质，影响铁的强度和脆性等，需要对铁水进行再冶炼，以去除上述杂质，并加入 Si、Mn 等，调整其成分。对铁水进行重新冶炼以调整其成分的过程称为炼钢。

炼钢的主要原料是含碳较高的铁水或生铁以及废钢铁。为了去除铁水中的杂质，还需要向铁水中加入氧化剂、脱氧剂和造渣材料，以及铁合金等材料，以调整钢的成分。含碳较高的铁水或生铁加入炼钢炉以后，经过供氧吹炼、加矿石、脱碳等工序，铁水中的杂质被氧化除去，最后加入合金，进行合金化，便得到钢水。

炼钢炉有平炉、转炉和电炉三种，平炉炼钢法因能耗高、作业环境差已逐步淘汰。转炉和平炉炼钢是先将铁水装入混铁炉预热，将废钢加入转炉或平炉内，然后将混铁炉内的高温铁水用混铁车兑入转炉或平炉，进行融化与提温，当温度合适后，进入氧化期。电炉炼钢是在电炉炉内全部加入冷废钢，经过长时间的熔化与提温，再进入氧化期。

（1）融化过程。铁水及废钢中含有 C、Mn、Si、P、S 等杂质，在低温融化过程中，C、Si、P、S 被氧化，即使单质态的杂质变为化合态的杂质，以利于后期进一步去除杂质。氧来源于炉料中的铁锈（成分为 $Fe_2O_3 \cdot 2H_2O$）氧化铁皮、加入的铁矿石以及空气中的氧和吹氧。各种杂质的氧化过程是在炉渣与钢液的界面之间进行的。

（2）氧化过程。氧化过程是在高温下进行的脱碳、去磷、去气、去杂质反应。

（3）脱氧、脱硫与出钢。氧化末期，钢中含有大量过剩的氧，通过向钢液中加入块状或粉状铁合金或多元素合金来去除钢液中过剩的氧，产生的有害气体 CO 随炉气排出，产生的炉渣可进一步脱硫，即在最后的出钢过程中，渣、钢强烈混合冲洗，增加脱硫反应。

（4）炉外精炼。从炼钢炉中冶炼出来的钢水含有少量的气体及杂质，一般是将钢水注入精炼包中，进行吹氩、脱气、钢包精炼等工序，得到较纯净的钢质。

（5）浇注。从炼钢炉或精炼炉中出来的纯净的钢水，当其温度合适、化学成分调整合适以后，即可出钢。钢水经过钢包注入钢锭模或连续铸钢机内，即得到钢锭或连铸坯。

浇注分为模铸和连铸两种方式。模铸又分为上铸法和下铸法两种。上铸法是将钢从钢包通过铸模的上口直接注入模内形成钢锭。下注法是将钢包中的钢水浇入中注管、流钢砖，钢水从钢锭模的下口进入模内。钢水在模内凝固即得到钢锭。钢锭经过脱保温帽送入轧钢厂的均热炉内加热，然后将钢锭模等运回炼钢厂进行整模工作。

连铸是将钢水从钢包浇入中间包，然后再浇入结晶器中。钢液通过激冷后由拉坯机按一定速度拉出结晶器，经过二次冷却及强迫冷却，待全部冷却后，切割成一定尺寸的连铸坯，最后送往轧钢车间。

24.3.2 炼钢生产的主要安全技术

24.3.2.1 熔融物遇水的爆炸防护技术

铁水、钢水、钢渣以及炼炉或烧结炉底的熔渣，都是高温熔融物，与水接触就会爆炸。这主要是物理反应，有时候也伴随着化学反应。

（1）造成熔融物遇水爆炸的原因：氧枪卷扬断绳、滑脱掉枪造成漏水；焊接工艺不合适，焊缝开裂或水质差，以至于穿壁漏水；加入炉内及包内的各种原料潮湿；事故性短暂停水或操作失误，枪头烧坏，且又继续供水；内衬质量不过关，导致烧坏；转炉冷炉，过早打水；冷料高，下枪过猛，撞裂枪头漏水；由于罐挂钩不牢、断绳等引起的掉包、掉罐；车间地面潮湿。

（2）安全对策：冷却水系统应安装压力、流量、温度、漏水量等仪表和指示、报警装置，以及氧枪、烟罩等连锁的快速切断、自动提升装置，并在多处安装便于操作的快速切断阀及紧急安全开关；冷却水应是符合规程要求的水质；采用多种氧枪安全装置（有氧枪自动装置、张力传感器检测装置、激光检测枪位装置、氧枪锥形结构）。

24.3.2.2 化学反应引起的喷溅防护技术

炼钢炉、钢包、钢锭模内的钢水因化学反应引起的喷溅与爆炸危害极大。处理这类喷溅与爆炸事故时，有可能出现新的伤害。

（1）造成喷溅与爆炸的根本原因：冷料加热不好；精炼期的操作温度过低或过高；炉膛压力大或瞬时性烟道吸力低；碳化钙水解；钢液过氧化增碳；留渣操作引起大喷溅。

（2）安全对策：增大热负荷，使炼钢炉的加热速度适应其加料速度；避免炉料冷冻和过烧（炉料基本熔化）；按标准 $C-T$ 曲线操作，多样取钢样分析成分；采用先进的自动调节炉膛压力系统，使炉膛压力始终保持在 133.322 ~ 399.966Pa 范围内；增大炼钢炉排除烟气通道及通风机的能力；禁止使用留渣操作法和用密闭容器储运电石粉；安装自动报警装置。

24.3.2.3 氧枪系统安全技术

转炉和平炉通过氧枪向熔池供氧来强化冶炼。氧枪系统是钢厂用氧的安全工作重点。

（1）弯头或变径管燃爆事故的预防。氧枪上部的氧管弯道或变径管由于流速大，局部阻力损失大，如管内有渣或脱脂不干净时，容易诱发高纯、高压、高速氧气燃爆。应通过改善设计、防止急弯、减慢流速、定期吹管、清扫过滤器、完善脱脂等手段来避免事故的发生。

（2）回火燃爆事故的防治。低压用氧导致氧管负压、氧枪喷孔堵塞，都易由高温熔池产生的燃气倒罐回火，发生燃爆事故。因此，应严密监视氧压。多个炉子用氧时，不要抢着用氧，以免造成管道回火。

（3）汽阻爆炸事故的预防。因操作失误造成氧枪回水不通，氧枪积水在熔池高温中汽化，阻止高压水进入。当氧枪内的蒸气压力高于枪壁强度极限时便发生爆炸。

24.3.2.4　废钢与拆炉爆破安全技术

（1）爆破可能出现的危害：爆炸地震波；爆炸冲击波：碎片和飞块的危害；噪声。

（2）安全对策：一是重型废钢爆破。废钢必须在地下爆破坑内进行，爆破坑强度要大，并有泄压孔，泄压孔周围要设立柱挡墙；二是拆炉爆破，限制装药量，控制爆破能量；三是采取必要的防治措施。

24.3.2.5　铁、钢、渣灼伤防护技术

铁、钢、渣液的温度很高，热辐射很强，又易于喷溅，加上设备及环境的温度很高，极易发生灼伤事故。

（1）灼伤及其发生的原因：设备泄漏，如炼钢炉、钢包、铁水包、混铁炉等满溢；铁、钢、渣液遇水发生的物理化学爆炸及二次爆炸；过热蒸汽管线穿漏或裸露；改变平炉炉膛的火焰和废气方向时喷出热气或火焰；违反操作规程。

（2）安全对策：定期检查、检修炼钢炉、钢包、铁水包、混铁炉等设备；改善安全技术规程，并严格执行；搞好个人防护；容易漏气的法兰、阀门要定期更换。

24.3.2.6　炼钢厂起重运输作业安全技术

炼钢过程中所需要的原材料、半成品、成品都需要起重设备和机车进行运输，运输过程中有很多危险因素。

（1）存在的危险：起吊物坠落伤人；起吊物相互碰撞；铁水和钢水倾翻伤人；车辆撞人。

（2）安全对策：厂房设计时考虑足够的空间；革新设备；加强维护；提高工人的操作水平；严格遵守安全生产规程。

24.3.3　炼钢生产事故预防措施和技术

24.3.3.1　炼钢厂房的安全要求

应考虑炼钢厂房的结构能够承受高温辐射；具有足够的强度和刚度，能承受钢包、铁水包、钢锭和钢坯等载荷和碰撞而不会变形；有宽敞的作业环境，通风采光良好，有利于散热和排放烟气，要充分考虑人员作业时的安全要求。

24.3.3.2　防爆安全措施

钢水、铁水、钢渣以及炼钢炉炉底的熔渣都是高温熔融物，与水接触就会发生爆炸。当1kg 水完全变成蒸汽后，其体积要增大约1500 倍，破坏力极大。炼钢厂因为熔融物遇水爆炸的情况主要有：转炉、平炉氧枪，转炉的烟罩，连铸机的结晶器的高、中压冷却水泄漏，穿透熔融物而爆炸；炼钢炉、精炼炉、连铸结晶器的水冷件因为回水堵塞，造成继续受热而引起爆炸；炼钢炉、钢包、铁水包、中间包、渣罐漏钢，漏渣及倾翻时发生爆炸；往潮湿的钢包、铁水包、中间包、渣罐中盛装钢水、铁水、液渣时发生爆炸；向有潮湿废物及积水的罐坑、渣坑中放热罐、放渣、翻渣时引起的爆炸；向炼钢炉内加入潮湿料

时引起的爆炸；铸钢系统漏钢与潮湿地面接触发生爆炸。

防止熔融物遇水爆炸的主要措施是：对冷却水系统要保证安全供水，水质要净化，不得泄漏；物料、容器、作业场所必须干燥。

转炉和平炉是通过氧枪向熔池供氧来强化冶炼的。氧枪系统是由氧枪、氧气管网、水冷管网、高压水泵房、一次仪表室、卷扬及测控仪表等组成，如使用、维护不当，会发生燃爆事故。氧气管网如有锈渣、脱脂不净，容易发生氧气爆炸事故，因此氧气管道应避免采用急弯，采取减慢流速、定期吹扫氧管、清扫过滤器脱脂等措施防止燃爆事故。如氧枪中氧气的压力过低，可造成氧枪喷孔堵塞，引起高温熔池产生的燃气倒灌回火而发生燃爆事故。因此要严密监视氧压，一旦氧压降低要采取紧急措施，并立即上报；氧枪喷孔发生堵塞要及时检查处理。因误操作造成氧枪冷却系统回水不畅，枪内积水汽化，阻止高压冷却水进入氧枪，可能引起氧枪爆炸，如冷却水不能及时停水，冷却水可能进入熔池而引发更严重的爆炸事故。因此氧枪的冷却水回水系统要装设流量表，吹氧作业时要严密监视回水情况，要加强人员技术培训，增强责任心，防止误操作。

24.3.3.3　烫伤事故的预防

铁、钢、渣的温度达1250～1670℃时，热辐射很强，易于喷溅，加上设备及环境温度高，起重吊运、倾倒作业频繁，作业人员极易发生烫伤事故。防止烫伤事故应采取下列措施：定期检查、检修炼钢炉、混铁炉、化铁炉、混铁车及钢包、铁水包、中间包、渣罐及其吊运设备、运输线路和车辆，并加强维护，避免穿孔、渗漏，以及起重机断绳、罐体断耳和倾翻；严格执行预防铁水、钢水、渣等熔融物与水接触发生爆炸、喷溅事故；过热蒸气管线、氧气管线等必须包扎保温，不允许裸露；法兰、阀门应定期检修，防止泄漏；制定完善安全技术操作规程，严格对作业人员进行安全技术培训，防止误操作；搞好个人防护，上岗必须穿戴工作服、工作鞋、防护手套、安全帽、防护眼镜和防护罩；尽可能提高技术装备水平，减少人员烫伤的机会。

24.4　轧钢安全生产技术

24.4.1　轧钢安全生产的主要特点

轧钢是将炼钢厂生产的钢锭或连铸钢坯轧制成钢材的生产过程，用轧制方法生产的钢材，根据其断面形状，可大致分为型材、线材、板带、钢管、特殊钢材类。

轧钢的方法，按轧制温度的不同可分为热轧与冷轧；按轧制时轧件与轧辊的相对运动关系可分为纵轧、横轧和斜轧。轧制同其他加工一样，是使金属产生塑性变形，制成具有一定形状和尺寸的产品。不同的是，轧钢是在旋转的轧辊间进行的。轧钢机为两大类，轧机主要设备或轧机主机列、辅机和辅助设备。凡用以使金属在旋转的轧辊中变形的设备，通常称为主要设备。主机设备排列成的作业线称为轧钢机主机列。主机列由主电机、轧机和传动机械三部分组成。

轧机按用途分类有：初轧机和开坯机、型钢轧机（大、中、小和线材）、板带机、钢管轧机和其他特殊用途的轧机。轧机的开坯机和型钢轧机是以轧辊的直径标称的，板带轧机是以轧辊辊身长度标称的，钢管轧机是以能轧制的钢管的最大外径标称的。

24.4.2 轧钢生产的主要安全技术

24.4.2.1 原料准备的安全技术

要设有足够的原料仓库、中间仓库、成品仓库和露天堆放地，安全堆放金属材料。钢坯通常用磁盘吊和单钩吊卸车。挂吊人员在使用磁盘吊时，要检查磁盘是否牢固，以防脱落砸人。使用单钩卸车前要检查钢坯在车上的放置状况。钢绳和车上的安全柱是否齐全、牢固，使用是否正常。卸车时要将钢绳穿在中间位置上，两根钢绳间的跨距应保持 1m 以上，使钢坯吊起后两端保持平衡，再上垛堆放。400℃ 以上的热钢坯不能用钢丝绳吊卸，以免烧断钢绳，造成钢坯掉落砸、烫伤。钢坯堆垛要放置平稳、整齐，垛与垛之间保持一定的距离，便于工作人员行走，避免吊放钢坯时相互碰撞。垛的高度以不影响吊车正常作业为标准，吊卸钢坯作业线附近的垛高应不影响司机的视线。工作人员不得在钢坯垛间休息或逗留。挂吊人员在上下垛时，要仔细观察垛上钢坯是否处于平衡状态，防止在吊车起落时受到震动而滚动或登攀时踏翻，造成压伤或挤伤事故。

大型钢材的钢坯用火焰清除表面的缺陷，其优点是清理速度快。火焰清理主要用煤气和氧气的燃烧来进行工作，在工作前要仔细检查火焰枪、煤气和氧气胶管、阀门、接头等有无漏气现象，风阀、煤气阀是否灵活好用，在工作中出现临时故障要立即排除。火焰枪发生回火，要立即拉下煤气胶管，迅速关闭风阀，以防回火爆炸伤人。火焰枪操作程序按操作规程进行。

中厚板的原料堆放和管理很重要，堆放时，垛要平整、牢固，垛高不能超过 4.5m，注意火焰枪、切割器的规范操作和安全使用。

冷轧原料的准备是冷轧原料钢卷均在 2t 以上，吊运是安全的重点问题，要经常检查吊具，发现磨损及时更换。

24.4.2.2 加热与加热炉的安全技术

燃料与燃烧的安全。工业炉用的燃料分为固体、液体和气体。燃料与燃烧的种类不同，其安全要求也不同。气体燃料有运输方便、点火容易、易达到完全燃烧，但某些气体燃料有毒，具有爆炸危险，使用时要严格遵守安全操作规程。使用液体燃料时，应注意燃油的预热温度不宜过高，点火时进入喷嘴的重油量不得多于空气量。为防止油管的破裂、爆炸，要定期检验油罐和管路的腐蚀情况，储油罐和油管回路附近禁止烟火，应配有灭火装置。

工业炉发生事故，大部分是由于维护、检查不彻底和操作上的失误造成的。首先要检查各系统是否完好，加强维护保养工作，及时发现隐患部位，迅速整改，防止事故发生。

均热炉、加热炉、热处理炉的安全注意事项是各种传动装置应设有安全电源，氢气、氮气、煤气、空气和排水系统的管网、阀门、各种计量仪表系统，以及各种取样分析仪器和防火、防爆、防毒器材，必须确保齐全、完好。

24.4.2.3 冷轧生产安全技术

冷轧生产的特点是加工温度低，产品表面无氧化铁皮等缺陷，光洁度高，轧制速度快。酸洗，主要是为了清除表面氧化铁皮，生产时应注意保持防护装置完好，以防机械伤害；注意穿戴要求，以防酸液溅入灼伤。

冷轧速度快，清洗轧辊注意站位，磨辊须停车，处理事故时须停车进行，切断总电源，手柄恢复零位。采用 X 射线测厚时，要有可靠的防射线装置。

热处理是保证冷轧钢板性能的主要工序，存在的事故危险是火灾、中毒、倒炉和掉卷。其防护措施为在煤气区操作时必须严格遵守《煤气安全操作规准》，保持通风设备良好；吊具磨损及时更换，以防吊具伤人。

24.4.3　轧钢生产事故预防措施及技术

轧钢由于生产工艺复杂，设备种类多、在冶金工厂设备中占的比重较大，检修任务重，故检修安全是安全管理的重要环节。

轧钢厂的大、中修是多层作业，易发生高处坠落、物体打击等事故。

预防措施有：

（1）检修前组织好检修人员和安全管理人员做好安全准备工作，并在检修过程中加强安全监护。重视不安全因素，除有安全防范措施外，检修现场要设置围检、安全网、屏障和安全标志牌。高空作业必须戴安全带。

（2）检修电气、煤气、氧气、高压气等动力设备和管线时，严格按规程贯彻停送电制度，确认安全方可进行。

（3）更换煤气管道开闭器时，遵守《煤气安全操作规程》要求，靠近易燃易爆设备、物体及要害部位时，采取防火措施，经检查确认安全后方可动火。

（4）严格遵守起重设备安全操作制度，指挥须佩戴安全标志，吊物用的钢绳、钩环要认真检查。

（5）检修前须对检修人员进行安全教育，控制人的不安全行为；加强现场管理，控制物和环境的不安全状态。

24.5　煤气安全生产技术

24.5.1　煤气安全生产的特点

煤气作为气体燃料，具有输送方便，操作简单，燃烧均匀，温度、用量易于调节等优点，是工业生产的主要能源之一。在冶金企业里，煤气是高炉炼铁、焦炉炼焦、转炉炼钢的副产品，又是冶金炉窑加热的主体燃料。

煤气中含有大量一氧化碳，散发在作业场所时，容易使人员中毒。煤气的主要成分是一氧化碳、氢、甲烷等可燃气体，其中一氧化碳有毒。煤气中还含有少量不可燃气体，如氮、二氧化碳等。因此，煤气安全事故分为三类：中毒、火灾和爆炸。

24.5.2　煤气生产的主要安全技术

24.5.2.1　煤气中毒的原因及安全对策

煤气中毒的原因有：

（1）煤气泄漏。存在泄漏煤气的部位有高炉风口、热风炉煤气闸阀、高炉冷却架、煤气蝶阀组传动轴、煤气管道的法兰部位、煤气鼓风机围带等处，作业人员在这些区域作业最容易发生煤气中毒事故。

（2）煤气压力因事故骤然升高，有时会超过最大工作压力，使煤气系统排水槽中的水被鼓出，泄漏大量煤气而导致中毒事故。

（3）剩余高炉煤气放散管的高度不够，或距生活区、居民区太近，或煤气没有点燃就放散，加上风向等气候原因，可能造成集体中毒事故。

（4）煤气设备年久失修，如高压排水槽内排水管腐蚀、补偿器腐蚀等，发生煤气泄漏中毒事故。

（5）煤气设备和蒸汽或生活用气，特别是浴室用气连接在一起，当蒸汽压力低于煤气压力时，煤气倒流入蒸汽管，窜入浴室导致中毒事故。

（6）高炉检修时先用热风烘炉，但废气阀未用盲板或砌砖切断，各个风口又未用泥堵死，致使废气窜入高炉内导致检修工人中毒。

（7）检修煤气设备时未可靠切断煤气来源，煤气进入设备内易导致中毒。

（8）操作煤气叶形插架时，未佩戴氧气呼吸器造成中毒。

（9）带煤气作业时，未正确使用氧气呼吸器或不使用通风口罩导致中毒。

（10）煤气排水槽下水道与其他房间下水道相通，部分煤气可以从下水道窜入其他房间，导致中毒。

（11）各种炉窑由于不完全燃烧而产生一氧化碳，造成中毒事故。

安全对策有：

（1）煤气设施的设计必须符合国家标准和规范的要求，制定煤气设备的维修制度，及时检查，发现泄漏及时处理。

（2）对煤气实行分级管理，根据一氧化碳的含量，将作业区域分成一、二、三类煤气危险区域。在一类煤气危险区域作业，作业人员必须戴氧气呼吸器或通风口罩，并应有人在现场监护；在二类煤气危险区域作业，应准备好氧气呼吸器或有人监护；在三类煤气危险区域作业，虽然可不用氧气呼吸带但也要加强检测。

24.5.2.2　煤气爆炸的原因及预防措施

煤气爆炸是煤气和空气混合到一定比例，遇明火、电火花、燃点以上温度等可产生。煤气爆炸必须具备三个条件，一是煤气浓度在爆炸限范围以内；二是受限空间；三是存在点火源。只有这三个条件同时具备，煤气才能爆炸。

事故原因有：

（1）工业炉窑内温度尚未达到燃点温度时就输入煤气，使炉窑内形成爆炸性混合气体，点火时发生爆炸事故。

（2）强制送风的炉窑未开风机，煤气由闸阀窜入送风管，点火时，发生爆炸。

（3）工业炉窑送煤气点火时，操作人员误把煤气旋塞的开启当成关闭，将煤气送入炉窑，点火发生爆炸。

（4）工业炉窑第一次点火时，送煤气未点燃，未经处理的剩余煤气就第二次点火，发生爆炸。

（5）工业炉窑的送风机突然停电，煤气不能完全燃烧，部分煤气从烧嘴窜入空气管道，发生爆炸。

（6）煤气设备停产后，未将煤气处理干净，又未经爆炸试验，动火发生爆炸。

（7）煤气发生炉的送风机突然停电，煤气倒流窜入空气管道，发生爆炸。

（8）准备投产的煤气管道，与有煤气的管道没有用堵盲板隔断，煤气由闸阀漏入新管道，未经空气分析检查，动火发生爆炸。

（9）煤气设备停产检修，设备内的煤气已清除，检验合格，允许动火，后因蒸汽管未与煤气设备断开，另一台正常生产的煤气设备的煤气沿蒸汽管道及闸阀窜入检修的这台设备中，第二次动火时未经化验检查，发生爆炸。

（10）煤气设备着火时，未通入蒸汽或氮气充压，未切断煤气来源，发生回火爆炸。

安全对策有：

（1）在员工中广泛开展危险预知活动，凡直接接触、操作、检修煤气设备的职工，都要熟悉煤气设备的结构及性能，知晓煤气的危险性，掌握煤气设备的安全标准化操作要领，并经考试合格，取得合格证，方可上岗操作。

（2）煤气设备停产检修时，必须将煤气处理干净，并将其与正常生产的煤气设备用盲板或闸阀和水封隔断，把煤气设备上的蒸汽管、水管断开。

（3）在煤气设备上动火或炉窑点火送煤气之前，必须先做气体分析。一般停产检修的煤气设备内空气中的氧含量应在25.5%以上，炉窑点火送煤气时，煤气中的氧含量应不大于1%。

24.5.2.3　煤气火灾的原因及安全对策

煤气燃烧必须具备两个条件：一是有足够的空气，二是有明火或者达到煤气的燃点。

事故原因有：

（1）在焦炉地下室或者在平炉炉台下一层带煤气抽堵盲板时，煤气大量逸出，与火源接触，发生着火事故。

（2）带煤气作业时使用铁质工具，撞击火花，引起火灾事故。

（3）带煤气作业时，附近有火源或裸露的蒸汽管道，引起火灾事故。

（4）煤气管道停产检修时，管道内的萘等存积物或硫化铁自燃起火。

（5）煤气设备动火时泄漏的煤气引起着火。

（6）煤气设备停产检修时，煤气未清扫干净，又未准备好消火设施而动火，发生火灾事故。

（7）雷击或焦炉煤气放散口积存硫化铁，引起着火事故。

安全对策有：

（1）带煤气作业时，40m以内禁止一切火源，不采取特殊安全措施，严禁在焦炉地下室带煤气作业。

（2）带煤气作业应使用铜质工具或铝青铜合金工具，禁止使用铁质工具。

（3）在裸露的高温蒸汽管道附近，设备应做绝热处理。

（4）在煤气设备上动火，应备有防火消火设施。停煤气动火的设备必须清扫干净。

24.5.3　煤气生产事故预防措施和技术

（1）防护与抢救设备。防护设备是防毒面具，分为过滤式、隔离式和隔绝式三种。

抢救设备主要是苏生器和高压氧舱。苏生器是用于对因中毒而窒息者进行人工呼吸的器械；高压氧舱可以使中毒者迅速克服缺氧状态。

（2）中毒事故抢救。煤气中毒事故抢救工作必须遵循以下规定：

1）进入煤气危险区域抢救，必须戴氧气呼吸器。

2）抢救工作必须服从统一指挥。

3）事故现场布置警戒，防止无关人员进入。

4）抢救现场要保持清静，冬季要保暖。

5）在中毒者恢复知觉前，可就近送医院或卫生所抢救。

（3）爆炸事故抢救。煤气设备或炉窑一旦发生煤气爆炸，不仅损坏设备，还会造成人员伤亡或中毒。爆炸事故发生后，应首先救人，同时切断已发生煤气爆炸设备的煤气来源，防止二次爆炸。如煤气设备未损坏，应查明爆炸原因后再送煤气。

（4）火灾事故抢救。煤气火灾往往是熊熊大火，煤气管道内起火则往往是黑烟滚滚。根据煤气着火的情况，应局部停止使用煤气，设法关闭闸阀降低煤气压力，并向着火的设备内通入大量蒸汽或氮气。煤气管道管径在 150mm 以下，可直接关闸阀熄火。万一发生爆炸，最大爆炸压力约为 0.7MPa（$7kg/cm^2$），管径小的钢管足够承担煤气爆炸压力。管径在 150mm 以上，关闸阀降低煤气压力最低不得小于 49 ~ 98Pa，严禁突然完全关闭闸阀或水封，以防回火爆炸。

煤气火灾抢救工作应特别注意以下几点：

1）煤气设备已烧红时，不得用水骤然冷却，以防煤气设备变形，漏出煤气更多。

2）煤气闸阀、压力表、蒸汽或氮气管头，应有专人控制操作。

3）蒸气来源有困难时，可调用蒸汽机车或汽吊。

4）如煤气管道内沉积物着火，可密闭入孔隔绝空气使其灭火。

24.6 氧气安全生产技术

24.6.1 氧气安全生产的特点

氧是无色、无味、无嗅的气体，比空气重。标准大气压下液化温度为 -182.98℃。液氧系天蓝色、透明、易流动的液体。凝固温度为 -248.4℃，呈蓝色固体结晶。

氧与其他物质化合生成氧化物的氧化反应无时不在进行，纯氧中进行的氧化反应异常激烈，同时放出大量热，温度极高。

氧是优良的助燃剂，可与一切可燃物进行燃烧。与可燃气体，如氢、乙炔、甲烷、煤气、天然气等可燃气体，按一定比例混合后容易发生爆炸。氧气纯度越高，压力越大，越危险。各种油脂与压缩氧气接触，易自燃。

氧气的制取方法很多，一般有化学法、电解法、吸附法和深度冷冻法等。

深度冷冻法制氧以空气为原料，电耗低（1.8 ~ 2.16MJ/m^3）、成本低、产量高、质量好，安全运转周期长，工艺成熟，目前已在工业上得到广泛应用。

24.6.2 氧气生产的主要安全技术

随着吹氧炼钢、高炉富氧鼓风等强化冶炼的措施和钢坯自动火焰清理机新技术的采用，钢铁企业的用氧发展很快，已成为国民经济中最大的用氧部门。其特点是装机多，容量大，普遍采用大型制氧机组，小时产氧量达数万立方米，单机容量为3200～3500m^3/h。

氧气在钢铁企业生产中占有很重要的地位，并具有非常广泛的用途。其用途基本可分为：

工艺用氧和切焊用氧。钢铁企业不仅用氧量大，而且用途广泛，从原料加工、冶炼、轧钢到机修、基建，甚至生活后勤工作，无时不用氧气。

（1）氧气的爆炸。

1）物理爆炸。无化学反应，也没有大幅升温现象。一般是在常温或比常温稍高的温度下，由于气压超过了受压容器或管道的屈服极限乃至强度极限，造成压力容器或管道爆裂，如氧气钢瓶使用年限过久，腐蚀严重，瓶壁变薄，又没有检查，以致在充气时或充气后发生物理性超压爆炸。

2）化学爆炸。有化学反应，并产生高温、高压，瞬时发生爆炸，如氢、氧混合装瓶，见火即爆。

（2）氧气的燃爆。发生燃爆需要可燃物、氧化剂和激发能源三要素同时存在。氧气和液氧都是很强的氧化剂。氧气的纯度越高，压力越高，危险性越大。

当可燃物与氧混合并存在激发能源时，可能发生燃烧，但不一定爆炸。只有当氧与可燃气体均匀混合，浓度在爆炸极限范围内时，遇到激发能源，才能引发爆炸。这就是燃烧条件和爆炸条件的唯一差别。

24.6.3 氧气生产的安全要点

预防氧气事故应从安全管理、安全装置两个方面入手。

（1）安全管理。制定岗位责任制、安全教育培训制度、安全检查制度、安全操作规程等相应的安全管理制度，并严格执行。

（2）安全装置。氧气安全装置主要包括三大类：

1）安全泄压装置。安全泄压装置是用以保证系统（容器、管道、设备等）安全运行，防止发生超压事故的一种保险装置。若系统压力超过规定值，它就自动将系统内的气体迅速排出一部分，使系统压力恢复正常值。

安全泄压装置有许多种类型，目前，冶金企业使用最多的是安全阀与防爆片。安全阀由阀座、阀瓣和阀体组成，是一种阀门自动开启型安全泄压装置。压力超限时，阀门自动开启泄压；压力正常后，阀门自动关闭。安全阀泄压不影响系统正常运行。安全阀必须动作灵敏可靠，密封性能良好，结构紧凑，调节方便。

防爆片又称防爆膜、防爆板，是一种断裂型安全泄压装置。因为泄压后膜片不能自动复原，所以系统将被迫停止运行。因此，防爆片只是在不宜安装安全阀的情况下使用。

2）报警停车联锁装置。该装置能够通过对一系列参数进行监控，发现异常或超限，自动报警和（或）停车。目前使用较普遍的是温度、压力、浓度、阻力、流量、液位报警停车联锁装置。

另外，轴位移保护、防喘振保护、振动保护、超速保护以及电压、电流、接地保护也经常采用报警停车联锁装置。

3）其他防护措施。氧气事故的其他防护措施包括放散阀、逆止阀、防爆墙、防雷防静电接地等。

单元 25　冶金安全生产法规和安全生产体系

25.1　冶金安全生产法规

25.1.1　冶金安全生产技术规程和标准的性质与适用范围

根据我国有关法律规定，安全生产的技术规程和标准属强制性规程和标准，须严格执行。冶金行业的安全生产技术规程和标准，主要规定了各个专业的安全生产的技术要求，主要适用于冶金工业的设计、设备制造、施工安装、生产和设备检修等。从事冶金工业安全生产工作的工程技术人员和管理人员必须了解和熟悉相关的安全生产技术规程和标准，并严格遵照执行。

25.1.2　冶金安全生产技术规程和标准的主要内容

冶金安全生产技术规程和标准是依据国家有关法律法规的要求，在充分考虑冶金工业生产过程中的工艺装备水平、生产作业情况和管理现状的基础上，针对冶金工业中存在的除通常的机械、电气、运输、起重等方面的危险因素外，还存在易燃易爆和有毒有害气体、高温热源、金属液体、炉渣、尘毒、放射源等危险和有害因素的特点而编制的，其主要内容包括冶金工厂的设计、安全管理、生产作业、设备运行及检修、事故控制及调查和处理等方面的技术要求和规定。

冶金工业技术规程和标准很多，从事安全生产的工程技术人员和管理人员应重点熟悉《炼铁安全规程》、《炼钢安全规程》、《轧钢安全规程》、《工业企业煤气安全规程》、《氧气及相关气体安全技术规程》、《冶金企业安全卫生设计规定》、《有色金属工业安全生产管理办法》的主要内容和规定；重点了解《烧结球团安全规程》、《耐火安全规程》、《焦化安全规程》的主要内容和规定。

（1）《烧结球团安全规程》的主要内容和规定。主要包括：总则；厂区布置与厂房建筑相关的安全技术规程；基本规定；原料相关安全技术规程；配料相关安全技术规程；混合相关安全技术规程；烧结相关安全技术规程；球团相关安全技术规程；电器安全与照明相关安全技术规程；起重与运输相关安全技术规程；工业卫生相关安全技术规程；附则。

（2）《耐火安全规程》的主要内容和规定。主要包括：总则；厂区布置与厂房建筑相关安全技术规程；基本规定；工艺相关安全技术规程；化验检验相关安全技术规程；起重与运输相关安全技术规程；管线相关安全技术规程；电气相关安全技术规程；工业卫生相关安全技术规程；附则。

（3）《焦化安全规程》的主要内容和规定。主要包括：主要内容与适用范围；引用标准；基本要点；厂址、厂区、厂房相关安全技术规程；消防设施相关安全技术规程；电气设施相关安全技术规程；化工装置相关安全技术规程；备煤系统相关安全技术规程；炼焦系统相关安全技术规程；化产回收相关安全技术规程；粗苯加工相关安全技术规程；焦油加工相关安全技术规程；油品、酸、碱装卸与运输相关安全技术规程；检修系统相关安全全技术规程；工业卫生相关安全技术规程；防暑降温相关安全技术规程；附则。

（4）《工业企业厂内铁路、道路运输安全规程》的主要内容和规定。主要包括：总则；安全技术要求；安全管理相关安全技术规程；技术检验相关安全技术规程；罚则；附则。

（5）《炼铁安全规程》的主要内容和规定。主要包括：总则；安全管理相关安全技术规程；厂区选择、厂区布置相关安全技术规程；一般规定；供上料系统相关安全技术规程；炉顶设备相关安全技术规程；高炉主体构造和操作相关安全技术规程；喷吹煤粉系统相关安全技术规程；富氧鼓风相关安全技术规程；热风炉和荒煤气系统相关安全技术规程；炉前出铁场和炉台构筑物相关安全技术规程；铁、渣处理系统相关安全技术规程；铸铁机相关安全技术规程；碾泥机相关安全技术规程；通讯、信号、仪表和计算机相关安全技术规程；电气、起重设备相关安全技术规程；设备检修相关安全技术规程；工业卫生相关安全技术规程；附则。

（6）《炼钢安全规程》的主要内容和规定。主要包括：总则；安全卫生管理相关安全技术规程；厂区位置与主体设备设计要求相关安全技术规程；原材料相关安全技术规程；混铁炉和化铁炉系统相关安全技术规程；铁水预处理相关安全技术规程；熔炼操作相关安全技术规程；炉外精炼系统相关安全技术规程；浇注相关安全技术规程；铁水包、钢包、中间包、渣罐相关安全技术规程；烟气净化、汽化冷却与余热锅炉装置安全技术规程；起重与运输相关安全技术规程；动力管线相关安全技术规程；炉子检修相关安全技术规程；工业卫生相关安全技术规程；附则。

（7）《轧钢安全规程》的主要内容和规定。主要包括：总则；厂区位置与厂房建筑相关安全技术规程；危险场所与防火安全技术规程；基本规定；加热系统相关安全技术规程；轧制系统相关安全技术规程；镀涂与精整相关安全技术规程；起重与运输相关安全技术规程；电气与照明相关安全技术规程；工业卫生相关安全技术规程；附则。

（8）《氧气及相关气体安全技术规程》的主要内容和规定。主要包括：范围；引用标准；相关定义；基本要求；生产运行和设备相关安全技术规程；氧气生产和设备相关安全技术规程；相关气体生产和设备安全技术规程；氧气管道相关安全技术规程；检修维修相关安全技术规程；氧气的使用相关安全技术规程；劳动卫生相关安全技术规程；附则。

（9）《工业企业煤气安全规程》的主要内容和规定。主要包括：基本要求；煤气生产、吸收与净化相关安全技术规程；煤气管道（含天然气管道）相关安全技术规程；煤气管道设备与附属装置相关安全技术规程；煤气加压站与混合站相关安全技术规程；煤气柜相关安全技术规程；煤气设施的操作与检修相关安全技术规程；煤气事故的抢救相关安全技术规程；煤气调度室与煤气防护站相关安全技术规程；附则。

（10）《冶金企业安全卫生设计规定》的主要内容和规定。主要包括：总则；各设计阶段的卫生要求；场址选择与布置相关规定；安全技术设计规定；工业卫生设计规定；专业部分设计规定；球团设计技术规定；电气安全与照明设计规定；起重与运输设计规定；工业卫生设计规定；附则。

25.2　冶金安全生产体系

25.2.1　安全教育

安全教育也称安全生产教育，是企业为提高职工安全技术水平和防范事故能力而进行的教育培训工作。安全教育是企业安全管理的重要内容，与消除事故隐患、创造良好劳动条件相辅相成，二者缺一不可。

25. 2. 1. 1　安全教育的意义

（1）安全教育是掌握各种安全知识、避免职业危害的主要途径。生产中存在着各种不安全、不卫生的因素，有发生工伤事故和职业病的可能。人的不安全行为和物的不安全状态是酿成职业危害的主要原因。在职业危害统计分析中发现人的不安全行为是构成职业危害的最主要的原因。要使劳动者遵章守纪，就要通过教育，使广大企业经营者和职工明白一条最基本的道理：只有真正做到“安全第一，预防为主”，真正掌握基本的劳动安全卫生知识，遵章守纪，才能保证职工的安全与健康。

事故本身具有潜在性和隐藏性，在发生前难以察觉，因此，预测事故的可能性、预防事故的发生是安全管理的主要内容。这需要我们准确掌握已发生事故的时间、地点、原因等，拟订防止事故的措施，并把这些材料作为安全教育的资料，普及推广这些措施，避免事故的重复发生。因此，安全教育可起到避免事故发生的积极作用。

（2）安全教育是企业发展经济的需要。随着我国科学技术突飞猛进地发展和经济体制改革的进一步深入，一些企业更新、引进新设备、新技术和新工艺，新设备的复杂程度、自动化程度越来越高，以及新技术新工艺的推广应用都对职工的安全素质、安全操作水平提出了更高的要求。一些企业因资金短缺，在技术改造上的投入减少，设备、设施的老化日趋严重，安全性大大降低，性能不稳定，这也要求以提高职工的安全素质来保证安全生产。在现代生产条件下，生产的发展带来了新的安全问题，就要求相应的安全技术同时满足生产需要，而安全技术及相应知识的普及则需要安全教育。

（3）安全教育是适应企业人员结构变化的需要。随着企业用工制度的改革，企业职工的构成日趋多样化、年轻化。合同工、临时工、农民工并存，特别是临时工和农民工文化素质较低，缺乏必要的安全知识，安全意识淡薄，冒险蛮干现象严重。因此，在企业加强安全教育是一项长期而繁重的工作。

（4）安全教育是搞好安全管理的基础性工作。安全管理的五大基础工作是：宣传教育、法制建设、安全监察、不断改善劳动条件和安全科学研究。而宣传教育不仅是五大基础工作之一，而且是搞好其他几项工作的基础和先决条件。因此，安全教育是安全管理工作的主要内容和基础性工作。

（5）安全教育是发展、弘扬企业安全文化的需要。安全管理主要是人的管理，人的管理的最好方法是运用安全文化的潜移默化的影响。要使安全文化成为职工安全生产的思维框架、价值体系和行为准则，使人们在自觉自律中舒畅地按正确的方式行事，规范人们在生产中的安全行为。安全文化的发展主要依靠宣传、教育。

（6）安全教育是安全生产广度和深度发展的需要。安全教育是一项社会性、群众性的工作，仅靠安全部门单一的培训、教育是远远不够的，必须通过多层次、多形式，利用各种新闻媒体、多种宣传工具和教育手段，进一步加大安全生产的宣传教育力度，提高安全文化水平，强化全民安全意识。

25. 2. 1. 2　安全教育内容

安全教育的内容主要包括：

（1）安全生产思想教育。安全生产思想教育包括：

1）安全生产意义和安全意识教育。安全意识是人们在日常生活、生产活动和社会活动中对自身安全作出的反映和控制，并通过思想、情感、习惯及信念等表现出来。可以说，安全意识是安全的思想方法论，是人们对安全问题认识的心理体验的总结。

安全意识是人们在长期活动中逐渐形成的，因此，在生产和社会活动中，要通过实践活动加强职工对安全的认识并逐步深化，形成科学的安全观。以安全教育为手段，加强职工对安全的理解，对前人积累的经验进行总结和吸收。

2）劳动纪律教育。劳动纪律是劳动者进行共同劳动时必须遵守的规则和程序。遵守劳动纪律是职工的义务也是国家法律对职工的基本要求。企业根据有关规定、结合本单位具体情况制定的企业内部劳动规则，是企业开展劳动纪律教育的具体内容。

加强劳动纪律教育，是提高企业管理水平、合理组织劳动、提高劳动生产率的主要保证。全国总工会提出要贯彻“一遵二反三落实”，即教育职工遵守劳动纪律，反对违章指挥、违章作业，监督与协助企业行政落实各级安全生产责任制，监督与协助企业行政落实预防伤亡事故各种措施，组织落实人人为安全生产和劳动保护做一件好事活动。这些，对于加强劳动纪律教育，认真执行安全生产规程制度，确保安全生产具有重大意义。

（2）安全生产方针政策教育。安全生产方针政策教育是指对企业的各级领导和广大职工进行党和政府有关安全生产的方针、政策、法令、法规、制度的宣传教育。在教育中，要特别认真开展的是“安全第一，预防为主”方针的教育，充分认识、深刻理解其含义，才能在实践中处理好安全与生产的关系。特别是安全与生产发生矛盾时，要首先解决好安全问题再生产，切实把安全工作提高到关系全局及稳定的高度来认识，把安全视作企业头等大事，必须在人力、物力、财力上给予保障。

（3）安全技术知识教育。安全技术知识教育的内容主要包括：

1）一般生产技术知识教育。其中主要包括：企业的基本生产状况，生产技术过程，作业方式或工艺流程，与生产技术过程和作业方法相适应的各种机器设备的性能和有关知识，工人在生产中积累的生产操作技能和经验及产品的构造、性能、质量和规格等。

2）一般安全技术知识教育。这是企业所有职工都必须具备的安全技术知识。主要包括：企业内危险设备的区域及其安全防护的基本知识和注意事项、有关电气设备（动力及照明）的基本安全知识、起重机械和厂内运输的有关安全知识、生产中使用的有毒有害原材料或可能散发的有毒有害物质的安全防护基本知识、企业中一般消防制度和规划、个人防护用品的正确使用以及伤亡事故报告办法等。

3）专业安全技术知识教育。专业安全技术知识是指某一作业的职工必须具备的专业安全技术知识。专业安全技术知识教育比较专门和深入，其中包括：安全技术知识、工业卫生技术知识以及根据这些技术知识和经验制定的各种安全操作技术规程等的教育。其内容涉及锅炉、受压容器、起重机械、电气、焊接、防爆、防尘、防毒和噪声控制等。

（4）典型经验和事故教训教育。随着安全生产工作的深入研究，涌现出了大量安全工作的先进典型，总结出了丰富的管理经验。通过典故教训的教育，可以使干部和职工看到不安全、不卫生的生产给国家、社会、企业及个人带来的严重后果，督促各级干部和职工加强安全生产工作。

在事故处理中，坚持“三不放过”原则，从事故中吸取有益的经验和教训，防止类似事故再度发生。

（5）现代安全管理知识教育。安全系统工程、安全人机工程、安全心理学及劳动生理学等知识随着安全管理的深入开展而被广泛应用。通过对这些知识的学习，可使各级领导和职工真正从理论到实践上认清事故是可以预防的；避免事故发生的管理措施和技术措施要符合人的生理和心理特点；安全管理是科学的管理，是科学性与艺术性的高度结合。

25.2.1.3　生产岗位职工的安全教育

生产岗位职工的安全教育一般有：

（1）“三级教育”。企业新职工上岗前必须进行厂级、车间级、班组级安全教育，即“三级教育”。

1）厂级安全教育是对新入厂的工人（包括到工厂参观、生产实习的人员和参加劳动的学生，以及外单位调动工作来厂工人）的厂级安全教育，由企业主管厂长负责、企业安全卫生管理部门会同有关部门组织实施。厂级安全教育应包括劳动卫生法律法规，通用安全技术、劳动卫生和安全文化的基本知识，本企业劳动安全卫生规章制度及状况，劳动纪律和有关事故案例等项内容。

2）车间教育是新工人或调动工作的工人被分配到车间后所进行的车间一级安全教育，由车间负责人组织实施。教育内容包括本车间劳动安全卫生状况和规章制度、主要危险危害因素及注意事项、预防工伤事故和职业病的主要措施、典型事故案例、事故应急处理措施等项内容。

3）班组安全教育是新工作或调动工作的人到达生产班组之前的安全教育，由班组长组织实施。班组安全教育内容应包括遵章守纪、岗位安全操作规程、岗位间工作衔接配合的安全卫生注意事项、典型事故案例、劳动防护用品的性能及正确使用方法等内容。

企业新职工应按规定通过“三级安全教育”并考核合格后方可上岗。考核情况要记录在案，6 个月后一般还应进行复训教育，考试成绩要记录。

（2）特种作业人员的教育。特种作业是指在劳动过程中容易发生伤亡事故、对操作者本人及其周围人员和设施的安全有重大危险因素的作业，从事特种作业的人员即为特种作业人员。

特种作业的范围包括电工作业、金属焊接切割作业（不含锅炉压力容器）、起重作业、企业内机动车辆驾驶、建筑登高架设作业、根据特种作业基本定义由省级安全监察部门确定并报安全部备案的其他作业。

特种作业人员在独立作业前，必须进行安全技术培训。培训内容和要求按原劳动部颁布的《特种作业人员安全技术培训大纲》执行，培训教材由省级安全监察部门统一指定。特种作业人员培训单位的资格需经地市级安全监察部门考核认定，特种作业人员的考核与发证工作，由特种作业所在单位负责按规定申报，地市级安全监察部门负责组织实施，安全监察部门对特种作业人员的安全技术考核与发证实施国家监察。取得特种作业人员操作证者，每两年进行一次复审；未按期复审或复审不合格者，其操作证自行失效。离开特种作业岗位一年以上的特种作业人员，须重新进行技术考核，合格者方可从事原工作。

（3）经常性安全教育。由于企业的生产方法、环境、机械设备的使用状态及人的心理状态都是处于变化之中的，因此一次性安全教育不能达到一劳永逸的效果，必须开展经常性的安全教育，以起到及时提醒、告诫的作用。经常性安全教育的形式多种多样，如班前班后会、安全活动月、安全会议、安全技术交流、安全水平考试、安全知识竞赛、安全演讲等。不论采取哪种形式都应该切实结合企业安全、生产情况，有的放矢，以加强教育效果。

(4)“四新”、“复工”、“调岗”的安全教育。

1）“四新”安全教育，是指凡是采用新技术、新工艺、新材料、试制新产品的单位，必须率先提出具体的安全要求，由使用单位对从事该作业的工人进行安全技术知识教育。在未掌握基本性能、安全知识前不准单独操作。

2）“复工”安全教育，是针对离开操作岗位较长时间的工人进行的安全教育。离岗一年以上重新上岗的工人，必须进行相应的车间级或班组级安全教育。

3）“调岗”安全教育，是指工人在本车间调动工种和调其他单位临时帮助工作的，由接收单位进行所担任工种的安全教育。

25.2.1.4 安全教育实施

(1) 各级领导要重视安全教育。企业安全教育工作应纳入本企业培训教育年度计划和中长期计划。所需人员、资金应予以保证。企业应建立健全生产岗位职工安全教育、管理人员安全教育、安全员安全教育和班前教育、事故教育、安全活动日等安全教育制度。

在职工的三级教育中，厂级教育由企业主管厂长负责，车间教育由车间负责人组织实施，班组教育由班组长组织实施。企业安全管理部门是安全教育计划的实施者和制度的执行者；车间负责人是企业安全管理部门开展安全活动的有力合作者，也是车间安全教育的责任者。

(2) 安全教育重在效果。“十次事故，九次违章”充分说明，人为失误是事故发生的主要原因。经分析及调查显示，死亡事故中60%～70%是由人的失误，即“三违”——违章指挥、违章作业、违反劳动纪律造成的。深入开展安全教育，并注重效果是安全管理的重点。为了取得良好的效果，在安全教育中应注意：

1）教育形式多样化。安全教育形式要因地制宜、因人而异、灵活多样，采取符合人们认知特点的、感兴趣的、易于接受的方法。

2）教育内容规范化。安全教育的教学大纲、教学计划、教学内容及教材要规范化，使受教育者受到系统、全面的安全教育。

3）安全教育有针对性，可以起到防患于未然的作用。因此要针对不同年龄，不同工种、不同作业时间、不同工作环境、不同季节、不同气候进行预防性教育。

4）充分调动职工的积极性。工人是劳动的主体，对工人实施教育就要充分调动他们的积极性。工人对自己的工作环境、工作内容及工作中的需求最了解，因此深入群众，了解工人的所需、所想并启发工人提出合理化建议，使工人感到自己不仅仅是受教育者，同时也在为安全教育的实施和完善做贡献。

25.2.2 安全检查

安全检查是企业根据生产特点，对生产过程中的安全进行经常性的、突击性的或者专业性的检查活动。

25.2.2.1 安全生产检查的类型

(1) 经常性安全检查。这是企业内部进行的自我安全检查，包括企业安全管理人员进行的日常检查，生产领导人员进行的巡视检查，操作人员对本岗位设备、设施和工具的检查。经常性安全检查企业每年进行2~4次，车间、科室每月进行1次，班组每周1次，每班次每日均应进行。专职安全人员要进行有计划的、有针对性的经常检查。

(2) 安全生产大检查。这是一般由上级主管部门或安全监察部门组织的各种安全生产检查。这种检查一般是集中在一段时间，有目的、有计划、有组织地进行。规模较大、揭露问题深刻、判断准确，能发现一般管理人员与技术人员不易发现的问题，有利于推动企业安全生产工作，促进安全生产中老大难问题的解决。

(3) 专业性检查。这是针对特种作业、特种设备、特殊作业场所开展的安全检查，调查了解某个专业性安全问题的技术状况，如电气、焊接、压力容器、运输等安全技术状况。

(4) 季节性检查。这是根据季节特点，为保证安全生产的特殊要求而开展的安全检查。如春季防火检查，夏季防暑降温、防雷电、防汛等检查，冬季防寒、防冻检查等等。

(5) 节假日前后的检查。它包括节日前的安全生产、防火、保卫等综合检查和节日后的遵章守纪、安全生产检查。

25.2.2.2 安全生产检查的内容

(1) 查思想认识。主要是检查企业领导在思想上是否真正重视安全工作。首先检查企业领导对安全工作的认识是否正确，行动上是否真正关心职工的安全和健康；然后检查企业领导对国家和上级机关发布的方针、政策、法规是否认真贯彻并执行；还要检查企业领导是否向职工宣传党和国家劳动安全卫生的方针、政策等。

(2) 查现场、查隐患。深入生产现场，检查企业劳动条件、生产设备以及相应的安全设施是否符合劳动安全卫生的相关标准。特别是对一些要害部位和设备，如锅炉、变电所、易燃易爆场所要更加严格，逐一检查，不能有遗漏，以免留下隐患。

(3) 查管理、查制度。检查企业的安全工作在计划、组织、控制、制度等方面是否按国家法律、法规、标准及上级要求认真执行。

(4) 查整改。对被检查单位上一次查出的问题，按其当时登记的项目、整改措施和期限进行复查。检查是否进行了整改及整改的效果，如果没有整改或整改不力的，要重新提出要求。限期整改。对重大事故隐患，应根据不同情况进行查封或拆除。

25.2.2.3 安全检查方法

(1) 做好检查前的准备工作。

1) 组建安全检查组。对规模较小、内容较单一的检查，如厂内、车间内、班组内检查，一般在厂领导、安技部门、车间领导、班组长领导下，组织工人、技术人员、安全员、工会等相关人员，组成检查小组，开展工作。不论形式如何，都应由一位领导负责组织安全生产检查。

2) 思想和物质准备。安全生产检查特别是安全生产大检查涉及面广、参与人多。组织相关人员提高思想认识，统一思想是搞好检查的重要方面。为顺利开展检查，需要在全面了解情况的基础上编制安全检查表或配备其他所需工具。

3）明确检查目的和要求。安全生产检查的总目的和总要求是互相学习，交流经验，发现问题、解决问题，预防工伤事故和职业病、促进安全生产。应根据具体情况，明确检查的目的和要求，制订检查的计划和提纲，使每个检查成员均做到对检查内容和重点心中有数，检查中有的放矢，从而收到良好的检查效果。

（2）自查与互查相结合。自查是指一个市、一个行业、一个企业自己组织，在其内部发动群众自行检查。互查是指上级领导组织市与市之间、行业与行业之间、企业与企业之间及企业内部各车间之间开展的互相检查。自查是互查的基础，互查是自查的有益补充，可以发现自查中未能发现的问题，并通过互相检查取长补短，相互促进，共同提高。

（3）坚持边查边改，认真落实整改。检查只是一种手段而非目的。因此，查而不改，使检查流于形式，达不到检查的目的。坚持边查边改原则，认真落实整改措施，并开展监督检查，才能使安全检查的最终目的得以实现。对于一些由于物质条件所无法一时解决的问题，要制订计划，限期解决，使检查出的问题条条有落实，件件有交代，要充分发动群众，依靠群众做到“三定四不推”（即定措施、定时间、定负责人；班组能解决的不推车间、车间能解决的不推厂、厂能解决的不推局、局能解决的不推市）。检查结束后，按企业隶属关系由主管部门逐条落实整改措施。

思考与练习

10－1　何谓安全、事故和危险？

10－2　安全管理内容有哪些？

10－3　何谓事故“三不放过”？

10－4　炼铁、炼钢和轧钢生产环节中常见事故有哪些？

10－5　安全教育意义和内容是什么？

10－6　“三级安全教育”内容是什么？

10－7　“四新”安全教育内容是什么？

10－8　“复工”和“调岗”安全教育含义是什么？

10－9　安全生产检查的形式和内容是什么？

情景 11

冶金企业创新与可持续发展

学习目标

1. 知识目标

- 了解创新性思维的含义、特点；
- 理解创新的意义；
- 熟知现代企业创新的内容；
- 了解现代企业创新的组织的基本内容。

2. 技能目标

- 能够分析特定企业的创新现状，分析企业组织内外创新的机会存在于何处；
- 能够根据所学理论进行现代企业创新。

单元 26　现代企业创新

26.1　现代企业创新的内涵和分类

26.1.1　现代企业创新的内涵及特点

（1）现代企业创新的内涵：创新是人产生新的精神或物质产物的思维与行为的总和。创新可分为狭义创新和广义创新。狭义创新是指创新的产物对于社会来说是新的、有价值的和首创的，一般所说的创新指狭义创新。广义创新是指创新产物仅对创新者本人来讲是新的产物，而对社会来说不一定是新的。

对于创新，可以从四个层面来更深入地认识和理解：

1）人和人类是创新的主体。

2）首创和新颖是创新的本质特征。

3）有目的的和有控制的思维及行为是创新的活动。

4）价值和功能是创新的标志和标尺。

（2）现代企业创新的特点：

1）新颖性。它包括三个层次：世界新颖性或绝对新颖性；局部新颖性；主观新颖性，即只是对创造者个人来说是前所未有的。

2）具有价值。这个特点与新颖性密切相关，世界新颖性的价值层次最高，局部新颖性次之，主观新颖性更次之。大卫 · 史密斯发明了“邮包炸弹”——梅利莎病毒，到案发时已使 100 万台电脑瘫痪，造成 8000 万美元的经济损失。这不是创造价值，而是价值大破坏。

26.1.2　现代企业创新的分类

创新渗透于各个领域，已成为一个不可逆转的大趋势。因此，创新二字的前面几乎可以冠以经济建设和社会发展每一个领域、内容和人群的名称。创新有以下几种分类方式：

（1）从社会活动领域分类，有科技创新、教育创新、经济创新。

（2）从意识形态方面分类，有思想（思路）创新、意识创新、观念创新。

（3）从经济建设的构成分类，有企业创新、农村经济创新、商业创新、民营企业创新。

（4）从社会功能的分工来分类，有教育创新、服务创新、工作创新、管理创新、职业创新。

（5）从市场经济领域来分类，有市场创新、营销创新、品牌创新、产品创新、广告创新。

（6）从改革内容分类，有体制创新、机制创新、机构创新、职称评定创新。

（7）从人群分类，有领导创新、企业家创新、专业技术人员创新，等等。

26.2　现代企业创新的内容

26.2.1　观念创新

企业创新源于观念创新。企业与个人行为一样，也是在一定的思想观念的指引下产生的，不同的思想观念会导致不同的结果，只有突破思维定势，用新观念、新方法去运作企业，才能为企业的发展带来新的机遇。因此，可以说观念创新是企业的发展之魂，也是其他各项创新的前提。在企业的观念创新中，管理者需要学会识别创新中的问题、分析问题的形态、激发创新观念和创造力、建立并运行正确的创新思维，从而成为真正的创新主体，并克服创新过程中的各种障碍，使得企业在不断的创新中发展、成长。

企业进行观念创新时，应树立以下两种新观念：

（1）竞争优势观念。现代市场是个竞争激烈的舞台，现代企业要想在激烈的竞争中求生存、求发展，在市场中占有一席之地，就必须创造竞争优势。由于创新是现代企业谋取竞争优势的利器，是企业在激烈竞争中的生存之本，因此，创新能力在某种角度上就成为了企业的核心竞争力。创新能力越强，企业在竞争中立于不败之地的把握就越大。所以，只有树立竞争优势观念，才能具有良好的创新观念和动力，从而促使企业长盛不衰。

（2）学习引进观念。创新不等于不学习，不等于闭门造车，也不等于不能借鉴前人经验。取人之长，结合自身之特色，融合自身想法，为己所用，本身就是很好的创新。在学习中创新是一种捷径。当然，学习和引进不能生搬硬套，一定要结合自身特点来创新，科学地学习、引进创新观。

26.2.2　技术创新

技术创新是企业创新的主要内容，它是企业发展的源泉、竞争的根本。技术创新决定企业的生存与发展已逐渐成为共识，有人甚至把技术创新视为企业创新的同义语。就一个企业而言，技术创新不仅指商业性地应用自主创新的技术，还可以是创新地应用合法取得的、他方开发的新技术，或已进入公有领域的技术，从而创造市场优势。

（1）技术创新分类。按照创新的程度不同，可以把技术创新分为创造发明、实用新型、技术革新和合理化建议四种类型；按照创新对象的不同，则可以把技术创新分为造型创新、工艺创新和功能创新三类；按照创新过程中技术的变化强度不同，可以将之分为渐进性创新和根本性创新两类。

企业的技术创新主要表现在要素创新、要素组合方法的创新两个方面。

1）要素创新。主要包括材料创新和设备创新。

材料创新的内容包括：开辟新的来源；开发和利用大量廉价的普通材料（或寻找普通材料的新用途），替代量少价昂的稀缺材料；改造材料的质量和性能。

设备创新主要表现在：通过利用新的设备，减少手工劳动的比重，以提高企业生产过程的机械化和自动化的程度。通过将先进的科学技术成果用于改造和革新原有设备，延长其技术寿命，提高其效能，有计划地进行设备更新，以更先进、更经济的设备来取代陈旧的、过时的老设备，使企业建立在先进的物质技术基础上。

2）要素组合方法的创新。要素的组合包括生产工艺和生产过程的时空组织两个方面。

生产工艺是劳动者利用劳动手段加工劳动对象的方法，包括工艺过程、工艺配方、工艺参数等内容。工艺创新既要根据新设备的要求，改变原材料、半成品的加工方法，也要求在不改变现有设备的前提下，不断研究和改进操作技术和生产方法，以使现有设备得到更充分的利用，使现有材料得到更合理的加工。工艺创新与设备创新是相互促进的，设备的更新要求工艺方法做出相应的调整，而工艺方法的不断完善又必然促进设备的改造和更新。

生产过程的组织包括设备、工艺装备、在制品以及劳动者在空间上的布置和时间上的组合。福特将泰罗的科学管理原理与汽车生产实践相结合而产生的流水生产线的创新，引起了企业生产率的革命，使之成为当时最伟大的企业生产组织创新。

在具体实行企业技术创新的过程中，首先应制定合理的技术创新战略，选定技术创新的项目，然后选择合适的技术创新模式，制订创新计划，之后激励技术人员进行技术创新，并建立企业的创新机制。与此同时，企业还应对技术创新的风险进行相应的防御。

（2）技术创新的基本策略：

1）人无我有。在创新对象上追求能为市场所接受的第一，日本索尼公司成功的一个重要因素就是人无我有的技术创新策略。

2）人有我优。在已有产品和技术的基础上进一步创新以更好满足市场需求，美国的微软公司和日本的松下公司都是成功的例子。

3）人优我新。这是在现有产品和技术的基础上，根据市场需求，充分利用现代科学技术，以产品的新品种、新功能而出新制胜的一种技术创新策略，IBM 和丰田汽车公司便是运用此策略占领市场。

26.2.3 产品创新

产品创新是企业生存和发展的重要支柱，对企业未来的经营状况和前景有着重大的影响。福特公司依靠生产方式的创新实现了 90min 生产一辆汽车的生产效率，生产出"T"型汽车，使之进入了寻常百姓家，赢得了大众汽车的消费市场，这就是产品创新的成功例证。

产品包括有形产品和无形产品两种。有形产品包括产品的实体及其包装、品牌等为消费者带来使用价值的物体；无形产品则包括销售服务、售后服务、产品形象和质量保证等可以给消费者带来附加利益的内容。这里主要分析物质产品本身的创新。物质产品创新主要包括品种和结构的创新。品种创新要求企业适应市场需要的变化，根据消费者偏好的转移，及时地调整企业的生产方向和生产结构，不断开发出用户欢迎的新产品。产品结构的创新在于不改变原有品种的基本性能，对现在生产的各种产品进行改进和改造，找出更加合理的产品结构，使其更具市场竞争力。

产品创新是一个全方位、多层次的概念。产品创新应着眼于开发具有特定销售目标的产品，以给目标顾客带去更多功能、更大价值的满足感。以计算机为例，英特尔公司设计运算速度更高的芯片属于功能创新；东芝公司生产出笔记本电脑属于结构创新；苹果电脑公司推出彩色外壳极富个性的 PC 机属于外观创新。

21 世纪，产品的品牌创新已成为当前企业界的热门话题。人们已经意识到，企业品牌在竞争中体现出来的不同于其他要素的特性是企业竞争是否取胜的关键。品牌直接代表了企业的形象和业绩。目前，全球最受推崇的企业品牌前 15 名还多被美国品牌占据。对于中国企业来说，要想在全国领先，并闯入世界，需要在品牌创新和发扬上大做文章。要想创造优秀品牌，首先需要有全新的质量与品牌管理理念，同时以产品或服务创新为基础，加上对品牌的内质与形象创新，以文化定位为核心，突出品牌特点，重视品牌创新设计，并保证品牌的持续增值。

26.2.4 市场创新

现代市场营销是一个生机勃勃、充满创造性与挑战性的领域。如何使企业的产品在消费者心目中树立起良好的形象，并激发其购买欲望，选择本公司的产品，很大程度上取决于企业的营销理念、策略和方式。简单地说，市场创新也可叫营销创新，是指营销策略、渠道、方法、广告促销策划等方面的创新。

现代企业的市场创新主要体现在营销创新上，而现代营销创新的理念主要有网络营销理念、虚拟空间营销理念、绿色营销理念和客户生命周期理念等几个基本的指导思想，围绕着关系营销、个性营销、攻势营销、互动营销和渠道扁平化营销几个模式，加上现代物流的发展，各企业配以文化、价格和感官等手段进行促销，开创了全新的、综合的现代营销新体系。

26.2.5 管理创新

所谓管理创新，就是按照现代企业制度的要求，放弃旧的传统的管理模式及其相应的管理方式和方法，创建新的管理模式及相应的管理方法。企业的管理创新主要包括战略管理的创新和转型、危机管理创新、知识管理创新等内容。

在战略管理创新方面，适应性战略就是当今企业在环境不确定性提高的前提下创新的一种战略思维，它将战略定义为创造一系列独立竞争优势的过程。这些独立的竞争优势综合起来，便形成了一种非固定的战略导向，从而提高了企业对环境的应变能力。适应性的战略规划是一个不断反复的过程，该过程包含形势评估、战略思考、决策形成和执行与结果四个重要的步骤。在形势评估阶段，主要对照目标回顾过去的业绩；战略思考阶段要运用从形势评估中得到的信息，重点考虑少许几个必须解决的关键问题；之后，通过协商形成主要的战略决策；最终进入执行阶段，通过持续不断的行动，把战略决策转变为计划、方案等形式，最终获得创新结果。

知识管理创新是企业管理创新决策的重点。知识管理的主要内容包括企业知识库的建立与管理、创造有利于知识形成的企业内部环境、知识加工和再生的管理、知识的利用与评价的管理。在加强对企业知识创新的管理中，应着重注意以下几个问题：

（1）创新管理的重点是营造一种思想的工作氛围；

（2）要注重企业及其成员的学习和自律意识；

（3）要激发企业运行中的差异性。

总之，在管理创新中，环境情况为自变量，管理为因变量。企业需要根据环境的变化而改变现有的管理模式和方法。

26.2.6　文化创新

企业文化是指企业在长期发展演变过程中，全体员工逐渐形成的共同信念，它包括价值观念、思想信仰、经营哲学、生产目标、历史传统、礼仪习俗、道德标准、行为规范、人际关系、管理制度、员工心态以及由此表现出来的企业风范和企业精神，涵盖了物质文化、行为文化和精神文化三个层面。企业文化和企业的生命周期以及企业兴衰密切相关，只有不断创新，才能抵制衰落的趋势。此外，企业文化本身演变的特点也是创新决策的依据。因此，企业文化创新是现代企业创新的重要内容。

企业文化创新的决策必须遵循以下几个原则：

（1）适应环境变化，创造良好的文化创新氛围；

（2）利用文化冲突，增强文化整合功能；

（3）激发创新精神，重塑企业精神核心；

（4）把握企业命脉，发挥文化创新的作用。

只有重视企业文化的不断推陈出新，才能带动企业一切人员和环节的变化，形成企业竞争优势的重要支柱。

26.2.7　形象创新

随着科学技术的进步，企业之间的竞争已不再单纯依靠先进的技术来拉开企业之间的距离，因为产品和产品之间技术含量的差距正在日益缩小。同时，在现代市场中，产品极大丰富，各种商品琳琅满目，顾客对产品的选择范围越来越广。随着经济的发展，顾客已不再仅仅关注产品的质量和价格，产品形象和企业形象也在很大程度上决定着顾客的选择。因此，塑造良好的企业形象的重要性已被众多企业认识到。很多企业都开始通过塑造新的企业形象来实现提高企业竞争力的目标。

优秀的企业形象既是产品营销战略的重要手段，也是企业获取社会公众认同的需要，同时还是提高企业整体战略、实现战略目标必不可少的方式。企业形象的建立是一个系统工程，是企业多种形象的综合，它包括理念识别系统、视觉识别系统和行为形象系统。要想在公众心目中树立良好的企业形象，首先就应建立企业良好的信誉形象和道德形象，并进行创新设计以及宣传。

26.2.8　组织创新

伴随着企业各方面的创新，现代企业的组织也在不断创新。知识经济时代的企业组织创新主要呈现出三大趋势：一是企业流程再造，目的是使组织制度非层级化、组织规模小型化；二是减少管理层次，目的是使组织结构扁平化、网络化；三是调整企业与市场的关系，目的是使企业组织结构不断调整以适应变化的市场。在不断创新、发展的内、外环境中，现代企业创新的组织必须是高效的，同时，建立学习型组织已成为一个必然的趋势。目前，国际上一些知名的大企业，如通用电气公司、福特汽车公司等，正在向此目标迈进。

当前，现代的创新组织还出现了大量的虚拟企业形式。虚拟企业是将世界各地具有相关技术、资源市场、管理技术的企业联合起来，实现对资源的再次整合而形成的企业联合体。虚拟企业作为一种极富创造性的构想、能够适应现代企业创新的新型企业形式，解决了传统企业缺乏足够的技术力量以应对缩短产品开发周期的难题，正在逐渐得到广大现代企业的认可。

此外，企业战略联盟、策略联盟也是现代企业创新的组织形式。企业战略联盟是基于企业核心竞争力基础之上的多企业联盟，是各成员企业围绕专门核心竞争力而构成的组织，有利于使联盟成员企业实现各自的低成本和专业化的发展战略。如果说企业战略联盟是一种宏观层面的联盟，则企业策略联盟则是企业在微观层面进行的联盟，是对战略联盟的细化。策略联盟是指企业在市场竞争过程中为达到阶段性的目标而与其他个体企业之间结成盟友，交换互补性资源，以期获得长期的市场竞争优势的一种联盟方式。现代企业的策略联盟一般包括产品研发联盟、品牌联盟、资本联合以及产品销售联合网络等形式。企业战略联盟和策略联盟是现代企业组织创新的一种重要形式，侧重加强企业间的共赢关系，为各类现代企业的发展开辟了一条新的发展道路。

单元 27　冶金企业资源综合利用与可持续发展

27.1　冶金企业环境保护

27.1.1　钢铁生产及其主要污染物

钢铁工业是重污染行业，钢铁工业有三方面环保问题：一是环境方面，有噪声污染、大气污染、对地下水和地表水的污染，以及对土壤的污染；二是资源和生态的破坏，包括对地形地貌的破坏，对矿产资源的破坏，对植被的破坏和对土地的占有，以及水土的流失和水资源的破坏；三是容易造成地质灾害，比如导致滑坡、泥石流、地表塌陷诱发地震等。

钢铁工业各生产工序，除了生产出需要的金属及加工成材料外，同时还排出大量的废气、废水和固体废物（炉渣等）。这不仅浪费资源和能源，而且对环境造成严重污染。直接危害人们的健康，影响可持续发展。

现代钢铁联合企业主要工艺排放污染物见图 11－1。

（1）废水污染。钢铁工业废水中含多种污染物，主要有挥发成分、氰化物、石油类、悬浮物、砷、铅等。

钢铁工业用水主要是冷却水，其次是煤气洗涤水，以及冲洗设备、地面及除尘用水等。冷却水经降温后循环使用，煤气洗涤水经处理后循环使用，冲洗设备、地面水经处理后投入工业使用或外排。

（2）空气污染。空气污染即空气中含有一种或多种污染物，其存在的量、性质及时间会伤害到人类、植物及动物的生命，损害财物、或干扰舒适的生活环境。钢铁工业污染物有烟尘、硫的氧化物、氮的氧化物、有机化合物、碳化合物等。

（3）钢铁渣污染。从矿山开采、金属冶炼到加工成型都有废渣产生，如尾矿、炉渣、粉尘、污泥等，统称钢铁工业固体废物，其中主要是高炉渣和炼钢渣。高炉每炼 1t 生铁要产生 300kg 左右的炉渣；每炼 1t 钢要产生 150kg 左右的钢渣。这些渣如不加以利用，对环境会造成严重的污染。目前高炉渣主要用在水泥行业，钢渣也回收，基本不外排。

（4）噪声污染。钢铁工业的噪声污染也不可忽视，它会影响人们的正常生活，损伤听觉，诱发多种疾病，降低劳动生产率，甚至引发事故，因此必须设法控制。

27.1.2　钢铁工业的环境保护

钢铁行业在各个方面都给人污染环境的不好的印象，节能环保工作已成为钢铁工业能否生存的关键。因此，我国钢铁工业环境保护是以烟尘治理、污水治理、废渣治理与利用、排放达标与厂区绿化为内涵的，即以零排放为目标，建设钢铁生产过程的三个循环链：一是可燃气体的回收利用循环链，从煤焦炭等能源的投入到高炉煤气、转炉煤气、焦炉煤气的全面回收利用，实现可燃气体的零排放；二是工业用水循环链，从企业补充新

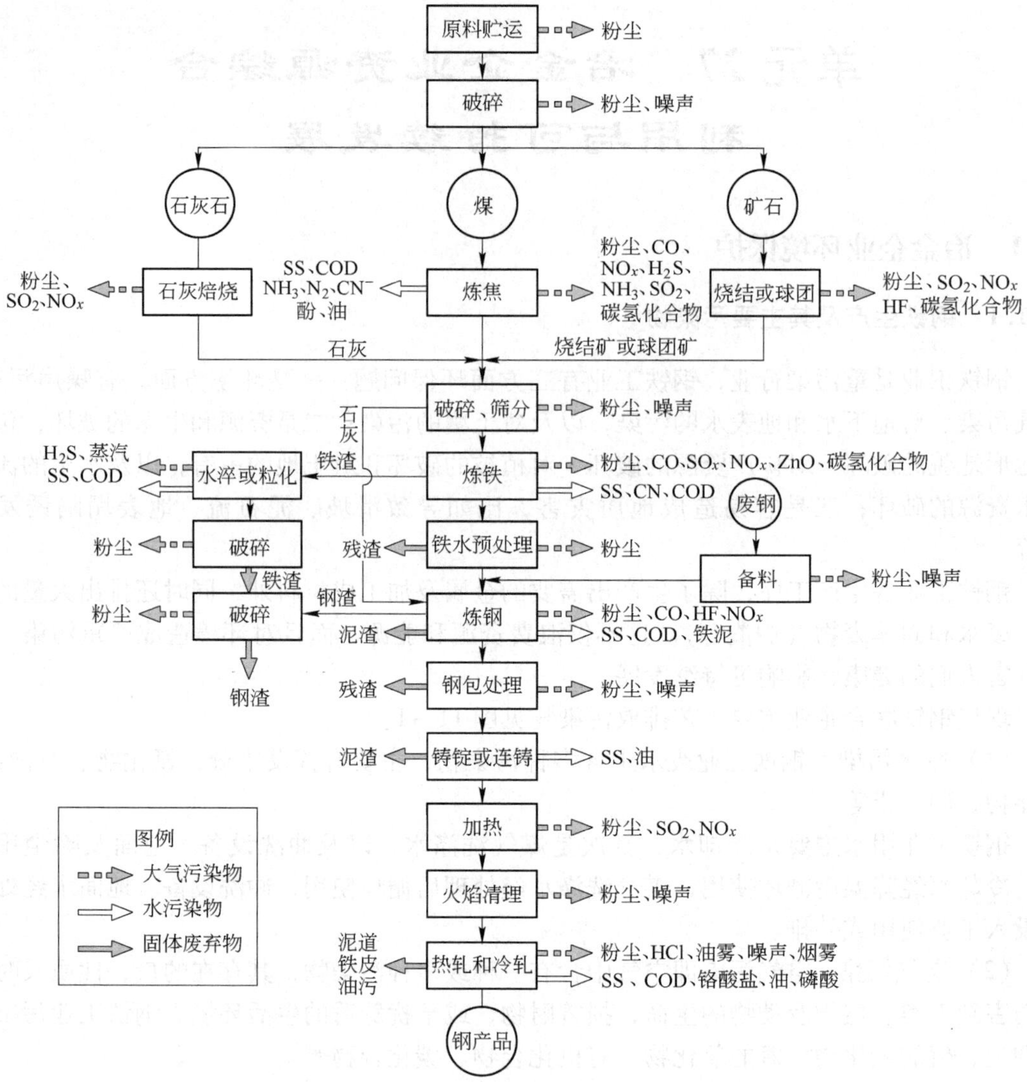

图 11－1　现代钢铁联合企业主要工艺排放污染物

水，到生产过程的用水，工业污水的回收，污水处理代替新水，实现水资源的循环利用循环链；三是固态废弃物的循环链，从铁矿石等原料的投入到钢铁产品生产，固体废弃物的全面回收利用。要建设钢铁企业和相关企业之间的循环链，建设钢厂废弃物的回收利用，废钢回收之后可以重新投入到钢铁生产，设备消费过程中产生的废弃物也可以利用钢铁生产过程进行消化处理。比如废塑料，通过分选以后冷冻破碎成为粉状，1kg 塑料粉可代替 1.2kg 标煤。还可以把废塑料分选以后再装入焦炉里边，按焦炉生产焦炭总量的 2% ~ 3%，消化处理相当数量的社会废弃物。比如日本所有焦炉必须消化 2% 的废塑料，如果达不到这一条，焦炉不准生产。近年来，我国在钢铁工业的环境保护方面做了大量的工作，取得了一定的进展，但与国际先进水平相比还有较大距离，未来的环保任务相当艰巨。

（1）科学实施资源的开发与环境保护。正确处理资源开发利用与环境保护关系是实施我国可持续发展战略的重要保障，也是落实科学发展观的重要体现。

资源开发、利用与保护的关系，是人类社会进入工业化发展阶段以来人与自然关系冲突的具体反映。我国作为一个发展中的大国，面临着工业化的艰巨任务。在工业化的过程中，难免出现资源不合理开发利用和环境问题。虽然资源开发、利用与保护的关系已越来越受到人们的重视，但在实施过程中，由于惯性的作用，在利益的驱使下，地方、单位仍然存在着思想上重视而行动上忽视的问题。要想正确处理开发、利用与保护的关系，必须贯彻科学发展观。科学发展观体现的是全面、协调和可持续的发展理念。为此，在处理二者关系时，一是要把握好开发和利用的度的问题，即对资源开发利用前、中、后各个环节，要有对环境影响的科学分析与评价，形成既有利于资源开发利用，又有利于环境保护的良性机制。二是要积极贯彻在开发中保护、在保护中开发的方针。通过生态环境建设，恢复和重建生态系统，使自然资源的生态价值和环境的自治能力、缓冲能力、抗逆能力不断提升。三是要加强生态建设，加大环境保护和治理的力度，重点解决经济发展与环境保护、近期与长期、改革和发展、增长与发展、速度与效益的均衡，真正实现人口、资源、环境与经济、社会的协调发展，走可持续发展的道路。

（2）大力发展循环经济。循环经济是与传统经济活动的“资源消费—产品—废物排放”开放型物质流动模式相对应的“资源消费—产品—再生资源”闭环型物质流动模式。其技术特征表现为资源消耗的减量化、再利用和资源的利用效率。从表面上看，循环经济只不过是强调“三废”回收利用，实质上它是在技术革命基础上的一种新的经济发展模式。循环经济作为一种新型经济发展模式，就决定了它不仅仅强调在环境保护方面的作用，而且强调其在促进经济发展方面的重大意义。也就是说，循环经济发展模式能很好地处理经济发展、资源开发利用与环境保护之间的关系。

按照循环经济三原则，钢铁生产过程要做到三个最大化：一是最大限度地减少资源投入；二是最大限度实现生产过程、资源循环利用、提高资源的有效利用率；三是最大限度地减少废弃物的排放和实现废弃物的回收利用。

钢铁工业主要从提高铁素资源利用效率、能源循环利用率、水循环利用率和固体废弃物利用率等四方面入手实施循环经济。铁素资源利用包括废钢、炉渣中的钢铁粒，含铁尘泥和轧钢氧化铁皮等。能源循环利用包括生产过程中产生的副产煤气（高炉、转炉、焦炉煤气）回收利用、二次能源（余压、余热、余能等）的回收利用。水的循环利用包括消灭直排水，用水实现梯级化供水，串级利用，优化污水处理和实行分布式简约化处理，提高水的循环率，实现“零”排放。固体废弃物循环利用包括高炉渣、炼钢渣、含铁尘泥、轧钢氧气铁皮、废耐材等。

（3）发挥市场机制在环境保护中的作用。尽管市场机制在资源环境问题上存在“失效”的缺陷，如“外部性”、“公共产权”、“信息不对称”以及“不确定性”等，会对资源环境优化配置造成不利影响，但政府调控在这一领域也存在严重的“失灵”问题。从一定意义上来说，政府的存在就是为了解决市场“失效”的问题。但是，这一问题却不尽如人意。我国正处在经济形态转轨时期，国民经济高速扩张，传统的“命令—控制型”环境保护手段已难以保证其有效性，这就要求我们应该在特定的框架下寻求更为适宜的环境保护手段。随着我国社会主义市场经济体制进一步完善，环境保护的手段将出现多样化，但市场机制将发挥出更大的作用，以经济刺激为特征的市场调节机制无疑更符合未来我国社会和经济发展的需要。当前要充分利用市场机制在环境保护中的作用，当务之急是要在全国范围内建立起排污权交易制度，同时要培育完善的市场交易环境，使市场机制能在环境保护中真正起到主导作用。

27.2　冶金资源综合利用

冶金资源分一次资源与二次资源。所谓一次资源是指直接取自自然界没有经过加工转换的各种能量和资源，它包括原煤、石油、天然气、核能、太阳能、水能、风能、波浪能、潮汐能、地热、生物质能和海洋能等等。钢铁生产中的各种矿产（铁矿石、锰矿石、熔剂等）都是一次资源。所谓二次资源是指由一次资源经过加工或转换以后得到的能源产品，例如：焦炭、电力、蒸汽、煤气、汽油、柴油、重油、液化石油气、酒精、沼气、氢气等等。钢铁生产过程中的副产品炉渣、炉尘、煤气等大量废弃物都是二次资源。

27.2.1　废水的综合利用

现代钢铁工业的生产过程包括采选、烧结、炼铁、炼钢（连铸）、轧钢等生产工艺。钢铁工业废水主要来源于生产工艺过程用水、设备与产品冷却水、烟气洗涤和场地冲洗等，但70%的废水还是源于冷却用水。间接冷却水在使用过程中仅受热污染，经冷却后即可回用；直接冷却水因与产品物料等直接接触，含有污染物质，需经处理后方可回用或串级使用。钢铁生产中产生的废水主要是选矿废水、焦化废水、高炉废水、转炉废水、酸洗水。这些废水中主要污染物是悬浮物、酚、氰、油、硫化物等。这类废水虽然比较单一，但量大面广，对环境影响显著，必须要经过治理才能外排。

27.2.1.1　*选矿废水治理与综合利用*

选矿废水包括磁选、重选、浮选及其联合流程排出的尾矿水和精矿溢流水，这些废水的污染和治理，又有其特殊性和复杂性。

（1）加强污染控制，使污染物排放量控制在最小限度内。

（2）采取治理措施，综合回收有用金属，使选矿废水达到排放标准。

（3）循环利用选矿废水，是废水治理的重要措施。

27.2.1.2　*焦化污水治理与综合利用*

焦化废水主要来自炼焦和煤气净化过程及化工产品的精制过程，其中以蒸氨过程中产生的剩余氨水为主要来源。焦化废水是含芳香族化合物与杂环化合物的典型废水，属有毒有害高浓度废水。目前处理焦化废水的技术主要有物化法、生化法以及物化－生化法等三大类。其中物化法简单易行，在焦化废水的处理中得到广泛应用。

27.2.1.3　*烧结厂废水治理与综合利用*

烧结厂废水主要来自湿法除尘排水、冲稀地坪水和设备冷却排水。烧结厂产生的废水，一般不含有毒有害的污染物，通过冷却、沉淀，就可循环使用或串级利用。对烧结厂废水强化处理，既能节约用水，又可回收有用物质，其经济效益十分客观。只要选择好处理工艺，使生产废水可达到或接近零排放的目标。烧结厂废水经沉淀浓缩后污泥含铁量较高，有较好的回收价值。

27.2.1.4　炼铁厂废水治理与综合利用

炼铁厂生产工艺过程中产生的废水主要是高炉煤气洗涤水和冲渣废水。高炉煤气洗涤水是炼铁厂的主要废水，其特点是水量大，悬浮物含量高，含有酚、氰等有害物质，危害大。主要的处理技术有悬浮物的去除、温度的控制、水质稳定、沉渣的脱水与利用、重复用水等。高炉冲渣废水一般指炉前水淬所产生的废水。因为循环水质要求低，所以经渣水分离后即可循环，温度高一些不影响冲渣，因而，在冲渣水系统中，可以设计成只有补充水、而无排污的循环系统。

27.2.1.5　炼钢废水治理与综合利用

（1）设备间接冷却水。这种废水的水温较高，水质不受到污染，采取冷却降温后可循环使用，不外排。但必须控制好水质稳定，否则会对设备产生腐蚀或结垢阻塞现象。

（2）设备和产品的直接冷却废水。其主要特征是含有大量的氧化铁皮和少量润滑油脂，经处理后方可循环利用或外排。

（3）生产工艺过程废水（转炉除尘废水）。要解决转炉除尘废水的关键技术，一是悬浮物的去除；二是水质稳定问题；三是污泥的脱水与回收。转炉除尘废水，经混凝沉淀后可实现循环使用，但沉积在池底的污泥必须予以恰当处理，否则循环仍是空话。转炉除尘废水污泥含铁达70%，有很高的利用价值，脱水后的泥饼很难被直接利用，制成球团可直接用于炼钢。

27.2.1.6　轧钢生产废水治理与综合利用

热轧废水的特点是含有大量的氧化铁皮和油，温度较高，且水量大。经沉淀、机械除油、过滤、冷却等物理方法处理后，可循环利用，通称轧钢厂的浊环系统。冷轧废水种类繁多，以含油（包括乳化液）、含酸、含碱和含铬（重金属离子）为主，要分流处理并注意有效成分的利用和回收。大部分钢铁企业轧钢废水都是经过了处理，铁皮沉渣也得到了回收利用。沉淀于铁皮坑和一次旋流沉淀池的氧化铁皮颗粒较大，一般用抓斗取出后，通过自然脱水就可利用。从二次沉淀池和过滤器分离的细颗粒氧化铁皮，采取絮凝浓缩后，经真空滤机脱水、滤饼脱油后回用，轧钢厂的含油泥饼经焚烧处理，灰渣冷却后送烧结厂或原料场回收利用。

27.2.2　废气的综合利用

钢铁企业排放的废气，大体可分为三类：第一类是生产工艺过程化学反应中排放的废气，如冶炼、烧焦、化工产品和钢材酸洗过程中产生的烟尘和有害气体；第二类是燃料在炉中燃物产生的有害气体；第三类是原料、燃料运输、装卸和加工等过程产生的粉尘。

废气特点有：

（1）排放量大，污染面广。钢铁企业的废气污染源集中在炼铁、炼钢、烧结、焦化等冶炼工业窑炉，设备集中，规模庞大，在全国40个行业中，废气排放量在100万立方米（标）以上的76个大户中，钢铁企业即有14户，占18.4%。

（2）烟尘颗粒细，吸附力强。钢铁企业冶炼过程中排放的多为氧化铁烟尘，其粒径在 1μm 以下占多数。由于尘粒细，比表面积大，吸附力强，易成为吸附有害气体的载体。

（3）废气温度高，治理难度大。由于烟气温度高，对管道材质、构件结构以及净化设备的选择均有特殊要求；烟气的冷却技术难度大，设备投资高；高温烟气中含硫、含水、含一氧化碳，使烟气在净化处理时，必须妥善处理好“露点”及防火、防爆问题。所有这些特点，构成了高温烟气治理中的艰巨性和复杂性。

（4）烟气阵发性强，无组织排放多。钢铁企业中，高炉出铁、出渣、开堵铁口、转炉兑铁水、吹氧冶炼、出钢、电炉加料、熔化、氧化、还原、出钢以及浇注钢锭等冶炼过程，其烟气的产生具有阵发性，而且随冶炼过程的不同，波动极大。一般净化系统主要是控制烟气最大的冶金过程（即一次烟气），而对一次集尘系统未捕集到的和其他辅助工艺过程中所散发的烟气（即二次烟气），形成了无组织地通过厂房或天窗外逸。

（5）废气具有回收价值。钢铁生产排出的废气中，高温烟气的余热可以通过热能回收装置转换为蒸汽或电能；炼焦及炼铁、炼钢过程中产生的煤气，已成为钢铁企业的主要燃料，并可外供使用；各废气净化过程中所收集的尘泥，绝大部分含有氧化铁成分，可采用各种方式回收利用。

27.2.2.1　焦炉煤气利用

在生产焦炭的过程中，煤在炼焦炉碳化室受热分解，产生多种气体，其中大部分碳氢化合物和氨被回收，余下的气体、化学物质的蒸气和悬浮雾滴的混合物称为焦炉煤气。焦炉煤气的组分有很大差异。其利用有以下三个主要方面：燃料气、化工原料（包括还原剂）、制氢。

（1）焦炉煤气用作燃料。焦炉煤气作燃料的用途主要有工业燃气、民用燃气和发电。

（2）焦炉煤气用作化工原料和还原剂。

1）用于生产化工产品。焦炉煤气中富含氢气，甲烷含量也较高。通过重整反应将甲烷转化为氢气和一氧化碳即合成气，进而用于生产化工产品。

2）用于合成油。将焦炉煤气转化为合成气，以合成气为原料用 F－T 技术可生产合成油。理论上合成油的最大产率为（$1m^3$ $CO + H_2$）208g。生产合成油是焦炉煤气利用的途径之一。

3）用作还原剂生产海绵铁。在焦炉煤气转化过程中，煤气中 CH_4 转化成 H_2 和 CO，产品气是以 H_2 和 CO 为主要成分的还原性气体。这种还原气可以直接还原含杂质较少的高品位铁矿，以生产海绵铁。近年来，国内外电炉炼钢迅猛发展，国外电炉钢占总钢产量的 40% 以上。电炉炼钢的发展促进了直接还原铁——海绵铁的快速发展。

（3）焦炉煤气用于制氢。焦炉煤气含氢 55% ~60%，采用变压吸附技术（PSA）可从焦炉煤气中提取高纯度（99.9% 左右）的氢，也可将焦炉煤气重整转化为合成一氧化碳和氢气，再通过水煤气变换反应将焦炉煤气转化成为氢气。

27.2.2.2　高炉煤气利用

（1）高炉炉顶煤气余压发电（TRT）。高炉煤气炉顶余压发电技术是炉顶余压发电透平机的简称。高压煤气在透平机内膨胀做功，推动透平机叶轮转动，带动发电机发电。它是利用炉顶煤气压力回收炼铁生产过程中的二次能源，是不消耗燃料、无污染的最经济的发电设备。所回收的电能接近高炉鼓风机功率消耗的30%。采用TRT装置，吨铁发电量在20～40kW·h。世界上先进国家的大型高炉基本上都应用了TRT技术。

（2）高炉煤气发电。高炉煤气发电可采用高压锅炉蒸汽发电和燃气轮机发电（CCPP）。全烧高炉煤气的燃气—蒸汽联合循环发电，是目前国际上公认的最有价值的二次能源利用技术（CCPP）。CCPP一般由高炉煤气供给系统、燃气轮机系统、余热锅炉系统、蒸汽轮机系统和发电机组系统组成，其工艺流程为：高炉煤气经除尘加压后进入燃气轮机燃烧器燃烧，而后进入燃气轮机启动涡轮机做功从而带动发电机发电。

（3）高炉煤气余热利用。应用余热锅炉可将高炉煤气的部分余热进行回收。余热锅炉是利用生产过程中的气体或废气、废液，以及某些动力机械排气的热量产生蒸汽或热水的锅炉。

（4）应用高效蓄热燃烧技术，扩大应用范围。近年发展起来的高效蓄热燃烧技术是在新型专利技术基础上发展起来的高温空气燃烧技术，采用这种技术可使普通高炉煤气的理论燃烧温度达到2400℃，原来不能使用高炉煤气的轧钢加热炉也可以100%用高炉煤气加热，而且炉子的热效率提高了30%，目前，许多钢铁厂新建的轧钢加热炉都已采用高炉煤气作燃料。

27.2.2.3 转炉煤气利用

转炉煤气净化回收与利用技术按净化方式分为湿法和干法两大类，湿法有OG法和新OG法，干法技术即为LT法。

OG法系统主要由烟气冷却、净化、煤气回收和污水处理等部分组成。其烟气经冷却烟道进入烟气净化系统，烟气净化系统包括二级文氏管、脱水器和水雾分离器，烟气经喷水处理后，除去烟气中的烟尘，带烟尘的污水经分离、浓缩、脱水等处理，污泥送烧结厂作为烧结原料，净化后的煤气被回收利用。湿法处理技术存在的缺点：一是处理后的煤气含尘量较高，达100mg/m^{3}以上，要利用此煤气，需在后部设置湿法电除尘器进行精除尘，将其含尘质量浓度降至10mg/m^{3}以下；二是系统存在二次污染，其污水需进行处理；三是系统阻损大，所以能耗大，占地面积大，环保治理及管理难度较大。

LT法系统主要是由烟气冷却、净化回收和粉尘压块三大部分组成，烟气经冷却烟道的温度由1450℃左右降至800～1000℃，然后进入烟气净化系统。烟气净化系统由蒸发冷却器和圆筒形电除尘器组成，烟气温度通过蒸发冷却器后降至180～200℃，同时通过调质处理，降低了烟尘的电阻率，收集了粗粉尘。烟气经过这一初步处理后，进入圆筒形电除尘器，进行进一步净化，使其含尘质量浓度降至10mg/m^{3}以下，从而达到最佳的除尘效率。蒸发冷却器和圆筒形电除尘器捕集的粉尘，经输送机送到压块站，在回转窑中将粉尘加热到500～600℃，采用热压块的方式将粉尘压制成型，成型的粉块可直接用于转炉炼钢。干法技术主要优点：除尘效率高。净化后烟气含尘浓度为10～15mg/m^3，如果有特殊要求，可降至5mg/m^3。二是系统阻损小，煤气发热值高，回收粉尘可直接利用，降低了能耗；风机运行费低，寿命长，维修工作量少。三是该系统全部采用干法处理，不存在二次污染和污水处理，不需要泥浆沉淀池及污泥处理设施。四是含铁干粉灰压块后可直接供转炉利用。

27.2.2.4　轧钢厂废气利用

（1）轧钢厂生产过程中废气产生。

1）钢锭和钢坯的加热过程中，炉内燃烧时产生大量废气；

2）红热钢坯轧制过程中，产生大量氧化铁皮、铁屑及水蒸气；

3）冷轧时冷却、润滑轧辊和轧件而产生乳化液废气；

4）钢材酸洗过程中产生大量的酸雾。

（2）轧机排烟治理与利用。轧机排烟经排气罩收集后加以处理。由于热轧与冷轧机产生的废气都混有水汽，因此都采用湿法净化装置，如湿泡式除尘器、冲激式除尘器、低速文丘里洗涤器及湿式电除尘器等。

（3）火焰清理机废气治理。在钢坯进行火焰清理过程中，将产生熔渣及烟尘废气。可建立烟气净化系统来处理这些废气。该系统将废气加罩收集后进行处理，除尘器可采用湿式电除尘器。

27.2.3　固体废弃物的综合利用

冶金固体废物是指在冶金生产过程中所排放的暂时没有利用价值而被丢弃的固体废物。包括采矿废石，选矿的尾矿，钢铁厂和有色金属冶炼厂的各种熔炼渣、浸出渣、烟尘、粉尘、废屑、废水处理后的残渣污泥等。因此，冶金工业固体废物种类繁多，数量可观。冶金固体废物按来源可分为矿业固体废物、钢铁冶金工业固体废物、有色冶金工业固体废物。下面重点介绍矿业固体废物和钢铁冶金工业固体废物。

27.2.3.1　矿业固体废物

矿业固体废物主要指开采金属矿时，从主矿上剥离下来的各种围岩，这类废石数量巨大、从工业应用角度看，利用价值不大，多在采矿现场就地堆放。其次是尾矿，尾矿是选矿过程中经过提取精矿后剩余的尾渣，数量也相当大，一般选厂都专门设置尾矿库堆放。有色金属矿精选后的尾矿中还会有Cu、Ni、Zn、Pb等有色金属以及硫、各种有用的氧化物等，可以回收利用。

目前对废石场的主要处理方法还是覆土造田，恢复原来的农业生态环境。同时要加强对废石场的科学管理，提高废石场的稳定性，以及尽可能充分利用废石资源做建筑材料，或用浸出法回收废石中的有价金属。

尾矿的综合利用有：

（1）尾矿制砖。尾矿砖是以尾矿粉为主要原料，以粉煤灰、磨细石灰、石膏为激发剂，经搅拌、轮碾、成型、蒸气养护而成的一种墙体材料。尾矿砖参考比例为尾矿粉65%～67%，粉煤灰15%～20%，石灰8%～12%，石膏3%。

（2）制尾矿加气混凝土。尾矿粉加气混凝土是以水泥、水渣、尾矿粉等为原料，与加气剂按一定比例配制而成的一种轻质多孔建筑材料。它具有容量轻、保温性能好等特点。其参考比例为水泥16%～18%，水渣粉32%～34%，尾矿粉48%～52%。

（3）尾矿做井下充填料。用尾矿与废石和水泥胶结做井下采空区的充填料。充填的尾矿要求粒径在0.02mm以下含量不超过10%～15%，0.074mm以下含量不超过50%。

尾矿的分级通常采用水力旋流器分选。经旋流器分级后的沉砂比全尾砂更适用于充填。

（4）从铜尾矿砂中回收硫。我国红透山铜矿，采用浮选方法从铜矿尾矿中选出硫精矿，品位可达到35%，每年处理尾矿21.63t，可造出硫精矿2.29万吨，回收率可达60%。

27.2.3.2 钢铁冶金工业固体废物

其主要是炼铁、炼钢冶炼过程中排出的废渣，这些废渣可以统称为冶金渣，主要包括高炉渣、钢渣。此外还有在生产过程中产生的烟尘。在钢铁冶炼过程中，冶金炉排出的高温烟气中含有大量烟尘。例如，高炉每炼1t铁要产出50~100kg含铁烟尘，转炉每炼1t钢要产生15~20kg含铁烟尘。用湿法除尘（高炉、转炉）收集的烟尘统称为尘泥。按生产方法可分为；转炉尘泥和高炉尘泥。这些尘泥中，含铁和碱性氧化物较多，有害杂质少，接近铁矿粉，有很大的利用价值。

我国钢铁企业每生产1t铁，约产生320kg炉渣，生产1t转炉钢约产生110kg钢渣。冶金炉渣主要去向是生产水泥，还可以生产矿渣砖、铺路筑石等。

A 高炉渣的利用

（1）高炉水渣的利用。高炉渣是冶炼生铁时从高炉中排出的废渣。高炉渣水淬处理工艺就是将热熔状态的高炉渣置于水中急速冷却的处理方法，用水淬处理后的高炉渣可变为疏松的粒状矿渣。高炉水渣具有潜在的水硬胶凝性能，在水泥熟料、石灰、石膏等激发剂作用下可显示出水硬胶凝性能，是优良的水泥原料。主要用于生产矿渣水泥、湿碾矿渣混凝土和矿渣砖。

1）生产水泥。以水渣为原料制成的水泥主要是矿渣硅酸盐水泥、石膏矿渣水泥和石灰矿渣水泥。矿渣硅酸盐水泥是用硅酸盐水泥熟料与粒化高炉矿渣再加入3%~5%的石膏混合磨细或者分别磨后再加以混合均匀而制成的。石膏矿渣水泥是将干燥的水渣和石膏、硅酸盐水泥熟料或石灰按照一定的比例混合磨细或者分别磨细后再混合均匀所得到的一种水硬性胶凝材料。石灰矿渣水泥是将干燥的粒化高炉渣、生石灰或消石灰以及5%以下的天然石膏，按适当的比例配合磨细而成的一种水硬性胶凝材料。

2）湿碾矿渣混凝土。这是以水渣为主要原料制成的一种混凝土。它的制造方法是将水渣和激发剂（水泥、石灰和石膏）放在碾机上加水碾磨制成砂浆后，与粗骨料拌和而成。湿碾矿渣混凝土的各种物理力学性能，如抗拉强度、弹性模量、耐疲劳性能和钢筋的黏结构力与普通混凝土相似。其主要优点在于具有良好的抗水渗透性能，可以制成不透水性能很好的防水混凝土；具有很好的耐热性能，可以用于工作温度在600℃以下的热工工程中，能制成强度在50MPa的混凝土。此种混凝土适宜于小型混凝土预制厂生产混凝土构件，但不适宜在施工现场浇筑使用。

3）矿渣砖。矿渣砖的主要原料是水渣和石灰，经过搅拌、成型和蒸汽养护制成。水渣既是矿渣砖的胶结材又是骨料，用量占85%（质量）以上。水渣质量的好坏直接影响矿渣砖的强度，一般要求水渣应有较高活性和较高的颗粒强度。由于水渣不具有足够的独立水硬性，所以在生产矿渣砖时，需加入激发剂，常用的有碱性激发剂（石灰或水泥）和硫酸盐激发剂（石膏）两种。矿渣砖具有很好的物理力学性能，但是密度比较大，一般为2120~2160kg/m^3。

（2）膨胀矿渣和膨胀矿渣珠的生产工艺和利用。膨胀矿渣是用适量冷却水急冷高炉熔渣而形成的一种多孔轻质矿渣。膨胀矿渣的生产方法很多，可用喷射法、喷雾器堑沟法、滚筒法。膨胀矿渣珠的形成过程是热熔矿渣进入流槽后经喷水急冷，又经高速旋转的滚筒击碎、抛甩继续冷却，在这个过程中熔渣即自行膨胀，并冷却成珠。这种膨珠具有多孔、质轻、表面光滑的特点。

膨胀矿渣主要用作混凝土轻骨料，也用作防火隔热材料。用膨胀矿渣制成的轻质混凝土，不仅可以用于建筑物的围护结构，而且可以用于承重结构。

膨胀矿渣珠可以用于轻混凝土制品及结构，如用于制作砌砖、楼板、预制墙板及其他轻质混凝土制品。由于膨胀矿渣珠内孔隙封闭，吸水少，混凝土干燥时产生的收缩就很小，这是膨胀页岩或天然浮石等轻骨料所不及的。

直径小于 3mm 的膨胀矿渣珠与水渣的用途相同，可供水泥厂作矿渣水泥的掺和料用，也可以作为公路路基材料和混凝土细骨料使用。

(3) 矿渣碎石的利用。把熔融的高炉渣浇到渣场上，使之成为 5 ~ 10cm 厚的渣层，喷上适量水促其凝固（或自然冷却），然后破碎，筛分成为矿渣碎石。矿渣碎石的用途很广，用量也很大，主要用于公路、机场、地基工程、铁路道砟、混凝土骨料和沥青路面等。用矿渣碎石配制混凝土具有与普通混凝土相近的物理力学性能，而且还有良好的保温、隔热、耐热、抗渗透和耐久性能。矿渣碎石混凝土的应用范围较为广泛，可以作预制、现浇和泵送混凝土的骨料。矿渣碎石具有缓慢的水硬性，可用于修筑公路，并可作铁路道砟。

(4) 生产矿渣棉。

(5) 生产矿渣微晶玻璃。

B　钢渣的综合利用

钢渣是炼钢过程排出的废渣，是炼钢过程中的必然副产物，其排出量约为粗钢产量的 15% ~20%。按炼钢方法的不同，钢渣可分为转炉钢渣、电炉钢渣和平炉钢渣，其中电炉钢又可分为氧化渣和还原渣。按熔渣性质可分为碱性渣和酸性渣，钢渣主要是碱性渣。钢渣的组成和产量随原料、炼钢方法和工艺、生产阶段、钢种、炉次的不同而变化。钢渣成分、组成的变化及波动对其综合利用是不利的。

通常利用钢渣要注意以下两点：一是用作生产水泥宜采用高碱度钢渣，其中 C_3S 含量高，活性也高，同时采用水淬激冷处理，能最大限度地保持钢渣活性，提高钢渣水泥安定性；二是对游离 CaO 含量高的钢渣采用余热自解技术，待基本稳定后才能用于建工和建材行业以及用作工程回填材料。

(1) 钢渣制水泥。钢渣的化学成分显示，它有突出的优点：碱度高，化学成分稳定。早在 20 世纪 70 年代就已开始利用钢渣来生产水泥，由于钢渣的后期强度较高，配加部分水泥熟料，利用熟料早期强度高的优势，制成的钢渣水泥具有强度好、耐磨抗渗等优点。

(2) 钢渣作烧结熔剂。钢渣用作烧结熔剂有较成熟的经验，也是钢渣一项价值较高的综合利用。钢渣作烧结矿熔剂，主要是利用钢渣的 CaO、MgO、MnO、Fe 等有益成分，使用钢渣作烧结料代替部分石灰石，可提高烧结矿的强度，改善烧结矿的质量，有利于提高烧结矿产量，降低燃料消耗，降低烧结矿的生产成本。

(3) 钢渣作高炉熔剂。高炉中使用钢渣作熔剂，利用加工分选出 10 ~ 40mm 粒度钢渣返回高炉，回收钢渣中的 Fe、Ca、Mn 元素，不但可减少高炉炼铁熔剂（石灰石、白云石、萤石）消耗，而且对改善高炉运行状况有一定的益处，同时也能达到节能的目的。

钢渣中的MnO和MgO也有利于改善高炉渣的流动性。由于钢渣烧结矿强度高，颗粒均匀，故高炉炉料透气性好，煤气利用状况得到改善，焦比下降。

（4）钢渣用于路基垫层。钢渣具有容重大、表面粗糙不易滑移、抗压强度高、抗腐蚀和耐久性好的特点，被广泛用于各种路基材料、工程回填、修砌加固堤坝、填海工程等方面代替天然磷石。由于钢渣具有一定活性，能板结成大块、适于沼泽地筑路。钢渣疏水性好，是电的不良导体而不会干扰铁路系统电讯工作，所筑路床不生杂草，干净整洁，不易被雨水冲刷产生滑移，是铁路道砟的理想材料，钢渣与沥青结合牢固，又有较好的耐磨耐压防滑性能，可掺和用于沥青混凝土路面的铺设。钢渣用于筑路和回填工程需注意钢渣的安定性问题，一般钢渣需预先陈化足够时间，待性能基本稳定后才能使用。钢渣作工程材料的基本要求是：陈化钢渣粉化率小于5%，有合适的级配，最大块径小于300mm，尽可能与粉煤灰、矿渣、黏土混合使用，严禁将块状钢渣代替碎石作为混凝土骨料。

（5）钢渣中选钢铁。钢渣中一般含有7%～10%的废钢粒和渣钢大块，经破碎、遴选和精加工后可回收其中90%以上的废钢，不但可提高钢铁冶金的利用率和收得率，同时也为钢渣综合利用提供了先决条件。从钢渣回收废钢的流程为：钢渣→颚式破碎→磁选→废钢。对钢渣进行加工处理以回收其中的废钢，是钢渣综合利用的一项重要内容，它对于节约废钢资源、提高经济效益有着十分重要的意义。

（6）作农肥和酸性土壤改良剂。中、高磷铁水炼钢时，在不加萤石造渣条件下所得钢渣可用于制备钢渣磷肥。一般要求钢渣中P_2O_5含量大于4%，细磨后可作为低磷肥使用，相当于等量磷的效果，而超过钙镁磷肥的增产效果。钢渣磷肥不仅在酸性土壤里施用效果好，在缺磷碱性土壤里施用也有增产效果；不仅水田施用效果好，旱田也有一定肥效。钢渣磷肥在我国许多酸性板结耕地和缺磷地区有良好的应用前景。此外，将SiO_2含量大于15%钢渣细磨至0.25mm（60目）以下，可用于水稻施肥。但只有施用量较大时（一般100kg/亩，1亩=667m^2）才有明显的增产效果。除用作农肥外，钢渣还可用作酸性土壤改良剂。含Ca、Mg高的钢渣细磨后可用作土壤改良剂，同时也达到利用钢渣中P、Si等有益元素的目的。

C　含铁尘泥的处理和利用

在钢铁生产过程中，烧结、炼铁、炼钢和轧钢等均会产生含铁尘泥，尘泥含铁一般在30%～70%，均可采用各种方式加以利用。主要用于：烧结配料、金属化球团直接入高炉冶炼（提高了铁品位，而且在球团制作过程中可消除尘泥中的铅、锌等，国外采用较为多）、炼钢冷却剂或脱磷剂等使用（替代矿石）。

目前，含铁尘泥的主要利用途径是返回烧结，根据我国的实际情况，今后仍以直接返回烧结为主。转炉污泥、平炉电除尘、高炉瓦斯灰、除尘白云石粉和电石污泥等废弃物，经过混合预处理，基本上能直接返回烧结使用。

D　废钢铁的回收利用

从资源角度考虑，钢铁材料的最大优点是具有良好的可再生和循环利用特性。

废钢铁是指已报废的钢铁产品（含半成品）以及机器、设备、器械、结构件、构筑物及生活用品等钢铁部分。成分为钢的叫废钢，成分为生铁的叫废铁，统称废钢。目前世界每年产生的废钢总量为3～4亿吨，约占钢总产量的45%～50%，其中85%～90%用作炼钢原料，10%～15%用于铸造、炼铁和再生钢材。失去使用价值的废钢可全部作为返回料重新冶炼。所以说钢铁是有利于保护环境的材料。废钢铁的回收、循环利用是钢铁业的一大优点，是钢铁可持续发展的重要内容。

废钢铁的回收利用见图 11－2。

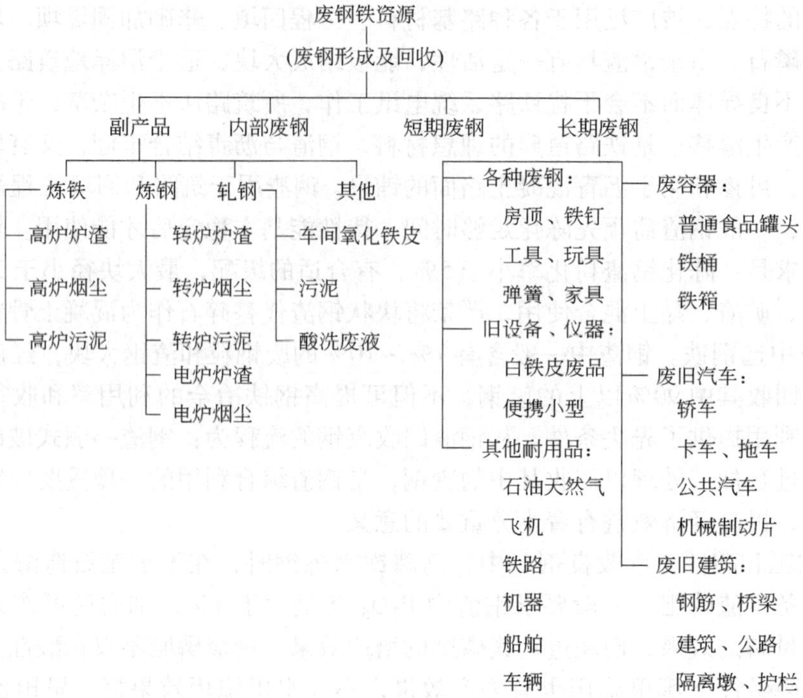

图 11－2　废钢铁的回收利用

目前在炼钢金属料中，废钢已占总量的 35% 左右，由铁矿石炼得的生铁占总量的 65% 左右；因此，废钢的利用，引起社会的普遍重视，被称为“第二矿业”。废钢铁是一种再生资源，逐步减少铁矿石比例和增加废钢比重，“少吃矿石，多吃废钢”是历史发展的必然。专家研究，用废钢直接炼钢比用矿石炼铁后再炼钢相比可节约能源 60%，节水 40%。废钢铁也是一种环保资源，比用铁矿石炼铁炼钢可减少废气 86%，废水 76% 和废渣 97%，有利于清洁生产和排废减量化。废钢铁是短流程的主要原料。纯净的废钢炉料能简化冶炼操作，缩短冶炼时间，节约能源，节约合金，降低炼钢成本，提高炼钢产品的质量。

废钢的破碎处理技术有气割法、落锤法、爆破法、剪切法和切碎法等。

27.3　冶金企业可持续发展

27.3.1　可持续发展战略

27.3.1.1　可持续发展战略的内涵

“可持续发展”最早出现在 1989 年 5 月联合国环境规划署第十五届理事会发表的《关于可持续发展的声明》中。它指出“可持续发展意味着维护、合理使用并且提高自然资源基础，意味着在发展计划和政策中纳入对环境的关注和考虑”。1992 年 6 月联合国在巴西里约热内卢召开的世界环境与发展大会上，通过了《里约环境发展宣言》和《21 世纪议程》，制订了可持续发展的重大行动计划。

党中央和国务院于1992年8月批准环境与发展领域应采取的10条对策中明确指出：实行可持续发展战略是当代中国以及未来的必然选择。

可持续发展是经济社会发展的一项新战略，它既不同于传统的以“高投入、高消耗、高污染”为特点的经济增长模式，也不是那种停止发展的“零增长”主张。它是指：既能满足当代人类需求，又不危及未来人类需求的发展。

可持续发展是在人类满足其各方面需要的同时，进行开发、利用和保护自然资源的方式和速度，它必须同时满足以下条件：

（1）保持自然资源的潜在能力。

（2）保护维持生命所需的自然生态系统，包括处于良好状态的空气、水和土壤。

（3）防止、减少并治理人类活动对环境的破坏。

27.3.1.2　可持续发展战略的内容

可持续发展战略是可以立即付之行动的战略。在当前形势下，重点有以下几个方面：

（1）实现经济体制由计划经济向社会主义市场经济转变，经济增长方式由粗放型向集约型转变，实施科教兴国。

（2）全方位的调整产业结构、产品结构和技术结构，对一些资源及能源消耗大、污染重、经济效益低的产业和产品，实行限制发展和强制调整政策，采取关、停、并、转、迁的措施加以实现。

（3）推行清洁生产政策，运用高新技术，提高资源、能源利用率，控制污染物的产生和排放。

（4）大力发展生态农业，开发无公害食品。

（5）坚持计划生育基本国策，严格控制人口增长。

（6）提倡节约资源、能源，不污染或少污染环境的生活消费方式。

27.3.2　清洁生产

《中国21世纪议程》已将清洁生产列入工业与交通、通信业的可持续发展的方案之一，指出清洁生产是既可满足人们的需要又可合理使用自然资源和能源并保护环境的实用生产方法和措施。2003年1月1日，我国开始实施《中华人民共和国清洁生产促进法》，表明了清洁生产已经成为我国工业污染防治工作战略转变的重要内容，成为我国实现可持续发展战略的重要措施和手段。我国在一些行业进行了清洁生产的试点工作，以围绕发展背后技术为中心，节能与增效并重为原则，加快淘汰落后的工艺设备，积极推广节能降耗和环境保护新技术，提高整体工艺装备水平，改进并加强管理；企业实施清洁生产要与强化企业管理相结合，与企业进步相结合，与建立环境管理相结合、与污染物总量控制相结合、与资源综合利用相结合，将污染预防贯穿于生产全过程。

27.3.2.1　清洁生产的内涵

清洁生产是一项实现经济与环境协调发展的环境策略。清洁生产要求实现可持续的经济发展，即经济发展要考虑自然生态环境的长期承受能力，使环境与资源既能满足经济发展的需要，又能满足人民生活的需要和后代人类的潜在需求。同时，环境保护也要充分考虑到经济发展阶段中的经济支持能力，采取积极可行的环境对策，配合与推进经济发展进程。这种新环境策略要求改变传统的环境管理方式，实行预防污染的政策，从污染后被动恢复变为主动进行预防规划，走经济与环境可持续发展的道路。

1989 年联合国环境规划署工业与环境委员会首先提出清洁生产概念。它的主要表述为：清洁生产是指不断采取改进设计、使用清洁的能源和原料、采用先进工艺技术与设备、改善管理、综合利用等措施，从源头削减污染，提高资源利用效率，减少或避免生产、服务和产品使用过程中污染物的产生和排放，以减轻或者消除对人类健康和环境的危害。清洁生产是一种新的创造性的思想。该思想将整体预防的环境战略持续应用于生产过程、产品和服务中，以增加生产效率和减少人类及环境的风险。

（1）对生产过程，要求节约原材料和能源，淘汰有毒原材料，减少所有废物的数量和毒性；

（2）对产品，要求减少从原材料提炼到产品最终处置的全生命周期的不利影响；

（3）对服务，要求将环境因素纳入设计和所提供的服务中。

从以上可以看出，实行清洁生产包括清洁生产过程、清洁产品和服务三个方面。对生产过程而言，它要求采用的工艺和生产技术应能提高能源、资源利用率，以及通过资源、能源削减和废物回收利用来减少和降低所有废物的数量和毒性。对产品和服务而言，实行清洁生产要求对产品的全生命周期实行全过程管理控制。不仅要考虑产品的生产工艺、生产的操作管理、有毒原材料替代、节约能源与资源，还要考虑产品的配方设计、包装与消费方式，直至废弃后的资源回收利用等环节，并且要将环境因素纳入到设计和所提供的服务中，从而实现经济与环境协调发展。

27.3.2.2 清洁生产的目标

（1）通过资源的综合利用，短缺资源的高效利用或代用，二次资源的利用及节能、降耗、节水，合理利用自然资源，减缓资源的耗竭。

（2）减少废物和污染物的生成和排放，促进工业产品的生产、消费过程与环境相容，降低整个工业活动对人类和环境的风险。

这两个目标的实现将体现工业生产的经济效益、社会效益和环境效益的统一，保证经济的持续发展。

27.3.2.3 清洁生产的内容

清洁生产主要包括以下三个方面：

（1）清洁的能源。

1）常规能源的清洁利用，如采用清洁煤技术，逐步提高液体燃料、天然气的使用比例；

2）可再生能源的利用，如水力资源的充分开发和利用；

3）新能源的开发，如太阳能、生物能、风能、潮汐能、地热能的开发和利用；

4）采用各种节能技术和措施等，如在能耗大的化工行业采用热电联产技术，提高能源利用率。

（2）清洁的生产过程。

1）在工艺设计中充分考虑尽量少用或不用有毒有害的原料，减少使用稀有原材料，降低物料和能源损耗；

2）消除有毒、有害的中间产品；

3）减少或消除生产过程的各种危险性因素，如高温、高压、低温、低压、易燃、易爆、强噪声、强震动等，而代之安全的生产过程；

4）选择高效的设备，加强物料的再循环（厂内、厂外），采用少废、无废的工艺；

5）简便、可靠的操作和控制；

6）完善的管理：合理安排生产进度，培养高素质人才，物料实行再循环，使用简便可靠的操作和控制方法，完善管理等，树立良好的企业形象。

（3）清洁的产品。

1）节约原料和能源，少用昂贵和稀缺原料，尽可能“废物”利用；

2）产品在使用过程中以及使用后不含有危害人体健康和生态环境的因素；

3）易于回收、复用和再生；

4）合理包装；

5）合理的使用功能（以及具有节能、节水、降低噪声的功能）和合理的使用寿命；

6）产品报废后易于回收、复用、再生、易处理处置和降解等。

27.3.2.4　实现清洁生产的主要途径

从清洁生产的概念来看，清洁生产的基本途径为清洁工艺及清洁产品两个部分。

（1）清洁工艺是指既能提高经济效益又能减少环境污染的工艺技术。它要求在提高生产效率的同时必须兼顾削减或消除危险废物及其他有毒化学品的用量，改善劳动条件，减少对职工的健康威胁，并能生产出安全的与环境兼容的产品。

（2）清洁产品是从产品的可回收利用性、可处置性或可重新加工性等方面考虑。要求产品的设计人员本着预防污染的宗旨设计产品。

开发清洁生产技术是一个十分复杂的综合性问题，要求人们转变观念，从生产-环保一体化的原则出发，不但熟悉有关环保的法规和要求，还需要了解本行业及有关行业的生产。消费过程，对每个具体问题、具体情况都要做具体的分析，清洁生产是对生产全过程以及产品整个生命周期采取预防污染的综合措施。

图11-3是清洁生产过程示意图。

27.3.2.5　清洁生产实施

（1）资源的合理利用。在一般的工艺产品中，原料费用约占成本的70%。通过原料的综合利用可直接降低产品成本、提高经济效益，同时也减少了废物的产生和排放，以尽可能小的资源消耗和环境成本，尽可能大地获得经济效益和社会效益，从而使经济系统与自然生态系统的物质循环过程相互和谐，促进资源永续利用。首先要对原料进行正确的鉴别，在此基础上，对原料中的每个组分都应建立物料平衡，列出目前和将来有用的组分，制定将其转变成产品的方案，并积极组织实施。

（2）改变工艺和设备。简化流程中的工序和设备；实现过程连续操作，减少因开车、

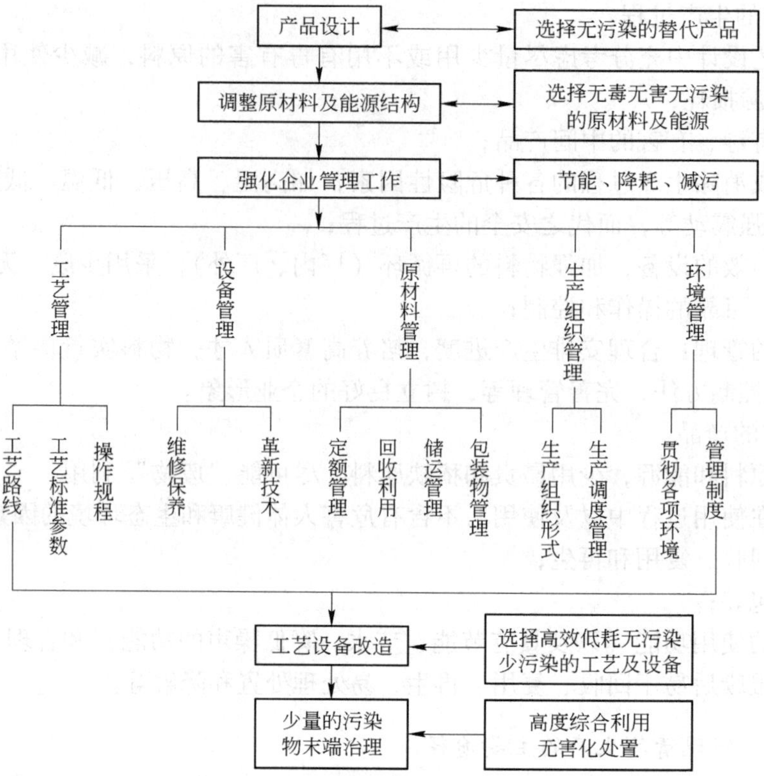

图 11－3　清洁生产过程

停车造成的不稳定状态；在原有工艺基础上，适当改变工艺条件，如温度、流量、压力、停留时间、搅拌强度、必要的预处理等；配备自动控制装置，实现过程的优化控制；改变原料配方，采用精料、替代原料、原料的预处理；原料的质量管理；换用高效设备，改善设备布局和管线；开发利用最新科学技术成果的全新的工艺，如生化技术、高效催化技术、电化学有机合成、膜分离技术、光化学过程、等离子体化学过程等；不同工艺的组合，如化工－冶金流程，动力－工艺流程等。

（3）组织厂内物料循环。将流失的物料回收后作为原料返回流程中；将生产过程产生的废物经适当处理后作为原料或原料的替代物返回生产流程中；将生产过程产生的废物经适当处理后作为原料用于本厂生产其他产品。

（4）改进产品体系。在传统发展模式中，产品的设计往往从单纯的经济考虑出发，根据经济效益采集原料，选择加工工艺和设备，确定产品的规格和性能，产品的使用常常以一次为限。而按照清洁生产的概念，对于工业产品要进行整体生命周期的环境影响分析（LCA）。产品的生命周期原是一种产品在市场上从开始出现到最终消失的过程，包括投入期、成长期、成熟期和衰落期的四个过程。在清洁生产中，这一术语是指一种产品从设计、生产、流通、消费以及报废后处置几个阶段（即从“摇篮”到“坟墓”）所构成的整个过程。

对于清洁生产开发有以下途径：产品的全新设计，使产品在生产过程中、甚至在使用之后能对环境无害，同时降低产品的物耗和能耗，减少加工工序；调整产品结构、优化生产；赋予产品合理的寿命；去除多余的功能，盲目追求“多功能”往往会造成资源的浪费；简化包装，鼓励采用可再生材料制成的包装材料以及便于多次使用的包装材料；产品报废后易于回收、再生和重复利用；产品系列化，品种齐全，满足各种消费要求，避免大材小用，优品劣用；推行清洁（绿色）产品标志制度，提高环保声誉。

（5）加强管理。强化企业管理是推行清洁生产优先考虑的措施，因为管理措施一般不涉及基本的工艺过程，花费又较少。经验表明往往可能削减40%的污染物。这些措施有：安装必要的检测仪表，加强计量监督；消除“跑、冒、滴、漏”；将环境目标分解到企业的各个层次，考核指标落实到各个岗位，实行岗位责任制；完备可靠的统计和审核；产品的质量保证；有效的指挥调度，合理安排批量生产的日程；减少设备清洗的次数，改进清洗方法；原料和成品妥善存放，保持合理的原料库存量；公平的奖惩制度；组织安全文明生产。

（6）必要的末端处理。在全过程控制中的末端处理只是一种采取其他措施之后的最后把关措施。这种厂内的末端处理，往往作为送往集中处理前的预处理措施，在这种情况下，它的目标不再是达标排放，而是只需处理到集中处理设施可接纳的程度，其要求是：清污分流，减少处理量，有利于组织物料再循环；减量化处理，如脱水、压缩、包装、焚烧等；按集中处理的要求进行厂内预处理。

27.3.2.6　钢铁企业清洁生产

（1）优化生产工艺流程和工序间的衔接配合，合理降低铁钢比，取消或减少高耗能工序，减少资源浪费，减轻钢铁企业的环境负荷。

（2）优化炉料结构，提高精料水平。提高入炉矿品位，降低渣量，降低焦比；实行铁水全量预处理，减少能耗、物耗、渣量及金属损耗，降低炼钢成本；提高石灰活性度，改善炼钢技术经济指标。实现以合理配比的烧结矿和球团矿为主、以副产品和废弃物产品化为辅的合理的炉料结构。

（3）在生产过程中，最大限度可持续地利用各种可再生资源（包括废钢、渣钢和含铁尘泥等），少用铁矿石及其他天然矿物资源，实现废弃物资源化。

（4）采用资源和能源利用效率最大化、工业废物利用升值化、“三废”产生最小化的清洁生产措施，实现废弃物减量化和无害化，保护环境。

思考与练习

11-1　创新的含义及特点是什么？
11-2　创新的内容包括哪些？
11-3　冶金生产中“三废”指的是什么？
11-4　冶金生产中有哪三个循环链？
11-5　何谓循环经济？
11-6　冶金生产中固体废弃物包括哪些？
11-7　如何对钢渣进行综合利用？
11-8　清洁生产的定义是什么？
11-9　什么是可持续发展战略？

情景 12

现代冶金企业文化管理

学习目标

1. 知识目标

- 了解企业文化的兴起和企业文化的性质；
- 理解企业文化的构成要素；
- 熟知企业文化的功能及建设过程；
- 掌握企业文化的内涵、企业文化的结构。

2. 技能目标

- 能够运用本章所学理论分析现实中企业文化的特点；
- 运用企业文化建设理论找出现实中企业文化建设的不足。

单元 28　现代企业文化管理基本内容

28.1　现代企业文化的内涵和特征

28.1.1　现代企业文化的内涵

企业文化是在一定的历史阶段，在民族文化、道德、伦理文化的背景下，由企业家和员工在长期实践活动中倡导、培育产生的，它具有企业的鲜明个性和时代特征。为此，企业文化可以表述为：企业文化是企业在长期的生存和发展过程中所形成的，是本企业所特有的，为企业多数成员所共同遵循的基本概念、价值标准和行为规范的总和。

企业文化的内涵，可以从以下几个方面进一步理解：

（1）企业文化的核心是企业价值观。企业总是要把自己认为最有价值的对象作为本企业追求的最高目标、最高理想或最高宗旨，一旦这种最高目标和基本信念成为统一本企业成员的共同价值观，就会构成企业内部强烈的凝聚力和整合力，成为统领组织成员共同遵守的行动指南。因此，企业价值观制约和支配着企业的宗旨、信念、行为规范和追求目标，企业价值观是企业文化的核心。

（2）企业文化的中心是以人为主体的人本文化。人是整个企业中最宝贵的资源和财富，也是企业活动的中心和主旋律，因此企业只有充分重视人的价值，充分调动人的积极性，发挥人的主观能动性，努力提高企业全体成员的社会责任感和使命感，使企业和成员成为真正的命运共同体和利益共同体，这样才能不断增强企业的内在活力和实现企业的既定目标。

(3) 企业文化的管理方式是以软性管理为主。企业文化是以一种文化的形式出现的现代管理方式，也就是说，它通过柔性的而非刚性的文化引导，建立起企业内部合作、友爱、奋进的文化心理环境，自动地协调企业成员的心态和行为，并通过对这种文化氛围的心理认同，逐渐地内化为企业成员的主体文化，使企业的共同目标转化为成员的自觉行动，使群体产生最大的协同合力。这种由软性管理所产生的协同力比企业的刚性管理制度有着更为强烈的控制力和持久力。

(4) 企业文化的重要任务是增强群体凝聚力。企业的成员来自五湖四海，不同的风俗习惯、文化传统、工作态度、行为方式、目的愿望等都会导致成员之间的摩擦、排斥、对立、冲突乃至对抗，这就不利于企业目标的顺利实现。而企业文化通过建立共同的价值观和寻找观念共同点，不断强化企业成员之间的合作、信任和团结，使之产生亲近感、信任感和归属感，实现文化的认同和融合，在达成共识的基础上，使企业具有一种巨大的向心力和凝聚力，这样才有利于企业共同行为的齐心协力和整齐划一。

企业文化的实质就是企业价值观。一个企业有了共同的价值观念，就意味着企业职工思想上的统一，企业就能够朝着一定的方向集中发挥总体力量，企业领导人作出的决策就会迅速变为全体职工的行动。

28.1.2　现代企业文化的特征

现代企业文化有如下特征：

(1) 综合性。当代企业管理理论一般是分别从不同侧面研究企业运行的规律；而企业文化在重视企业管理一般理论的基础上，更加注意到各民族地区在文化上的差异及在管理上的影响，吸收容纳各个个体文化中有营养的部分，重新构筑新的个体文化。企业文化把企业的物质文明建设和精神文明建设有机统一起来，综合立体全方位地研究企业，协调企业内部各个子系统之间的各种内在联系。

(2) 客观性。企业文化根植于企业长期的生产经营实践中，无论意识到与否，它是一种客观存在，并影响着企业的成败兴衰，犹如每个人都有自己独特的个性、风格与观念一样，每个企业只要留下历史的足迹，都会形成自己的企业文化。成功的企业有优秀的企业文化，失败的企业有不良的企业文化。

(3) 社会性。企业文化是社会文化在企业的特殊形态，也称社会文化的“次（亚）文化”。不同社会制度的企业所形成的企业文化有本质的区别。同一社会形态中，因所有制不同，其企业文化的特征也有所差异。企业文化既是全体职工意志一致性、精神寄托的体现，也是大众的、社会性的统一意志。它反映了企业行为满足社会需要，并得到社会承认的一种精神支柱。

(4) 继承性。企业文化重视研究传统价值观念、行为规范等精神文化范畴在管理中的核心作用，而这一点在以往管理理论中并不为人所重视。企业文化从民族文化中汲取营养，并继承本企业优秀文化传统。随着企业的成长和发展，作为企业意识形态的企业文化，会被全体职工所接受，并将一代一代传承下去。

（5）稳定性。企业文化作为企业职工价值观念、信念、传统、习惯的提炼和结晶，在相当长的一段时间内是稳定不变的。企业文化一旦形成，就在职工中产生“心理定势”，成为企业所有成员共同遵守的原则，不因领导人的变动而异。

（6）时代性。企业文化属于亚文化的层次，存在于一个国家一定的社会物质文化生活的环境之中，它必然也必须反映时代的风貌，体现时代的要求，与时代的发展保持同步。随着科学技术的发展，人类文明水平的提高，人们认识事物的水平、道德水准、评价事物的标准也会发生相应的变化。整个人类的价值观也将发生相应的变化。所以企业文化作为一种历史现象，由于人类文化的变化也将发生变化，并随着生产力的发展而向更高的水平发展。

（7）适应性。企业文化必须适应企业职工和社会成员在价值和信念方面的要求。这是因为社会需要不断地变化，人们对物质生活的要求也在向更高的水平发展。所以企业的经营宗旨也会发生变化，而产品作为企业文化的最终结晶，也将不断地更新以适应市场的需要。再者，企业不断地与社会进行着信息等方面的交流，企业职工队伍的素质也在不断提高。所以企业文化必须适应企业宗旨的要求，适应社会环境的变化，以达到动态的平衡。

（8）层次性。企业文化是一个包括了价值观念、信念、行为准则、心理特征、行为规范、伦理道德、情操、思维模式、习惯、传统等多因素的复杂的、多层次的有机整体。按照这些因素在企业文化中的重要程度来分，价值观念和信念是处于企业文化的高层次，其余是低层次的。另外，企业文化的形成也具有层次性，它受到不同层次人员的影响。

（9）群体性。企业文化是一种群体的意识，是企业所有成员对共同利益、目标、价值观的追求，绝非个人主观臆断、长官意志和独家思潮。它产生在群体中、根植在群体中、发展在群体中，同时要求企业全体员工共同信守、推崇。

（10）独特性。当代企业管理理论常常试图寻找一个适用于一切情况的企业运行模式，而企业文化理论更强调在管理中要注意到企业的个性特征，企业应按照自身的特点去进行有效的管理。企业文化作为企业“人格化的性格”，渊源于企业传统和职工队伍，基于企业的宗旨，体现了企业的风貌。每个企业都有自己独特的文化，很可能若干企业对其文化的描述相似或相同，但是，企业在进行活动时，却往往呈现出极大的差别性。优秀的企业文化必定具有鲜明突出的个性，任何一般化、雷同空洞的企业文化，不可能有持久强大的凝聚力、感召力和生命力。例如，一些企业千人一面、众口一词，都挂着“服务第一”的牌子，以为这就是企业文化，就能激发职工的积极性，为企业树立良好形象。其实不然，因为这种失去语言个性的概念缺乏针对性，没有新鲜感，很难在职工中和社会上引发思想震动，不可能产生预想的效果。

28.2　现代企业文化的功能和结构

28.2.1　现代企业文化的功能

企业文化在企业经营管理中有如下功能：

（1）导向功能。企业文化的导向功能是指企业以自己的价值观和崇高目标指引职工向企业生产和经营的既定目标努力奋进，它体现了企业生产经营活动的规律和经验。企业文化的导向功能首先体现在它的超前引导方面。这种超前引导是通过企业的价值观和崇高目标的培训教育起作用的。企业文化所宣传的、以企业价值观和崇高目标为主要内容的企业精神，对职工起着人格培养的作用。通过这种企业精神的培训，使企业精神在职工心中达成共识，引导职工齐心协力，为实现企业的大目标做出贡献。

企业文化对现代企业经营管理意识导向功能主要体现在两个方面：一方面对企业每个员工的心理、价值和思想、行为的取向起导向作用；另一方面，对企业整体心理、整体价值、整体思想和整体行为起导向作用。

(2) 凝聚功能。企业文化的凝聚功能是指企业文化像一种强有力的黏合剂，把全体员工紧密地联系在一起，同心协力，为实现企业的目标和理想而奋力拼搏、开拓进取的一种观念、行为和文化氛围。凝聚力是一种情感，它首先可以通过企业对职工的关爱表现出来；其次，凝聚力又可以通过职工对企业的依恋体现出来。这种凝聚力还必然会转化为企业发展的推动力，表现为职工与企业结成命运共同体的合力。

(3) 激励功能。所谓激励，是通过外部刺激，使员工产生一种情绪高昂、奋发向上的效应。现代企业文化的管理模式有别于传统的企业管理模式是由重视激励个体转变为重视激励群体，为提高企业职工的生产积极性、主动性与创造性提供了新型的手段与方法，为企业职工的激励问题开辟了新的途径。

企业文化的激励功能主要体现在：

1) 信任激励。只有使员工感到上级对他们的信任，才能最大限度地发挥他们的聪明才智。

2) 关心激励。企业各级主管应了解其部属的家庭和思想情况，帮助解决他们在工作和生活上的困难，使员工对企业产生依赖感，充分感受到企业的温暖，从而为企业尽力尽责。

3) 宣泄激励。企业内部上下级之间不可避免地会产生矛盾和不满，管理者要善于采取合适的方式让员工消气泄愤，满足其宣泄的愿望，使他们能心平气和地为企业工作。

(4) 约束功能。企业文化的约束功能主要是指企业的制度文化、道德文化以及礼仪文化对企业及其员工产生的约束、规范作用，它增强了员工提高自身素质的自觉性。企业文化的制度约束主张通过员工对规章制度的接受、认同和内化，将传统制度管理的强制性约束转化为员工的自觉性约束。企业道德文化的约束作用，既包括舆论的约束力，又包括理智的约束力和情感的约束力。它们所产生的自律力量，其影响显然比外在的强制约束力更为强大和深远。企业礼仪文化不仅可以强化那些具体的规章制度的约束作用，而且可以将那些抽象的企业道德标准和要求化为具有可操作的感性的东西，它对员工的行为也具有一定的约束和规范作用。企业文化产生的制度约束力、道德约束力和礼仪约束力，能够使员工认识到提升个人素质的必要性和紧迫性，从而在企业文化环境的熏陶下努力以最高标准要求自己，不断学习和提高，使自身的行为更加趋向合理化、科学化。

(5) 辐射功能。企业文化的辐射功能使员工素质在潜移默化中提高。文化的影响具有广延性，一个团体的文化超出本团体范围的影响即为它的文化辐射功能。企业文化的辐射功能主要通过四种途径实现：一是"软件"辐射，使员工接受企业价值观、企业精神和企业道德规范等观念形态的文化；二是通过生产工具、厂容厂貌等"硬件"辐射，展示并影响员工文化观念的形成；三是人员辐射，即通过员工间的社会交往活动，相互之间和向外界“辐射”企业文化；四是宣传辐射，是指有目的地扩散和传播。通过以上四种辐射途径，可以使员工在良好的企业文化氛围中潜移默化地相互学习，共同提高。

（6）改善功能。从某种意义上讲，现代企业文化是企业管理的发展和完善，是在对现代企业管理不断改善的基础上形成的。现代企业文化使现代企业管理者在管理活动中更富有深刻的思想性、丰富的人情味，更具有时代特色和人文精神。现代企业文化对现代企业管理的改善功能主要有六个方面：

1）推动现代企业管理的重点转向以人为中心的现代化管理，以多种形式来鼓舞人的情感、平衡人的心理、维系人的忠诚、激发人的智慧、调动人的积极性、挖掘人的内在潜力。

2）培育企业精神，使之成为企业员工的共识，引导和规范员工的行为，增强企业的凝聚力、亲和力和向心力。

3）建立“软硬结合”，以“软”管理、“软”约束为核心的现代企业管理结构和管理模式，充分发挥员工自身的潜能和积极性，实现现代企业管理功能的整体优化。

4）培育企业个性，树立良好的现代企业形象，实施现代企业名牌战略，不断开拓市场，提高现代企业在市场中的竞争能力。

5）在企业的生产、经营、管理过程中，促进企业的宏观管理和员工的微观自我管理的结合，并由此产生一种文化管理模式。

6）调整管理组织，改革管理制度，培育管理人才，形成良好的企业人文环境。

28.2.2　现代企业文化的结构

现代企业文化由四要素构成，同时也构成了现代企业的四个层面，即：现代企业物质文化，处于表层位置，可称为表层文化；现代企业行为文化，处于浅层位置，可称为浅层文化；现代企业制度文化，处于中层位置，可称为中层文化；现代企业精神文化，处于深层位置，可称为深层文化。表12－1展示了现代企业文化结构关系。

表12－1　现代企业文化结构关系

处于层次	对应要素	变化情况	包含内容
表层文化	现代企业物质文化	最可变化部分	企业环境、企业器物、企业标志等
浅层文化	现代企业行为文化	可变化部分	企业经营、宣传教育、人际关系、文体活动等
中层文化	现代企业制度文化	较小变化部分	企业领导体制、企业组织机构、企业管理制度等
深层文化	现代企业精神文化	最小变化部分	企业精神、企业经营哲学、企业道德、价值观等

（1）现代企业物质文化（物质层）。它是由企业员工创造的产品和各种物质设施等构成的器物文化，是一种以物质为形态的表层企业文化。它主要包括企业产品结构和外表、款式、企业劳动环境和员工休息娱乐环境、员工的文化设施，以及厂容厂貌等。现代企业物质文化也是企业精神文化的载体，是企业文化的最外层、最表层。

（2）现代企业行为文化（行为层）。它是指现代企业员工在生产经营、学习娱乐中产生的活动文化，包括企业经营、宣传教育、人际关系、文娱体育活动中产生的文化现象。它是现代企业经营作风、精神面貌、人际关系的体现，也是企业精神、企业价值观的动态反映，是现代企业文化的第二层次。从人员结构上，企业行为又可划分为企业家行为、企业模范人物行为、企业员工行为等。从企业运作的过程看，企业行为又包括企业与企业之间的行为、企业与政府之间的行为、企业与社区之间的行为、企业在处理环境问题上的行为等等。

（3）现代企业制度文化（制度层）。它是指现代企业为实现现代企业目标给予企业职工的行为以一定的方向、方式的具有适应性的文化，是企业文化中人与物、人与企业运营制度的中介和结合，是一种约束现代企业和职工行为的规范性文化。这种对职工行为给予一定限制的文化，具有共性和强有力的行为规范的要求。它能使现代企业在瞬息万变、错综复杂、异常激烈的市场竞争中处于良好状态，从而保证企业目标的实现。它包括现代企业领导体制、现代企业组织机构和现代企业管理制度等内容，它是现代企业精神和现代企业行为文化的基础和载体，也是现代企业物质文化的必然结果。一定的现代企业物质文化只能产生与之相适应的企业制度文化，它处于现代企业文化的中间层次。

（4）现代企业精神文化（观念层）。它是指现代企业在生产经营过程中，受一定的社会文化背景和意识形态的影响而长期形成的一种精神成果和文化观念，是现代企业成员共享的经营管理观念和价值准则，是现代企业文化的深层结构，在现代企业文化整体构建中处于核心地位，是以人为本管理思想的内在要求，是现代企业文化的精髓部分。现代企业精神文化建设，旨在优化职工群体素质，开发人力资源，为现代企业的发展提供精神支柱和活力源泉。现代企业精神文化包括企业精神、现代企业经营哲学、现代企业伦理道德、现代企业价值观念、现代企业风貌、现代企业目标等意识形态。它是现代企业物质文化和现代企业行为文化的升华，是现代企业制度文化的必然结果，属于现代企业的上层建筑。

单元 29　现代企业文化建设

29.1　现代企业文化建设基本内容

29.1.1　指导原则

现代企业文化建设的指导原则有：

（1）共性和个性相统一的原则。企业文化是企业共性和个性的统一体。企业的外部环境和企业必须共同遵守的客观规律，构成企业文化的共性方面；企业自身中发展历史、条件和固有的特性构成企业文化的个性。因此，坚持共性与个性相统一的原则，就是既要把握时代特色、民族特色，又要突出各企业的特点，把企业的外部环境和内部条件有机地结合起来。

（2）继承与创新相统一的原则。企业在长期的实践活动中，必然会形成各自不同的习惯或发展出本企业的历史传统；同时，由于形势的发展，又将给企业提出新的任务和要求。因此，创建企业文化必须创造性地融会外国文化、传统文化、现代文化，去粗存精，同时进行超前研究，突破停滞的僵化的观念，充实新的内容，使企业文化具有鲜明的时代感和时效性，保持强大的生命力。

（3）先进性和群众性相统一的原则。如果企业文化只满足于企业现状，满足于企业职工思想意识的现状，也就缺乏先进性，失去了它的价值。但是，如果脱离现实，去追求那种虚无缥缈的、绝对理想的目标，超过人们通过努力所能达到的范围，那它也就失去了意义。同时，企业文化的力量在于它广泛的群众基础，它的提高要在广开言路、博纳知识、集思广益的基础上，进行抽象、提炼和升华，不能停留在职工现有思想水平上，而应体现更高层次的追求。

（4）宏观和微观相统一的原则。宏观上，建设企业文化是振兴国家和民族的需要，必须以国家宏观利益、宏观目标、宏观理想为出发点和落脚点。微观上，企业文化是企业的灵魂和支柱，如同没有民族精神的民族是可悲的民族一样，缺乏强烈的企业文化的企业是没有前途的企业。社会主义国家宏观与社会主义企业微观的统一性主要表现为：企业主人与国家主人相统一，集体利益、个人利益与国家利益相统一，经济效益与社会效益相统一。

（5）内聚性与竞争性相统一的原则。内聚性是指企业领导成员与整个群体之间以及群体成员之间的吸引程度。竞争是商品经济的必然产物，竞争可以在相当广泛的范围内培植进取心、毅力和首创精神。企业文化建设要通过竞争产生内聚，通过内聚又使竞争达到对整体利益的追求。具体说，企业对内应该是真诚合作，团结一致，相互体谅，互相配合，同心同德，同舟共济，患难与共；在共同利益、整体步调一致的基础上，各扬所长，比学赶帮，公平竞争。对外，在遵守社会主义物质利益原则的前提下，企业作为一个整体和独立的经济实体，要一致对外，勇于竞争，善于竞争，特别是要有决心和信心走向国际舞台，面向全世界，在国际市场上取得竞争的一席之地，为企业的整体利益奋力拼搏。切忌：一味讲究内聚，而平庸度日，缺乏竞争，不求进取；或是盲目竞争，而不讲团结合作，破坏人际关系。

29.1.2 主要内容

29.1.2.1 现代企业价值观念建设

现代企业价值观是企业职工对本企业存在、发展的目的和意义的认识和评价，以及反映在生产经营活动中的精神境界、理想追求和是非标准，是企业群体意识中最重要的内容，是现代企业文化建设的基石。建设现代企业价值观应注意以下几点：

（1）确立与整个社会的正确价值导向相符合的企业价值目标。坚持集体主义、爱国主义、社会主义思想，要发扬艰苦奋斗、勇于奉献、团结协作、顾全大局的优良传统，在这里企业价值目标发挥着导向作用。

（2）在社会的正确价值观念的引导下，根据现代企业的性质、规模、类型、职工素质、经营特点、历史变革等因素来选择适当而明确的价值目标及内容，并随着客观环境和企业内在因素的变化，不断注入新内容，体现出企业的价值观念是一个动态的系列。在改革开放和社会主义市场经济条件下，根据一些优秀企业的实践经验，需具备市场观念、竞争观念、公平观念、质量观念、效率观念、效益观念、民主观念、法制观念、人才观念、科技观念、开拓创新观念等。

（3）现代企业价值观念是现代企业精神的思想基础，现代企业精神则是现代企业价值观念的集中表现。企业在确立自身价值目标、标准及实质内容的过程中，要同时树立起既反映时代精神又表现出本企业特色，既体现现代企业领导人的精神风貌又集中反映广大职工群体意识的企业精神。这种企业精神是在企业的长期生产经营活动中形成的，是长期推动本企业发展壮大的一种无形而有力的精神力量，可以用简练和深入浅出的语言来表述，企业精神的内容实质是企业价值观念的集中反映，绝非是少数人杜撰而成的空洞口号。

（4）现代企业价值观念和现代企业精神必须具体化为一系列原则，使现代企业领导者和职工都可以具体操作，并体现在企业行为中。这一系列原则为：

1）目标原则。现代企业的价值目标不能简单地确立在追求投资回报率或利润最大化上，而要特别强调服务于人民，服务于社会，满足人们物质和精神的需要。

2）卓越原则。不满足于现状，从永无止境的奋斗中争优争先。

3）亲密原则。职工与企业建立了亲密关系，才能互相信赖，才能很好地发挥积极性和创造力。

4）渗透原则。把现代企业价值观念渗透于企业的生产制度、销售制度、产品开发制度、质量检验制度、劳动人事制度、人员培训制度之中，形成职工的自觉行为。

5）绩效原则。论功行赏，赏罚分明，从物质和精神两方面肯定、鼓励职工积极向上。

6）操守原则。现代企业人不愿盲从听命，企业领导者必须行得正，有操守，为人表率，才能获得职工的信赖，职工才愿为企业效力。

29.1.2.2 现代企业行为规范建设

以法规的形式推动现代企业制度的建立和确立企业内部各部门和各个岗位的职责、权限、工作程序、工作守则等管理制度，使现代企业体制合理、机制灵活，使工作和劳动过程目标明确、职责清楚、有条不紊，并能使企业全体职工接受、认同和内化，这是进行现代企业行为规范建设的直接目的。现代企业行为规范包括企业制度和道德守则两个主要部分。在当前我国建立现代企业制度的进程中，加强现代企业行为规范建设更有其特殊的重要意义。

(1) 树立和强化现代企业制度观念和道德观念。企业组织形式、领导体制、运行机制和规章制度、道德守则等构成了现代企业的行为依据和工作准则。而现代企业行为依据和企业工作准则首先要充分反映企业存在、发展的价值和企业全体成员的共同意志及要求，并通过系列教育使职工群众在思想上形成自觉的制度观念和道德观念。其次，在确立工作规范、行为准则过程中，现代企业领导和职工群众共同协商沟通，使企业全体成员在思想上认同和内化，在实践中形成稳定的行为方式。最后，树立和强化现代企业制度观念和道德观念，也需要建立必要的奖惩措施，作为激励手段和教育的方式。

(2) 发掘企业优秀道德意识、行为、习俗，确立正确的现代企业行为规范。主要包括四个方面的行为规范：

1) 现代企业与社会之间的行为规范。例如企业与顾客、供应厂商、其他企业、财税与金融部门、新闻媒介等，要确立和坚持“平等、友好、互利、互助、诚信”的行为规范。

2) 现代企业集团或股份制企业行为规范。包括集团公司与各成员企业、投资者与经营者之间，依据有关法律和行业特点确立由经济纽带和文化纽带相联结的行为规范。

3) 现代企业与职工之间的行为规范。主要是按照集体主义原则来协调个人利益与集体利益之间的关系、个体价值追求和企业价值追求的关系，形成企业整体利益、整体运行与充分发挥职工聪明才智和积极性、责任感与行为规范。

4) 现代企业领导者与职工间和职工与职工间的行为规范。主要是调整、规范彼此行为，协调相互关系，使企业群体发挥整体效应，并形成良好的道德氛围。

(3) 现代企业行为规范的执行。现代企业行为规范最终要靠企业的人来执行，处于企业不同岗位的各个成员都应自觉地养成执行行为规范的习惯。而在这一养成过程中最关键的环节是：

1) 现代企业领导者在生产经营、行政管理过程中，模范地遵守行为规范，成为职工的表率；

2) 先进人物、共产党员带头遵守和执行行为规范，并在职工中起到示范作用；

3) 有考核，有激励，使企业行为和企业全体成员的行为纳入企业内、企业外的评价和监督体制之中。

29.1.2.3 现代企业环境建设

我国现代企业是社会主义市场经济体制下，拥有法人财产权的经济实体，是市场经济的主体和微观基础，它的生存和发展离不开环境。现代企业的环境包括社会、政治、经济、科技、文教等外部环境和企业的生产条件、经营机制、职工心态、人际关系等内部环境。建设现代企业文化固然需要有一个净化的社会环境、稳定的政治环境、发展的经济、科技、文教环境，但从某种意义上讲，更需要一个良好的内部环境。营造优良的“小气候”环境，当前主要应做好以下几项工作：

（1）创造有活力的经营环境。企业活力是组织活力、群体活力和职工个体活力的综合反映。企业组织活力决定于良好的体制和灵活的机制，群体活力决定于被广大职工认同的群体意识和价值取向，职工个体活力决定于积极性、智慧和创造力的发挥程度。而职工群体和个体的活力的挖掘都与企业的体制和机制优劣有极大关系。因此，在创造有活力的经营环境中，企业首先要转机建制，深入进行企业改革。改革的目标是建立自主经营、自负盈亏的独立的经济主体和以法人财产权为核心的企业法人制度，它的基本特征就是“产权明晰，权责明确，政企分开，管理科学”。在企业制度创新和经营机制转换中，企业需要相应地建立有效的激励机制，激发全体员工的积极性，充分发挥其内在潜能，自觉自愿地去为实现企业的生产经营目标而奋斗。

（2）优化心理环境。环境对人的思想行为影响巨大，人只有在心情舒畅的情况下蕴藏着的内在力量才能释放出来。优化心理环境是指对职工的心理状态施加积极的影响，创造一个职工心情舒畅、各遂其志、各尽所能的良好心理氛围。根据一些优秀企业的经验，主要是创造一个“民主、公正、公平”的心理环境。

（3）建立平等和谐的人际环境。主要指职工与职工间、职工与集体、职工与领导、各种组织部门间、现代企业领导班子各成员间应当建立平等和谐的关系。建立平等和谐的良好的人际关系，应当从四个方面入手：

1）实现以现代企业目标、企业宗旨为中心建立、协调人际关系。

2）现代企业内上下级或同级间形成平等与友爱关系、尊重与信任关系。

3）职工之间形成互尊、互爱、互信、互谅、互助的良好关系。

4）现代企业领导班子成员要团结合作、协商共事、齐心协力建设一个带领全体职工开拓进取的坚强集体。

（4）美化生产和生活环境。包括厂区、生活区的美化、绿化和车间、班组的文明生产环境，也包括各种“寓教于文”、“寓教于乐”的文娱、体育环境和群体教育环境。

（5）营造良好的企业小环境。目的是培育人才，搞好搞活企业。

29.1.2.4 现代企业形象建设

企业形象战略简称 CI（Corporate Identity）战略，在 CI 理论中，企业形象作为一个整体，称为企业识别系统，它由三个基本要素（或称子系统）组成，即企业理念识别，企业行为识别，企业视觉识别。根据一些企业的实践经验，在进行企业 CI 策划、加强现代企业形象建设中，普遍重视做好以下工作：

（1）明确地贯彻企业形象的策划和实施原则。主要包括以下几种原则：

1）整体性原则。企业塑造形象的工作要有整体规划和统一的步调。

2）个异性原则。就是企业对自身形象的设计和塑造与其他企业相比，具有鲜明的个性特征。

3）长期性原则。它是指现代企业形象的塑造是一个不断发展、完善的过程，不能一蹴而就，而且在鲜明的企业形象确立后，也需要有相对的稳定期。

4）创新性原则。现代企业形象在公众心目中保持常新不衰，需要不断创新。

5）真实性原则。塑造现代企业形象是靠“练内功”，靠产品质量和服务质量，决不能自吹自擂、哗众取宠，更不能弄虚作假、欺骗公众。

6）服务性原则。现代企业形象在社会公众心目中的地位，决定于企业满足消费者公众的要求如何，顾客与企业的关系不是简单的买卖关系，顾客是企业的服务对象，通过服务才能取得顾客的信任和惠顾。

7）全员性原则。塑造良好的现代企业形象，不是靠哪一位现代企业领导者或少数公共人员的努力就能奏效的，而需要靠现代企业领导者和全体职工的共同努力才能够实现。

（2）产品质量和服务质量是塑造现代企业形象的重点。讲企业形象，首先要讲产品形象，而产品质量又是产品形象的生命，企业创名牌产品、优质产品，才能树立良好形象并会赢得顾客；其次要讲服务质量，就是以完善的售前、售后系列服务满足顾客需要，并以诚信待客、礼貌待人取得顾客信赖。

（3）搞好企业全体成员的岗位塑形。现代企业形象虽然是多方面因素构成的，但是，最终是要通过人来实现的。现代企业形象说到底是人的形象，因此，必须十分重视企业全体成员的形象建设。而企业成员分居不同岗位，从岗位抓起，从自身做起，最易取得成效。

29.2 现代企业文化建设实务

29.2.1 现代企业文化建设基本思想和方法

29.2.1.1 现代企业文化建设基本思想

A 充分吸收我国传统文化的精华

（1）充分吸收我国优秀传统文化的管理方略。按照“古为今用”的方针，注意从我国的优秀文化遗产中吸收管理方略，将对加强现代企业管理、促进现代企业家的成长、推动现代企业文化建设起到巨大的作用。

可供借鉴采用的管理方略主要有：

1）管理要讲规矩。“没有规矩，不成方圆”，要走法治之路。

2）经营要讲谋略。中国古代的经营战略思想有着悠久的历史，把这些思想和经验用于工商业经营，就形成企业经营战略。因此，主要有以下的谋略思想可供学习运用：经营者要有谋略思想；有谋略头脑的经营者要善于审时度势；知己知彼，集中众志，才能产生正确的谋略；善谋者还应善于提出正确的策略及方法，才能使决策得以实施。从古代经营谋略中的策略层面上看，策略体系包括：创业策略、经营策略、销货策略、守成策略。

3）领导要讲艺术。为政以德，聚众其旁：就是说领导者有德并对下属实施德治，众人就会以领导者为中心，像卫星一样团聚其旁，围绕着他转动。注重实践，行成于思：注重调研，掌握第一手资料。处乱不惊，指挥若定：要有大将风度。合理分权，赏罚分明：“众人拾柴火焰高”，千斤重担大家挑。按劳分配，重奖重罚；“无功便是过，平庸就是错”。慧眼识才，用其所长：把真正的人才及时调整到能发挥其长处的位置上，才会发挥其最大作用，“得人才事业兴，失人才事业衰”，“能者上，平者让，庸者下，劣者汰”。

（2）充分继承我国企业管理的优良传统。我国企业管理具有优良的传统，它是我国企业文化的宝贵财产。在开展现代企业文化建设中应充分继承，其重点内容主要有以下几个方面：

1）人力资源管理放在首要位置。坚持以人为中心，努力创造尊重人、理解人、关心人、培养人的氛围和环境；大力弘扬敬业爱岗，遵法守信，开拓创新的精神；积极引入双向选择的人才竞争机制，提供人才施展本领的舞台和机会；切实注重从企业“定制”上确保劳动者主人翁地位，并不断改善和解决群众关心的切身利益问题，真正增强企业的凝聚力。

2）逐步建立健全软硬兼备且完整的管理体系。

管理系统化。要逐步形成以提高经济效益和增强企业活力为中心，以经济责任制为基础，促进生产经营要素的优化组合，最大限度地发挥企业管理整体功能的良性循环机制。

管理集约化。要通过技术进步、技术改造、提高质量、扩大品种，通过挖掘潜力、精打细算和资源的合理配置，做到降低成本，增强效益和资产的保值增值。

管理信息化。要通过培养信息管理队伍，使信息管理程序化、数据化、标准化，适应企业快速发展的需要。

管理民主化。要通过建立不同层次的民主管理体系，促进企业决策的科学化和民主化。

3）尽快建立与现代市场经济相适应的文化制胜战略。现代市场经济的发展表明，当今企业、区域和国家内的竞争已经从产品质量、价格、服务等方面的单一竞争，发展到科技、人才、形象和文化等全面性竞争。因此，为适应这一形势，需要尽快实施形象战略、名牌发展战略、顾客（用户）满意战略等文化制胜战略，使之成为市场竞争的赢家战略和企业经济效益新的生长点。

4）继承我国企业思想政治工作的政治优势和优良传统。其政治优势和优良传统主要体现在以下几个方面：思想政治工作是经济工作的生命线。坚持以经济建设为中心，思想政治工作服务于党的基本路线。提高职工素质，培养“四有”职工队伍。全心全意依靠工人阶级，坚持党的群众路线。思想政治工作重在建设。解决职工思想问题与解决职工实际问题相结合。发挥党委的政治核心作用、党支部的战斗堡垒作用和党员的先锋模范作用。坚持做到领导班子团结齐心，领导干部以身作则。坚持做到将思想政治工作贯穿于生产经营的全过程，寓教于乐、寓教育于活动之中的思想政治工作方法。始终坚持“两手抓，两手都要硬”的方针。

B　注意借鉴国外企业文化的精髓

发达国家中的优秀企业认识到优秀的企业文化在企业管理中居于核心地位，并认识到现代化的管理方法技术固然重要，但毕竟仅仅是条件，企业成败的根本因素是以人为本的企业内职工和企业外顾客的企业文化。美国式的企业文化，其特点是理性主义管理与个人能力主义结合；西欧式的企业文化，其特征是参与管理；作为企业文化发源地的日本，其企业文化的主要特点是以人为本，不断培养职工的认同感和归属感，在企业中形成“命运共同体”。

29.2.1.2　企业文化建设的方法

（1）宣传教育法。它是建设企业文化的基本方法。企业只有通过完整系统的、长期的、多层次的、多渠道的宣传教育，才能把企业文化建设好。具体包括：

1）搞好文化意识的培训。

2）开展形式多样的宣传教育活动，如把企业的信条、厂训、企业宗旨、行动口号等，用醒目的大字书写在厂门口、办公大楼上、车间、食堂等职工往来必经要道或工作、聚会休息场所；编辑出版简讯、期刊、纪念册以及企业领导人讲演、著作的小册子等，公开发行或分送；通过各种会议，如工作例会、读书会、演讲会、纪念会、茶话会、对话会等，对职工进行企业文化宣传教育。

3）组织职工业余文娱体育活动，诸如组织各种剧团、歌咏团、各种球队；利用周末和节假日组织参观、郊游；组织讲演会、歌咏会；成立钓鱼协会、养花协会和书法、绘画、摄影等艺术协会、时装队，等等。

（2）严爱并济法。严，就是要讲究科学管理，建立一整套规章制度，严肃纪律，严格管理，奖罚分明。爱，就是要突出人性，重视感情，进行情感投资。企业文化建设要求运用严爱并济的管理哲学，既不强调单一的以“法”治厂，也不强调单一的以情治厂，只严不爱不行，只爱不严也不行，必须二者结合，既有“法”的约束，又有情的激励，使“软”管理与“硬”管理相结合，积极强化与消极强化相补充。

（3）环境优化法。人能造就环境，环境也能造就人。企业文化建设根据这一哲理，运用行为学和心理学的观点，可以通过营造向心环境、顺心环境、荣感环境来实现环境优化。能使群体成员产生“使命感”，并为之而奋斗的精神状态，这种环境称为“向心环境”。能使群体成员感到宽松、和谐、温暖、舒畅、工作充满意义、生活充满乐趣，能将人的才智创造力释放出内在的光和热，这种环境称为“顺心环境”。能使群体成员树立起“厂兴我荣、厂衰我耻”的荣辱感和主人翁责任感，以及乐于奉献、国家利益和集体利益高于一切、吃苦在前、享受在后、勇于创新、不断进取的心理环境称为荣感环境。通过创造向心环境，升华理想价值；通过创造顺心环境，开发“动力”资源；通过创造荣感环境，激励高效行为。

（4）全方位激励法。有效的激励是调动和促进人们发挥积极性和创造性的重要方法。无激励或不适当（无效）的激励是不可能产生好的效果的，也不可能创建好的企业文化。全方位激励包括信念激励、精神激励、责任激励、成就激励、智力激励、支持激励、关怀激励、情趣激励、形象激励、目标激励、数据激励、强化激励、归属激励、领导行为激励、荣誉激励、物质激励等。这些激励方法在具体运用过程中，必须因人、因时、因地制宜。

企业文化建设，除了以上几种主要方法外，还有很多其他方法。特别是在具体方法上，各企业因性质、规模和条件等不同，会产生不同的方法和途径。

29.2.2　现代企业文化的概括和表述

29.2.2.1　概括和表述的原则

（1）准确性原则。要求力争准确地把企业文化的实质内容、特征和功能用文字反映出来。

（2）个性原则。要求突出企业的个性，反映特色，反对雷同、千人一面、众口一词。

（3）简洁性原则。要求做到通俗易懂，简洁明了，易于记忆，便于流传，脍炙人口。

（4）激励性原则。要求具有理想的色彩、超前的观念、崇高的目标，对每个从业人员都能起到激励的作用。

（5）群众性原则。要求语言文字有广泛的群众基础，易被群众所接受、理解和认同。

（6）持久性原则。要求具有长久的感召性和影响力，切忌朝令夕改。

29.2.2.2 概括和表述的方式

一般说来，企业文化概括和表述有以下几种方式：

（1）命名方式。具体包括：

1）企业名命名法，如“IBM 精神”、“日立精神”、“民生精神”、“二汽精神”等；

2）产品名命名法，如常州照相机总厂的“红梅精神”（红梅照相机）、无锡自行车工业公司的“长征精神”（长征自行车）等；

3）职工名命名法，如“松下精神”、大庆油田的“铁人精神”、广州白云山制药厂的“白云山人精神”、鞍山钢铁公司的“孟泰精神”；

4）概括命名法，如日本佳能公司的“三自精神”（自发、自治、自觉）、常州冶金机械厂的“三爱三争精神”（爱国家、爱工厂、爱职工，争贡献、争上游、争第一）；

5）借物喻义命名法，如上海电机厂的“扁担精神”、田心机车车辆厂的“火车头精神”、四川泸州化工厂的“老黄牛精神”；

6）提炼式命名法，如天津无缝钢管厂的“过日子精神”、常州第四制药厂的“科化精神”。

（2）文字方式。具体又可细分：

1）按文字的多少划分为简洁式、复杂式和适中式。其中，简洁式，如美国 IBM 公司的“IBM 就是服务”、美国麦克唐纳公司的“优质、服务、清洁、公道”、北京吉普汽车有限公司的“创新、为公、求实、奋进”。适中式介于简洁式和复杂式之间，一般字数在 10 ~ 30 个。

2）按文字排列的工整与否可分为规则式和不规则式。规则式具有语言对仗工整的特点，如南京无线电厂的“争第一、创一流、讲团结、重实干”。不规则式在语言上不讲求整齐，如日本日立制作所“和、诚、开拓者精神”。

3）按文字语言表达的意思是否完整划分为词组式和语句式。词组式，如湖南怀化铁路局的“团结创业、开拓进取”；句子式，如西安电缆厂的“唯旗是夺、无功是过”。

4）按语句是否具有节奏韵律划分为律词式和叙述式。律词式，如天津达仁堂制药厂的“敢干拼搏争第一，勇于创新增效益，遵纪守法爱集体，振兴中华重信誉”；叙述式，如江南制造厂的“坚持以国家利益为重，勇于探索，勇于拼搏，勇于挑重担，勇于赶超世界先进水平”。

（3）传播方式。具体有：

1）条件式，如美国约翰逊公司把《我们的信条》悬挂在遍布全世界的子公司的办公室；日本各大中型企业几乎都制定了社训并予以张贴，其中松下电器公司还让职工晨读；我国在新中国成立前民族资本企业天津东亚毛纺公司制定了单篇幅文件式的《东亚铭》，规定悬挂于办公室，放在职工案头和挂在个人家中。

2）标语式，如日本索尼公司的经理室则长年挂着一幅象征企业文化的“土拨鼠”画像；美国 RML 公司提倡关怀重视员工和协调沟通人际关系，在公司内四处张贴标语：

"如果你看到他不笑，你就对他笑"、"热爱工作，才能成功"等；我国大部分企业都根据传统习惯，在工厂大门或厂区要道、主楼上用醒目的大字书写企业厂风、企业精神、企业目标、企业宗旨等，如自贡鸿鹤化工总厂在大门两侧分别写有该厂的"八字厂风"和"十六字企业精神"。

3）厂歌式，如日本声宝公司早上8点15分上班后，全体员工齐声高唱《声宝企业颂》，接着高呼口号；长城钢厂等把厂歌作为每天厂广播和电视节目的序曲，并进行厂歌比赛。

4）广告式，如上海十八无线电厂的广告宣传内容是："飞跃目标——世界先进水平，飞跃精神——一切为用户着想"；美国三角洲航空公司在广告上宣传"三角洲公司的大家庭感情"的经营哲学；劳斯公司提出"为人类创造最佳环境"的口号。

由此可见，同一企业的企业文化可以同时用多种形式表述，也可以综合运用多种形式来表述。总之，形式是丰富多彩的，目的是一致的——强化企业文化，宏扬企业文化，树立企业形象，实现企业目标。

思考与练习

12－1　现代企业文化的内涵是什么？
12－2　简述现代企业文化的功能。
12－3　简述现代企业文化的结构层次。
12－4　现代企业文化建设的指导原则是什么？
12－5　现代企业文化建设包含哪几方面内容？
12－6　现代企业形象建设实施的原则是什么？
12－7　简述现代企业文化建设的基本方法。

参考文献

[1] 贾琳，许俊峰．现代企业管理概论 [M]．成都：西南财经大学出版社，2010.
[2] 夏昌祥．现代企业管理 [M]．重庆：重庆大学出版社，2005.
[3] 金光熙，等．宝钢的生产管理 [M]．北京：冶金工业出版社，中国人民大学出版社，1994.
[4] 李自如，关健．现代企业管理学（第二版）[M]．长沙：中南大学出版社，2010.
[5] 宗蕴璋．质量管理 [M]．北京：高等教育出版社，2003.
[6] 全国注册安全工程师执业资格考试辅导教材编审委员会．安全生产技术（下册）[M]．北京：煤炭工业出版社，2004.
[7] 王社斌，许并社，等．钢铁生产节能减排技术 [M]．北京：化学工业出版社，2009.